KB182305

3·1운동의 역사적 의의와 지역적 전개

3·1운동의 역사적 의의와 지역적 전개

한국사연구회 편

경인문화사

서 문

2019년은 3·1운동 1백주년을 맞는 해이다. 이에 2018년 12월 7일 백범김구기념관에서는 대통령직속 3·1운동 및 대한민국임시정부 수립 100주년 기념사업추진위원회 주최, 한국사연구회 주관으로 "3·1운동은 어떻게 전국으로 확산되었나"라는 주제의 학술심포지움이 열렸다. 이 심포지움에서는 모두 8편의 논문이 발표되었다. 이 책은 심포지움 이후에 발표 원고를 수정 보완하여 한국사연구회에서 연구회총서로 발간한 것이다.

이 책에 실린 논문들은 3·1운동의 역사적 의의를 다시 짚어보고, 만세운동이 전국적으로 확산되는 과정과 만세시위 양상이 지역별로 어떻게 나타났는지를 주로 밝혔다. 3·1운동은 일원화, 대중화, 비폭력 원칙을 내건 운동이었다. 따라서 만세운동은 평화적인 운동으로 대부분 진행되었다. 그러나 일부 지역에서는 일제 군경이 시위 주동자를 체포해간 경우, 이를 탈환하기 위해 헌병분견소나 순사주재소를 습격한 경우도 있고, 평소 원성이 자자했던 면사무소를 습격하여 장부를 찢거나 뽕나무묘목을 불태워버리는 경우들이 있었다.

그런데 이 책에 실린 논문들은 일부 지역이지만 초기부터 공세적인 시위를 전개한 경우도 있었고, 또 전국적 확산과정에서 후기로 갈수록 시위 양상이 더욱 적극적이고 공세적인 방향으로 바뀌어갔음을 밝히고 있다. 특히 농촌 지역에서 이와 같은 공세적 시위가 일어난 원인에 대해서는 앞으로 더 살펴보아야 하겠지만, 만세시위가 독립운동이라는 성격 외에도

'민란'적 성격을 함께 지니고 있었음을 보여준다.

　이 책은 제1부에서 3·1운동의 역사적 의의를 짚어보고, 제2부에서는 초기의 만세시위, 제3부에서는 중기의 만세시위, 제4부에서는 후기의 만세시위를 짚어보는 식으로 구성되었다. 전기, 중기, 후기에는 주로 각 도별 시위들을 배치했고, 각 논문들은 각 도의 시위 가운데 격렬했던 2~4곳의 시위들을 다루었다. 제2, 3, 4부에 배치된 각 도별 시위가 시기적으로 꼭 초기, 중기, 후기의 시위에 맞는 것은 아닐 수도 있다. 다만 대체로 각 논문이 다루고 있는 시위가 어느 시기를 중심으로 전개되었는가를 기준으로 하여, 시기별로 논문을 나누어 배치한 것이다.

　이하 각 논문의 주요 논지를 살펴보자. 제1부에 실은 윤경로의 「100주년을 맞는 '3·1운동'의 역사성과 현재성」이라는 글은 3·1운동의 명칭을 '3·1혁명'으로 바꾸어 부를 것을 제안하고 있다. 그것은 3·1운동의 과정에서 주권재민의 민주공화국인 대한민국이 탄생했기 때문이다. 최근 3·1운동을 3·1혁명으로 고쳐 부르자는 제안이 학계 안팎에서 나오고 있다. 앞으로 이와 관련한 논의가 진행될 때 반드시 참고해야 할 논문이라고 생각된다.

　제2부에는 주로 3월 초순에 전개된 초기의 3·1운동을 다룬다. 박찬승의 「만세시위의 기폭제가 된 서울시위」에서는 서울의 시위가 1차 시위(3월 1일)은 중등학교 학생, 2차 시위(5일)는 전문학교 학생, 3차 시위(22~26일)은 노동자 등으로 주체세력이 바뀌어 갔음을 밝히고 있다. 그리고 3월 1일 시위대가 혼마치 2정목(현재의 충무로 2가)으로 모여든 것은 시위대의 최종 행진 목표가 남산에 있던 조선총독부였기 때문이었으며, 따라서 총독은 급히 조선군 사령부에 요청하여 군대를 동원해서 이를 막았음을 밝혔다.

　두 번째와 세 번째 논문은 북한 지역의 3·1운동에 관한 글들이다. 김승태의 「북한지역의 선구적 독립선언과 만세시위」에서는 1919년 3월 1일 독립선언식과 만세시위가 일어난 곳은 경기도의 서울과 고양, 평안북도의 의주와 선천, 평안남도의 평양, 진남포, 안주, 함경남도의 원산, 그리고 황해도의 해주의 9곳인데, 서울과 고양을 제외한 7곳이 현재의 북한지역이라는 것을 밝혔다. 이 글은 그 이유가 그곳에 기독교계 인맥과 교회, 학교 조직이 있었기 때문이라고 보았다. 성주현의 「평안·황해지역의 공세적 만세시위」는 평안도지역과 황해도 지역에서는 3·1운동 초기부터 공세적 만세시위를 전개한 곳이 적지 않았다는 것을 밝혔다. 이들 지역의 만세시위는 초기부터 적극적으로, 그리고 공세적으로 전개되었으며, 그 중에 대표적인 곳이 강서군과 맹산군, 그리고 수안군의 만세시위로서, 이 지역에서는 초기부터 헌병분견소와 면사무소 등 관공서를 습격하고 헌병을 살해하는 등 격렬한 공세적 시위가 전개되었음을 밝혔다. 맹산군 시위의 경우, 현장에서 54명이 군의 총에 맞아 즉사했는데, 이는 총독부 경무국 통계에서도 전국에서 가장 큰 희생자가 발생한 사건이었다.

제3부에서는 3월 중순부터 하순까지 중기의 3·1운동을 다룬 논문들을 실었다. 이 시기에는 운동의 중심이 중남부지역으로 옮겨졌다. 여기에 실린 첫 번째 논문은 이정은의 「경남 중부지역 만세시위의 점이적 성격」이다. 남부지방에서 가장 격렬한 시위가 전개된 곳은 경상남도였다. 이 논문은 그 가운데에서도 격렬했던 경남 창녕군 영산과 함안군 함안면의 시위를 다루었다. 3월 13일 창녕군 영산면 시위는 서울에서 민족대표 33인이 구성된 것과 유사하게 청년들이 24명의 '결사단'을 조직하여 시위를 주도했다. 3월 19일 경남 함안군 함안면 시위는 더욱 공세적으로 전개되었다. 면내 각지에서 각 시위들이 한 동리 또는 면의 고립적인 단독 시위가 아니라 동리와 동리, 면과 면이 상호 연대하여 추진되었다.

두 번째 논문은 심상훈의 「경북지역의 만세운동」으로 영덕, 안동의 사례를 다루고 있다. 학술심포지움에서는 경북지방을 다룬 논문이 따로 발표되지 않아, 책을 편집하는 과정에서 필자에게 특별히 원고를 청탁하여 실은 논문이다. 이 글에서는 영덕군의 경우, 남쪽지역은 평화적인 시위가 전개되었으나, 북쪽 영해지역에서는 지역 소외에 대한 불만으로 처음부터 공세적인 시위가 전개되었다는 것, 안동지역에서는 기독교측이 운동을 준비하는 경우들이 있긴 했으나, 운동을 끌고 간 주역은 주로 유림과 민중이었다는 것 등을 밝혔다.

세 번째 논문은 한규무의 「종교계 중심의 호남지역 만세시위」이다. 호남지방은 경남이나 충남에 비해 상대적으로 시위의 규모도 작고 횟수도 적었다. 그것은 1910년 직전 의병전쟁에서 가장 큰 희생을 치렀기 때문이다. 이 글에서는 호남지역 만세시위를 천도교와 기독교계가 주도했으며, 전체적으로는 기독교인의 비중이 천도교인의 비중보다 컸다고 보았다. 특히 전라남도는 기독교인이 천도교인를 압도했고, 전라북도도 기독교인이 천도교인보다 우세했다고 보았다. 그 이유는 기독교측이 '교회' 조직 외에도 '학교'나 '병원'과 같은 근대적 기관을 갖고 있었기 때문이라고 설명한다.

제4부에서는 후기의 만세시위, 특히 충남과 경기 지역의 만세시위를 다루었다. 첫 번째 논문은 김진호의 「충남지방의 횃불 독립만세운동」이다. 다른 지역과 달리 이 지역에서는 '산상 야간 횃불시위'라는 독특한 시위양상이 나타났다. 이는 일제의 직접적인 탄압을 피하면서 운동을 전개하기 위해서였던 것으로 보인다. 3월 23일 연기군 조치원 북면, 남면, 서면 면민에서 시작하여 4월 17일 보령 주산면 주렴산의 횃불만세에 이르기까지 26일간에 충청남도 14개 군 가운데 12개 군에서 64개면, 216개 마을에서 238회 이상의 횃불만세 시위에 약 1만 명이 참여하였다. 이러한 운동으로 45명이 재판에 회부되어 옥고를 겪었으며, 대부분의 참여자는

경칠서, 헌병내에서 즉결처분을 통해 태형(60도에서 90도)을 당했다.

두 번째 논문은 박환의 「경기도 남부지역의 정면 대결 시위」로, 수원과 안성지역의 시위를 다루었다. 3월 하순에서 4월 초순에 걸쳐 경기도 지역에서는 수원, 화성, 안성 등지에서 시위가 거세게 일어났다. 이 글은 그 가운데에서 전국에서 가장 격렬했던 시위 현장인 수원군 우정면 화수리 항쟁에 주목한다. 화수리 항쟁은 그동안 제암리 희생지에 묻혀 주목을 받지 못했다. 이 글은 일반적으로 3·1운동의 경우 일반적으로 평화적인 만세시위를 연상하는 경우가 많지만, 화성지역의 경우 3월 29일 송산면에서 노구찌 순사를 처단하였으며, 화수리에서도 역시 가와바다 순사를 무력으로 처단하는 등 격렬한 모습을 보였다는 점에 주목했다.

이상에서 이 책에 실린 논문들을 간단히 소개했다. 앞서도 언급했다시피 이 책에 실린 논문들은 3·1운동을 단순히 평화적인 만세시위운동으로만 볼 수 없게 한다. 그렇다면 왜 그와 같은 공세적인 시위, 민란과 유사한 시위들이 나타났는지 추적해 볼 필요가 있다고 생각된다. 앞으로 이에 대한 보다 깊이 있는 연구가 진행되기를 기대한다.

끝으로 이 책에 실린 귀중한 원고들을 집필해주신 모든 필자분들께 감사의 말씀을 드린다. 또 책의 출판을 허용해준 3·1운동 및 대한민국임시정부 수립 100주년 기념사업추진위원회 관계자 분들께도 감사 말씀을 드린다. 그리고 이 책을 '한국사연구회 총서'로 출판해주신 경인문화사 한정희 사장님과 편집을 맡아주신 직원들께도 감사의 말씀을 드린다. 아울러 학술회의의 진행과 원고 교정을 맡아준 한국사연구회 임원과 간사분들께도 감사의 말씀을 드리고자 한다.

2019. 2. 15.

한국사연구회 회장 박 찬 승 씀.

차 례

제3부 중기의 만세시위

제4부 후기의 만세시위

제1부

3.1운동의 역사적 의의

100주년을 맞는 '3·1운동'의 역사성과 현재성

윤 경 로(한성대학교 명예교수)

1. 머리말

내년 3월이면 3·1운동 100주년이라는 기념비적인 해를 맞는다. 이렇 듯 뜻 깊은 기념일을 앞두고 이를 기리기 위한 여러 기관과 단체들이 다 양한 기념행사들을 준비하고 있다. 정부에서도 「대통령직속 3·1운동 및 대한민국임시정부100주년 기념사업추진위원회」를 꾸리고 민·관이 함께 하는 100주년행사를 준비하고 있다. 오늘 갖는 학술세미나 역시 이같은 100주년기념행사의 일환인 줄로 안다. 오늘 학술대회를 통해 100년 전 전 국적으로 가열 차게 전개되었던 국내 3·1만세운동의 실체와 양상 그리고 지역별 특징과 차이점 등이 천착될 것이다. 따라서 본 기조발제는 「100주년을 맞는 3·1운동의 역사성과 현재성」이라는 큰 틀에서 3·1만세운동이 지닌 역사성과 그것이 오늘에 주는 현재성을 성찰하는 데 초점을 두고자 한다.[1]

1919년 3월 1일 서울을 비롯하여 평양, 의주, 선천, 원산 등 7개 도시에서 3·1운동의 봉화가 타오르기 시작했다. 이날은 주로 학생층, 기독교와 천도교 신자들이 먼저 봉기했다. 3월 1일의 거사가 무사히 시작된 것은 '민족대표' 33인으로 표상되는 천도교와 기독교 측의 합작, 독립선언서의 제작과 배포, 그리고 학생층의 동원 등이 모두 성공적으로 이루어졌기 때문이었다. 한국인이 지역, 신분, 계층을 뛰어넘어 하나가 되어 이와 같은 운동을 전개한 것은 역사 속에서 처음 있는 일이었다 할 것이다. 일제는 시위 첫날부터 헌병과 경찰, 소방대뿐만 아니라 군대를 동원하여 시위를 진압하고 나섰다. 선천과 진남포 등지에서는 발포가 있었고, 평양에서는 총검과 쇠갈쿠리가 등장하여 사상자가 나오기 시작했다.

3월 상순부터는 평안도, 황해도, 함경도와 같은 북부지방을 중심으로 만세시위가 전개되었다. 이곳은 천도교와 기독교의 조직을 통해 서울로부터 독립선언서가 2월 28일과 3월 초순에 배포되었고, 또 민족대표 33인의 영향이 큰 지역이었기 때문이다. 서울에서는 3월 5일 수천 명의 학생들이 남대문역 앞에서 시위를 벌였다. 3월 중순에 이르면 운동은 공간적으로 크게 확대되었다. 이제는 중남부지역이 운동의 중심이 되기 시작했고, 면 단위 이하의 지역, 그리고 산간벽촌에서도 만세시위가 등장했다. 참가자의 폭도 넓어져서, 학생, 소상인 외에도 노동자, 농민, 양반유생, 하급 관공리도 이 운동에 참여하였다.

3월 하순에 이르러 서울에서 다시 노동자들이 중심이 되어 시위가 일

---

1 이러한 이유로 이 글은 각주를 생략한 '강연문' 형식임을 밝혀둔다.

어났다. 며칠 간 계속된 이 시위는 인근 경기지역으로 파급되었다. 그 결과 수원, 개성, 강화 등지에서 격렬한 시위가 일어났다. 영남, 호남, 충청 지역에서도 본격적으로 시위가 전개되기 시작했다. 도시에서는 학생과 노동자들이, 농촌에서는 농민과 양반 유생들이 시위에 적극 참여하면서 운동성이 보다 넓게 확산되어 갔다. 특히 경남지역에서의 시위는 더욱 거셌으며, 충청지역에서는 횃불 만세시위도 등장했다. 이러한 열기는 4월 상순까지 이어졌고, 수원의 우정면과 장안면, 안성의 원곡면과 양성면에서는 좀더 격렬한 시위가 전개되었다. 그리고 그 여파가 수원 제암리 학살 사건으로 이어졌다. 일제는 경찰만으로는 시위를 진압할 수 없다고 보고, 시위 진압에 초기부터 군을 투입하여 강력한 진압으로 나왔다. 그 대표적인 사례가 제암리 학살사건으로 나타난 것이다.

3·1운동을 기획한 천도교와 기독교 중심의 종교계 지도자 33인 및 48인은 평화적 시위를 강조했다. 그 시위 방법이 바로 '만세시위'였고, 대부분의 지역에서 평화적 시위를 전개하였다. 그러나 평화적인 시위에 대한 일제 군경의 가혹한 탄압은 결국 민중을 자극하여 군경과의 충돌로 이어졌다. 그리고 오늘 발표에서도 나오는 일부 지역에서 초기부터 공세적인 시위가 진행된 곳도 있었다. 그런 곳은 일반적이라기보다는 오히려 예외적인 경우라 하겠으나, 일제의 무단통치 십 년 동안 쌓인 민중의 불만이 얼마나 컸는지 잘 보여주는 사례라고 할 것이다.

2. 세류(細流)가 모이고 쌓여 대하(大河)를 이루었다.

필자는 "3·1운동은 세류(細流)가 모이고 쌓여 대하(大河)를 이룬 한민족 최대의 대 사건이었다"고 정의해 왔다. 우리나라의 근대사회로 이행의 단초(端初)는 1876년 2월 일본과 맺은 조일수호조규(강화도조약)로 문호를 개방하면서 부터였다. 그러나 이 조약체결은 자율적으로 맺어진 것이 아니라 일본의 강압에 의한 타율적으로 맺어진 조약이었다. 따라서 타율적인 조약체결로 인한 정치, 사회는 물론 경제적 왜곡과 불평등 등을 바로잡아 보려는 여러 모양의 정치사회적 운동들이 전개되었다. 임오군란, 갑신정변, 동학농민전쟁은 물론 일제의 국권침탈에 저항한 전국적 규모의 의병운동과 구국운동, 그리고 각종 교육계몽운동 등 세류와 같은 여러 형태의 민족운동을 추진한 바 있다. 그러나 결과는 좌절의 연속이었고 못내 1905년 을사늑약으로 외교권을 박탈당했고 1910년 8월 국권까지 빼앗겨 일제의 식민지로 전락하고 말았다.

이렇듯 나라의 국권을 이웃 일본에 강점당한 첫 요인은 첫 출발, 즉 충분한 사전준비 없이 타율적으로 문호를 개방했다는 데 문제가 있었다. '시작이 반'이라는 말이 있듯 첫 출발의 잘못, 다시 말해 첫 단추를 잘못 끼웠던 그것이 화근이 되어 되돌릴 수 없는 일제의 식민지배의 길을 걸어야 했다.

일제의 식민지배 방법은 합법성을 가장한 매우 교활한 방법으로 자행되었다. 특히 우리가 눈여겨 주목해야 할 한 가지 대목이 있다. 일제측은 우리나라의 국권강점 과정에서 근대적 '합법장치', 즉 각종 협약과 협정서 및 조약체결이라는 근대적 '법률적 도구'를 동원하여 국제사회로부터 정당성을 담보하는 교활한 방법을 이용했다는 점이다. 훗날 한국병합이 외압과 강압에 의한 강제행위였다는 주장에 대한 대비책을 이렇듯 법적 절차에 따른 '합법성'을 주장하며, 따라서 '정당하다'는 것이다. 이는 작금 한·일 양국 사이 첨예하게 대립하고 있는 과거사 문제에 대해 "법률적으로 하자가 없다"는 점을 되풀이 강조하는 일본 측의 저의도 여기에 있다 하겠다.

뿐만 아니다. 일제의 식민통치 실상은 매우 폭압적이고 반인륜적이었다. 1910년 8월 22일(29일, 공포) 대한제국의 국권을 '영원하고도 완전하게 강점한' 일제는 우리나라를 일본의 일개 지방으로 전락시켜 '식민지 조선'이라 칭하고 조선총독부를 설치하고 총독에게 입법, 사법, 군사 및 치안, 행정권 등 통치의 전권을 부여했다. 그리고 반인륜적인 무단통치를 자행했다. 역대 총독을 예외 없이 현역 군 장성출신으로 부임시킨 것도 이점을 잘 시사해준다 하겠다.

무단통치는 곧 헌병경찰제로서 이는 치안을 맡은 경찰과 전쟁에 대비한 군인을 구분없이 통치의 수단과 도구로 사용했다. 초대총독 데라우치(寺內正毅) 밑에서 경찰사령관 겸 헌병사령관을 겸임했던 아카시(明石元二郎)는 훗날 조선에서의 무단통치를 '기포성산'(碁布星散)의 방법으로 통치했다고 자신의 자서전에서 '자랑'하였다. 풀어 말하면 "바둑판에 바둑알 깔아놓듯 가을 하늘에 무수히 떠 있는 별들 모양" 조선반도 전국 각지에 일본군대와 경찰 및 헌병들을 깔아 놓는 무단적 방법으로 식민지 통치를 했던 것이다.

실제 이러한 '기포성산'의 무단통치로 인해 국내에서 더 이상 구국운동이나 독립운동을 전개할 수 없었다. 이 시기를 전후해 많은 애국지사들이 해외로 망명길에 오른 것도 이러한 배경에서였다. '3·1거사' 때 민족대표 33인이 예외없이 종교인이었던 점도 이와 무관치 않을 것이다. 국내 남아있던 민족진영과 반일인사들에 대해서는 '105인사건'에서 보듯 '총독을 암살하려했다'는 조작, 날조한 사건을 만들어 사전 검속하는 방법 등으로 철저하게 통제하였다. 여기서 특히 주목할 바는 앞서 보았듯 대외적으로는 법률에 의한 합법적인 통치를 가장하였으니 날조된 '105인사건' 역시 재판이라는 '근대적 도구'를 이용함으로 대외적으로 통치의 정당성을 선전 고무했던 것이다.

그러나 공판과정에서 반인류적인 고문이 자행된 사실과 이에 따른 허위진술이 '유일한 증거'였다는 사실 등이 드러나 '동양의 유일한 문명국'임을 선전 자랑하던 일제의 무단 병영(兵營)통치(garrison state)의 반문명성과 반인류적인 실상이 만천하에 밝혀지기도 하였다. 이러한 '기포성산적'인 일제의 무단통치는 1919년 3·1운동이 일어나기까지 계속되었고 이후 이른바 '문화정치'로 통치술이 바뀌었다고 하지만 실제 내용은 앞서의 무단통치와 별반 달라진 것이 없었다. 오히려 더욱 교활한 식민통치를 획책했던 것이다.

아무튼 1919년 3월 1일의 독립만세운동은 전근대사회 왕조의 봉건성을 스스로 극복하지 못함과 이후 밀어 닥친 개항의 타율성 등으로 인한 누적된 제반모순을 극복하기 위한 세류와 같은 여러 갈래의 운동들이 부침을 거듭한 끝에 드디어 대하 곧 거족적인 대한독립만세운동이라는 큰 강을 이루었다 할 것이다.

3. 3·1운동은 민(民)이 주도한 '혁명'이었다

우리는 현재 개천절, 제헌절, 광복절, 한글날 그리고 '3·1절'을 5대 국경일로 기리고 있다. 그러나 돌이켜보면 '3·1절'이라는 명칭에는 '제헌절'이나 '광복절'과 같은 그날의 역사적 의미를 담지 못하고 단순히 '3·1절'이라 지칭하고 있다. 따라서 '3·1절' 그날이 지닌 역사적 의미와 가치가 분명하지 않다. 뿐만 아니라 무미건조해 보이기까지 하다. 말하자면 개천절, 제헌절, 광복절과 같은 그날의 역사적 의미를 부여하지 못하고 있다는 것이다. 따라서 이날을 단순히 '3·1절'이라 할 것이 아니라 '3·1독립절'이라든지 아니면 '기미독립만세절'이라든지 그날의 역사적 의미를 다른 국경일과 같이 부여해야 하지 않겠는가 하는 것이나.

또한 그동안 지칭해온 '3·1운동'이란 용어에 대해서도 재검토 할 때가
되었다고 생각한다. '3·1거사'가 지닌 역사성을 생각할 때 단순한 '운동'
의 하나로 지칭하는 것은 우리 스스로 '3·1 대사건'을 비하하는 것은 아
닌가 하는 의문이 없지 않기 때문이다. 앞서 언급했듯 1919년의 '3·1대사
건'은 개항이후 왜곡된 타율적 근대화에 저항하는 여러 형태의 수많은 세
류들, 곧 여러 모양의 작은 물줄기들이 모여 1919년 3월 1일 전 민족적
전 계층이 하나의 큰 강 곧 대하를 이루었던 대사건이었다. 역사학계에서
이 사건을 한국근대사와 현대사를 구분하는 시대구분의 분기점으로 삼는
것도 이러한 '3·1대사건'이 지닌 역사성을 주목하기 때문이라 할 것이다.

그러나 이 보다 더욱 주목할 점은 이 대사건이 지닌 역사적 의의와
성격 규정문제이다. 다시 말해 지금까지 '3·1운동'이라 지칭해온 것을
100주년을 맞으며 '3·1혁명'으로 정명(正名)하자는 것이다. 이러한 문제제
기와 학계의 움직임은 2014년 2월 3·1운동 95주년을 기리며 '3·1혁명100
주년기념사업추진위원회'를 결성하고 '3·1혁명95주년기념학술회의'를 개
최하면서 공론화한 바 있다. 그 때 학술회의에서는 3·1절을 '운동'으로
볼 것인가 아니면 '혁명'으로 볼 것인가 라는 큰 담론을 놓고 열띤 발표와
토론이 있었다. 이 '3·1혁명론'이 아직 정설화까지는 이르지 못했지만
'3·1혁명'으로 지칭하자는 의견에 상당한 호응이 있었던 것이 사실이다.
그리고 이러한 관점, 다시 말해 '3·1운동'을 '3·1혁명'으로 바꾸자는 취지
의 학술발표회가 수차 진행된 바도 있다. 그러나 이러한 일부 학자들과
학계의 주장만으로 국경일 명칭이 바로 고쳐질 수는 없을 것이다. 아무튼
'3·1대사건'의 남다른 역사성을 생각할 때 이러한 문제제기에 대해 뜻 깊
은 100주년 기념행사를 앞두고 우리 모두 함께 음미해볼 필요는 있다 할
것이다.

익히 아는대로 1919년 '만세사건' 당시 명칭은 '소요' 혹은 '폭동'이었다. 마치 1894년 반제반봉건(反帝反封建)의 기치를 높이 들고 궐기한 동학농민혁명을 과거 '동학란'이라 불렸던 것과 같은 맥락이라 하겠다. 당대 지배층 혹은 기득권층에서 볼 때 그것은 '폭동'이고 '난'이었다. '동학난'이라는 용어가 사건 당시는 물론 일제시대를 거쳐 심지어 해방 이후 1960년대 말까지도 그렇게 불렸음은 우리의 역사인식이 그만큼 치자(治者)중심의 역사관에서 벗어나지 못했었기 때문이었을 것이다. 그동안 '3·1운동'이라 불러온 것을 '3·1혁명'으로 그 의미를 보다 격상시켜보자는 주장에도 이러한 의도가 담겼다 하겠다. 역사적 용어로 '운동'이라하면 일정한 목표를 정해놓고 이를 실현하기 위한 집단적인 움직임이 조직적이며 지속적으로 추진될 때 이를 운동이라 한다. 그리고 '운동'이라는 역사적 용어가 함의하고 있는 의미는 '투쟁', '항쟁', '혁명'이라는 의미에 비해 운동성과 역사성이 덜한 인상을 주기도 한다. 또한 우리는 지난 100여 년간 거의 '3·1운동'으로 불러왔기에 귀에도, 입에도, 눈에도 익숙한 것에 비해 '3·1혁명'이라는 용어는 생경하게 들리는 것이 사실이다.

그러나 '역사학은 해석학이다'라는 말이 있듯 지난 과거의 사실(事實, facts)은 변할 수 없지만 역사적 사실(史實, historical facts)에 대한 인식은 앞서 언급한 '동학란'이 '동학농민혁명'으로 그 의미와 해석이 달라지듯 시대의 상황과 조건에 따라 변할 수 있을 것이다. 지금까지 '3·1운동'이라 지칭해 온 것을 '3·1혁명'으로 정명하자는 움직임도 이와 같은 맥락이라 할 수 있다.

'3·1운동'을 '3·1혁명'이라는 지칭한 선례는 전부터 있었다. 즉 해외 독립운동 단체와 독립운동가 진영에서 이미 혁명으로 지칭해 왔다. 1920년대 말 1930년대까지는 '3·1운동'과 '3·1혁명'이라는 명칭이 혼재되어 사용되었다. 그러나 1937년 중일전쟁의 발발이후 보다 본격적인 독립전쟁과 혁명적 분위기가 전개되면서 '3·1운동'에 대한 인식도 더욱 고무되어 이후로는 이를 프랑스대혁명이나 미국의 독립운동에 비해도 결코 손색이 없는 '혁명'이라는 인식이 넓게 확산되었다. 예컨대 1938년 중국 장사(長沙)에서 거행된 대한민국임시정부가 주관한 3·1절 기념식에서 그러했고 같은 해 4월 『조선민족전선』 창간호 기사에도 '3·1대혁명'이라고 지칭했다.

이러한 인식변화는 1941년 임정 산하 한국광복군 기관지인 『광복』 1941년 2월 창간호에서도 3·1운동을 "1919년의 전민(全民) 대혁명"이라고 규정하는 등 이후 '대혁명'이라는 명칭을 자주 볼 수 있다. 1943년 6월 재 창간된 『독립신문』 창간호에서 "세계 제1차대전 후에 한국에서는 위대한 3·1대혁명운동이 발생했다"는 요지의 창간사를 실었다. 그리고 이후 기사에서도 '3·1대혁명'이란 용어를 자주 볼 수 있다. 해방직전은 물론 1944년 제정된 대한민국 「임시헌장」 서문에서도 또 한 번 확인할 수 있다. 일부를 옮기면 아래와 같다.

> (전략) "우리 국가가 강도 일본에게 폐망된 뒤에 전 민족은 오매에도 국가의 독립을 갈망하였고 무수한 선열들은 피와 눈물로써 민족자유의 회복에 노력하야 삼일대혁명에 이르러 전민족의 요구와 시대의 추향에 순응하야 정치, 경제, 문화, 기타 일체 제도에 자유, 평등 및 진보를 기본정신으로 한 새로운 대한민국과 임시정부가 건립되었고 아울러 임시헌장이 제정되었다"(후략)

이상에서 보듯 일제강점기 독립운동 진영에서는 시간이 흐를수록 '3·1혁명' 혹은 '3·1대혁명'으로 부르며 '운동성' 보다는 '혁명성'을 더욱 강조하였다. 이러한 분위기는 해방 직후에도 변함없이 사용되었다. 이승만과 김구 등의 연설에서도 '3·1혁명' 혹은 '3·1대혁명'이라는 용어를 빈번하게 사용하였다. 또한 제헌헌법 제정을 위해 결성된 헌법기초위원회가 작성한 헌법초안 전문에도 "우리들 대한민국은 3·1혁명의 위대한 독립정신을 계승하여"라고 되어 있다. 그러나 이 초안이 국회 본회의 심의과정에서 '3·1혁명'이 '3·1운동'으로 바뀌고 말았다. '혁명이라는 문구는 불가하다'고 주장한 조국현(의원)은 "일본에게 빼앗겼던 그놈을 광구(廣求)하자는 운동인 만큼 '항쟁'이라 할지언정 혁명은 아니다"고 강하게 반대했다. 그러자 이러한 반대의견을 이승만(의장)이 "내가 절대 찬성합니다"고 손을 들어주었던 것이다. 이승만 본인도 이전까지 '3·1혁명' 용어를 즐겨 썼고 초안에도 동조했던 입장에서 급선회한 것이다. 이후에도 이 문제로 논란이 있었지만 결국 평소 '3·1운동론'을 지지해온 한민당 주장대로 '3·1혁명'이 '3·1운동'으로 최종 수정 통과되어 오늘에까지 이르게 된 것이다.

이상과 같은 우여곡절을 거쳐 '소요'에서 '운동'으로 다시 '혁명'으로 그리고 다시 '운동'으로 회귀한 것이다. 이로서 '헌법적 권위'를 갖게 된 '3·1운동'이라는 용어는 그동안 수차에 걸친 헌법 개정에도 불구하고 오늘날까지 그대로 사용되고 있다. 그러나 역사적 용어 채택은 매우 중요하다. 엄혹하고 치열했던 우리나라 근대사에서 '3·1운동'이 지닌 역사성은 '운동' 차원을 훨씬 넘은 '혁명성'이 보다 높다고 생각한다. 민족내부의 기존체제를 전복한 '혁명'은 아니지만 누천년 내려오던 봉건왕조의 '제국(帝國)에서 백성이 주인인 주권재민(主權在民)의 대한민국(大韓民國)'을 세운 역사적 단초를 제공했다는 그 사실 하나만으로도 '3·1혁명'이라 지칭하는 것이 옳다고 생각한다.

익히 잘 아는 중국의 경우 1911년 신해년(辛亥年)에 쑨원(孫文)을 중심으로 중화민국(中華民國)이 탄생했다. 다시 말해 여러 천 년간 지속되어왔던 중국의 봉건왕조를 마감하고 1911년 민국(民國)을 탄생시킨 것이다. 따라서 중국에서는 이를 '신해혁명'으로 역사화해 오늘에 이르고 있다. 말하자면 고래로부터 나라의 국권과 주권이 봉건왕권에 있었던 것을 종식시키고 주권재민의 중화민국을 탄생시켰기에 이를 '신해혁명'이라 지칭하고 있는 것이다.

1919년 한국의 만세운동 당시에 3월 3일과 5일자로 나온『조선독립신문』을 보면, "근일 중에 가정부(假政府)를 조직하고 가대통령(假大統領) 선거를 할 것이다"라는 내용이 있다. 여기서 '가정부'는 바로 임시정부를 뜻하며, '가대통령'은 임시대통령을 뜻한다. 이를 보면, 3·1운동이 진행되던 초기에『조선독립신문』을 만든 이들은 임시정부가 만들어질 것이라는 것을 예상했거나, 스스로 준비하고 있었다고 여겨진다. 실제 천도교측은 4월 초에 '조선민국 정부안'을 전단으로 발표했고, 기독교와 천도교 등의 연합세력은 4월 23일 이른바 '한성정부안'을 전단으로 발표했다. 그 외에도 한성정부안을 약간 개조한 '신한민국정부안'을 담은 전단도 뿌려졌다. 이러한 움직임들에 기초하여 4월 11일 상하이에서 민주공화제의 대한민국임시정부가 수립될 수 있었던 것이다.

이렇게 본다면 중국의 신해혁명과 3·1혁명 사이에 무슨 차이가 있을까. 3·1혁명에 의해 대한민국 다시 말해 나라의 주인이 백성 곧 민이라는 주권재민의 민주공화국 '대한민국'이 탄생했는데, 왜 우리는 3·1혁명을 그 수많은 잔물줄기(細流)에 해당하는 '운동'의 하나로 지칭해야 하는지 생각해 볼 일이다. 우리 스스로 우리 역사를 비하해온 것이 아닌가 하는 생각을 떨쳐낼 수가 없기 때문이다.

3·1혁명이 '민(民)을 중심한 혁명'이라는 점과 관련하여 민족대표 33인과 관련해 한 가지 더 언급하고자 한다. 언제부터인가 민족대표 33인에 대한 역사적 평가에 매우 비판적이고 심지어는 민족대표 33인을 폄하하는 경우도 없지 않았다. 민족대표들이 1919년 3월 1일 태화관에 모여 독립선언서를 선언하는 역사적 자리에서 술판을 벌렸느니 태화관 여주인과

시비를 벌렸느니 더 나아가 이들 대표 중 대부분이 변절을 했다는 등 역사적 사실 아닌 낭설이 퍼져있다. 물론 33인 중 한두 명이 훗날 변절한 사례가 없지 않다. 그러나 이 점만으로 민족대표 전체를 싸잡아 추태를 버렸다든지 변절자로 폄하, 매도해서는 안 될 것이다. 이는 실제 사실이 아닐 뿐만 아니라 엄혹한 상황에서 3·1혁명의 도화선 역할을 한 분들을 욕보이는 것이며 더 나아가 3·1정신을 흐리게 하고 역사적 사실을 왜곡시키는 '자해행위'가 아닌가 한다.

익히 아는대로 민족대표 33인은 예외 없이 종교인들이었다. 당대 최고의 교세를 떨치던 민족종교인 천도교계 15인, 기독교계 16인 그리고 불교계 2인으로 결성되었다. 특히 주목되는 바는 이들 민족대표 33인은 누가 시켜서 대표가 된 것이 아니라 스스로 자임하여 민족대표로 나선 분들이었다. 3·1거사 초기 준비단계에서는 본래 민족대표로 당대 지명도가 높으며 과거 고관대작을 했던 유명인사들, 예컨대 갑신정변과 갑오개혁 등으로 명성이 높았던 개화파 인물 박영효(朴泳孝), 구한말 대신 출신인 한규설(韓圭卨)과 윤웅렬(尹雄烈) 그리고 그의 아들로 당대 최고의 개화 지식인으로 지명도가 높았던 윤치호(尹致昊), 심지어 이완용(李完用)도 거론되었다고 한다. 그러나 이들 중 한 사람도 예외 없이 민족대표 자리를 거부하였다.

그래서 결국 종교인들이 나서게 되었으나 당시 이들은 정치, 사회적으로 지체가 높지도, 명성도 별반 없던 평범한 종교인 지도자들에 불과했다. 그런데 여기서 주목하는 바는 이들 33인이 예외 없이 모두 평민출신이라는 점이다. 그동안 33인을 종교계 인사라는 점에만 주목해왔는데 3·1거사의 역사적 의의와 성격을, 운동을 넘어 '혁명'으로 역사화 한다는 점과 연관시켜 볼 때 민족대표 33인이 한 사람도 예외 없이 신분상 평민, 서민출신이라는 점은 주목할 만 하다고 생각한다. 천도교 교령 출신인 손병희를 비롯한 권동진, 오세창 등과 기독교계의 이승훈, 길선주, 양전백 등 그리고 불교계의 백용성, 한용운 등 33인 모두는 예외없이 신분상으로 평민 출신들이었다. 3·1거사 후 40여 일 만에 나라의 주권과 국권이 일반백성 곧 평민에게 있는 나라 곧 주권재민의 대한민국을 탄생할 수 있었던 그 이면에는 이렇듯 민족대표 33인이 평민출신이었다는 점과도 무관하지 않다 생각할 때 예외 없이 평민출신 33인이 민족대표였다는 점은 주목할 만하다 할 것이다.

4. 3·1정신의 계승과 '3·1혁명'의 현재성

3·1거사의 이념과 정신은 「3·1독립선언서」내용 속에 잘 담겨있다. 이를 요약 정리하자면 첫째 자주독립 정신이라 하겠다. 「3·1독립선언서」 첫 대목은 "오등(吾等)은 자(玆)에 아(我) 조선의 독립국임과 조선인의 자 주민임을 선언하노라"로 시작된다. 이에서 보듯 3·1혁명이 추구한 이념 과 정신의 첫 대목은 '자주와 독립'이었다. 이는 대내외적으로 일제의 식 민지배로부터 벗어나 한민족의 자주성과 독립성을 회복하는 것을 제일의 목적으로 삼았음을 알 수 있다. 그리고 이를 자손만대에 알리며 민족자존 (民族自尊)의 정권(正權)을 영유케 하려 했다. 이같은 자주독립정신은 오늘 에도 여전히 유효하다 할 것이다. 남북으로 나라가 양단되어 70여 년이 흐른 분단시대를 극복 못한 현실을 직시할 때 자주독립의 3·1정신과 이 념은 향후에도 우리민족이 계승해야할 절대가치라 하겠다.

둘째는 자유민주 정신이다. 「3·1독립선언서」에는 밖으로부터의 자주 적인 독립권의 회복이라는 외적인 목적에 이어 안으로는 우리 조선민의 '항구여일한 자유발전을 위함'과 '오직 자유적인 정신을 발휘할 것'을 천

명했다. 이렇듯 자주독립국을 세우려는 근본목적은 "조선인이 본래부터 지켜온 자유권을 지켜 왕성한 삶의 즐거움을 누리려한다"(我의 固有한 自由權을 護全하야 生旺의 樂을 飽享할 것)는, 다시 말해 '자주민' 곧 자유롭고 민주적인 이념을 제일의 정신으로 삼고 있다. 결국 자주독립된 나라를 세우려한 근본목적과 취지는 자주독립된 나라의 구성원 모두가 자유를 보장받는 데 있었다. 그리고 이를 위해서는 백성이 나라의 주인인 민주사회, 곧 주권재민의 민주주의 국가건설을 지향했던 것이다. 말하자면 자주독립된 나라 수립은 자유민주사회 건설을 전제로 하고 있다. 즉 나라의 주인인 백성(民)들의 자유와 민주정신을 담보하지 않는 자주독립국가 건설만으로는 3·1정신의 완성이라 할 수 없다는 것이다. 따라서 '자유민주정신'은 3·1정신이 우리에게 준 더없이 소중한 정신적 유산이자, 기리 계승해야 할 또 하나의 가치가 아닐 수 없다.

셋째 인류공영의 평화정신이다. 「3·1독립선언서」에 "조선의 독립은 조선만이 아니라 일본이 그릇된 길에서 벗어나게 하는 것이며 중국 또한 몽매한 불안과 공포로부터 벗어나 '동양평화로 세계평화와 인류행복에 필요한 계단(階段)'이 되게 하는 것"이라고 하였다. 풀어 말하면 일본이 침략의 잘못된 길에서 벗어나 향후 한·중·일 3국이 동양평화를 이룰 때 세계평화와 인류행복, 곧 인류공영의 평화시대가 도래할 수 있다는 점을 힘주어 강조했다. 이같은 「3·1독립선언서」에 담겨있는 동양평화와 세계평화 및 인류공영의 평화정신은 3·1운동이 일어나기 10년 전인 1909년 이토(伊藤博文) 저격을 결행한 안중근(安重根) 의사가 제창한 '동양평화론'를 재삼 떠올리게 한다. 여기서 안중근의사가 제시한 동양평화론을 거론할 여유가 없지만 그는 동양3국의 영구적인 평화를 위한 구체적인 복안을 제시한 바 있다. 안의사가 제안한 '3국 평화안'은 현재 유럽연합국(EU)에서 거의 유사하게 현실화되었다. 작금 여러 과거사 문제와 독도 및 센카쿠열도(釣魚島), 남중국해 문제 등을 놓고 첨예한 대립을 보이고 있는 한·중·일 3국간의 역학관계를 유념할 때 매우 주목할 만한 제안이자, 정신이라 할 것이다. 더욱이 현재 급부상하고 있는 중국과 이에 위기감을 느끼고 있는 일본 사이에 끼어있는 우리나라로서는 우리민족의 명운이 달린 문제가 아닐 수 없다. 따라서 3·1정신의 주요 덕목 중의 하나인 인류공영과 평화정신을 3국간에 공유하며 체화하고 실현하는 일은 매우 중요한 일이라 하겠다.

넷째 우리민족이 나아갈 꿈과 비전(Vision)을 제시했다는 점이다. "아아 신천지가 안전(眼前)에 전개되도다. 위력의 시대가 거(去)하고 도의의 시대가 래(來)하도다. 바야흐로 신문명의 서광을 인류의 역사에 투사(投射)하기 시(始)하도다"에 잘 나타나있듯 「3·1독립선언서」에 담긴 또 하나의 3·1정신은 우리민족이 앞으로 나아갈 희망과 꿈과 비전을 제시해 주고 있다. 이제 이후로 "남녀노소 가리지 않고 음침한 옛집(古巢)에서 힘차게 뛰쳐나와 '欣快한 復活'의 빛을 향해 힘차게 나가자"는 희망찬 비전 제시는 그야말로 '새 하늘과 새 땅'을 향한 꿈과 비전이 아닐 수 없다.

5. 맺음말

작금 우리 한반도의 상황변화는 마치 방금 「3·1독립선언서」에서 천명한 "음침한 옛집에서 뛰쳐나와 흔쾌한 부활의 빛을 향해 힘차게 나가자"는 그 대목처럼 경천동지(驚天動地) 할 만한 변화의 물꼬가 트이기 시작했다는 사실이다. 1년 전만 해도 상상 할 수 없었던 변화이다. 물론 앞으로도 넘어야 할 산과 벽이 높고 두텁다. 그러나 분명한 것은 도도하게 흐르는 역사변화의 물줄기는 결코 누구도 되돌리지 못할 것이다. 우여곡절은 있겠지만 지난 70년간의 대립과 반목의 벽을 허물고 화해와 협력을 넘어 평화의 한반도, 하나 되는 그날을 향한 희망찬 행보가 추진될 것으로 기대한다. 이러할 때 비로소 일제의 압제로부터 해방된 자주독립, 자유민주 그리고 인류공영의 평화를 지향했던 100년 전 우리 민이 추구했던 「3·1독립정신」이 비로소 성취될 것이라 굳게 믿는 바다.

지난 4월과 9월 남북정상 간의 역사적 만남이 있었다. 그리고 정상 간에 합의된 선언문 내용 중에는 내년 기념비적인 3·1운동 100주년기념행사를 남북이 함께 하기로 했다는 내용이 담겨있는 것으로 알고 있다. 참으로 반가운 소식이 아닐 수 없다. 70년간의 정치적 이념적 분단으로 남북 사이의 역사이해에도 상당한 차이가 있음이 사실이다. 100주년 공동행사를 통해 우리민족이 하나임을 재확인할 뿐만 아니라 그간 남북 사이 역사이해의 공통점과 차이점을 서로 확인하며 분단의 벽을 뛰어넘어 하나의 역사인식을 만들어가는 역사적 전기를 마련했으면 하는 바람이 간절하다. 그간 북쪽의 3·1운동사에 대한 남한 쪽의 이해 또한 매우 열악했다. 한 예로 그동안 1919년 3월 1일 당일 날 만세시위가 일어난 곳은 서울과 평양 정도로 전해져 왔다. 그러나 최근 연구에 따르면 3월 1일 당일 날 북쪽에서는 평양을 비롯한 진남포, 선천, 의주, 안주, 그리고 원산 등 6개 곳에서 시위가 있었음이 밝혀졌다. 다시 말해 남쪽에서는 3월 1일의 만세시위는 서울과 서울 근교인 고양 두 곳 뿐이었는데 북쪽에서는 당일 날 시위가 6곳에서나 있었던 것이다. 오늘 발표에서 그동안 주목하지 못했던 이러한 사실도 밝혀질 것으로 기대한다.

지난 9월 19일 문재인 대통령은 평양 능라도 5·1체육관에 모인 15만 명의 평양시민들 앞에서 "남북이 지난 70년간을 떨어져 살았지만 우리민족은 5천년을 함께한 하나의 민족"임을 힘주어 강조함으로 큰 울림을 주었다. 바라기는 눈앞으로 다가온 '3·1혁명' 100주년을 앞두고 국내는 물론 남북 사이에도 이 역사적이며 뜻깊은 100주년을 맞아 남북정부가 함께하는 공동행사가 꼭 성사되기를 기대한다. 중국 고사의 한 대목인 '만절필동'(萬折必東)이란 구절이 떠오른다. 중국 황하의 물줄기가 수만 번 굴절을 하지만 종국에는 동쪽 황해로 흐른다는 뜻이다. 남북문제를 놓고 그동안 '만절'의 우여곡절이 있었고 앞으로도 없지 않겠지만 종국에는 분단의 굴절과 아픔을 넘어 민족 통일의 꿈이 실현되는 날이 기필코 오리라 굳게 믿고 기대한다.

제2부
초기의 만세시위

만세시위의 기폭제가 된 서울시위

박 찬 승(한양대학교 사학과 교수)

1. 머리말

1919년 3월 1일 서울과 평양, 그리고 평안도와 함경도 지역의 여러 곳에서 시작된 독립만세시위는 이후 전국으로 확산되어 갔다. 서울의 시위는 전국적인 만세시위운동의 기폭제 역할을 하였다. 서울에서 전국 각지로 보낸 독립선언문, 그리고 서울에 인산 구경차 올라왔다가 내려간 인사들을 통한 만세시위 소식과 선언문은 만세시위가 전국으로 확산되는 데 결정적 역할을 하였다. 그런 점에서 서울의 3.1운동은 매우 중요한 의미를 갖는다.

서울에서의 만세시위는 3월 1일과 5일의 '학생시위', 그리고 3월 23일부터 26일까지의 '민중시위'로 크게 나누어 볼 수 있다. 물론 1일과 5일의 시위에 기층민중도 다수 참여했지만 주도층은 학생들이었고, 23~26일의 시위에 학생들도 다수 참여했지만 주도층이 민중으로 바뀌었다는 점에서 그렇게 부를 수 있다고 본다. 3월 초의 '학생시위'도 전국으로 만세 시위가 파급되는 데 큰 역할을 했지만, 특히 3월 하순의 '민중시위'는 경기도와 충청도를 중심으로 한 중부지방에서 민중 중심의 만세시위를 일으키는 데 커다란 역할을 한 것으로 보인다.

서울에서의 만세시위운동에 대해서는 주로 전체 독립운동사, 혹은 3.1운동사를 서술하면서 그 한 부분으로서 다루어져 왔다. 1969년 독립운동사편찬위원회는 『독립운동사』 제2·3권에서 3.1운동을 다루었는데, 제2권에서 서울에서의 3.1운동을 다루었다. 또 국사편찬위원회에서 1988년 간행한 『한민족독립운동사』 제3권에서는 3.1운동을 다루었는데, 그 가운데 한 장이 '서울의 3.1운동'이었다(최영희 집필). 이후 독립기념관 한국독립운동사연구소에서 간행한 『한국독립운동의 역사』 제19권에서 '국내 3.1운동 I-중부·북부'를 다루었는데, 제1장 앞부분에 서울지역의 운동이 실려 있다(김정인 집필). 그러나 이들 '대계(大系)'류의 독립운동사에서는 서울의 3.1운동에 대해 의외로 소략하게 다루었다. 그나마 그 가운데 가장 자세한 것이 최영희가 집필한 『한민족독립운동사』 제3권의 '서울의 3.1운동'이었다(약 40쪽).

개인별 논저로서는 윤병석의 『3.1운동사』에서 3.1운동의 태동과 발발 부분에서 서울의 3.1운동을 다루었고,[1] 김진봉의 『3.1운동』에서도 서울의 3.1운동을 부분적으로 다루었다.[2] 정세현은 서울지역의 학생운동에 대한

---

1 윤병석, 1975, 『3.1운동사』, 정음문고

연구에서 3.1운동기의 학생항일운동을 언급했다.[3] 신용하는 『한국민족독립운동사연구』에 실린 「3.1운동의 사회사」에서 서울의 3.1운동을 다루었다.[4] 최근에는 김정인의 「1919년 3월 1일 만세시위, 연대의 힘」에서도 서울의 시위를 다루었다.[5]

그러나 의외로 서울의 3.1운동에 대해 본격적으로 다룬 논문이나 책이 드문 형편이다. 그것은 3.1운동에 대한 연구는 이미 충분히 이루어졌을 것이라는 선입견 때문인데, 최근에야 쉽게 볼 수 있게 된 3.1운동 관련 신문기록, 재판기록 등을 충분히 활용한 연구는 아직 이루어지지 않았다. 또 해방 이후 1950, 60년대에 여러 신문, 잡지에 실린 회고록을 충분히 활용한 연구도 아직 이루어지지 않았다. 그런 점을 고려할 때, 앞으로 3.1운동 연구, 특히 자료가 상당히 방대하게 남아 있는 서울지역의 3.1운동에 대해서는 본격적인 연구가 이루어질 필요가 있다.

이 글에서는 3월 1일 태화관에서의 독립선언, 파고다공원에서의 독립선언과 만세시위, 3월 5일 남대문역 앞에서의 학생시위, 3월 하순의 노동자층을 중심으로 한 민중시위를 차례로 살펴보고자 한다. 특히 3월 하순의 시위가 서울 부근의 경기 일원으로 어떻게 확산되어 갔는지 주목하고자 한다.

이 글에서 주로 이용한 자료는 재판기록, 신문기록, 일제 경찰과 조선군 보고서, 운동 참여자들의 회고록 등이다. 이 글에서는 우선 당시의 상황을 정확히 재구성하는데 초점을 두고자 하였다. 그것은 그동안의 서울의 3.1운동에 관한 서술에서 오류나 과장이 많이 보이기 때문이다. 이 글

---

2 김진봉, 1980, 『3.1운동』, 민족문화협회
3 정세현, 1962, 「서울을 中心한 抗日學生運動에 對하여」 『향토서울』 14
4 신용하, 1985, 『한국민족독립운동사연구』, 을유문화사
5 김정인, 2018, 「1919년 3월 1일 만세시위, 연대의 힘」, 『歷史敎育』 147

에서는 참여자의 구성, 참여자의 인식 등에 대해서는 간단히만 언급하고 다른 글에서 더 자세히 분석하고자 한다.

2. 3월 1일 태화관의 독립선언

　3.1운동을 기획한 천도교와 기독교측은 2월 24일 독립운동을 위한 연합에 합의하였다. 이후 천도교측의 협상 대표 최린과 기독교측의 협상 대표 함태영은 24일부터 27일 사이에 계속 만나면서 운동의 방법에 대해 논의하였다. 그들이 합의한 내용은 다음과 같았다.

> 1. 독립운동은 독립선언과 일본정부에의 독립의견서 제출, 미국 대통령에의 독립청원서 제출, 강화회의에의 의견서 제출 등으로 진행한다.
> 2. 독립선언은 국장 때문에 수십만의 민중이 경성부에 모이는 국장 전전일인 3월 1일 오후 2시로 정하고, 동 일시를 기하여 경성부 파고다공원에서 선언서를 낭독하여 이를 행한다.
> 3. 독립선언서를 비밀리에 다수 인쇄하여 경성에서는 이를 독립선언 당일 군중에게 배부하여 만세를 부르고, 또 이를 각 지방에 분송하며, 이를 분송할 때 경성에서의 독립선언 일시 및 선언서 배부 절차를 전달하여 각 지방에서도 경성에 따르게 할 것.
> 4. 선언서와 기타 서류의 기초, 선언서 인쇄는 천도교측에서, 선언서의 배부 및 운송은 천도교·기독교 양측에서 각각 담당한다.
> 5. 일본정부, 일본 귀족원과 중의원에 대한 서면 제출은 천도교측에서, 미국 대통령과 열국 강화회의 위원에 대한 서면 제출은 기독교측에서 각각 담당하기로 한다.
> 6. 조선 민족대표로서 각 서명에 연명할 자는 천도교측·기독교측

에서 각각 십수 명씩을 선정하기로 한다. 독립운동에 대하어 참
가를 요구하고 있는 불교도도 이 연명에 가입시키기로 한다.[6]

　최린은 독립선언서의 집필을 최남선에게 맡겼다.[7] 그런데 손병희는 이
와 관련하여 1월 25, 26일경 천도교 간부들과의 모임에서 독립선언서 집
필의 방향과 관련하여, "그 문서는 누가 쓰든지 감정에 흐르지 말고 온건
하게 쓰지 않으면 안 된다. 그 문의(文意)는 동양평화를 위하여 조선이 독
립함이 옳다는 뜻으로 독립선언서를 발표"하는 것이 좋겠다고 말했다고
한다.[8] 최남선은 최린의 부탁을 받고 그와 여러 차례 협의하여[9] 독립선언
문의 초안을 2월 10일경 완성하여 15일경 최린에게 보여주었고, 최린은
손병희, 권동진, 오세창에게 보여주어 동의를 얻었다. 이어 최남선은 일본
정부와 조선총독부, 일본 의회에 제출할 독립의견서, 미국 대통령 윌슨에
의 독립청원서, 강화회의 위원들에의 독립의견서의 초안을 2월 25일까지

6　독립운동사편찬위원회, 1972, 『독립운동사 자료집』 제5집(3.1운동 재판기록), 「48인
　에 대한 예심종결 결정문」, 19쪽
7　그동안 일각에서 독립선언문의 공약3장은 한용운이 지었다는 설이 있었으나, 최린
　이 본인의 자서전에서 한용운이 "언문은 자신이 짓겠다고 주장한 일이 있었으나,
　나의 생각은 누가 짓든간에 선언서만은 육당이 짓는 것이 당연하다고 한용운의 이
　의를 거절하였다"고 썼다(최린, 1971, 「자서전」 『如菴文集』 上, 如菴崔麟先生文
　集編纂委員會, 193쪽). 최근 박걸순은 이 문제를 자세히 검토한 논문에서 역시 공
　약 3장은 2.8독립선언을 참고하여 최남선이 지은 것으로 보인다고 결론짓고 있다
　(박걸순, 2008, 「3.1독립선언서 공약3장 기초자에 대한 재론」 『한국근현대사연구』
　46).
8　市川正明編, 1984, 『3.1獨立運動』 1, 東京 : 原書房, 「손병희 검사신문조서」(3월
　7일), 87~88쪽 ; 조용만, 1969, 「독립선언서의 성립경위」 『3.1운동 50주년 기념논
　집』, 동아일보사, 217쪽
9　최남선은 공판정에서 재판장이 "여러 차례 최린과 협의한 후 선언서, 의견서, 청원
　서를 지었는가"라는 질문에 "그렇다"고 답하였다. 『동아일보』 1920년 7월 16일

모두 작성하여 최린에게 내어놓았다. 최린은 이들 문건을 27일 낮 기독교 측에 보여주어 동의를 얻은 뒤, 27일 밤에 경성부 수송동에 있는 보성사에서 선언문 2만 1천매를 인쇄하였다.[10] 따라서 이들 독립선언서를 비롯한 여러 문건들은 최남선 개인이 지은 것이라기보다는 3.1운동을 준비하던 이들의 의견이 종합된 것으로 볼 수 있다.

독립선언문은 28일 천도교와 기독교, 불교의 조직망을 이용하여 경성과 전국에 인편으로 배포되기 시작하였다. 천도교측에서는 인종익이 3천매를 받아 전라도와 충청도쪽으로 내려갔고, 안상덕이 2천매를 받아 강원도와 함경도쪽으로 내려갔다. 김상렬은 3천매를 받아 평안도쪽으로 내려갔으며, 이경섭은 1천매를 받아 황해도쪽으로 내려갔다. 이관은 50매를 받아 경성에서 배포하였고, 나용환은 100매를 받아 3월 1일 선언식이 열리는 태화관으로 가져왔다. 기독교측에서는 함태영이 1천2백매를 받아 평양에서 경성으로 올라온 이에게 전달했고, 김창준은 9백매를 받아 이계창에게 전달하여 선천으로 전달하게 했으며, 오화영은 2백 내지 3백 매를 받아 경기도의 개성과 함경도의 원산쪽으로 인편으로 전달하게 했다. 이갑성은 6백매를 받아 세브란스 의전생인 이용상, 김병수, 이용설 등을 통해 대구, 마산, 군산 등지에 전달하도록 했다. 불교쪽에서는 한용운이 3천매를 받아 중앙학림 학생들로 하여금 서울에서 1500매를 배포하고, 나머지 1500매는 전라도, 경상북도, 양산 통도사, 동래 범어사에 인편으로 전달하도록 했다. 학생단쪽에서는 이갑성이 김성국을 거쳐 강기덕에게 1500매를 전달하였고, 강기덕은 28일 밤에 경성고보 김백평, 보성학교 장채극·전옥결, 선린상업 이규종, 중앙학교 장기욱, 조선약학교 김동환·이

---

10 독립운동사편찬위원회, 1972, 『독립운동사 자료집』 제5집(3.1운동 재판기록), 「48인에 대한 경성복심법원 판결문」, 43쪽

용재에게 각각 100~300매씩을 나누어 주었다.[11] 천도교와 기독교측에서는 기밀을 유지하기 위하여 이 선언문을 시내에 배포하는 것은 3월 1일 오후 2시 이후에 하도록 지시하였다.[12]

한편 2월 28일 밤, 민족대표 33인 중 23인은 서울 종로구 가회동에 있는 천도교 교주 손병희의 집에 모였다. 다음 날의 거사를 앞두고 서로 얼굴도 모르는 경우가 많아서 상견례도 하고, 또 다음 날의 계획을 점검하기 위해서 모인 것이었다. 위에서 본 것처럼 이들의 원래 계획은 파고다공원에서 2시에 독립선언문 낭독을 통한 선언식을 갖고, 경찰에 민족대표 모두가 연행되어 간다는 것이었다. 그런데 28일 밤 모임에서 이갑성은 3월 1일 낮에 파고다공원에 학생들이 2백 명 가량 집합하여 만세를 부르게 될 것이라고 말했다. 이에 최린과 권동진 등 천도교쪽 인사들이 민족대표가 연행되어 갈 때 학생들이 격앙되어 어떤 일을 할지 모르니 장소를 바꾸는 것이 낫겠다고 말했다.[13] 이에 다른 이들도 동의했다. 손병희는 독립선언식만 하면 된다면서 명월관 지점인 태화관으로 옮겨 선언식을 가질 것을 제안하자 참석자들이 모두 이에 찬성하였다.[14] 천도교쪽 대표들의 진술을 보면, 당시 천도교 쪽에서는 최린 외에 손병희, 권동진, 오세창 등은 기독교측이 학생측과 연합을 도모하고 있었던 것을 잘 알지 못하고 있었던 것으로 보인다. 그리고 그들은 경찰이 자신들을 체포해갈 때, 학생과

11 독립운동사편찬위원회, 1972, 『독립운동사 자료집』 제5집(3.1운동 재판기록), 「48인에 대한 경성복심법원 판결문」, 43쪽 ; 신용하, 앞의 책, 268~269쪽 참조

12 국사편찬위원회, 1990, 『韓民族獨立運動史資料集』 11, 「강기덕 신문조서(제3회)(경성지법예심)」

13 국사편찬위원회, 1990, 『韓民族獨立運動史資料集』 11, 「최린 경성지법 신문조서」, 24쪽

14 市川正明編, 1984, 『3.1독립운동』 1, 「권병덕 경성고등법원 예심신문조서」(11월 4일, 고등법원), 87~88쪽

경찰 사이에 충돌이 일어나 예기치 않은 사상자가 발생할 수 있다는 것을 우려했다고 한다.[15]

학생단과의 연합은 어떻게 진행되었을까. 기독교측의 박희도는 2월 22일경 연희전문학교생인 김원벽에게 따로 운동을 계획하고 있던 학생단도 천도교·기독교의 연합에 합류할 것을 제의했다. 이에 김원벽은 보성전문의 강기덕, 경성의학전문의 한위건과 만나 합류에 의견을 모았고, 24일 천도교와 기독교의 연합이 완전히 성사되자 학생단도 곧 이에 합류하겠다고 통고했다.[16] 그리고 보성전문, 연희전문, 경성전수학교, 경성공전, 경성의전 학생 대표들은 25일 모임을 갖고 연합을 승인하였다.[17] 기독교측의 함태영은 학생들과 접촉하고 있던 박희도로부터 이러한 소식을 들었을 것이고, 천도교측의 최린은 24일부터 27일까지 매일 함태영과 만나고 있었기 때문에[18] 그도 역시 소식을 들었을 것이다.[19]

2월 28일 밤 손병희 집에서의 민족대표 모임에서 다음 날의 독립선언식 장소가 파고다공원으로부터 태화관으로 바뀌었다는 소식은 당일 밤 11시 경 이갑성에 의해 세브란스병원에 입원해 있던 강기덕에게 전달되었다.[20] 당시 강기덕은 외부의 눈을 피하기 위해 25일부터 세브란스병원

---

15 권동진, 「3.1운동의 회고」『신천지』 1권 2호, 1946, 8쪽

16 국사편찬위원회, 1990, 『韓民族獨立運動史資料集』 11, 「김원벽 신문조서」(2) (경성지법 예심) 113~114쪽

17 독립운동사편찬위원회, 1972, 『독립운동사 자료집』 제5집(3.1운동 재판기록), 「김형기 등 학생단의 예심종결결정서」 69~70쪽(신용하, 앞의 책, 253쪽에서 재인용)

18 市川正明編, 1984, 『3.1독립운동』 2, 「최린의 고등법원 예심조서」, 63쪽

19 최린은 신문과정에서 학생들과의 연합은 전혀 모르고 있었던 것처럼 진술하였으나, 이는 사실이 아닌 것으로 보인다.

20 市川正明編, 1984, 『3.1독립운동』 1, 「이갑성 검사신문조서」, 175쪽 ; 『동아일보』 1950.2.26. 강기덕, 「3.1절을 앞두고 떠오르는 피의 기록」(1)

에 위장 입원 중이었다.

3월 1일 아침 일찍 최린은 독립선언서 전단이 자기 집에 뿌려진 것을 발견하고, 경찰이 들이닥칠 것을 우려하여 손병희의 집으로 가서 손병희와 함께 있다가 12시경에(10시 반이라는 설도 있다) 권동진·오세창과 함께 태화관에 도착하였다.[21] 이어서 2시까지 선언서에 서명한 민족대표들은 지방에 있던 4명을 빼고 모두 태화관에 도착하였다. 같은 시각 이갑성은 세브란스의전생인 서영환을 시켜 남산에 있던 조선총독부에 보내는 의견서를 제출케 했다.

2시가 조금 못 되어 보성전문의 강기덕, 세브란스 의전의 김문진과 한국태가 태화관에 나타났다. 강기덕은 전날 밤 이갑성으로부터 선언식의 장소가 파고다공원에서 태화관으로 바뀌었다는 말을 듣고, 김문진과 함께 태화관에 찾아온 것이었다. 강기덕은 "파고다공원에서 선언서를 발표한다고 하기에 학생을 모이게 했으니 여기에서 발표하게 되면 거짓말을 한 것으로 되니, 꼭 파고다공원으로 와주기 바란다."고 말하였다. 강기덕은 "이와 같이 학생들을 기만하는 법이 어디 있느냐, 당신들 가운데 한 사람이나 두 사람이 파고다 공원에 가서 독립선언서는 다른 곳에서 발표하기로 되었다는 것을 말해달라"고 하였다.[22] 이에 최린이 "선언은 다수의 소란한 곳에서는 하는 것이 선언이 아니다. 신문에 내어 선언해도 되겠지만, 그것은 불가능하다. 단지 선언서를 모든 사람에게 배부하면 그것이 곧 선언이 된다. 때문에 굳이 공원에 갈 필요는 없다"고 답하였다 한다.[23] 손병

---

21 최린, 「자서전」『한국사상』4, 1962(『如菴文集』上, 如菴崔麟先生文集編纂委員會, 1971, 200~202쪽). 그러나 최린은 경성지법의 예심 신문에서는 오후 1시 반경에 태화관에 도착했다고 말했다(「최린의 경성지법 예심조서」, 市川正明編, 1984, 『3.1독립운동』1, 222쪽).

22 市川正明編, 1984, 『3.1독립운동』1, 「이갑성 검사신문조서」, 175쪽

희는 "(3인의 학생이 와서) 왜 파고다공원에 오지 않는가. 와주지 않으면 권총으로 어떻게 하겠다고 협박비슷한 말을 했으나, 나는 젊은 사람들이 완력으로 소요한다고 일이 성취되는 것은 아니다, 우리는 너희들과 일을 함께 할 수 없으니, 너희들 마음대로 하라고 하면서 최린과 함께 쫓아 보냈다"고 경성지법에서 진술하였다.[24] 그러나 강기덕의 회고에 의하면, 최린이 강기덕의 두 손을 붙잡고 이 민족적 대사업에 지장이 없도록 협조해 달라고 간곡히 부탁하였다고 한다.[25]

학생들이 돌아간 뒤에, 독립선언식은 어떻게 진행되었을까. 이날 선언식에서는 선언문의 배포, 강기덕 등 학생들의 항의, 점심 식사, 한용운의 기념 연설, 만세삼창, 경찰의 연행 등의 일이 있었는데, 그 순서가 어떻게 되었는지에 대해서는 당시 참석자들의 진술이 엇갈리고 있다. 권동진은 '현장에서의 선언서 배부 → 종로경찰서에 인력거군을 통하여 선언서 전달 → 점심식사 → 경찰의 태화관 출동 → 한용운의 연설 → 조선독립만세 삼창 → 자동차로 경무총감부로 연행됨' 등의 순서로 일이 진행되었다고 진술했다.[26] 반면 최린은 '선언문 배부 → 식탁 차림 → 한용운의 연설 → 조선독립만세 삼창 → 경찰관의 태화관 출동 → 자동차로 연행됨'의 순서로 진행되었다고 진술했다.[27] 두 가지 설 가운데 최린의 설이 더 구체적이고, 상황 전개상 합당한 것으로 보인다.

당시 상황을 재구성해보자. 학생들이 돌아간 뒤 2시 정각에 선언문이

23 市川正明編, 1984, 『3.1독립운동』 1, 「신홍식 검사신문조서」, 163쪽
24 市川正明編, 『3.1독립운동』 1, 「손병희 경성지법 예신신문조서」, 209쪽
25 『동아일보』 1950.2.28. 강기덕, 「3.1절을 앞두고 떠오르는 피의 기록」(2)
26 市川正明編, 『3.1독립운동』 1, 「권동진 경성지법 예심신문조서」, 230쪽
27 최린, 「자서전」 『한국사상』 4, 1962(『如菴文集』 上, 如菴崔麟先生文集編纂委員會, 1971, 200~202쪽)

배포되었다. 선언문의 낭독은 생략하고, 참석자들은 눈으로 선언문을 읽었다고 한다. 그것은 참석자의 반 수 이상이 이미 선언문을 보았기 때문일 것이다. 이즈음 누군가(최린일 가능성이 크다) 종로경찰서에 인력거꾼을 시켜 선언문을 보냈다. 그것은 자신들이 태화관에 있다는 것을 알리기 위한 것이었다. 이후 점심 식사가 들어왔고, 한용운은 자리에서 일어나 "오늘 이 자리는 조선 독립의 기초가 될 것"이라면서, "앞으로 계속해서 분투해야 한다"는 간단한 연설을 한 뒤 만세 삼창을 제의하였고, 참석자들은 모두 일어나 만세 삼창을 하였다. 그리고 이때 경찰 7,80명이 인력거 몇 대를 데리고 달려왔다.[28] 최린의 「자서전」에 의하면, 종로서 경부는 최린에게 경무총감부로 가야 한다고 하여 자동차를 가져오라고 했고, 30분 뒤에 자동차 한 대가 왔다고 한다. '민족대표' 29명은 3명 내외로 나누어 타고 차례로 경무총감부로 연행되었다. 자동차 1대로 많은 인원을 실어 날라야 했기 때문에 1시간 이상의 시간이 걸려 5시경에야 호송이 완료되었다고 한다.[29] 자동차가 무개차였기 때문에 자동차로 이동하는 도중, '민족대표' 가운데 누군가가 종각 부근에 모여 있던 군중들에게 독립선언서 전단을 뿌리기도 하였다. 경무총감부는 5시경까지는 이들의 호송에 신경을 쓰느라 시가지를 행진하던 시위대의 저지에는 크게 신경쓰지 못한 것으로 보인다.

한편 '민족대표'들이 종로경찰서에 전화를 해서 '자수'했다는 설이 있는데, 이는 어떻게 된 것일까. 이갑성은 1969년 동아일보와의 인터뷰에서

---

28 市川正明編, 『3.1독립운동』 1, 「양전백 경찰신문조서」(3월 1일, 경무총감부), 87쪽 ;
市川正明編, 『3.1독립운동』 2, 「오화영 경성고등법원 예심신문조서」(11월 15일, 고등법원), 210쪽 ; 市川正明編, 『3.1독립운동』 1, 「한용운 경찰신문조서」(3월 1일, 경무총감부), 109쪽

29 최린, 1971, 「자서전」 『如菴文集』 上, 如菴崔麟先生文集纂委員會, 201~202쪽

"태화관 주인이 와서 종로서에서 전화가 왔는데, 거기 모두 모여 있느냐고 물으니 어떻게 대답하오리까 하는 것이었다. 와 있는 것을 와 있다고 그래야지 하고 누가 대답했다. 그 얼마 뒤 경관과 헌병이 몰려왔다."고 말했다.[30] 당시 상황을 정리하면, 최린 등이 종로경찰서에 인력거로 독립선언문을 보낸 뒤, 종로서에서는 민족대표들이 실제로 태화관에 있는지 확인하기 위해 전화를 걸어 이를 문의했다. 이에 태화관측에서는 확인하고 전화를 주겠다고 답한 뒤에, 손병희 등에게 어떻게 할 것인지를 물어왔다. 이에 손병희 등은 "여기에 있다고 답하라"고 하였고, 태화관측에서는 종로서에 전화를 걸어 그렇게 답하였다. 이후 경찰과 헌병이 태화관으로 출동하였다.[31] 당시 '민족대표' 33인은 독립선언식을 무사히 마친 뒤에는 경찰에 자진하여 연행되기로 약속이 되어 있었기 때문에, 일제 경찰이 출동한 뒤에 기꺼이 경찰에 연행되었다.

당시 '민족대표'측은 '독립선언식'과 '선언문의 배포'를 통한 독립선언, 그리고 일본정부, 조선총독부, 미국과 파리 강화회의에의 '독립청원서의 전달'을 무사히 마치는 것이 가장 중요하다고 생각했다. 따라서 자신들이 경성에서 할 수 있는 일, 즉 독립선언식과 독립선언문의 배포, 총독부에의 청원서 전달을 무사히 마치자, 이들은 자신들의 일차적인 역할을 다 했다고 생각하고 경찰에 통고하여 연행되어 갔다.

---

30 『동아일보』 1969.2.22. 「민족의 함성 -3.1운동 단면 8章-」 ②(유경현 기자)
31 『경향신문』 1969.3.1. 「독립운동사에 잘못 있다. -그날의 비화를 말하는 이규갑옹」

3. 3월 1일 파고다공원과 서울 시내의 시위

1) 학생단의 조직화

'민족대표'들이 태화관에서 독립선언식을 갖고 있을 즈음, 파고다공원에서는 어떤 일이 벌어지고 있었을까. 3월 1일 2시경 파고다공원에는 수백 명의 학생들이 모여 있었던 것으로 보인다. 그리고 그 학생들은 주로 경성의 전문학교와 중등학교(고등보통학교와 각종학교) 학생들이었다. 이들 학교의 학생 대표들이 모이기 시작한 것은 1월 말경이었다.

1월 23~24일경 기독교 청년회 간사인 박희도는 연희전문학교 생도인 김원벽을 만나 기독교청년회의 회원 모집과 관련하여 협의하였다. 그 결과 가급적 청년으로 유능한 인재 및 중학 정도 이상의 학교 재학생을 모집하여 기독교 청년의 단결을 공고히 하자는 데 의견을 같이하고, 그 방법으로서 경성에 있는 각 전문학교 졸업생과 재학생 중에서 대표적인 인물을 택해 회원 모집에 앞장서 주기를 의뢰하기로 하였다. 이에 따라 박희도의 이름으로 1월 26일 경성부 관수동 중국 요리집 대관원(大觀園)으로 8명을 초대하였는데, 그들의 이름은 보성전문의 주익, 연희전문의 윤화정과 김원벽, 보성전문의 강기벽, 경성전수학교의 윤자영, 세브란스의전의 이용설, 경성공전의 주동의, 경성의전의 김형기였다. 박희도는 이들에게 기독교청년회의 회원 모집에 앞장서 줄 것을 부탁하였다. 이날 공식적인 연회가 끝난 뒤, 보성전문의 주익은 "(구주)대전(1차 세계대전을 의미-인용자)의 결과 세계는 새로 조직되어 세계지도의 색채에 변동이 있을 것이다. 신문보도 등에 의하면, 종래에는 속국이었던 나라가 독립하고, 또는 타국 판도 내에 있던 민족도 새로 독립국가를 조직하는 경우들이 여럿 있다. 우리 조선에 대해서도 강화회의에서 다룰 기미가 있으므로, 이때 우리

동포가 일제히 궐기해서 운동을 개시하면 혹시 성공할지도 모른다. 지금은 운동을 개시할 호기라고 생각한다. 제군들의 생각은 어떠한가?"라고 물었다. 이에 박희도를 비롯한 일동은 이에 찬성하여 "동경에 있는 우리 유학생도 이미 독립운동을 기획하고 선언서 발표를 꾀하고 있는 이때에 조선에 있는 우리 청년학생도 선언서를 발표하여 그 소리를 크게 해서 일반 여론을 환기시켜 세계의 동정에 호소해야 한다"는 쪽으로 거의 의견이 모아졌다. 그러나 연희전문의 김원벽만은 "독립에는 찬성이나 시기상조다. 냉정하게 생각할 때, 조선의 현 상태는 독립을 얻는다 해도 완전한 국가로서의 체면을 유지하기는 곤란하다. 일주일 간 고려할 시간을 달라."고 하였다고 한다. 김원벽은 학생 사회에서 영향력이 컸기 때문에, 대관원에 모였던 다른 학생들은 김원벽을 만나 설득하기도 하였다. 김원벽은 선천학교에 내려가 미국 선교사인 신성학교장 맥퀸을 만나, 이 문제에 관해 맥퀸의 의견을 물었다. 맥퀸은 "조선은 아직 독립할 자격이 없기는 하나, 모든 일이란 실행하지 않으면 불가능하다. 그저 고려만 하고 있어서는 무슨 일이고 성취되는 법은 없다."는 뜻으로 답했다. 이에 김원벽은 '운동을 실행하라'는 뜻으로 받아들였다고 한다. 그는 경성에 돌아온 후 2월 3,4일경 학생들에게 운동에의 동참을 표명했다.[32] 김원벽의 진술에 의하면, 김원벽, 강기덕, 김성득, 주익, 김형기 등은 서로 왕래하면서 학생들만의 독립운동을 실행하기로 의견을 모으고, 주익이 선언문 초안을 만드는 등 계획을 진척시켰다고 한다.[33] 강기덕의 회고에 의하면, 학생들은 대관원에서 6,7차 회합을 가졌다고 한다.[34]

---

32 독립운동사편찬위원회, 1973, 『독립운동사자료집』 6(3.1운동), 조선헌병대사령부, 조선총독부 경무총감부, 「조선3.1독립소요사건-개황·사상 및 운동」, 867~868쪽

33 국사편찬위원회, 1990, 『韓民族獨立運動史資料集』 11, 「김원벽 신문조서」(제2회)(경성지법 예심), 109쪽

그런데 김형기, 윤자영 등 전문학교와 고등보통학교 등 학생들에 대한 경성지방법원의 예심종결 결정서는 박희도와 이갑성이 1월 하순에 이미 독립운동을 염두에 두고 학생들을 규합하려 하였으며, 그 일환으로 1월 26일의 모임이 있었다고 보았다. 즉 국내에 이미 일본유학생들의 2.8독립선언 준비 소식이 은밀히 전해졌고, 이에 자극받은 박희도와 이갑성이 국내 학생들을 조직하여 독립운동을 준비에 착수했다고 본 것이다. 경신학교와 세브란스의전을 졸업하고 세브란스 병원의 직원으로 있던 이갑성이 2월 12, 14일 두 차례에 걸쳐 세브란스병원 안 예배당에서 열린 음악회를 구실로 학생들을 초대하여 세브란스의학전문학교 내의 사택에서 학생들의 모임을 가진 것도 그 일환이었다는 것이다. 이때 이갑성의 집에 온 학생들은 연희전문의 김원벽, 경성의전의 김형기와 한위건, 경성전수학교의 윤자영, 세브란스의전의 김문진과 배동석 등이었다. 이때 이들은 해외에서의 독립운동 정세를 논의하였다고 한다.[35]

　이후 박희도는 강기덕, 김원벽과 독립운동의 계획을 구체적으로 세우는 한편, 강기덕은 각 학교의 대표를 선발하는 작업에 나서 경성전수학교의 전성득·윤자영, 경성의전의 김형기·한위건, 세브란스 의전의 김문진·이용설, 경성공전의 김대우, 보성전문의 강기덕·한창환, 연희전문의 김원벽 등을 선발하여 당사자의 내락을 받았다. 그리하여 2월 20일경 이들 대표자들의 모임을 종로 쪽의 승동예배당에서 개최하여, 그 자리에서 전성득, 김형기, 김문진, 김대우, 강기덕, 김원벽은 모두 제1진으로서 각 학교

---

34 『경향신문』 1950.2.26. 강기덕, 「3.1절을 앞두고 떠오르는 피의 기록」(1)

35 독립운동사편찬위원회, 『독립운동사자료집』 5, 「김형기 등 경성지방법원의 예심종결 결정서」 69쪽. 김원벽에 의하면, 이갑성의 집에는 런던타임즈 신문이 있었고, 거기에는 조선인 한 사람이 파리에 가 있다고 쓰여 있었다고 한다(국사편찬위원회, 『韓民族獨立運動史資料集』 11, 「김원벽 신문조서」(제2회)(경성지법 예심) 110쪽).

를 대표하여 독립운동에 나서기로 했으며, 이용설, 한위건, 윤자영, 한창환은 제1진이 체포되는 경우에 후사를 처리하거나, 다른 임무에 종사하기로 하는 등 제2진의 임무를 맡는다는 사항에 합의하였다.[36]

이후 박희도는 2월 22일경 연희전문학교생인 김원벽에게 학생단도 천도교·기독교의 연합에 합류하는 것이 좋겠다고 제안했다. 이에 김원벽은 보성전문의 강기덕, 경성의학전문의 한위건과 만나 합류를 결정했는데, 이들은 학생단의 대표 3인방이라 할 수 있는 인물이었다. 이들은 24일 천도교와 기독교의 연합이 확실히 성사되자, 학생단도 이에 합류하겠다고 바로 통고했다.[37]

보성전문, 연희전문, 경성전수학교, 경성공전, 경성의전 학생 대표들은 25일 정동예배당의 이필주 목사 사택에 모여 연합에 동의하자는 김원벽 등의 제안을 승인했다.[38] 그리고 이날 학생단 대표들은 구체적으로 향후 운동의 방법을 논의했다. 이날 학생들은 3월 1일에는 가급적 중등학교 학생을 참가시켜 주도하도록 하고, 다음에는 각 전문학교의 대표자가 주도하여 독립운동을 한다는 것, 그 일시는 3월 1일의 상황을 보아 결정한다는 것 등에 합의했다.[39] 26일 다시 같은 장소에 모인 김문진, 이용설, 윤자영, 김탁원, 최경하, 나창헌, 박윤하, 김영조 등 각 전문학교의 유력자들은 제2회의 시위 때에는 분발하여 학생을 규합할 것과, 제1회 및 제2회의 시

---

36 독립운동사편찬위원회, 1972, 『독립운동사자료집』 5, 「김형기 등 경성지방법원의 예심종결 결정서」, 69쪽

37 국사편찬위원회, 1990, 『韓民族獨立運動史資料集』 11, 「김원벽 신문조서」(제2회)(경성지법 예심), 114쪽. 통고한 날짜는 24일 혹은 25일로 보인다.

38 독립운동사편찬위원회, 1972, 『독립운동사자료집』 5, 「김형기 등 학생단의 예심종결결정서」, 69~70쪽(신용하, 앞의 책, 253쪽에서 재인용)

39 국사편찬위원회, 1990, 『韓民族獨立運動史資料集』 11, 「김원벽 신문조서」(제2회)(경성지법 예심), 115쪽

위에 즈음하여 관헌에 체포를 모면한 사는 그 뜻을 굽히지 말고 더욱 더 독립운동을 계속 행함으로써 최후의 목적을 완수할 것에 의견을 같이했다.[40] 김원벽은 학생단의 의견을 4가지로 집약하여 박희도에게 전달했다. 그것은 1) 학생측은 선언서를 발표하지 않을 것, 2) 3월 1일 선언서 발표 때 중등 정도의 학생들을 최대한 동원할 것, 3) 그 뒤의 운동에 대해서는 학생측에게 임의의 행동에 맡길 것, 4) 3월 1일의 운동에는 전문학교 학생들은 가급적 나오지 않도록 주의할 것 등이었다.[41]

한편 학생단의 대표자들인 강기덕, 김원벽, 한위건은 거사를 위한 모의를 거듭하는 한편, 각자가 중등학교 학생들을 포섭하기 시작했다. 김원벽은 경신학교의 강우열·강창준, 경성고보의 박쾌인을 포섭했다. 강기덕은 평안도와 함경도 출신 학생들로 구성된 서북친목회의 회원들과 다른 인맥을 동원하여 2월 초부터 경성고보의 김백평·박노영, 중앙학교의 장기욱, 선린상업학교의 이규송, 보성고보의 장채극·전옥결 등을 포섭하였다. 그는 이들을 안국동의 박희용의 방에 불러 "우리 조선도 국제연맹에서 주창되는 민족자결주의에 따라 독립할 수 있을 것이며, 지식계급자들 사이에서 기획이 진행 중이다. 이 운동의 성부(成否)는 학생들의 결속에 달려 있다. 그 기회가 도래하면 통보할 터이니, 그 뜻을 체득하여 대표자가 되어 각자 자기 학교의 학생들에게 독립사상을 고취하여 이에 대비하

---

40 독립운동사편찬위원회, 1972, 『독립운동사자료집』 5, 「김형기 등 학생단의 예심종결결정서」, 70쪽. 이용설의 회고에 의하면, 이날 학생단은 독자적으로 제2회의 시위운동을 다섯 차례로 나누어 실행하고, 그 책임을 담당할 학생 대표도 5개조로 나누되, 1차로 3월 5일 10시에 서울역 앞 광장에 모여서 시위를 행한다고 결정했다고 한다(이용설, 「나의 3.1학생운동 체험」 『새벽』 1956년 신년호, 29쪽(신용하, 앞의 책, 254쪽 참조)).
41 국사편찬위원회, 1990, 『韓民族獨立運動史資料集』 11, 「김원벽 신문조서」(제1회)(경성지법 예심), 115쪽

는 것이 긴요하다."고 말해두었다. 이에 따라 학생들은 각자 자기 학교의 학생들에게 기회가 있을 때마다 접촉하여 독립운동을 일으키는 날에는 분기하여 참가할 것을 설득하였다.[42]

마침내 2월 28일 밤 8시경 강기덕은 각 전문학교 대표들을 승동예배당으로 소집했다. 세브란스의전생인 김성국은 강기덕을 대신하여 예배당에 모인 전문학교 대표들에게 3월 1일 오후 2시를 기하여 파고다공원에서 독립선언을 할 것이며, 이어서 학생측에서 주최하는 제2회 독립운동을 할 터이니 유의할 것, 또 선언서는 중등학교 학생들을 통하여 배포할 터이어서 전문학교 학생들에게는 배포하지 않는다는 요지의 말을 전하였다. 강기덕은 또 중등학교 대표들을 밤 10시에 정동예배당의 이필주 목사 사택에 소집시켰다. 그는 그곳에 모인 중등학교 대표 10여명(김백평, 장채극, 전옥결, 이규송, 장기욱, 전동환, 이용재 등)에게 손병희 등이 다음날인 3월 1일을 기하여 조선독립선언을 하고, 동시에 선언서를 발포하며 시위운동을 할 것이니, 각자는 학생들을 결속하여 이 운동에 참가하도록 당부했다. 아울러 각 학교별로 독립선언서 100매 내지 300매를 나누어주면서 배포장소를 지정해주었다.[43] 그가 가지고 온 독립선언서 1500매는 이갑성으로부터 받은 것이었다. 이 자리에서 강기덕은 3월 1일 오후 2시를 기하여 선언서를 배부해달라고 당부하였다. 그리고 만약 선언서를 가지고 있다가 발각되면 계획이 모두 어긋나게 되므로 비밀로 하여 발각되지 않도록 주의해 달라고 당부하였다.[44] 그러나 일부 학생들은 이미 28일 밤

---

42 독립운동사편찬위원회, 1972,『독립운동사자료집』5,「김형기 등 학생단의 예심종결결정서」, 70쪽

43 독립운동사편찬위원회, 1972,『독립운동사자료집』5,「김형기 등 학생단의 예심종결결정서」, 70~71쪽.

44 국사편찬위원회, 1993,『韓民族獨立運動史資料集』16, 李奎宋 신문조서(경성지

조선인 민가에 선언문을 배포한 것으로 보인다. 경찰은 1일 새벽 서울에서 조선독립에 관한 선언서를 발견하여 수사에 들어갔다고 한다.[45]

2) 파고다공원의 독립만세 소리

학생들은 2월 28일 오전부터 파고다공원에서 1일 오후 2시에 독립선언식이 있다는 사실을 전달받기 시작했다.[46] 경성공전의 김대우는 아침에 등교하여 주종의로부터 3월 1일 파고다공원에서 독립선언식이 있다는 말을 들었다고 한다.[47] 경성의전의 이형원은 28일 낮 휴게시간에 학생 4,5명과 함께 길영희라는 학생으로부터 "3월 1일 낮에 파고다공원에서 독립선언이 있고, 학생들이 참여하게 되어 있으니 너희들도 참가하라"는 말을 들었다고 한다.[48] 경성전수학교 김영조는 28일 밤 9시경 전성득의 하숙방에 가서 그로부터 3월 1일의 파고다공원 집회에 대해 들었다고 한다.[49] 그리고 대다수의 학생들은 3월 1일 학교에 등교한 뒤, 선배나 동료들로부

방법원 예심), 『韓民族獨立運動史資料集』 16, 155쪽.

45 국회도서관편, 1997, 『한국민족운동사료』(3.1운동편 1), 조선군 헌병대사령관의 일본 육군대신에의 보고(3월 1일 오후 6시35분발), 2쪽. 그러나 경찰이 실제 수사에 들어간 흔적은 찾을 수 없어, 이 보고가 사실인지는 확실치 않다.

46 김원벽의 진술에 의하면, 2월 27일경 강기덕과 한위건이 중등학교 대표자들에게 3월 1일 파고다공원에서 거사가 있을 것임을 알리기로 되어 있었다고 한다. 국사편찬위원회, 1990, 『韓民族獨立運動史資料集』 11, 「김원벽신문조서」(제2회) (경성지방법원 예심), 115쪽 참조.

47 국사편찬위원회, 1991, 『韓民族獨立運動史資料集』 15, 「金大羽 신문조서」(경성지방법원 예심), 『韓民族獨立運動史資料集』 15, 93쪽

48 국사편찬위원회, 1991, 『韓民族獨立運動史資料集』 15, 「李亨垣 신문조서」(경성지방법원 예심), 233쪽

49 국사편찬위원회, 1993, 『韓民族獨立運動史資料集』 16, 「金榮洮 신문조서」(경성지방법원 예심), 202~203쪽

터 당일 오후의 파고다공원 집회에 대해 들었다고 한다.

오후 2시 파고다공원에는 학생들이 얼마나 모였을까. 3.1운동과 관련하여 그동안 나온 대부분의 책들에서는 약 4,5천명의 학생들이 모였다고 쓰고 있다.[50] 그러나 유진혁은 수기에서 "이때 전문학생이라고는 열 명이 채 못 되는 연희전문 학생들과 나를 포함한 세브란스 학생 십 명 정도였으며, 탑골공원 안에 모여든 인원 총 수효는 약 2백여 명(제일고보학생이 대부분) 정도에 불과하였다."고 썼다.[51] 그 정도 인원이 나타났기 때문에 경찰에서는 전혀 눈치를 채지 못했을 것이다. 2시가 되어도 민족대표들도 나타나지 않았고, 민족대표를 찾아갔던 강기덕이나 또 다른 학생대표들인 김원벽, 한위건도 파고다공원에는 나타나지 않았다.[52] 이들은 모두 3월 5일의 시위를 위해 파고다공원에는 나타나지 않은 것으로 보인다. 혹시 나타났다 하더라도 앞에 나서지는 않았을 것이다.

---

50 파고다공원은 4,5천명이 들어가기에는 공간이 너무 좁고, 또 경찰에 의해 바로 주목을 받았을 것이다. 따라서 이 숫자는 부풀려진 숫자라고 할 수밖에 없다.

51 『동아일보』 1956.3.1. 유진혁씨 수기(상) 「내가 겪은 기미만세」. 유진혁은 당시 세브란스의전 학생으로 파고다공원 현장에 있었다.

52 연희전문 학생이었던 李秉周는 3월 1일 파고다공원에서 선언서를 낭독하는 대표자로 김원벽을 뽑은 일이 있다고 경성지법 예심에서 말하였다. 그러나 김원벽은 당일 파고다공원에 가지 않았으며, 누가 낭독했는지 알 수 없으나 일본유학생이 낭독했다고 들었다고 진술했다. 「김원벽신문조서」(제2회) (경성지방법원 예심) 『韓民族獨立運動史資料集』 11, 197쪽. 일부에서는 한위건이 선언서를 낭독했다고 주장하지만, 한위건은 3월 5일 이후의 일을 책임지기로 했기 때문에 이날 파고다공원에서 선언문을 낭독할 수 없었다. 한위건은 당시 23세로 30대 나이로는 보이지 않았을 것이다. 당시 나이 33세였던 강기덕은 회고록에서 "태화관을 나와 학생들을 격려하기 위하여 탑동공원으로 달려갔다. 이때에 벌써 만세소리는 천지를 진동하여 전 시내를 움직이고 있었으며, 독립선언문은 이곳저곳에서 살포되었다."고 하였다(『경향신문』 1950.2.28. 강기덕, 「3.1절을 앞두고 떠오르는 피의 기록」). 이미 파고다공원에서는 선언문 낭독과 만세가 끝나고, 학생들이 시가지로 진출하고 있었던 것이다.

그러면 독립선언문은 누가 낭독했을까. 당시 파고다공원에 갔던 학생들 가운데 선린상업학교 학생 유극로는 "육각당 위에서 30세쯤 되는 두루마기를 입은 조선인이 선언서를 낭독하고, 누군가는 선언서인지 무엇인지를 나누어주고 있었다"고 진술하였다.[53] 경성고보생 박쾌인은 "육각당에서 중절모를 쓴 자가 독립선언서를 낭독하였다"고 진술했다.[54] 사립동경물리학교 학생 고재완은 "이름은 모르겠으나 34·5세의 키가 작고 낯에 검은 점이 있는 남자였다. 뚱뚱하거나 야윈 편도 아닌 보통 체격의 남자였다."고 진술하였다.[55] 세브란스의전 학생 유진혁은 이렇게 당시 상황을 회고했다.

돌연 공원 중앙 팔각정자(육각정자의 착오인 듯-인용자)에서 탑 쪽을 향한 돌층계에 회색 두루마기를 입고 백색 무명가방에 인쇄된 삐라 뭉치를 가득히 담아 어깨에 맨 한 중년 신사가 나타났다. 그는 메고 온 가방에서 '독립선언'를 한 장 꺼내어 약 십 분 동안 대략 그 내용을 소리높이 설명한 후 선언서를 훔켜서 학생들 쪽으로 뿌렸다. 학생들이 모두 몇 장씩 주워들었다. 이때 그 중년신사는 두 팔을 높이 들고 '조선민족 자주독립 만세'하고 소리 높이 외치니, 만장의 학생들도 일제히 호응하여 한 손에 모자와 한 손에 선언서를 흔들며 목이 터져라고 '조선민족 자주독립 만세'를 몇 번이나 연거푸 불렀다.[56]

---

53 국사편찬위원회, 1993, 『韓民族獨立運動史資料集』 16, 「兪極老 신문조서」(경성지방법원 예심), 177쪽
54 국사편찬위원회, 1993, 『韓民族獨立運動史資料集』 16, 「朴快仁 신문조서」(경성지방법원 예심), 238쪽
55 국사편찬위원회, 1996, 『韓民族獨立運動史資料集』 17, 「高在琓 신문조서」(경성지방법원 예심), 167쪽
56 『동아일보』 1956.3.1. 유진혁씨 수기(상) 「내가 겪은 기미만세」

유진혁의 회고에 의하면 당시 현장에는 경찰이 한 명도 없었다. 그는 만세 직후에 공원 뒷문 쪽으로 나가 뒷담을 돌아서 정문 좌측에 있는 경찰지서의 동향을 살폈다. 그러나 지서 안의 일본인 순사와 한국인 순사는 공원 쪽의 상황을 전혀 모르고 평소처럼 앉아 있었다. 공원 안에서 다시 만세소리가 울려 퍼지자 그때야 일본 순경이 어슬렁거리면서 공원 안으로 들어갔다가, 독립선언문 한 장을 주워들고 나와, 황급히 지서 안으로 들어갔다고 한다. 그는 부하를 시켜 공원 정문을 닫아 일행이 공원 밖으로 나오는 것을 막는 조치를 취하지 않은 채, 종로경찰서에 전화를 하기 위해 전화통만을 붙잡고 있었다고 한다. 그 사이에 학생 2백여 명은 정문을 통해 종로 거리로 쏟아져 나왔고, 학생들은 행인들에게 "지금 파리 강화회의에서 우리나라의 독립이 승인되었으니 독립만세를 부르자"라고 선전을 하면서, 소리 높여 '독립만세'를 외쳤다고 한다.[57]

이러한 상황이었기에 선언문 낭독자는 현장에서 붙잡히지 않았으며, 이후에도 끝내 붙잡히지 않았다. 그런데 1956년 정재용이라는 사람은 동아일보에 기고한 글에서 자신이 파고다공원에서 독립선언문을 낭독한 당사자였음을 밝혔다. 정재용은 1886년 해주에서 태어나 서울에서 경신학교를 졸업하고 고향인 황해도 해주에 내려간 뒤 사립학교인 의창학교 교감 등을 지냈다.[58] 그리고 3.1운동 이후에는 해주청년회에서 활동하였다. 그는 동아일보에 투고한 「삼일절을 맞이하여」라는 글에서 2월 20일경 YMCA학생부간사인 박희도로부터 해주교회의 동지들에게 서울에서 천도교와 기독교의 독립운동이 준비되고 있다는 연락을 받고 최성모, 최두현, 노선형과 함께 서울로 올라왔다고 한다. 그는 박희도를 만나 운동의

---

57 위와 같음
58 『동아일보』 1990.3.1. 「3.1독립선언서 파고다 첫 낭독, 항일투사 정재용 비망록 발견」

준비상황을 듣고, 이규갑과 함께 동화당약방의 민강, 평화당약방의 이옥인과 앞으로의 계획을 논의하였다고 한다. 그는 28일 아침 김창준과 종로중앙예배당 사무실에서 만나 독립선언서 수백 매를 받고, 경성역에 가서 원산으로 가는 곽명리에게 이를 전하였다고 한다.[59] 그러나 경성지방법원 예심에서 김창준은 이계창을 통해 선천의 김지웅에게 선언문을 전달했다고 진술하였고, 오화영은 자신이 박희도의 집에 곽명리를 데리고 가서 박희도의 형인 박희숙으로부터 독립선언문을 받아 곽명리에게 전달했다고 진술했다. 따라서 정재용의 주장과는 상당한 차이가 있다.[60] 그는 3월 1일 박희도를 찾아가서 독립선언식의 장소가 파고다공원에서 태화관으로 바뀌었다는 말을 들었다고 한다. 그는 파고다공원에 학생들이 모이기로 되어 있었다는 것을 알고 있었기 때문에 파고다공원으로 갔으며, 2시경 학생들이 입추의 여지없이 들어차는 것을 보고, 호주머니에 간직했던 독립선언서를 꺼내어 이를 낭독하기 시작했다고 한다. 그의 낭독이 끝난 뒤 학생들은 '조선독립만세'를 삼창하였고, 이어 파고다공원의 정문을 나가서 시가지 시위에 들어갔다고 한다. 그때 그에게 와서 선언문을 달라고 한 이가 있었는데, 그는 고학생갈돕회 회장 최현(崔鉉)이었으며, 학생들의 행렬의 선두에 선 이는 33인 중의 한 사람인 최성모(崔聖模)의 장남 최경환(崔景煥)이었다고 한다.[61] 정재용의 회고록은 3월 1일 파고다공원에서의 상황을 구체적으로 묘사하고 있는데, 공원에 학생들이 입추의 여지없이 들어찼다는 표현은 유진혁의 회고와는 상당한 차이가 있다. 또 유진혁의

---

59 『동아일보』 1956.3.1. 정재용, 「三一節을 맞이하여(上)」
60 국사편찬위원회, 1990, 『韓民族獨立運動史資料集』 12, 「김창준 신문조서」, 66쪽 ;
   국사편찬위원회, 1990, 『韓民族獨立運動史資料集』 11, 「오화영 신문조서」(3),
   157쪽
61 『동아일보』 1956.3.2. 정재용, 「三一節을 맞이하여(下)」

회고와 유극로의 회고에도 약간의 차이가 있다. 유진혁은 백색가방에서 선언문을 꺼냈다고 했고, 또 낭독자가 학생들에게 선언문을 뿌렸다고 했는데, 앞서 본 유극로는 누군가 다른 이가 선언문을 배포하였다고 하였다. 결국 이들 중 누구의 기억이 맞는지는 확실히 알 수가 없다. 다만 유극로, 박쾌인, 고재완, 유진혁 등 당시 현장에 있었던 학생들은 선언문 낭독자가 30세에서 35세 정도, 혹은 중년의 신사라고 말하였는데, 당시 정재용의 나이는 만 33세였다. 따라서 나이로 볼 때에는 당시 낭독자가 정재용일 가능성이 높다.

파고다공원에서 이루어진 일은 '독립선언문의 배포, 선언문의 낭독, 독립만세 삼창' 등이었는데, 이는 2월 하순 천도교측의 최린과 기독교측의 함태영이 거사 계획을 세울 때에 이미 합의한 것이었다. 당시 두 사람은 3월 1일 오후 2시 파고다공원에서 독립선언서를 낭독하여 선언식을 행하고, 선언문을 다수 인쇄하여 군중에게 배부하며, 군중이 독립만세를 부르게 한다는 것에 합의를 하였던 것이다.[62] 최린은 「자서전」에서 "운동의 방식은 일정한 처소에 회집하여 독립선언서를 발표하고, 독립만세를 높이 부르는데 결코 폭력적인 행동은 일제 금지하기로 하였다. 이것은 최초에 결심한 3원칙에 의한 것으로서, 천도교의 제2세 교조 최해월 선생의 신원운동의 영향을 받은 의암성사의 뜻에 의한 것이며, 또한 비폭력 무저항주의는 '깐디'의 전술과도 흡사하여 약소민족의 해방운동에 있어서는 참으로 묘미가 있는 신규의 방략이라고 할 수가 있다."고 회고하였다. 이를 보면, '만세운동'은 비폭력 무저항주의운동의 새로운 방략으로 채택되었음을 알 수 있다.[63]

---

62 「최린 등 48인의 예심종결 결정문」『독립운동사자료집』 5, 19쪽
63 최린, 「자서전」『如菴文集』上, 如菴崔麟先生文集編纂委員會, 1971, 194~195쪽.
　　천도교측에서 정한 운동의 3원칙은 '비폭력, 대중화, 일원화'였다.

한편 천도교도 이경섭은 2월 28일 이종일로부터 독립선언서 1천 매를 받아서 황해도 서흥, 해주, 사리원, 수안 등지에 배포하였는데, 그는 이종일로부터 "경성에서는 3월 1일 오후 2시를 기하여 손병희 이하 독립을 선언하고 그 선언서를 배포하고 만세를 부를 것이니, 지방에서도 이를 본받아 선언서를 배포하고, 많은 군중과 함께 만세를 부를 것을 전달하라"는 명령을 받았다고 한다.[64] 이후 학생들은 시가지에서 시위행진을 하였고, 시민들도 이에 합세했다. 그때 그들의 시위 방법은 두 팔을 높이 들면서 '조선독립만세', '독립만세', '만세' 등의 구호를 외치는 것이었다. 이는 최린과 함태영이 평화적인 시위를 위해 고안해낸 시위방법이 아니었나 여겨진다. 대한제국 시기에 황실과 관련된 여러 행사에서 두팔을 들고 '만세'를 외친 경우는 많았다. 그리고 독립신문에는 '최병희 애국가'에 "만세로다 만세로다 우리독립 만세로다"라는 구절이 나오고,[65] 고종을 위한 '경축가'에 "우리빅셩 합심ᄒ니 ᄌ쥬독립 만만셰라 만셰만셰 만만셰 셩샹폐하 만만셰"라는 구절이 나온다.[66] 이에서 보면 대한제국기에 이미 '독립만세'라는 말은 있었음을 알 수 있다. 그러나 이 구호가 대중적으로 널리 확산된 것은 1910년대 이후인 것으로 보인다. 1910년 4월 국내에서 발간된 『근세역사』라 제목의 책은 안중근의 전기라 할 수 있는데, 안중근이 1909년 이토 히로부미를 사살한 뒤 '대한독립만세'를 라틴어로 세 번 외쳤으며, 사형을 당할 때에도 '대한독립만세'와 '동양평화만세'를 외쳤다고 기록하였다.[67] 이 책은 당시 국내에서 널리 읽혀져 그 영향력이 상당히

64 독립운동사편찬위원회, 1972, 『독립운동사자료집』 5, 「최린 등 48인의 예심종결 결정문」, 22쪽
65 『독립신문』 1896.9.1. 제64호
66 『독립신문』 1896.9.17. 제71호
67 윤병석 역편, 1999, 『안중근전기전집』, 「국역 <근세역사>」, 국가보훈처, 436쪽,

컸다고 하는데, 3.1운동기의 '대한독립만세'라는 구호는 여기에서 시작된 것으로 보인다.

3) 만세시위대의 시가지 행진

파고다공원을 나온 학생 시위대는 일단 동서로 나뉘었다. 서쪽으로 행진한 시위대는 종로 1가 전차 교차점(종각 앞)에서 다시 둘로 나뉘었다. 제1대는 남대문통(남대문로)을 따라 남대문 → 남대문역(서울역) → 의주통(의주로) → 정동 → 미국영사관 → 이화학당 → 대한문 앞 → 광화문 앞 → 조선보병대 앞 → 서대문정 → 프랑스영사관 → 서소문정 → 장곡천정(소공로) → 본정 2정목(충무로 2가)으로 행진하다가 본정2정목에서 경찰의 제지로 해산하였다. 또 다른 1대는 무교정 → 대한문 → 덕수궁내 돌입 → 정동 미국영사관 → 대한문 앞으로 행진한 뒤, 다시 갑·을 2대로 나뉘어 갑대는 광화문앞 → 조선보병대 앞 → 서대문정 → 프랑스영사관 → 서소문정 → 장곡천정 → 본정으로 행진했고, 을대는 무교정 → 종로통 → 창덕궁 → 안국동 → 광화문 앞 → 조선보병대 앞 → 서대문정 → 프랑스영사관 → 서소문정 → 장곡천정 → 본정으로 행진했다.

동쪽으로 간 제2대는 창덕궁 앞 → 안국동 → 광화문 앞 → 서대문정 → 프랑스영사관으로 행진했으며, 일부는 정동 미국영사관 또는 영성문을 지나 대한문 앞에 이르러 장곡천정을 거쳐 본정으로 들어갔고, 다른

440쪽. 그러나 이 책에 실린 다른 안중근 전기에서는 단순히 '만세' 혹은 '대한만세' '조선만세'라고 외쳤다고 기록되어 있다. 이 책이 국내에 미친 영향에 대해서는 다음의 자료를 참조. 不逞團關係雜件 朝鮮人ノ部 在內地 十四, 문서제목 「不逞事件ニ依ツテ得タル朝鮮人ノ側面觀」, 발신자 朝鮮總督府警務總長明石元二郎, 발신일 1911년 7월 7일(국사편찬위원회 데이터베이스의 <국외항일운동자료-일본 외무성기록>)

일부는 종로통으로 나와 동아연초회사 앞을 거쳐 동대문 부근으로 향하다가 해질녘에 해산하였다.[68]

덕수궁 내에 돌입했던 시위대에 있었던 세브란스의전생 유진혁은 당시 세브란스의전 학생 한 명이 앞장서고 2백 명의 군중이 그의 뒤를 따라 경찰과 이왕직보병대와 육박전을 벌인 끝에 덕수궁 안으로 돌입하였다고 한다. 그런데 덕수궁에 들어간 그들은 덕수궁의 너무나 호화로운 별세개의 장면에 놀라지 않을 수 없었다. 그들은 왕세자 이은을 면회하고자 요청하였으나 거절당하였고, 이왕직 쪽에서 눈물로 물러가주기를 간청하여 덕수궁에서 물러나왔다고 한다.[69]

이날 시위대는 행진하면서 주위에 서있는 사람들에게 "조선은 지금 독립하려고 한다. 같이 만세를 부르지 않으면 안 된다."라고 선동하였으며, 이를 통해 많은 군중을 규합하였다고 한다.[70] 실제로 파고다공원에서 2백 명 정도로 시작한 시위대는 이후 행진 과정에서 수천 명으로 늘어난 것으로 보인다. 이러한 시위대의 행진과정에서 경찰은 이를 제대로 막을 수 없었다. 워낙 많은 수의 군중이 대오를 이루고 있어 일부 경찰이 이를 방해하기도 하였다. 유진혁은 자신들의 행렬이 남대문역 뒤 봉래정에 있던 프랑스영사관에 서소문 쪽으로 향할 때에 기마헌병이 철길 앞에서 행렬을 가로막고 한참 실갱이를 했는데, 누군가가 철도연변의 돌을 던지기 시작하자 순식간에 공격을 받은 일경 기마헌병은 도주하고 말았다고 한다.[71] 어떤 곳에서는 시위의 주도자를 연행하기도 하였지만 오후 5시 이

---

68 이상 시위대의 행진에 대해서는 독립운동사편찬위원회, 1972, 『독립운동사자료집』 5, 「김형기 등 학생단의 예심종결결정서」, 72~73쪽 참조
69 『동아일보』 1956.3.2. 유진혁의 수기 「내가 겪은 기미만세」(하)
70 독립운동사편찬위원회, 1972, 『독립운동사자료집』 5, 「김형기 등 학생단의 예심종결결정서」, 74쪽

전에는 제대로 대응하지 못하였던 것으로 보인다. 갑자기 일어난 시위였기 때문에, 총독부 경찰은 우왕좌왕하고 있었던 것으로 보인다. 강기덕은 훗날 "때마침 하세가와 총독이 도쿄에 체재 중이므로 총독의 졸도(卒徒)들로서는 이와 같은 중대 문제에 봉착하여 어찌 할 바를 모르고 도쿄에 전화로 연락하는 시간 관계로 하오 5시경에야 비로소 검거에 착수하게 된 것"이라고 회고했다.[72] 그러나 매일신보를 보면, 하세가와 총독은 당시 서울에 있었으며, 3월 3일 고종의 국장 의식에도 참석하였다.[73] 따라서 총독부나 조선군 사령부에서 이 사태에 바로 대응하지 못한 것은 사전에 전혀 대비가 없었기 때문이라고 보아야 할 것이다. 그리고 경무총감부는 자동차 1대로 '민족대표'들을 태화관에서 경무총감부로 호송하는 데 시간이 많이 걸려, 이에 신경 쓰느라 시위대에 대해서는 바로 대처를 하지 못한 것으로 보인다.

위에서 보면, 대부분의 시위대는 대한문앞을 중심으로 서대문, 서소문, 종각 부근 등지를 돌다가 오후 4시경에는 모두 일본인들의 거리라 할 수 있는 혼마치길(본정통)로 집결했음을 알 수 있다. 이들은 왜 혼마치로 향했던 것일까. 그것은 혼마치 남쪽의 남산 자락에는 조선총독부 건물이 있었기 때문이다. 시위대의 궁극 목표는 조선총독부였다. 당시 시위대를 이끌던 학생 지도부는 사전에 이와 같은 합의를 했을 가능성이 높다. 그들은 조선총독부 앞에서 독립을 요구하는 시위를 하려 했던 것으로 보인다. 총독부경무국에서 총독 등에게 올린 보고를 보면, 다음과 같다.

2월 28일 밤 조선독립선언서를 발견한 이래 엄중 수사를 속행하여

---

71 『동아일보』 1956.3.2. 유진혁의 수기 「내가 겪은 기미만세」(하)
72 『경향신문』 1950.2.28. 강기덕, 「3.1절을 앞두고 떠오르는 피의 기록」(2)
73 『매일신보』 1919.3.3. 사진 「國葬式에 參列할 長谷川總督」

3월 1일 오후 5시 반경까지 사이에 신인문 서명지 33명 중 좌기 29명을 체포하기에 이르렀는데, 이에 앞서 경성시내에서 중학 정도 이상 각 관공사립 학교 생도등이 3월 3일 국장에 참렬하지 않으면 안 된다는 취지의 결의를 했다는 풍문이 있었는데, 그 후 경성의학전문학교 생도가 본일 전부 결석한 사실을 발견하게 됨으로써 엄중히 수배하고 경계 중이던바, 오후 2시반경 학생 3,4천명이 경성 종로통으로 집합하고, 군중이 이에 부화뇌동하여 여러 조로 나누어 일단은 덕수궁 대한문 앞에 이르러 '한국독립만세'를 고창하고, 일시는 동 문 안으로 침입한 후 동 문 앞 광장에서 독립연설을 하고, 일단(一團)은 경성우편국 앞에서 '독립만세'를 외치고, 다시 남대문 역전으로부터 의주통으로 나와서 불란서 영사관으로 가서 영사관원에게 독립의 가능성 여부를 질문하고, 일단은 창덕궁 문전에 이르러 '독립만세'를 고창하고, 일단은 조선보병대 앞에 이르러 동 영내에 진입하려 하다가 저지당하였다. 또 대한문 앞의 일단은 둘로 나뉘어, 일단은 미국총영사관에 이르러 만세를 부르고, 다른 일단 약 3천 명은 총독부로 향하려고 하므로 본정통에서 이를 저지했는데, 형세가 갑절로 확대되는 징조가 있으므로 용산 군 사령부와 연락하여 시위목적을 가지고 보병 3개 중대, 기병 1개 소대를 시내 추요지(樞要地)에 배치하였는데, 오후 7시경에 이르러 학생 등의 시위운동은 표면적으로는 진정으로 돌아갔다. 군중 가운데 수모자로 인정되는 자 134명을 체포하였고, 서명자 29명과 함께 신문 중이다.[74]

총독부관방에서 작성한 『조선의 독립사상 및 운동』이라는 자료를 보면, 파고다공원을 나온 군중은 3대로 나뉘어 시위운동을 전개했는데, 1대는 덕수궁으로, 2대는 외국영사관(미국과 프랑스영사관)으로, 제3대는 가장 큰 무리를 이루어 총독부를 목표로 하여 진로를 잡았다고 정리하

---

74 국회도서관편, 1997, 『한국민족운동사료』(3.1운동편 3), 조선총독부 경무국이 총독 등에게 보낸 보고서, (1919년 3월 1일 高警제5410호), 「독립신문에 관한 건」, 1쪽

였다.[75]

이처럼 조선인 시위대가 총독부의 턱 밑이라고 할 혼마치길로 몰려들자, 위기라고 생각한 총독부 당국은 조선군사령관에게 군대 파견을 요청했고, 사령관은 이를 받아들였다. 이에 따라 보병 3개 중대와 기병 1개 소대가 파견되었다. 혼마치 거리에 대규모 시위대가 밀어닥치자 일제 군경은 혼마치 2정목에 방어선을 치고. 기마대와 칼로써 시위대를 해산시켰으며, 이 과정에서 시위대 가운데 부상자가 발생했다. 그리고 군경은 시위대 안에서 열성적으로 만세를 부르는 이들을 검거하기 시작했다. 이때가 오후 5시 넘어서였다. 이날 혼마치를 중심으로 체포된 군중만 134명이었다.

여기서 주목되는 것은 시위대가 프랑스영사관에 들렀다는 점이다. 경성전수학교 학생 박승영(朴承永)은 프랑스영사관에 군중과 함께 들어가 영사라고 추정되는 인물에게 일본어로 "정의, 인도에 바탕한 민족자결주의에 입각하여 조선이 독립을 선언하고 그 독립을 실현시키고 싶으므로 그 취지를 귀국의 본국 정부에게 알려 달라"고 요청하였으며, 그는 이를 수락하였다고 한다.[76] 시위대는 당시 강화회의가 프랑스 파리에서 열리고 있었기 때문에 프랑스영사관을 통해 한국인들의 독립의지를 전달하고 싶었던 것으로 보인다. 1일의 시위 상황에 대해 일제 헌병경찰 당국은 다음과 같이 상황을 요약 보고하였다.

　　3월 1일 오후 2시 전후를 기해 약 3,4천 명의 학생은 예정대로 종로 파고다공원에 집합하여 독립선언서를 낭독하고 일제히 만세를 부

---

75 조선총독부관방서무부조사과, 1924, 『朝鮮の獨立思想及運動』, 72쪽
76 독립운동사편찬위원회, 1972, 『독립운동사자료집』 5, 「김형기 등 학생단의 예심종결결정서」, 73~74쪽 ; 국사편찬위원회, 1993, 『韓民族獨立運動史資料集』 16, 박승영 신문조서(경성지방법원 예심), 200쪽

르며 종로통을 서방으로 향해 행진하여 시위운동을 개시하자 군중 역시 이에 부화하여 그 수가 수만에 달하고 후에 여러 대로 나뉘어 덕수궁 대한문 전·각국 영사관 전 등에 이르러 만세를 고창하고 혹은 군중에 대해 독립 연설을 하고 또 시중을 행진했는데 당일 국장 배관을 위해 지방에서 입경 중인 자 수십만에 달하여 그 혼잡은 이루 형언할 수 없었다. 이에 총독은 용산에서 보병 3개 중대를 경성으로 초치하여 헌병·경찰관을 원조시켜 오후 7시에 이르러 겨우 진정되었다.[77]

혼마치에서의 시위대 해산 이후 상황은 어떠하였을까. 경무국의 보고에 의하면, 당시 상황은 다음과 같다.

> 1일 오후 8시경 마포 전차종점 부근에 약 1천 명이 집합하였고, 또 동 11시경 기독교 부속 연희전문학교 부근에 학생 2백 명이 집합했다가 얼마 안 되어 해산하였다. 또 시내에서는 2일 오전 2시를 기하여 집합하여 독립운동을 시도, 또는 국장 당일 대집단으로써 덕수궁 문전에서 대예(大轝)를 탈취할 것이라는 등 불온한 풍설이 있었으나, 그 후 하등의 사고 발생은 보지 못했다. 다만 2일 0시 20분에 종로 십자가(종각 4거리)에서 약 4백 명의 집단이 만세를 고창하며 종로경찰서 앞으로 옴으로 이를 제지하고 수괴로 인정되는 자 20명을 체포하자 곧 해산하였다. 이 집단의 다수는 노동자이고, 소수의 학생도 가담하고 있었다. 이후 오늘 오후 4시에 이르기까지는 전연 정숙하고 시위적 운동을 하지 않았으나, 각 지방에서 국장 배관을 위해 입경한 자가 수만에 달하여 시내의 잡답(雜沓)이 극도에 달하고 있으므로 여하한 사태가 빚어질지 헤아릴 수 없으므로 엄중히 경계하고 있다.[78]

---

77 독립운동사편찬위원회, 1973, 『독립운동사자료집』 6(3.1운동), 「조선3.1독립소요사건-개황·사상 및 운동」(조선헌병대사령부, 조선총독부 경무총감부편), 898~899쪽
78 국회도서관편, 1997, 『한국민족운동사료』(3.1운동편 3), 高警5439호(1919년 3월 2일) 「독립운동에 관한 건」(경성 3월 2일 오후 4시반의 정황), 7~8쪽

1일 밤 마포와 연희전문학교 부근에서 일단의 시위가 있었고, 종각 부근에서도 수백 명의 시위가 있었음을 알 수 있다. 이후 2일 낮에는 비교적 조용한 모습을 보였는데, 이는 3일의 고종 인산을 앞두고 시위를 자제했기 때문으로 보인다.

4. 3월 5일 학생들의 남대문역 앞 시위

1) 학생단의 거사 준비

3일의 국장 날에는 이렇다 할 시위가 없었다. 3일 밤 조선군 사령부는 1개 중대는 부대로 복귀시켰다.[79] 3월 4일에는 『국민회보』라는 격문이 전차와 길거리에서 발견되었다. 또 각 학교에서는 다수의 학생들이 결석하는 모습을 보였다. 학생들은 특별한 결의도 없이 개별적으로 맹휴에 들어간 것이다.[80]

한편 4일 밤, 헌병경찰은 조선인 학생단이 5일 대한문 앞으로 집합하려고 한다는 정황이 있어 5일 이른 아침부터 보병 1개 중대를 대한문 부근으로 보냈다고 한다.[81] 그러나 학생들은 5일 오전 9시 대한문 앞이 아닌 남대문역 앞에 모여 시위를 시작했다.

5일의 거사는 구체적으로 어떻게 준비되었을까. 학생단의 대표자격인

79 국회도서관편, 1997, 『한국민족운동사료』(3.1운동편 1), 조선총독이 육군대신에게 보낸 전보(3월 4일 오후 7시 31분), 7쪽
80 국회도서관편, 1997, 『한국민족운동사료』 3, 高警5725호(1919년 3월 4일) 「독립운동에 관한 건」(제5호)(3월 4일 오후 8시까지의 정황), 11쪽
81 국회도서관편, 1997, 『한국민족운동사료』 1, 조선군사령부가 육군대신 앞으로 보낸 전보(3월 5일), 10쪽

강기덕, 김원벽, 한위건은 1일 이후의 상황을 지켜보면서 3일경에 학생단 시위를 5일에 전개하기로 최종 결정한 것으로 보인다. 이에 따라 4일 오전에 강기덕 등은 각 전문학교 및 중등학교 대표자들인 장채극, 전옥결, 강우열과 기타 학생대표들을 정동 배재고보 기숙사로 소집하였다. 이 자리에서 "내일 5일 오전 9시를 기하여 남대문 역전 광장을 집합지로 하여 학생 주최의 독립시위운동을 할 것이며, 그 방법으로서 강기덕과 김원벽을 선정하여 지휘의 임무를 담당하게 한다. 각자는 자기 학교 학생 또는 잘 아는 사람들을 규합하여 참가시키도록 노력하라"고 지시하였다. 그리고 그날 밤 한위건, 강기덕, 한창환(보성전문), 장기욱(중앙학교), 전옥결(보성고보) 등은 다시 세브란스의학전문학교 구내에 모여서 5일의 운동 이후에도 여러 수단으로 목적을 관철하기로 결의하였다.[82]

그러면 이들 학생단 대표들은 왜 5일로 날짜를 잡았으며, 남대문역 앞 광장을 집결지로 잡았을까. 앞서 본 것처럼 학생대표들은 3월 1일의 상황을 보아서 학생단의 거사날짜를 정하기로 했었다. 그런데 2일은 일요일이고, 3월 3일은 고종 인산과 관련하여 국장일로 선포되어 있었고, 4일은 고종 하관식이 예정되어 있었기 때문에 학생들은 5일로 거사일을 잡은 것으로 보인다.[83] 학생들은 아마도 3일의 국장이 끝나면 4, 5일 지방에서 올라온 이들의 귀향이 있을 것으로 보고, 귀향을 위해 가장 많은 사람들이 모일 것으로 예상되는 5일 오전의 남대문역 앞에서 시위를 벌이기로 결정한 것으로 보인다. 매일신보에 의하면, 4일과 5일 남대문역은 귀향 인파

82 독립운동사편찬위원회, 1972, 『독립운동사자료집』 5, 「김형기 등 학생단의 예심종결결정서」, 74쪽
83 정신여학교생 김경순은 위와 같은 이유로 5일에 필시 독립운동이 있을 것으로 예상했다고 한다. 국사편찬위원회, 1994, 『韓民族獨立運動史資料集』 17, 「김경순 신문조서」(경성지방법원 예심), 122쪽

로 대단히 혼잡하였다고 한다.[84]

그러면 5일의 학생시위에 학생들은 어떻게 동원되었을까. 앞에서 본 것처럼 5일의 시위는 전문학교 학생들이 주도하고, 중등학교 학생들이 이에 뒤따르는 식으로 진행하게 되어 있었고, 실제로 그렇게 진행되었다. 전문학교, 중등학교 학생 대표들에게 '5일 오전 9시 남대문역 집결'이라는 소식이 전해진 것은 4일 오전이었다. 그리고 일반 학생들에게 이러한 소식이 전파된 것은 그날 오후부터였다. 중앙학교 학생 한호연은 4일 밤 '5일 아침 남대문에 집합하라'고 쓴 종이쪽지를 받았다고 한다.[85] 진용규는 4일 동숙하고 있는 사람으로부터 5일 아침에 남대문에 모인다는 말을 들었다고 한다.[86] 연희전문의 서광진은 3일에 김술근으로부터 "4일 남대문역전으로 모이라"는 말을 들었는데, 다음 4일이 되어 "내일 오후에 같은 장소에서 한다"는 말을 들었다고 한다.[87] 경성공전의 김대우는 4일 오후 정중섭으로부터 5일 남대문역전에 모이라는 말을 들었다고 한다.[88] 보성전문의 이양직은 4일 밤에 빵떡모자를 쓴 성명 미상의 조선인이 자기 집에 와서 종이쪽지를 던지고 갔는데, 그 종이에 "3월 5일 오전 9시 남대문역전에 집합하여 제2회 독립운동을 하므로 참가하라"는 내용이 쓰여 있었다고 한다.[89] 경성공전 최사열은 "3월 4일 밤 외출했다고 돌아와 보니,

---

84 매일신보 1919.3.5. 「남대문역의 대혼잡」 ; 3.6. 「의연 혼잡한 남문역」
85 국사편찬위원회, 1991, 『韓民族獨立運動史資料集』 14, 「한호연 신문조서」(경성지법 검사국), 88쪽
86 국사편찬위원회, 1991, 『韓民族獨立運動史資料集』 14, 「진용규 신문조서」(경성지법 검사국), 91쪽
87 국사편찬위원회, 1991, 『韓民族獨立運動史資料集』 15, 「서광진 신문조서」(경성지법 예심), 84쪽
88 국사편찬위원회, 1991, 『韓民族獨立運動史資料集』 15, 「김대우 신문조서」(경성지법 예심), 97쪽

하숙집 어린이가 내가 없는 동안에 빵떡모자를 쓴 사람이 이것을 가지고 왔다고 하면서 나에게 주었다. 무엇인가 하고 그것을 보니 3월 5일 오전 9시 두 번째 독립운동을 할 것이니, 남대문 역전에 집합하라고 쓰여 있었다"고 말했다.[90] 보성고보생 민찬호는 4일 저녁 같은 하숙집의 학생인 이철, 도상봉으로부터 "5일 오전에 남대문에서 독립만세를 부른다"고 하여 알게 되었다고 말하였다.[91]

한편 4일 밤 중동학교 김종현, 경성고보 3년생 최강윤, 국어보급학관 채순병은 동숙하는 하숙집(안국동 93번지)에서 다수의 학생들을 불러모으기 위해 김종현이 사가지고 온 탄산지 및 골필 3개, 백지 200매를 사용하여 "5일 오전 8시 30분 남대문역전에 집합하여 제2회 독립운동을 개최하니 태극기를 가지고 오라"는 취지의 통고문 약 400매를 제작하였다. 이들은 저녁식사 이후 밤 늦게까지 이 작업을 계속하였다. 작업이 완료되자, 세 사람은 이를 나누어서 그날 밤 늦게 최강윤은 수송동과 송현동 방면, 채순병은 소격동 방면, 김종현 중학동 방면에 각각 배포하였다.[92] 그런데 이 통고문 제작은 지도부와는 협의가 되지 않은 가운데 만들어진 것으로, 그 안에 '태극기를 가지고 오라'고 한 것은 지도부의 뜻과는 어긋나는 것이었다. 중앙학교생 김응관에 의하면, 4일 밤에 하숙집에서 정석도·김용

---

89 국사편찬위원회, 1991, 『韓民族獨立運動史資料集』 15, 「이양직 신문조서」(경성지법 예심), 137쪽

90 국사편찬위원회, 1991, 『韓民族獨立運動史資料集』 15, 「최사열 신문조서」(경성지법 예심), 115쪽

91 국사편찬위원회, 1991, 『韓民族獨立運動史資料集』 15, 「민찬호 신문조서」(경성지법 예심), 160쪽

92 국사편찬위원회, 1991, 『韓民族獨立運動史資料集』 15, 「김형기 등 학생단의 예심종결결정서」, 74쪽 ; 국사편찬위원회, 1994, 『韓民族獨立運動史資料集』 17, 「채순병 신문조서」(경성지방법원 예심), 19쪽

관과 함께 태극기를 만들었으나, 누군가 다음날 아침에 와서 가지고 가지 말라고 하여 지참하지 않았다"고 진술하였다.[93] 중앙학교의 이관석도 4일 밤에 같은 하숙의 옆방에 사는 경신학교 생도인 김화식이 태극기를 만들어 가지고 가도록 권유하여 태극기를 만들었는데, 5일 아침에 그가 다시 와서 가지고 가는 것이 좋지 못하다고 하여 가져가지 않았다고 한다.[94] 태극기를 가지고 오지 말라는 지시는 아마도 학생단 지도부로부터 내려왔을 것이다. 지도부는 태극기를 가지고 가면 깃대도 함께 가지고 가게 되고, 그렇게 되면 경찰과 충돌하게 이 깃대가 무기가 되어 평화적 시위의 원칙에 어긋나게 될 것을 우려한 것으로 보인다. 그러나 연락이 다 되지 않아 일부 학생들은 태극기를 가지고 남대문에 나갔고, 현장에서 태극기를 흔들기도 하였다.[95] 그런데 경성고보생 김용관에 의하면, 4일 밤 한호연, 이관석 등과 함께 태극기를 만들어 이튿날 남대문역 앞에 가지고 갔는데, 아무도 태극기를 흔드는 자가 없어 자신도 쓰지 않고 버렸다고 한다.[96] 이를 보면, 태극기는 거의 사용되지 않았던 것으로 보인다.

2) 남대문역 앞의 함성

3월 5일 아침이 되자 많은 학생들이 남대문역 앞으로 집결하기 시작하였다. 총독부 경무총감부는 이날 집합한 학생 수를 4,5천으로 계산했고,

---

93 국사편찬위원회, 1994,『韓民族獨立運動史資料集』17,「김용관 신문조서」(경성지법 예심), 71쪽

94 국사편찬위원회, 1994,『韓民族獨立運動史資料集』17,「이관석 신문조서」(경성지법 예심), 67쪽

95 국회도서관편, 1997,『한국민족운동사료』3, 高警5884호(1919년 3월 5일) 독립운동에 관한 건(제6호), 13쪽

96 국사편찬위원회, 1993,『韓民族獨立運動史資料集』16,「김용관 신문조서」(경성지법 예심), 295쪽

조선군사령부는 1만 명으로 계산했다.[97] 현장에 있었던 경성공전 학생 최사열은 당시 군중의 수효를 5,6천명을 추산했다.[98] 시위는 어떻게 시작되었을까. 최사열은 이렇게 묘사했다.

남대문역전으로 가니 다수가 모여 있었다. 그 뒤 2,3분이 지나니 남대문 쪽에서 양복을 입은 조선인 한 사람이 인력거를 타고 손에는 독립만세라고 쓴 기를 들고 역전에 와서 그 사람이 독립만세를 부르니 군중은 그것에 호응하여 독립만세를 불렀다. 그런데 또 뒤에 조선인 한 사람이 독립만세라고 쓴 기를 들고 인력거를 타고 와서 전과 마찬가지로 독립만세를 부르므로 군중은 그것에 호응하여 만세를 불렀으므로 나도 만세를 불렀다. 그러자 기를 들고 인력거를 탄 조선인은 남대문쪽으로 향하였으므로 군중도 같은 방향으로 걷기 시작했다. 나는 남대문 앞에까지 갔더니 경찰관이 칼을 뽑아 들고 군중을 제지하고 때로는 구타하기도 하고 있었으므로 나는 그 위험을 피하기 위하여 남산으로 올라갔다가 집으로 돌아왔다.[99]

보성전문의 이양직은 4일 밤에 빵떡모자가 전해준 종이쪽지에서 5일 오전 9시 남대문 역전에서 두 번째 독립운동이 있다는 것을 보고, "조선인으로서 기쁘게 생각하고" 9일 오전 남대문역에 나갔다고 한다. 그는 당시 상황을 이렇게 묘사했다.

---

97 국회도서관편, 1997, 『한국민족운동사료』 3, 高警5884호(1919년 3월 5일) 독립운동에 관한 건(제6호), 13쪽 ; 『한국민족운동사료』 1, 密受 제102호-23, 3월 6일 제5호, 조선군 사령관이 육군대신에게 보낸 전보, 10쪽
98 국사편찬위원회, 1991, 『韓民族獨立運動史資料集』 15, 「최사열 신문조서」(경성지법 예심), 114쪽
99 국사편찬위원회, 1991, 『韓民族獨立運動史資料集』 15, 「최사열 신문조서」(경성지법 예심), 114~115쪽

3월 5일 아침 9시경에 남대문역전에 갔더니 다수의 사람이 모여서 걸을 수가 없을 정도였다. 그러는 중에 인력거를 타고 조선독립만세라고 쓴 기를 들고 온 조선인이 말하기를 오늘은 두번째의 독립선언이라고 하자 군중은 거기에서 만세 또는 조선독립만세를 불렀으므로 나도 그것에 호응하여 마찬가지로 만세를 불렀다. 그러고 있는데 누군가가 붉은 천을 흩어 주면서 이것을 흔들면서 만세를 부르도록 하라고 하므로 나도 그 하나를 얻어서 군중과 함께 남대문 쪽을 향하여 만세를 부르면서 걸었는데 나는 남대문 안에 들어오자 경관에게 체포되었다.[100]

경성지방법원의 학생단에 대한 예심종결결정문을 보면 이렇게 정리되어 있다.

3월 5일 오전 8시 전후 남대문 역전에 쇄도하는 군중은 무려 수만을 헤아렸으며, 강기덕·김원벽은 모두 인력거에 탑승하여 '조선독립'이라 대서한 기를 휘날리며 달려와 제2회의 시위운동을 할 것을 선포하자, 군중은 일제히 독립만세를 고창하며, 선두에 선 강기덕·김원벽의 지휘에 따라 독립만세를 절규하면서 남대문으로 향하고, 그동안 어떤 자는 당일 독립운동자의 표시를 명료하게 하기 위해 다수의 붉은 천을 살포하여 이를 휘저으며 남대문에 이르자, 군중은 경비를 위해서 출동한 경찰관헌의 제지에 부딪쳐 강기덕·김원벽 등의 검속된 자가 많았다.[101]

한편 경성고보생 홍순복의 진술에 의하면, "깃발을 가지고 인력거를

---

100 국사편찬위원회, 1991, 『韓民族獨立運動史資料集』 15, 「이양직 신문조서」(경성 지법 예심), 137쪽
101 독립운동사편찬위원회, 1972, 『독립운동사자료집』 5, 「김형기 등 학생단의 예심 종결결정서」, 74쪽

탄 두 사람이 만세를 불렀으므로 군중은 거기에 화답하여 만세를 불렀다"고 한다.[102] 이러한 진술들을 종합해 보면, 김원벽과 강기덕은 남대문 쪽에서 남대문역전 쪽으로 인력거를 타고 몇 분 간격으로 차례로 나타났고, 그들은 '조선독립'이라 쓴 큰 깃발을 들고 있었다. 그리고 이들은 자신들을 에워싼 학생 대중에게 '제2의 독립운동을 선포한다'고 외쳤고, 이에 학생 대중은 '조선독립만세'를 다같이 외쳤다.

그리고 바로 그때 누군가가 군중들에게 붉은 천을 살포했다. 보성고보의 이인식은 "그때 누군가가 군중 속에서 붉은 천을 살포했으므로 나도 그 하나를 주어 만세 불렀다"고 말했다. 이 붉은 천은 위의 예심종결결정문을 보면 '독립운동자의 표시를 명료하게 하기 위해서' 이를 들고 휘둘렀다고 했다. 그러면 누가 붉은 천을 살포했을까. 당시 붉은 천을 가지고 있다가 현장에서 붙잡힌 학생은 여러 명이었다. 그 가운데 살포자로서 가장 유력한 이는 고재완이었다. 그는 사립 동경물리학교 1학년생으로 함북 북청 출신으로 강기덕과 연결된 장채극과도 가까운 사이였다.[103] 그는 5일 9시 30분경 붉은 천을 주머니에 넣고 있다가 대한문 앞에서 경찰의 검문에 의해 체포되었다.

3월 4일 밤 鐘路쪽에 산책을 나왔다가 돌아오는 길에 松峴洞을 통과할 즈음 어두운 노상에서 망토를 입은 자가 와서, 나에게 이것을 내일 배부해 달라고 하며 붉은 천 2권을 주었으므로 이것을 어찌하라는 것인가 하고 물었더니, 내일 아침 大漢門에 집합하는데 그때 이것을

---

102 국사편찬위원회, 1993, 『韓民族獨立運動史資料集』 16, 「홍순복 신문조서」(경성지법 예심), 263쪽

103 그는 1918년 12월 31일 귀향하여 서울의 간동(諫洞)에서 일본에서 귀향한 다른 유학생 7명과 함께 북청 사람 전명우가 운영하는 하숙집에 하숙을 하고 있었다. 이들 7명 가운데 양주흡, 이춘균, 김유인 등은 모두 3.1운동에 참여하였다.

배부해달라고 하고 다른 말은 없었는데, 그것을 듣고 또 독립운동이라는 것을 알았다. 나는 붉은 천을 하숙에 가지고 가서 여러 가지 생각해 보았는데, 비록 내가 배부하지 않더라도 다른 사람이 누군가에게 배부할 것이다. 내가 배부 아니해도 타인이 배부하면 나의 뜻은 아무것도 아니므로 나도 배부하기로 결심했다. 그래서 3월 5일 아침 9시경 하숙을 나와 그 붉은 천을 배부하려고 大漢門까지 갔다가 곧 경관에 붙잡혔다. 그때 나에게 붉은 천을 부탁한 자가 자기는 金在益이라고 말하였다.[104]

그는 경성지방법원 예심에서 판사가 "붉은 천을 가지고 있던 것은 많이 나누어 주고 남은 것인가"하고 묻자, 아니라고 부정하였다. 그는 받은 그대로 한 장도 배부하지 않았고, 처음부터 그것뿐이라고 말하였다.[105] 그러나 그가 어느 학교의 학생인지도 모르는 김재익이라는 인물로부터 붉은 천을 받았다는 것은 허위진술일 가능성이 높다. 그는 당시 현금으로 무려 570원의 돈을 가지고 있었다. 그는 동경에 가서 하숙하기 위해 가지고 있던 돈이라고 말하였다.[106] 그는 자신이 가지고 있던 돈을 이용하여 붉은 천을 사서 이를 9시경 남대문 역 앞 광장에서 학생들에게 나누어 주었고, 남은 것은 호주머니에 넣고 있다가 경찰의 검문에 의해 체포되었을 가능성이 높다. 그런데 이러한 그의 행동은 시위 지휘부와 협의에 의해서 이루어진 것 같지는 않다. 붉은 천을 들고 있는 자는 경찰의 검거 표적이 될 것이기 때문이다.

---

104 국사편찬위원회, 1994, 『韓民族獨立運動史資料集』17,「고재완 신문조서」(경성지방법원 예심), 167~168쪽
105 국사편찬위원회, 1994, 『韓民族獨立運動史資料集』18,「신특실 외 공판시말서」(제7회의 1) 고재완 신문, 234~235쪽
106 국사편찬위원회, 1994, 『韓民族獨立運動史資料集』18,「신특실 외 공판시말서」(제7회의 1) 고재완 신문, 235쪽

시위대는 남대문 방향으로 시위를 전개하자 경찰은 남대문 쪽에 일단 저지선을 폈다. 이날 이른 아침 용산에서 출동한 일본군 보병 1개 중대는 덕수궁의 대한문 앞에 진을 치고 있었다. 경찰의 보고에 의하면 당시 상황은 이러했다.

> 5일 오전 9시경 남대문역전에 일단의 학생이 때마침 승차하고 귀도(歸途)에 오르려고 하는 다수의 조선인 속에 섞이어 그 수가 약 4,5천에 달했는데, 학생 중에는 붉은 천을 팔뚝에 두른 자가 있었고, 붉은 천 및 선동적 인쇄물을 군중에게 배포하였다. 다수는 구 한국기를 들고 독립만세를 고창하며 남대문 방면으로 전진해옴으로써 경계 중이던 순사가 이를 저지하려고 하였으나, 학생들이 완강히 저항하여 위험에 도달하게 되었는데, 때마침 혼마치 경찰서에서 응원대를 현장으로 급행케 함으로써 학생들은 드디어 퇴산하기에 이르렀지만, 이 학생단 중에는 평안남도 평양 방면에서 올라온 학생도 있었던 것 같다.[107]

위의 보고에서 평양 방면에서 학생들이 올라온 것 같다는 내용은 잘못된 보고였지만, 나머지 내용은 당시의 상황을 잘 보여주고 있다. 경찰은 일단 남대문에서 학생들을 저지하려 하였지만 중과부적이었다. 학생들은 저지선을 뚫고 일대(一隊)는 남대문시장으로부터 조선은행 앞을 거쳐 종로 보신각 방면으로 향하였고, 다른 일대는 남대문에서 대한문앞, 무교정을 지나 종로 보신각에서 위의 일대와 합류하여 행진하였다. 이들은 행진하면서 계속하여 '독립만세'를 외쳤다. 경찰은 남대문앞, 대한문앞, 종각, 조선은행 부근에서 시위자 다수를 검거하였다. 이날 검거자 가운데 재판에 회부된 이만 77명에 달하며, 그들은 대부분 학생이었다. 그 가운데 여

---

107 국회도서관편, 1997, 『한국민족운동사료』3, 高警5884호(1919년 3월 5일) 독립
    운동에 관한 건(제6호), 13쪽

학생은 6명이었다.[108]

이날 시위에는 여학생들도 다수 참여했다. 여학교에는 대표 학생들이 없었기 때문에 사적인 관계를 통하여 여학생들도 이날 시위 소식을 들은 것으로 보인다. 또 당일 학생들의 고함소리를 듣고 뒤늦게 시위에 참여한 경우도 있었다. 이화학당의 학생 노예달은 "3월 1일 독립운동이 있었을 때 참가하고자 했으나 학교에서 외출을 시켜주지 않았기 때문에 가지 못했으나, 이후로는 거기에 참가하려고 생각했다. 그래서 3월 5일에는 필경 독립운동이 있을 것으로 믿었다. 그리고 그 운동은 될 수 있는 한 많은 사람이 모이는 곳에서 할 것이라고 생각하고 南大門역전을 찾아갔다. 미리부터 그 운동이 있는 것을 알고 간 것은 아니다."라고 신문에서 답하였지만, 실제로는 누군가로부터 연락을 받고 간 것이 분명하다. 그는 흰색 저고리와 흰색 치마를 입고 현장에 나갔다고 하며, 신발도 짚신을 신고 나갔다고 한다.[109] 그는 국장 때라 짚신을 신었다고 말하였지만, 시위 현장에서 움직이기 편리하도록 짚신을 신은 것으로 추정된다. 정신여학교의 김경순도 아침 8시 반에 집에서 나와 남대문 쪽으로 갔다고 하는데, 그 역시 시위 소식을 듣고 현장에 간 것으로 보인다.[110] 이화학당의 유점순은 "기숙사에서 청소를 하고 있던 중 9시 경에 만세를 부르는 소리가 나서 또 독립운동을 시작했구나 생각하여 기숙사를 뛰쳐나와 대한문 앞에 가니 독립만세를 부르면서 오는 군중과 만났다. 그리하여 군중에 참가하여

---

108 독립운동사편찬위원회, 1972, 『독립운동사자료집』 5, 「김형기 외 예심종결 결정문」(경성지방법원), 58~68쪽
109 국사편찬위원회, 1994, 『韓民族獨立運動史資料集』 17, 「노예달 신문조서」(경성지방법원 예심), 133쪽
110 국사편찬위원회, 1994, 『韓民族獨立運動史資料集』 17, 「김경순 신문조서」(경성지방법원 예심), 122쪽

함께 독립만세를 부르면서 종로까지 갔다가 체포당하고 말았나."고 진술했다.[111] 당시 여학생들의 활약상에 대해 총독관방에서 만든 보고서에서는 이렇게 서술했다.

5일 아침 9시 남대문역 앞에 4~5천의 학생집단이 나타났다. 그들은 미명에 부근의 창고 뒤나 작은 골목에 몸을 숨기고 있었던 것이다. 일단의 무리가 이루어지자, 지휘자는 인력거를 타고 빨간 어깨띠를 매고 양손을 높이 쳐들고 선창을 하자 군중은 이를 둘러싸고 각자 만세를 고창하며 서대문(남대문의 오기인 듯-인용자) 방면으로 대행진을 시작하였다. 이 행렬 중에는 여자 고등보통학교의 여학생이 더욱 빛을 내고 기세를 더하고 있었다. 이 군중이 대한문 앞에 이르자 경관에게 습격되고 해산을 명하였으나 듣지 않았다. 전열이 매 맞고 검거되면 다음이 또 열을 짓고 돌진하였다. 할 수 없이 발포하여 이를 위협하지 않을 수 없었다. 검거된 자는 100인, 그 중에는 많은 여학생이 포함되어 있었다.[112]

이날 시위에서는 부상자도 다수 발생한 것으로 보인다. 위의 자료에서 보듯이 대한문 앞에서 군경은 발포하여 시위대를 해산시켰다고 한다. 그 과정에서 부상자가 나왔을 것은 틀림없다. 정신여학교 학생 김경순은 태평동 부근에서 간호부가 붕대를 가지고 부상자를 치료하려 한다고 하여, 자신도 같이 가다가 체포되었다고 한다.[113]

한편 이날 학생단의 지휘부와는 관계없이 개인적으로 남대문역 앞에

---

111 국사편찬위원회, 1994, 『韓民族獨立運動史資料集』 17, 「유점선 신문조서」(경성지방법원 예심), 130~131쪽

112 조선총독부관방서무부조사과, 1924, 『朝鮮の獨立思想及運動』, 74~75쪽

113 국사편찬위원회, 1994, 『韓民族獨立運動史資料集』 17, 「김경순 신문조서」(경성지방법원 예심), 122쪽

서 연설을 한 인물도 있었다. 광주의 전도사 최흥종은 3월 2일 서울에 올라와 5일 귀향인들이 많이 모일 것으로 예상되는 남대문 역 앞에서 9시 조금 전에 '정의와 인도의 민족자결주의'에 대해 연설을 막 시작하는 중에 김원벽과 강기덕이 나타나 시위를 지도하는 바람에 연설을 중단하고 시위 대열에 합류했다고 한다. 이후 그는 남대문에서 혼마치 쪽으로 향했다가 그곳에서 경찰이 막자 다시 대한문 쪽으로 갔으며, 그곳에서 인력거꾼 행색의 사람이 '대한독립'이라는 깃발을 가지고 있어, 그것을 받아들고 자신도 인력거 위에 올라타서 양손을 들고 깃발을 펄럭이며 시위군중의 중간쯤에 서서 행렬을 지휘했다고 한다.[114]

3) 시위에 참여한 학생들의 구성과 인식

3월 1일과 5일의 시위 이후 학생들은 각종 격문과 지하신문을 인쇄하여 시내 일원에 배포하였다. 3월과 4월 서울에서 배포된 지하신문은 『조선독립신문』『국민회보』『각성호회보』『국민신보』『신조선신보』『진민보』『노동회보』『대동보』『자유종』『반도의 목탁』『자유민보』『혁신공보』『국민신보』『독립신보』 등이었다.[115] 이 가운데에는 발행자를 알 수 있는 것도 있고, 없는 것도 있지만 대부분의 경우 학생층이 제작 배포한 것으로 여겨지고 있다. 그 가운데 가장 중요한 『조선독립신문』 5~9호를 제작 배포한 장종건은 경성서적조합 서기였고,[116] 17~27호를 제작 배포한 보성고보 장채극은 강기벽의 지시로 1일 독립선언문을 배포한 적이 있는

---

114 국사편찬위원회, 1994, 『韓民族獨立運動史資料集』 17, 「최흥종 신문조서」(경성지방법원 예심), 184~185쪽
115 박찬승, 2009, 『언론운동』(한국독립운동의 역사 33), 독립기념관, 46쪽
116 독립운동사편찬위원회, 1972, 『독립운동사자료집』 5, 「윤익선 외 판결문」(경성지법), 156쪽, 166쪽

인물로서, 강기덕과는 동향으로 바로 연결되어 있던 인물이었다.[117] 이러한 신문의 발행은 이후 경성의 학생, 노동자, 상인 등 각계각층에 전달되었고, 결국 3월 하순의 민중시위를 이끌어내게 된다.

서울에서 3월 1일과 5일, 22일 이후의 시위, 그리고 각종 격문과 지하신문의 제작과 배포로 구속되어 재판에 회부된 학생들은 모두 231명에 달한다.[118] 이들은 모두 전문학교 혹은 중등학교(고보, 각종학교)의 학생들이었는데, 양측의 숫자가 거의 비슷했다. 재판에 회부된 학생들이 많았던 학교들을 보면, 경성의학전문학교 32명, 경성고보 31명, 중앙학교 26명, 보성고보 18명, 경성전수학교 14명, 조선약학교 14명, 배재고보 14명, 경성공업전문학교 12명, 연희전문 11명의 순이었다. 출신지역별로 보면, 함경남도가 44명으로 가장 많고, 서울이 40명, 함경북도 25명, 평안남도 25명, 평안북도 20명의 순으로 서울을 제외하면 함경도와 평안도가 가장 많았음을 알 수 있다. 특히 함경남북도를 합하면 69명으로 전체의 30%를 차지한다. 여기에 평안남북도 45명을 합하면 114명으로 49%로 거의 절반에 육박한다. 이는 강기덕이 함남 원산 출신이고, 한위건이 함남 홍원 출신으로서, 평안도와 함경도 출신 학생으로 구성된 '서북친목회'의 인맥을 통해 학생들을 동원하였기 때문에 나타난 결과였다.

당시 학생들은 어떤 생각을 갖고 시위에 참여했을까. 우선 전문학교 학생들의 경우를 보자. 경성의전의 허익원은 "많은 사람들이 조선이 독립되었다고 말하므로 독립이 된 것이라고 생각하였다. 그리하여 나도 조선의 독립에는 동감이었으므로 군중과 함께 떠들고 다닌 것"이라고 말하였

---

117 독립운동사편찬위원회, 1972, 『독립운동사자료집』 5, 「장채극 외 판결문」(경성지법), 133쪽
118 독립운동사편찬위원회, 1972, 『독립운동사자료집』 5의 111~254쪽에 실린 재판기록에 나오는 학생들의 합계이다.

다.[119] 연희전문의 김대우는 "독립선언이 있었으므로 나도 기뻐서 독립만세 또는 만세를 부르면서 소요하고 돌아다녔다"고 말하였다.[120] 경성공전의 주종의는 "군중이 만세를 부르는 것은 독립선언을 했기 때문에 만세를 부르는 것으로 전차 안에서도 알았다. 그래서 나도 군중에 호응하여 만세를 불렀다"면서, 판사가 "피고는 그때 독립했다고 생각했는가"라고 묻자, "독립했다고는 생각하지 않았다. 독립하는 과정에 있다고 생각했다."고 답했다.[121] 경성공전의 박동진은 "조선인이 자결하고 다른 나라의 속박을 받지 않게 되는 것을 말하는 것이다. 선언을 했을 뿐 독립을 한다는 것을 자결하고 선언하면 일본이 승인하든 안하든 불구하고 독립한 것으로 생각하여 군중과 함께 만세를 불렀던 것"이라고 답하였다.[122] 위의 학생들은 독립선언으로 독립되었다든가 아니면 독립될 것이라든가 하는 다소 막연한 생각을 갖고 만세를 부른 것으로 보인다.

반면 경성의전생 김양수는 "조선 사람이 독립의 선언을 하고 그 사실을 일본 사람이 알게 되면 일본정부에서도 그 독립에 동의를 하여줄 것으로 생각하고 조선 사람에게 독립의 의사가 있음을 나타내기 위하여 시내를 떠들고 다닌 것"이라고 말하였다.[123] 경성의전생 이강은 "마음 속에만 생각을 하고 있어도 아무도 인정을 하여 줄 사람이 없지만 조선 사람이

119 국사편찬위원회, 1991, 『韓民族獨立運動史資料集』 15, 「허익원 신문조서」(경성지법 예심), 180쪽
120 국사편찬위원회, 1991, 『韓民族獨立運動史資料集』 15, 「김대우 신문조서」(경성지법 예심), 97쪽
121 국사편찬위원회, 1991, 『韓民族獨立運動史資料集』 15, 「주종의 신문조서」(경성지법 예심), 103쪽
122 국사편찬위원회, 1991, 『韓民族獨立運動史資料集』 15, 「박동진 신문조서」(경성지법 예심), 119쪽
123 국사편찬위원회, 1991, 『韓民族獨立運動史資料集』 15, 「김양수 신문조서」(경성지법 예심), 173쪽

독립을 희망하고 있다는 것을 조선인 모두가 발표를 하면 세계의 사람들이 조선 사람이 독립을 희망하고 있다는 것을 알고 독립을 승인하여 줄 것이라고 생각한 까닭이다."라고 말하였다.[124] 연희전문 학생 하태흥(20세)은 "이번 강화회의의 상황으로는 약소국이라 하더라도 민족이 자결하면 독립이 된다는 것이므로 그런 작정으로 이 시위운동에도 참가했다"고 말하였다.[125] 이들은 파리강화회의나 일본정부를 상대로 조선 사람들의 독립의지를 분명히 보여주기 위해 만세를 불렀다고 말하고 있다.

고보생들은 어떠하였을까. 보성고보생 윤찬은 "조선이 지금부터 독립이 되고 만세를 부르면서 돌아다니면 그것이 성공한다고 해서 나는 그것에 찬성하여 만세를 부르고 돌아다녔던 것"이다.[126] 중동학교 김경하는 "나도 조선인이 독립할 의사가 있는 것을 남에게 알리기 위하여 만세를 불렀다."면서, "조선인이 독립할 희망이 있다는 것을 발표하면 독립이 된다고 생각했는가"라는 질문에는 "조선이 독립하고 싶다고 하면 일본정부도 승인할지도 모른다고 생각했다."고 답했다.[127] 보성고보생 장명식은 "講和談判에 조선사람이 3·4명 가서 독립을 위하여 일하고 있다는 것을 듣고 있었으므로 그 사람들이 아무리 각국 위원에게 설득을 하여도 조선의 나라 안이 조용하다면 각국의 위원들도 귀를 기울이지 않을 것이다. 조선 내에서 조선사람도 독립을 희망하고 있다는 것을 알 수 있도록 소동

124 국사편찬위원회, 1991, 『韓民族獨立運動史資料集』15, 「이강 신문조서」(경성지법 예심), 189쪽
125 국사편찬위원회, 1991, 『韓民族獨立運動史資料集』15, 「하태흥 신문조서」(경성지법 예심), 87~88쪽
126 국사편찬위원회, 1991, 『韓民族獨立運動史資料集』15, 「윤찬 신문조서」(경성지법 예심), 151쪽
127 국사편찬위원회, 1993, 『韓民族獨立運動史資料集』16, 「김경하 신문조서」(경성지법 예심)

을 일으키면 목적을 달성할 수가 있다. 또 일본의 천황폐하도 우리들이 소동을 일으키고 있는 것을 듣게 되면 독립을 시켜줄 것이라고 하는 생각을 가지고 소동을 일으킨 것이다."라고 말하였다.[128] 중동학교 학생 이학은 시위 이유에 대해 "정의, 인도에 바탕하여 조선인이 독립을 선언한 것을 일반에게 알리기 위한 것"이라면서, "그렇게 운동을 하면 신문에 난다. 그렇게 되면 일본 및 세계 각국이 알게 되므로 그렇게 알리기 위하여 한 것"이라고 말하였다.[129] 선린상업학교 학생 이규송은 "신문·잡지 등에 의하여 세계대전의 강화회의에서 윌슨이 민족자결주의를 주장하고 있는 것을 알고 있었으므로, 조선도 그 민족자결주의에 의하여 독립해야 한다고 생각하고 있었다"고 말하였다.[130] 같은 선린상업의 김철환은 조선은 수천 년의 역사를 가졌고, 또 강화회의에서는 민족자결주의를 채택했기 때문에 자결하면 독립이 된다는 것과 또 조선은 독립할 만한 능력을 가지고 있으므로 독립을 바랐던 것이라고 말하였다.[131] 고보생들 가운데에도 막연한 생각을 갖고 만세를 부른 경우도 있었지만, 파리강화회의에 간 조선인 대표들을 지원하기 위해 만세를 불렀다든가, 민족자결주의에 의해 조선도 독립해야 한다고 생각하여 만세를 불렀다는 학생도 있었다. 고보생들의 의식 수준도 전문학교생들 못지않게 높았다는 것을 알 수 있다.

---

128 국사편찬위원회, 1991, 『韓民族獨立運動史資料集』 15, 「장명식 신문조서」(경성지법 예심), 165쪽

129 국사편찬위원회, 1993, 『韓民族獨立運動史資料集』 16, 「이학 신문조서」(경성지법 예심), 150쪽

130 국사편찬위원회, 1993, 『韓民族獨立運動史資料集』 16, 「이규송 신문조서」(경성지법 예심), 154쪽

131 국사편찬위원회, 1993, 『韓民族獨立運動史資料集』 16, 「김철환 신문조서」(경성지법 예심), 168쪽

5. 3월 하순의 민중시위

1) 다시 일어난 서울의 시위

5일의 학생 시위 이후 서울의 상황은 어떠했을까. 서울에서는 대규모 시위는 바로 이어지지 않았지만, 지방에서는 격렬한 시위들이 일어나고 있었고, 서울에서 격문과 지하신문들이 계속 뿌려지고 있었기 때문에 긴장된 나날들이 이어졌다. 이를 날짜별로 보면 다음과 같다.

> 5일 밤 11시경, 송현동 이인식의 집에서 동경유학생 및 부내 학생 63명이 회합하여 밀의를 하고 있는 것을 적발하고 이들을 검속함.
> 6일 경찰, 가택수색 등으로 경성부 내에서 학생 43명을 검속. 조선독립신문, 국민회보, 경고문 등 격문을 압수함.[132]
> 8일 밤, '경성 市商民일동공약서'라는 이름의 격문 발견. 9일 폐점가 시위운동 참여를 독려.[133]
> 9일 밤, 전기회사 차장과 운전수들이 경고문에 자극받아 파업을 시도. 일부 상인들 폐점.
> 9일 밤 11시 경성시외 왕십리 부근에 약 1백명의 군중이 모여 만세를 부름. 24명을 검속.
> 10일 0시 40분경 종로 4정목에서 3백명의 군중이 전차 차장 운전수에게 폭행을 가함.
> 10일 오전 10시를 기하여 독립운동(시위)이 있을 것이라는 정보가 있어 조선군 사령관이 3개 중대 병력을 경성 시내에 배치. 날이 밝은 뒤 기병 2소대를 추가로 배치. 야포 중대로 하여금 시내를 행군케 함.[134]

---

132 국회도서관편, 1997, 『한국민족운동사료』 3, 高警5971호(1919년 3월 6일) 독립운동에 관한 건(제7보), 16쪽
133 국회도서관편, 1997, 『한국민족운동사료』 3, 高警6335호(1919년 3월 9일) 독립운동에 관한 건(제10보), 23쪽

10일 격문과 지하신문 발견. 관계자 6명 체포(진민보 등). 조선인 상가 폐점한 곳이 많음. 경성 내 각 회사의 직공, 동맹파업에 들어 감.[135]

12일 전기회사 차장과 운전수는 전원이 복업. 조선인 상가도 거의 개점.[136] 일부 상가는 이후에도 간헐적으로 폐점. 경성 서린동 요리점 영흥관에서 김백원(예수교 목사), 문일평(농업, 신지식층), 차상진(예수교 목사), 문성호(농업, 유생), 조형균(농업, 예수교), 김극선(농업, 예수교), 백관형(농업, 유생) 등 지식층이 모여 '13도 대표자'의 명의로 "조선독립은 2천만 동포의 요구다. 우리들은 손병희의 후계자로서 조선독립을 관철하지 않으면 안 된다"는 취지의 '애원서'라는 제목의 글을 종로 보신각 앞에서 낭독하기로 하고, 그날 이를 실행에 옮김.[137]

20일 상가는 종로통을 따라 점차 개점. 다소의 유언비어 유포.[138]

위와 같은 긴장된 상황이 깨어지고 시위에 다시 불이 붙은 계기가 된 것은 22일의 이른바 '노동자대회'였다. 이 대회는 17일 조선약학교 학생 김공우(金公瑀, 18세)가 휘문고보 생도 정지현(鄭志鉉)에게서 "지난 번 경성에서 학생들이 주동하여 독립운동을 개시하였으나 힘이 미약하여 이 기회에 노동자 계급의 지원을 받지 않으면 당초의 목적을 달성하기 어려우니 지금부터 <노동회보>라는 인쇄물을 각 곳 노동자에게 배부하여 이

---

134 국회도서관편, 1997, 『한국민족운동사료』 3, 高警6506호(1919년 3월 10일) 독립운동에 관한 건(제11보), 29쪽

135 국회도서관편, 1997, 『한국민족운동사료』 3, 高警6705호(1919년 3월 11일) 독립운동에 관한 건(제12보), 38~39쪽

136 국회도서관편, 1997, 『한국민족운동사료』 3, 高警6763호(1919년 3월 12일) 독립운동에 관한 건(제13보), 44쪽

137 독립운동사편찬위원회, 1972, 『독립운동사자료집』 5, 「유준근 외 판결문」(경성지방법원), 130쪽

138 국회도서관편, 1997, 『한국민족운동사료』 3, 高警7957호(1919년 3월 20일) 독립운동에 관한 건(제21보), 99쪽

들에게 독립운동을 권유하라"는 취지의 말을 듣고, 이를 지인인 잡화상 배희두(裵熙斗, 17세)에게 말하였다. 두 사람은 이에 의견을 같이하고, "노동자는 조선독립운동에 종사하기 바란다"는 뜻이 실린 <노동회보> 11매를 3월 29일경 경성부 화천정 부근의 노상에서 통행인들에게 분배하였다.[139]

그리고 21일에는 앞의 휘문고보생 정지현으로부터 22일에 경성부 봉래정 공터에서 노동자대회가 열린다는 말을 듣고, 이틀에 걸쳐 부내의 중림동 및 화천정 부근의 노동자들을 모아서 이 대회에 참여하도록 하여 대회에 모인 군중과 함께 의주통에서 아현으로 행진하여 시위운동을 펼쳤다. 이날 노동자대회는 정지현이 개최한 것으로 보인다.[140] 이날 시위에서 노동자 엄창근(39세)은 일행의 선두에 서서 태극기를 흔들며 시위를 주도했다. 또 곡물상 신형균(52세)은 군중의 사기를 북돋우기 위해 프랑스영사관 앞 등 2,3개소에서 "조선의 독립을 도모하는 이 때 각자는 이를 위해 신명을 다 바칠 각오를 해야 한다"고 외쳤다.[141] 22일에는 종로 3정목 활동사진관 단성사 팡에서 오후 11시 관람자의 퇴장을 기다려 만세를 고창하였고, 이에 일부 조선인 군중들이 이를 따라 만세를 불렀다. 이에 경찰과 순찰 중이던 군대가 참여하여 곧 군중을 해산시켰다.[142]

---

139 독립운동사편찬위원회, 1972, 『독립운동사자료집』 5, 「김공우 등 판결문」(경성지방법원), 223쪽

140 정지현은 일명 정백(鄭栢)으로 훗날 유명한 공산주의자가 된 인물이다. 정지현은 1919년 21세 때 휘문고보를 졸업하고, 이후 예수교 교회 서기로 잠시 근무한 뒤, 잡지 기자가 되어 27세 때 중국으로 건너가 상해대학에 입학한 뒤, 30세 때 귀국하였다고 한다. 그는 본래 민족주의자였으나, 25세 무렵에 공산주의에 공명하게 되었다고 한다. 「김성남, 정지현 외 판결문」(1934.12.24.)

141 독립운동사편찬위원회, 1972, 『독립운동사자료집』 5, 「김공우 등 경성지방법원 판결문」, 223쪽

142 국회도서관편, 1997, 『한국민족운동사료』 3, 高警8310호(1919년 3월 23일) 독립

23일부터 서울의 시위는 다시 불붙었다. 경찰당국의 보고에 의하면, 23일 오후 8시부터 50명 내지 5백 명의 군중이 훈련원 부근 동대문 안팎, 동소문내 미생정, 원정 등 여러 곳에서 독립만세를 불렀다고 한다. 그리고 경성 인근 지역에서도 이날 밤에 시위가 대거 일어났다. 23일 오후 8시부터 당시 고양군 지역이던 동묘리, 돈암리, 청량리, 왕십리, 마포, 양화진, 수색, 녹번고개, 동막, 당인리, 행주, 창천리, 구파발리 등에서 50명 내지 1천 명의 군중이 독립만세를 고창했는데 모두 자정 즈음에는 진정되었다고 한다. 그리고 동대문 안팎의 청량리 및 동묘리 부근의 군중들이 달리는 전차에 투석하여 전차 20대의 유리창 105매가 파손되었다. 또 고양군 연희면 합정리에서 약 30명의 군중이 중국인 거주의 가옥을 파괴하기도 하였다. 뿐만 아니라, 시위는 경성 외곽의 경기도 군들로 확산되었다. 연천군, 김포군, 시흥군, 양평군, 강화군 등지로 시위가 확대된 것이다.[143]

24일 경찰은 경성 부내에서 전차에 투석하거나 운동을 선동한 이들 105명을 검속했다. 또 고양군 녹번고개에 약 1백명의 군중이 몰려와 23일 검거된 수모자 7명을 탈취하기 위하여 헌병주재소를 습격하였다. 이에 경성에서 헌병이 파견되어 24명을 검거하고 군중을 해산시켰다. 또 고양군 성북리(동소문밖)에서 약 60명이 만세를 불렀으며, 일산 헌병주재소 부근 3개소의 고지에서 약 50명의 군중이 만세를 불렀다. 또 고양군 한강리에서도 2백 명의 군중이 만세를 불렀다. 이날도 경성 인근의 부천군, 강화군, 양평군 등지에서 크고 작은 시위가 일어났다.[144]

운동에 관한 건(제21보), 99쪽

143 국회도서관편, 1997, 『한국민족운동사료』 3, 高警8468호(1919년 3월 24일) 독립운동에 관한 건(제25보), 119쪽

144 국회도서관편, 1997, 『한국민족운동사료』 3, 高警8758호(1919년 3월 25일) 독립운동에 관한 건(제26보), 122쪽

25일에는 밤에 청운동 및 용산의 청엽정 부근의 산위에서 약 1백명의 군중이 만세를 불렀다. 또 용산 원정 3정목 전차 정류장에서 25일 밤 70여 명의 군중이 만세를 부르고 전차에 투석하여 유리창을 파괴하고 해산했다. 또 이날 독립신문을 발행하던 장종건, 최치환 등을 경성 시외 공덕리 남정훈의 집에서 체포했다. 이날 경기도에서는 부천군 계양면에서 약 3백 명이 면사무소에 들어가 기물을 파손했으며, 면서기의 집을 습격했다. 경찰은 이 일로 42명을 검거했다. 수원군에서는 수원 장날에 약 20명의 학생과 노동자가 시장에서 독립만세를 불렀다.[145]

26일 밤 8시경에는 경성부 누하동, 삼청동, 가회동, 옥인동, 한양공원 등지에서 30명 내지 2백 명의 군중이 독립만세를 외쳤다. 또 와룡동, 재동의 경찰관 파출소에 26일 오후 10시에 약 50명의 군중이 몰려와 투석하며 창유리를 파괴하고 또 종교(宗橋) 경찰관파출소 부근에 약 1백 명의 군중이 모여 만세를 부르고, 파출소에 투석하여 순사는 검을 빼들어 군중을 해산시켰다. 안감리에서 26일 밤 약 2백명의 군중이 만세를 부르고 전차에 투석하여 유리창을 깨뜨렸다. 종로통과 서대문통에서는 26일 밤에 여러 무리의 군중이 달리는 전차를 습격하거나 투석하여 차장과 운전수 각 1명의 부상자를 냈으며, 전차 19대의 유리창이 파손되었다. 이에 27일에는 전차의 차장과 운전수 30명이 투석과 기타 협박이 두려워서 출근하지 않았다. 경기도에서는 26일 밤에 고양군 일산에서 군중이 만세를 불렀고, 경기도 광주군 중대면 송파리에서 3백 명의 군중이 면사무소를 습격하여 유리창 등을 파괴하고 만세를 불렀다. 양주의 동두천에서는 시장에 집합한 천3백여 명의 군중이 만세를 불렀으며, 면사무소에 몰려가 면장에게

---

145 국회도서관편, 1997, 『한국민족운동사료』 3, 高警8874호(1919년 3월 26일) 독립운동에 관한 건(제27보), 125쪽

선언서에 서명케 하고, 면장을 앞세우고 마을을 돌아다녔다. 그밖에도 경기도 파주군 파주, 용인군 금양장, 강화군 교동 등지에서 만세시위가 있었다.[146]

26일의 상황에 대해 조선군 사령부는 "경성 부근, 시내 각곳에서 적은 경우 50, 많은 경우 5백 명 내외의 군중이 소요하고, 그 가운데에는 경찰관 파출소에 투석한 자가 있다. 군대는 경무기관과 협력하여 이를 해산시켰다. 기타 전차에 투석하여 파괴한 자가 있다. 경기도 부근의 촌락에서도 5개소에서 소요하여 혹은 면장을 위협하고 혹은 투석하는 등 점차 위험성을 띠게 되었다. 뚝섬에서는 곤봉을 휘두르며 폭행을 하여 헌병이 발포하여 사상자가 발생했다."고 보고하였다.[147]

27일에는 전날 밤 안국동 경찰관 파출소에 투석한 29명을 체포했다. 또 27일에는 만철 경성관리국 직공 약 8백 명이 다른 노동자들의 협박에 의하여 원정 3,4정목에서 만세를 부르고 휴업하였다. 또 같은 날 시내 각 곳에서 군중이 독립만세를 고창하고 소요를 극도로 했는데, 그 가운데 약 1백 명의 군중은 거대한 제등(提燈)을 밝히고 태극기를 흔들면서 재동 경찰관파출소를 내습하여 투석으로 창유리를 파괴함으로써 수모자를 체포하고 곧 해산시켰지만, 군중 2명이 도주할 때 부상하여 그 후 사망했다. 그리고 시내 각 곳에서 수모자 12명을 검거했다. 또 시위 군중은 같은 날 밤 서대문통, 종로통 및 미창정(米倉町)에서 전차에 투석하여 창유리를 파괴했다. 시외로는 27일 안감천 부근에 약 5백명, 돈암리 부근 산상에 약 50명의 군중이 운동을 개시하여 수모자 10명이 체포되었다. 이날 경기도

---

146 국회도서관편, 1997, 『한국민족운동사료』 3, 高警8946호(1919년 3월 27일) 독립운동에 관한 건(제28보), 129~130쪽
147 국회도서관편, 1997, 『한국민족운동사료』 3, 朝參密제357호(1919.3.28.) 소요사건에 관한 속보(제54보), (3.1운동편 3), 135쪽

에서는 양주의 용현리, 도봉리, 상봉리에서 시위가 있었고, 수원군 송산면, 장단군 동장리, 시흥군 양재리, 광주군 상일리, 파주군 교하면 교하등지에서 시위가 있었다. 적게는 수십 명에서 많게는 7백 명에 달하는 군중이 참여한 시위였다.[148] 이날 경기도 지역의 시위는 더욱 격화된 양상으로 나타났다. 광주군 산성리에서는 인근 주민들이 남한산성에 집합하여 운동을 개시하였고, 중부면장의 머리를 곤봉으로 구타하여 인사불성에 빠지게 하여 헌병이 공포를 쏘아 해산시켰다. 광주군의 구천면, 동부면, 서부면 등지에서도 시위가 있었고, 군중은 남한산에 올라가 모닥불을 놓고 만세를 불렀다. 광주군 상일리에서는 약 1천명의 군중이 태극기를 들고 헌병주재소에 몰려가 헌병은 해산을 명했으나 듣지 않고 군중이 투석을 하자, 발포하여 1명 사망, 2명의 부상자를 냈다. 28일에는 경안면 경안리에서도 1천여 명이 경안리에서 시위를 하면서 군청 앞으로 몰려와 만세를 부르고 군수를 협박하고 헌병보조원을 위협하자 헌병이 발포하여 결국 사망자 5명, 부상자 10여 명의 희생이 발생했다. 그밖에도 용인군 광탄면, 양주군 광적면, 수원군 송산면 등지에서 격렬한 시위가 전개되었다. 이들 지역에서는 결국 경찰이 발포하여 사상자가 발생했다.[149]

2) 민중시위의 특징

경성 시내의 시위는 대체로 27일 밤을 고비로 마무리되었다. 23일부터 27일까지의 시위에서 나타난 특징을 보면, 첫째, 우선 시위의 규모가 작

---

148 국회도서관편, 1997, 『한국민족운동사료』 3, 高警9146호(1919년 3월 28일) 독립운동에 관한 건(제29보), 133~134쪽
149 국회도서관편, 1997, 『한국민족운동사료』 3, 高警9351호(1919년 3월 29일) 독립운동에 관한 건(제30보), 136쪽

게는 20명 정도에서 많게는 1천 명 정도로 규모가 다양했다는 점이다. 시위 규모는 대개 수십 명 단위가 가장 많아서 시위가 점차 소규모화하고 있었다고 할 수 있다. 둘째, 시위가 시내 중심부와 외곽에서 동시에 일어나고 있었다는 점이다. 23일 밤의 시위는 종로통, 동대문 밖 동묘 부근, 돈화문통, 사립숭정학교 부근, 연건동, 훈련원, 고양군 용두리, 고양군 왕십리 등지에서 동시에 일어났다.[150] 26일 밤의 시위도 광화문통 기념비 부근, 누하동 신명학교 마당, 적선동, 안국동, 종교(宗橋) 파출소 부근, 무교정, 서대문 1정목 부근 등 시내 곳곳에서 일어났다.[151] 셋째, 시위참여자들이 전차나 진압 경찰을 향해 투석을 하고 있었다는 점이다. 특히 시내에서 운행 중인 전차에 투석하는 경우가 많았는데, 이에 대해 시위군중은 "독립만세를 부르면서 기세를 왕성하게 하기 위해 투석"했다고 말했다.[152] 넷째 시위 참여자가 거의 대부분 노동자나 상인층이었다는 점이다. 그런 점에서 3월 하순의 서울 시위는 '민중시위'라고 부를만하다.

검거자 구성이 참여자 구성과 그대로 연결되는 것은 아니지만, 검거자 구성을 일단 살펴보자. 가장 많은 인원이 체포된 3월 23일의 시위 때 체포되어 재판에 회부된 이는 모두 58명으로 그들의 직업을 살펴보면, 고용인 8, 직조공 5, 노동인부 4, 구두직공 3, 우체부 3, 농업 3, 잡화상 2, 곡물상 2, 무직 2, 직뉴직공 2, 인쇄공 2, 학생 2, 기타 노동자(연초회사 직공, 양복견습공, 도로공사인부, 연와직공, 칠직, 요리사, 인력거부 각 1명), 상

---

150 독립운동사편찬위원회, 1972, 『독립운동사자료집』 5, 「이종원 등 복심법원 판결문」, 191~197쪽
151 독립운동사편찬위원회, 1972, 『독립운동사자료집』 5, 「김교승 등 경성지법 판결문」, 204쪽
152 독립운동사편찬위원회, 1972, 『독립운동사자료집』 5, 「이규민 등 경성지법 판결문」, 198쪽

인(연초소매상, 금붕어상, 중개업, 대금업, 철물상, 대본업, 포목상, 목기상 각 1명), 관공서 고원(은행소사, 철도국 고원, 도청 고원, 면기기, 연초회사 직공 각 1명) 등이었다. 전체적으로는 노동자가 34명으로 가장 많고, 다음 으로 상인 12명, 관공서의 고용인 5명, 농업 3명, 학생 2명, 무직 2명 순이 었다.[153] 3월 26일 시위로 재판에 회부된 이는 16명이었는데, 이 가운데 노동자가 7명, 고용인이 4명, 기타 상인, 중개업, 통역, 무직, 제조업자 등 이 있었다.[154]

그러면 그들은 어떤 생각을 갖고 '독립만세' 시위에 참여했을까. 3월 23일 시위에 참여하여 재판에 회부된 이들 가운데 다수는 검찰신문에서 "다른 이들이 강요해서"라든가, "아무 생각없이" 만세를 불렀다고 말했 다. 그러나 인쇄직공 박한주, 구두직공 황인수, 직물직공 낭완근은 모두 "만세를 불러야 조선이 독립된다고 하여 만세를 불렀다"고 검사 신문에서 답하였다.[155] 26일 밤의 시위에 참여한 김교승은 "광화문통 기념비 앞에 서 약 50명의 군중이 만세를 부르므로 나도 두세 번 만세를 불렀다. 사실 은 학생들이 만세를 부르면서 나에게 만세를 부르라고 하므로 조선을 독 립시키기 위한 운동이라 생각하고 만세를 불렀다"고 진술하였다.[156] 26일 밤 누상동 신명학교 마당에서 군중과 함께 횃불에 불을 붙여 지휘를 하면 서 만세를 부른 김진영(유지제조업)은 역시 "조선을 독립시키기 위해 만

---

153 독립운동사편찬위원회, 1972, 『독립운동사자료집』 5, 「이종원 등 복심법원 판결 문」「이천만 판결문」. 191~197쪽 ; 262~263쪽
154 독립운동사편찬위원회, 1972, 『독립운동사자료집』 5, 「김교승 등 경성지법 판결 문」, 202~203쪽
155 국사편찬위원회, 1996, 『韓民族獨立運動史資料集』 27, 「박한주 신문조서」, 「황 인수 신문조서」, 「낭완근 신문조서」(경성지법 검사국)
156 독립운동사편찬위원회, 1972, 『독립운동사자료집』 5, 「김교승 등 경성지법 판결 문」, 204쪽

세를 불렀다"고 진술하였다. 같은 날 시위에 참여했던 직공 박홍준, 미국인 히치 고용인 장석영, 은 세공직공 김동익 등도 역시 "조선을 독립시키기 위해 만세를 불렀다"고 진술하였다.[157]

6. 맺음말

3월 1일 오후 2시 태화관에서 있었던 '민족대표'의 독립선언식은 '선언서 배부 → 종로경찰서에 인력거군을 통하여 선언서 전달 → 점심식사 → 경찰의 태화관 출동 → 한용운의 연설 → 조선독립만세 삼창 → 자동차로 경무총감부로 연행' 등의 순서로 진행되었다. 이들은 독립선언식과 독립청원서의 전달로 자신들의 역할을 다 했다고 생각했다.

같은 시각 파고다공원에서 있었던 선언식에는 주로 중등학교(고보) 학생들과 일부 전문학교 학생들이 참여했다. 당일 오후 2시경에 서울에 뿌려진 독립선언문의 배포도 주로 중등학교 학생들이 맡았다.

태화관과 파고다공원에서 있었던 선언식은 '독립선언문의 배포와 낭독'와 '독립만세'의 순으로 진행되었다. 이러한 운동 방식은 이미 천도교측의 최린과 기독교측의 함태영 사이에 합의된 것이었으며, 학생들과 천도교, 기독교측의 메신저들을 통해 전파되었다. 이들이 '독립만세' 방식을 채택한 것은 평화적인 시위를 위해서였다.

파고다공원에서 나온 학생들은 시민들을 '독립만세' 행진에 끌어들였고, 시위대의 수는 순식간에 수천 명으로 늘어났다. 3월 1일 학생들의 시가지 시위행진은 오후 5시경까지 일제 경찰의 별다른 저지를 받지 않고

---

157 같은 글, 205쪽

진행되었다. 당시 경찰은 민족대표를 태화관에서 경무총감부로 이송하는데 집중하고 있었고, 시위대를 막는 일에는 아직 본격적으로 나서지 못했다.

시위대는 크게 3대로 나뉘어 시가지를 행진했으며, 서대문, 덕수궁 대한문앞, 프랑스영사관, 미국영사관 앞, 창덕궁, 광화문 등을 주로 돌았다. 시위대는 미국과 프랑스 영사관에 한국인들의 독립의지를 전달하려 했다. 4시 이후 여러 시위대의 최종 집결한 곳은 남산 밑의 일본인들의 거리였던 혼마치거리(本町通)였다. 당시 시위대는 최종 목적지를 남산에 있는 조선총독부로 설정하고 있었던 것으로 보인다. 이에 총독부는 용산의 조선군 사령부에 병력 출동을 요청하여, 보병 3개 중대와 기병 1개 소개가 출동, 혼마치 2정목에 진을 쳤다. 경찰도 이곳에 저지선을 펴고 시위대를 막았으며, 5시경부터는 시위대를 강제 해산시키고 검거하기 시작하였다.

3월 5일에는 전문학교 학생들이 중심이 되고, 중등학교 학생들이 참여한 시위가 남대문역 앞에서 오전 9시부터 시작되었다. 수천 명의 학생들이 참여한 이 시위에서 김원벽과 강기덕은 인력거 위에 올라서서 '조선독립'이라는 깃발을 들었고, 학생들은 배포된 붉은 천을 흔들면서 '독립만세'를 외치고 남대문 방향으로 행진했다. 경찰은 남대문에 저지선을 펴고 강력한 진압으로 나왔지만, 학생들은 저지선을 뚫고 둘로 나뉘어 대한문, 조선은행-종로 방면으로 진출하며 만세를 불렀다. 일제 군경은 대한문 앞과 조선은행 앞에 2차 저지선을 펴고 시위대를 해산시켰으며, 이곳에서 많은 학생들을 체포하였다. 시위에 참여한 학생들은 자신들의 이 시위가 파리강화회의에서 조선의 독립문제가 논의될 수 있는 계기가 될 것이라고 기대했다.

5일 이후 학생들은 『조선독립신문』을 비롯하여 약 20종의 다양한 지하신문과 격문을 만들어 배포했다. 이는 운동의 맥을 이어가기 위한 것이었다. 3월 20일에는 노동자들의 봉기를 촉구하는『노동회보』를 발간하였다. 노학연대를 지향한 것이다. 그 결과 22일 남대문역 뒤 봉래정에서는 노동자대회가 열렸고, 수백 명이 시위를 벌였다.

　이는 서울에서의 시위를 재연시켜 23일부터 27일까지 매일 밤 서울 시내 곳곳에서 수십 명에서 수백 명 규모의 노동자, 상인, 학생들이 참여한 '민중시위'가 이어졌다. 특히 이 시기에는 기층민중의 광범위한 참여가 이루어져, 시위현장에서 체포된 이들은 거의 대부분 공장의 직공, 상점의 고용인, 영세상인들이었다. 3월 22일 이후 다시 불타오른 서울의 만세시위는 주변의 고양, 시흥, 장단, 개성, 수원, 강화 등 경기도 지역으로 곧바로 파급되어 갔다.

북한지역의 선구적 독립선언과 만세시위
- 의주, 평양, 원산, 함흥을 중심으로 -

김 승 태(한국기독교역사연구소 소장)

1. 머리말

3.1운동은 1919년 3월 1일 민족대표 33인의 이름으로 우리나라의 독립국임과 우리 민족의 자주민임을 선언하고, 우리 민족의 독립의지를 세계만방에 알리기 위해서 목숨을 걸고 맨손으로 평화적 만세시위를 벌인 역사적 사건이다. 시기적으로 좁게는 그해 5월 말까지, 넓게는 이듬해 3월 말까지, 공간적으로는 전국 방방곡곡은 물론, 우리 동포들이 이주하여 살던 만주, 중국, 일본, 미주, 하와이, 러시아 연해주 등 모든 곳을 포함한다.

이 운동은 처음부터 대중화, 일원화, 비폭력이라는 방침을 가지고 전개되었기 때문에 모든 계층이 연합하여 지방 주요 도시에서도 동시에 일어나고, 시골 구석구석까지 우리민족 전 계층이 호응한 거족적인 민족운동이었다. 그렇지만, 중앙인 서울과 서울 근교인 경기도 고양(高陽)을 예외로 한다면, 초기 독립선언식과 만세시위는 의주(義州), 선천(宣川), 평양(平壤), 진남포(鎭南浦), 안주(安州), 해주(海州), 원산(元山), 함흥(咸興) 등 현재의 북한지역에서 먼저 시작되었다.[1] 그리고 이것은 그 지역에 사전 준비와 연락이 되어있었기 때문에 가능했던 일이었다.

이 논문에서는 북한지역의 선구적 독립선언과 만세시위라고 할 수 있

---

1 1919년 3월 1일 서울과 동시에 독립선언식과 만세시위가 일어난 지역은 경기도의 고양(高陽), 평북의 의주(義州), 선천(宣川), 평남의 평양(平壤), 진남포(鎭南浦), 안주(安州), 함남의 원산(元山), 황해도의 해주(海州)였고, 일제 경찰의 사전 제지를 받아 동시에 일으키지 못한 곳은 경기도의 개성(開城), 평북의 정주(定州)였다 [조선헌병대사령부 조선총독부경무총감부, 「조선소요사건일람표」(1919년 4월 말일 작성), 국회도서관, 『한국민족운동사료』(삼일운동편 기 1), 대한민국국회도서관, 1977, 357~441쪽 참조], 이 자료에는 안주가 빠져있고, 해주는 미연에 방지한 곳으로 나오지만, 안주와 해주에서도 3월 1일 만세시위가 있었다는 것은 각각 「(極祕) 高 第5410號, 獨立運動에 관한 건(제2보)」(1919.3.1.)와 「김명신(金明信) 외 14인 고등법원 판결문」(1919.8.18.)에서 확인된다. 1919년 3월 1일 만세시위가 있었던 곳을 표로 정리하면 다음과 같다.

번호	지역	참여인원	주도 세력	피검 인원	폭행 사건
1	서울	10,000	기독교, 천도교, 불교, 학생, 일반	174	1
2	고양	400	학생, 일반	10	
3	평양	5,000	기독교, 천도교, 학생, 일반	22	1
4	진남포	600	기독교	12	1
5	안주	3~400	기독교		
6	선천	500	기독교, 학생	73	1
7	의주	1,550	기독교, 천도교	(7)	1
8	원산	3,000	기독교, 학생, 일반	93	
9	해주	170~180	기독교		

는 1919년 3월 1일 의주, 평양, 원산과 3월 3일 함흥의 만세시위를 그 준비과정에서 실행과 주동자 재판에 이르기까지 지면이 허락하는 한 상세하게 정리하여 그 성격과 의미를 규명해 보고자 한다.

2. 의주, 평양의 선구적 봉기

1) 의주의 시위 준비와 실행

(1) 준비

의주에서의 3.1운동 준비는 유여대 목사가 선천에서 열린 평북노회에 참석한 1919년 2월 중순부터 시작되었다. 독립선언서에 서명한 민족대표 33인의 한 사람으로서 1919년 3월 1일 유여대(劉如大) 목사와 함께 의주 3.1운동에 참여했다가 중국 상하이(上海)로 망명하여 대한민국임시정부 조직에 참여한 김병조(金秉祚) 목사는 1920년 상하이에서 출판한 『한국독립운동사』(상)에서 이날의 일을 다음과 같이 기록하고 있다.

> 의주(義州) 인민의 독립선언
> 의주는 유여대(劉如大), 김병조(金秉祚) 김승만(金承萬), 장덕로(張德櫓) 등 4인이 음력 정월 10일(양력 2월 10일)에 평북로회(平北老會) 축하차 선천(宣川)에 가서 양전백(梁甸伯)의 집에서 10여 명의 동지와 더불어 국사의 광복을 공의(共議)한 후, 의주 일경(一境)의 일은 4인이 분담하기로 하고 돌아왔다.
> 김병조, 김승만은 비밀 기관의 간부가 되고, 유여대는 시위운동의 회장이 되어, 운천동(雲川洞)에서 태극기와 선언서를 준비하여 50여 교회와 사회 각 단체에 통고문을 밀포(密布)하여 2월 28일 밤에 군내

양실학원(養實學院)에 모여 회의하고, 다음 날에 경성(서울)에서 (거사하라는) 전보가 내도(來到)하였으므로 즉시 이원익(李元益), 김창수(金昌洙), 안석응(安碩應) 3인으로 하여금 선언서를 도청(道廳)과 군청(郡廳) 및 경무국(警務局), 헌병대(憲兵隊)에 전치(轉致)하고 시민에게 고루 전(均傳)한 후 오후 1시에 2천여 명의 민중이 학슬봉(鶴膝峰) 아래에 회집하였다.

　유여대(劉如大)가 헌앙(軒昂)한 기개와 충성스럽고 간곡한 언사로 취지를 설명하고 독립가를 제창한 후, 황대벽(黃大闢), 김이순(金利淳) 두 사람의 연설이 있었으니, 공중에 펄럭이는 팔괘국기(八卦國旗, 태극기)는 선명한 색채가 찬란하고 벽력과 방불한 만세 부르짖음 소리는 뜨거운 피가 비등하매 통군정(統軍亭) 숙운(宿雲)에 놀란 학(鶴)이 화답하여 울고, 압록강의 오열(嗚咽)하는 파도에 물고기와 자라가 고개를 내밀고 듣더라. 수 시간을 지나 일본군이 급히 이르러 유여대 이하 6인을 헌병대에 구류하였다가 그날 밤에 내보냈다.[2]

　의주 독립선언과 만세시위를 주도한 유여대 목사도 1919년 5월 6일 3.1운동 참여 동기를 묻는 경성지방법원 예심판사의 질문에 다음과 같이 대답하고 있다.

　금년(1919년) 2월 10일경 선천(宣川) 평북노회(平北老會)가 끝나는 날에 나는 선천으로 갔다. 의주(義州) 방면의 노회는 의산노회(義山老會)라고 부르는데, 전에 평북노회에 속하여 있었는데 작년에 위 노회로부터 분리되어서 작년까지의 전도회가 남아 있어서 이번에 분리하기로 되어 있어서 나는 의산노회의 회계를 담임하고 있으므로 그 돈을 받기 위하여 간 것인데, 선천에서 양전백(梁甸伯)의 집에서 동인(同人)을 만났던 바, 동인이 조선은 독립하지 않으면 안 되는데 독립선언서의 대표자로 되면 어떻겠느냐고 하므로 나는 원래 조선독립의

---

2 김형석 편, 1993, 『일재 김병조의 민족운동』, 남강문화재단출판부, 217~218쪽

의사가 있었으므로 거사를 같이 할 것을 약속하였던 바, 양전백은 독립선언은 경성(京城) 및 각지에서 하기로 되었는데 그 운동을 하기 위하여 자기는 경성으로 갈 생각이므로 너도 함께 가지 않겠느냐고 묻기에 나는 찬성은 하겠으나 경성으로 가는 것은 어려우므로 의주 방면은 일을 (내가) 담임하겠다고 말하여 두었다.[3]

그가 실제로 선천 양전백 목사의 집에서 이승훈(李昇薰) 장로를 만나 독립운동 계획을 듣고 김병조 목사와 함께 민족대표로 참여하기로 한 날은 2월 13일이었다. 그 후 그의 행적을 묻는 판사의 질문에도 다음과 같이 상세히 대답하고 있다.

선천에서 의주로 돌아왔으나 비밀인 관계로 다른 사람에게는 이야기를 하지 않았으나 2월 17,8일경에 의주면 서부동(西部洞) 과부의 집 숙박업소에서 정명채(鄭明采)·김두칠(金斗七)에 대하여 선천에서 양전백과 함께 약속한 사실을 전하고 위 두 사람의 찬성을 얻었다. 그리고 의주군 주내면(州內面) 용운동(龍雲洞)교회에 동월 23,4일경부터 27,8일경까지 사경회(査經會)가 개최되어 나는 성경을 가르쳤으나 그간에 나는 양전백으로부터 무엇인가의 통지가 있을 것을 기다리고 있는 차에 2월 27일경이라고 생각한다. 정주(定州)의 사람인 선천교회의 영수 도형균(都衡均)이 나를 찾아 와서 독립선언은 3월 1일에 경성 및 각 지방에서 발표하기로 되었으므로 의주에서도 동일(同日)을 기하여 행하라. 그 방법은 경성으로부터 독립선언서를 보내 올 터이니 그것을 낭독하고 발표하도록 하라고 말하였는데, 2월 28일까지 독립선언서가 도착하지 않아서 그날 밤 정명채·김두칠 등과 의주면 양실학교(養實學校)에 모여서 독립선언의 발표에 관하여 협의하기로 하고 다른 사람도 그 사실을 알고 20인 정도의 사람들이 모여서 독립

3 「참고인 劉如大 신문조서」(경성지방법원, 1919. 5. 6), 『韓民族獨立運動史資料集』 27(三一運動 17), 국사편찬위원회, 283쪽

선언에 관하여 찬성하고 있다는 것을 알았으므로 내일(3월 1일)의 일에 관하여 순서를 상의하고, 내가 선언서가 도착하지 않으니 어찌하면 좋겠느냐고 하였더니, 누구이었는지는 생각이 나지 않으나 다른 곳에서 발표한 선언서(2.8독립선언서)가 있다고 하면서 한 장의 선언서를 내놓았으므로, 그 선언서를 등사하여 준비해 놓고, 만일에 경성(서울)으로부터 선언서가 오지 않을 시는 그 등사한 것을 배포하기로 결정하고, 정명채, 김두칠에게 그것을 등사하도록 명하고, 또 내일 오후 2시 반경 서교회당의 공지에 집합하여 선언서를 발표하기로 결정하고, 안석응(安碩應)에 대하여 내일은 선언서를 도청을 비롯하여 각 관청에 배포하도록 명하고, 그날 밤은 서로 헤어지고, 그 다음날 3월 1일 오후 2시경 안석응에 대하여 어젯밤에 명령한 바와 같이 각 관청에 선언서를 배포하고 오라고 말하고, 나는 오후 2시 반경에 상의한 장소로 갔었는데, 그 때 양실학교 교사에 대하여 생도를 데리고 오라고 명하였기 때문에 교사는 생도를 데리고 그 장소로 왔고, 생도의 부형들도 참가하여 7~800명의 사람들이 모여서 찬미가를 부르고 기도하고 있던 중, 선천으로부터 약 200매의 선언서를 보내왔으므로 등사판으로 만든 것은 중지하고 그 선언서를 군중에 배포하고 나는 그것을 낭독하고, 일동과 함께 독립만세를 부르고 있던 차에 헌병이 와서 우리들을 체포하였다.[4]

요컨대, 의주의 독립선언과 만세시위의 준비는 1919년 2월 13일 유여대 목사가 민족대표로 참여하기로 결단함으로부터 시작되어, 2월 17, 8일 경 유여대가 전에 교원으로 있었던 양실학교 교사인 정명채·김두칠을 참여시켜 준비하다가, 2월 하순 경 50여 교회와 사회 각 단체에 비밀 통고문을 보내 2월 28일 밤 주동자 20명 정도가 양실학교에 모여 독립선언식 순서를 논의하고 준비상황을 점검하였다. 그 때까지도 서울에서 인쇄된

---

4 「참고인 劉如大 신문조서」(경성지방법원, 1919. 5. 6), 『韓民族獨立運動史資料集』 27(三一運動 17), 국사편찬위원회, 283~284쪽

독립선언서가 도착하지 않아 도쿄 조선인유학생들이 발표한 2.8독립선언서를 등사하여 준비하였다.

(2) 실행

1919년 3월 1일 오후 2시 30분 경 평안북도 의주군 의주면 의주 읍내에 있는 서예수교회당(西耶蘇敎會堂) 부근 공지에 양실학교 교사 학생들을 비롯한 주민 700~800여명이 모여, 3.1독립선언서에 서명한 민족대표 33인 중의 한 분인 유여대(劉如大) 목사가 주재하는 독립선언식을 거행하였다. 순서는 (1) 찬미가, (2) 기도, (3) 식사(式辭), (4) 선언서 낭독, (5) 독립창가 합창, (6) 만세, (7) 의주성(義州城) 내외의 행렬 행진으로 이루어졌다.[5] 식장에는 운천동 운천교회 장로 허상련(許尙璉)이 미리 준비한 대형 태극기 두 개가 세워지고, 종이로 만든 소형 태극기 1백 수십 매도 모인 사람들에게 배포되었다. 식이 시작되자 함께 찬미가를 부르고 나서 안동현(安東縣)에 거주하던 김병농(金炳禮) 목사가 조선의 독립을 성취하도록 하나님께 비는 기도를 드렸다. 이어 유여대 목사가 "이로부터 독립선언식을 거행한다"는 식사를 말하고 나서, 서울에서 '독립선언서'가 아직 도착하지 않아 '2.8독립선언서'를 원고로 그날 새벽에 등사판으로 등사한 선언서를 낭독하려 할 때에, 마침 서울에서 인쇄한 '독립선언서' 140~150매가 도착하여 그것을 낭독하였다.[6] 이어서 북하동교회 영수(領袖) 황대벽(黃大闢)과 송장면 창원교회 조사(助事) 김이순(金利淳)이 독립선언서의 취

---

5 「안석응 외 6인 경성지방법원 판결문」(1919. 8. 14)
6 이 선언서는 박희도(朴熙道)의 지시로 배재학당 졸업생 이계창(李桂昌)이 김창준(金昌俊)에게 300매 정도를 받아 2월 28일 아침 기차로 선천에 가서 선천북교회 백시찬(白時讚) 조사, 신성학교 교사 김지웅(金志雄) 등에게 전한 것 가운데 일부가 선천을 통해서 의주에 3월 1일 전달된 것이다.

지와 같은 독립에 관한 연설을 하고, 김두칠·정명채·김이순·김창건·강용상 등이 그곳에서 준비한 독립선언서 300여 매를 배포하던 것을 중지하고, 서울에서 선천을 거쳐 그 때 막 도착한 서울에서 인쇄된 독립선언서를 모인 사람들에게 배포했으며 다음과 같은 내용의 독립 창가를 모인 사람들과 함께 합창했다.

> 독립선언을 한 것은 3월 1일 오늘이라. / 반도의 강산 너와 내가 함께 독립만세를 환영하자. / 충의를 다하여 흘리는 피는 우리 반도의 독립의 준비라. / 4천년 이래 다스려 온 우리 강산을 누가 강탈하고 / 누가 우리의 정신을 변하게 할 수 있으랴. / 만국평화회의의 민족자결주의는 하나님(天帝)의 명령이요. / 자유와 평등은 현시(現時)의 주의(主義)인데 / 누가 우리의 권리를 방해할소냐.[7]

이어서 군중과 함께 '조선독립만세'를 소리 높이 외치고, 학생들을 선두로 독립만세와 「독립 창가」를 부르며 시위행진에 들어갔다. 이에 놀란 헌병들이 달려와 해산을 강요했으나 오히려 시위대는 점점 더 늘어 2,000여 명에 이르렀다. 행사 직후 일제 헌병경찰은 유여대 목사 이하 주동자 7인을 헌병대에 구속했다. 이날 시위는 늦은 밤까지 계속되었다. 3월 2일 시위부터는 천도교측이 가세하여, 의주 남문 밖 광장에서 시작된 시위에 천도교인을 포함한 인근 지역 농민들이 대거 참여했다. 그날 오후에는 기독교인과 주민 3,000여 명이 만세를 부르다가 30명이 체포되었다. 3월 3일에는 의주 일대의 1,200여 명이 읍내로 집결하여 시위운동을 벌이자 헌병대가 출동하여 총검과 쇠갈고리로 진압했다. 이에 격분한 군중은 결사항쟁을 다짐하고 몇 개의 시위대를 조직하여, 헌병대와 관공서로 몰려가

---

7 「안석응 외 6인 경성지방법원 판결문」(1919. 8. 14)

탄압에 항의하고 즉각 철수를 요구했다. 3월 4일에도 양실학교 학생 600여 명이 시위를 벌이고, 읍내 곳곳에서 산발적인 시위가 3월 6일까지 계속되었다.

(3) 주동자들의 재판

유여대 목사는 3월 1일 오후 독립선언식 직후에 안석응(安碩應)·김창건(金昌健)·김두칠(金斗七)·장창식(張昌拭)·강용상(康龍祥)·정명채(鄭明采) 등과 함께 헌병경찰에게 체포되어 의주헌병분대에서 신문을 받고, 3월 4일 평양지방법원 신의주지청에 '보안법 제7조' 위반 혐의로 이송되었다. 유여대 목사는 3월 7일 신의주지청 검사 신문에서 다음과 같이 자신이 의주 독립선언식의 지휘자임을 당당하게 인정하고, 민족 독립에 대한 자신의 의지와 신념을 피력하고 있다.

> 문 : 이들의 문서나 기 등은 모두 그대가 지휘하여 만든 것이 틀림없는가.
> 답 : 나는 독립선언을 하려면 이러 이러한 물건이 필요하다고 신도를 모아 놓고 이야기하였더니 그자들이 협의를 하고 만들어 가지고 온 것이므로 내가 지휘한 것과 같은 셈이다.
> 문 : 어떠한 목적을 가지고 이번과 같은 소요를 일으켰는가.
> 답 : 양전백의 말에 의하여 조선민족 대표자로부터 파리의 강화회의에 파견하는 사람들에게 조선은 일반적으로 독립을 희망하고 있다는 것을 통지하면 강화회의에 독립 요구를 제출하여 각국의 동정을 얻고 독립이 이루어지는 것이라고 생각하고 한 것이다.
> 문 : 가령 조선이 독립이 된다고 할지라도 이전의 조선과 같이 당파의 싸움과 각국의 야심 등으로 도저히 독립을 유지할 수 없고 도리어 국내는 혼란 속으로 빠진다는 것을 생각하여 보지 않았는가.
> 답 : 국민 전부가 독립 정신이 충만해 있으므로 완전히 독립이 이루어

진다고 생각한다.

문 : 가령 정신만 있다고 할지라고 실력이 수반하지 않는 이상은 독립
　　을 오래 지탱할 수 없지 않은가.

답 : 실력은 이제부터 양성하면 된다고 생각한다.[8]

　　그러자 검사는 3월 8일 이들 모두를 '보안법 위반'으로 신의주지청에 기소하였으나, 조선총독부 사법부장관으로부터 이들에 대한 재판을 경성지방법원에서 취급하라는 총독의 명령이 있으므로 경성지방법원으로 이송하라는 전보를 받고, 3월 25일 경성지방법원에 이송하였다.[9] 이를 인계받은 경성지방법원은 4월 8일 검사국의 공판중지요청에 따라 "예심계류 중인 손병희 등 보안법 위반 피고사건의 예심종결에 이르기까지 이를 정지"하기로 결정하였다.[10]

　　유여대 목사는 5월 6일 경성지방법원에서 참고인으로 예심판사의 신문을 받을 때도 다음과 같이 민족 독립에 대한 열망과 일제 식민지배에 대한 불만을 솔직히 토로하였다.

문 : 정부의 승인을 거친 후 비로소 독립국이 될 수 있는 것인데, 그
　　이전에 피고 등은 어찌하여 독립을 선언하였는가.

답 : 그것은 자결하는 마음이 있다는 것을 표시하기 위하여 한 것이다.

문 : 참고인은 어찌하여 일본의 주권을 이탈하고 조선을 독립시키려고
　　희망하는가.

---

8 「劉如大 신문조서(제2회)」(평양지방법원 신의주지청 검사국, 1919. 3. 7), 『韓民族
　獨立運動史資料集』 27(三一運動 17), 국사편찬위원회, 275쪽

9 「河村檢事 사건이송서」(평양지방법원 신의주지청, 1919. 3. 25), 『韓民族獨立運
　動史資料集』 27(三一運動 17), 국사편찬위원회, 289쪽

10 「결정」(경성지방법원, 1919. 4. 8), 『韓民族獨立運動史資料集』 27(三一運動 17),
　국사편찬위원회, 290~291쪽

답 : 조선민족이 자유롭게 발달할 수 있도록 하기 위하여 독립을 희망
     한다.
문 : 일본 제국신민이 되어 있는 편이 자유의 발달을 이루는 것이 아
     닌가.
답 : 나는 독립하지 않으면 발달하지 못한다고 생각하고 있다.
문 : 병합 전은 인민은 자유를 압박받고 있었으나 독립을 하여서 그와
     같은 상태로 되는 것을 희망하고 있는가.
답 : 독립을 하여 공화정부가 되고 열국의 대열에 서서 가도록 하고자
     생각하고 있다.
문 : 그대는 정치에 대하여 불평을 가지고 있는가.
답 : 독립을 희망하는 것은 조선인에 대하여 자유를 주지 않는다는 데
     불평이 있는 까닭이다.[11]

그 후 8월 1일 손병희 등 47인에 대한 예심종결이 나자, 경성지방법원
은 유여대 목사를 비롯한 의주 시위 주동자들에 대한 재판을 재개하여 8
월 14일 민족대표였던 유여대 목사와 안석응·김창건 등 7인의 재판을 분
리하여 판결을 하였다.[12] 유여대 목사는 손병희 등 47인의 예심종결과 같
이 "관할위"로 판결을 하여 이후 고등법원에서 손병희 등 47인과 함께 병
합재판을 받도록 하였다. 그리하여 고등법원 검사국은 8월 26일자로 유여
대를 "손병희 외 46명에 대한 내란 피고사건과 병합심리"하도록 고등법
원에 예심청구를 하였다. 1920년 3월 22일 고등법원 특별형사부에서 예
심 종결이 나고, 이 예심 종결결정에 따라 경성지방법원에 다시 배정된
이 재판은 같은 해 8월 9일 공소불수리 결정을 함으로써, 9월 20일부터

---

11 「참고인 劉如大 신문조서」(경성지방법원, 1919. 5. 6), 『韓民族獨立運動史資料集』
   27(三一運動 17), 국사편찬위원회, 288쪽
12 「유여대 경성지방법원 판결문」(1919. 8. 14) ; 「안석응 외 6인 경성지방법원 판결문」
   (1919. 8. 14)

경성복심법원에서 항소심 재판이 열렸다. 공판 3일째인 9월 22일 유여대 목사에 대한 판사의 법정 신문이 있었는데, 여기서 판사가 독립에 대한 감상을 묻는 질문에 그는 "다만 하나님의 명령만 기다리고 있었노라"고 대답하였다.[13] 이러한 민족 독립의지를 굽히지 않는 유여대 목사에게 경성복심법원은 10월 30일 징역 2년에 미결 구류일수 중 360일을 형기에 산입하도록 판결했다.[14] 유여대 목사는 상소를 포기하여 형이 확정되자 서대문감옥에서 경성감옥으로 이감되어 옥고를 치르다가 천도교의 홍기조 도사와 함께 1921년 11월 6일 만기로 출소하였다.[15]

한편, 유여대 목사와 분리되어 재판을 받은 안석응·김창건·김이순 등 의주 만세시위 주동자들은 1919년 8월 14일 경성지방법원에서 이른바 '보안법 위반'으로 장창식을 제외하고 다음과 같이 모두 유죄판결을 받았다.

> 징역 1년 2월 : 안석응, 김두칠, 정명채(3인)
> 징역 10월 : 김이순(1명)
> 징역 7월 : 김창건, 강용상(2명)
> 이상 각 피고 미결구류일수 120일 본형 산입.
> 무죄(증거 불충분) : 장창식(1명)

이들과 같이 체포되어 경성지방법원에서 재판을 받은 것은 아니지만, 유여대 목사의 지시로 의주의 만세시위 준비에 참여하였던 홍석민(洪錫民)과 이도건(李道健)도 체포 기소되어 1919년 5월 22일 평양복심법원에서

---

13 「孫秉熙外四十七人 控訴不受理事件의 控訴公判記(四)」 『기독신보』 1920년 10월 27일
14 「손병희 외 47인 경성복심법원 판결문」(1920. 10. 30)
15 「조선독립선언서 사건에 관계된 天道敎道師 洪基兆氏와 義州예수교 목사 劉如大氏와 出獄」 『동아일보』 1921년 11월 7일

이른바 '보안법 위반'으로 각각 징역 2년을 선고받고, 불복하여 상고하였으나 6월 21일 고등법원에서 기각되어 옥고를 치렀다. 이들의 유죄 판결 이유는 "유여대로부터 독립선언서 및 독립 이유를 기재한 파리에서 온 전보 해석문의 비밀 인쇄 및 이것의 반포를 의뢰받고 피고 두 명은 공모한 후, 이것을 인쇄 및 반포하고, 또 군중과 함께 구한국 국기를 가지고 독립가를 부름으로써 치안을 방해한 행위"였다.[16] 이들이 상고 취지에서도 이 사실을 인정하고 있는 것으로 보아 유여대 목사의 의주 만세시위의 준비는 지금까지 알려진 것보다 훨씬 더 광범위하게 이루어졌음을 알 수 있다. 이들 의주 만세시위 주동자들을 표로 정리하면 다음과 같다.

[표 1] 의주 만세시위 주동자들의 신상 및 혐의

번호	이름	나이	신분/직업	종교	혐의	판결	비고
1	강용상(康龍祥)	29	포목상	기독교(장)	보안법 위반	징역 7월	의주서교회 출석
2	김두칠(金斗七)	25	양실학교 교원	기독교(장)	보안법 위반	징역 1년 2월	의주동교회 출석, 평양신학교 졸업(1936) 목사
3	김병농(金炳穠)	44	목사	기독교(장)	출판법 보안법 위반	징역 1년	중국 안동현교회 담임
4	김병조(金秉祚)	42	목사	기독교(장)			관리교회, 중단교회, 삼화교회, 민족대표, 중국으로 망명 임시정부 참여
5	김이순(金利淳)	33	조사	기독교(장)	보안법 위반	징역 10월	의주 청전교회 시무
6	김창건(金昌健)	48	목사	기독교(장)	보안법 위반	징역 7월	의주서교회 담임
7	안석응(安碩應)	29	무직	기독교(장)	보안법 위반	징역 1년 2월	19190915경성복심 무죄

16 「홍석민 외 1인 고등법원 판결문」(1919. 6. 21)

번호	이름	나이	신분/직업	종교	혐의	판결	비고
8	유여대 (劉如大)	41	목사	기독교(장)	보안법 위반	징역 2년	의주동교회 담임, 민족대표
9	이도건 (李道健)	32	무직	기독교(장)	보안법 위반	징역 2년	
10	장창식 (張昌拭)	28	의사	기독교(장)	보안법 위반	무죄	증거 불충분
11	정명채 (鄭明采)	27	양실학교 교원	기독교(장)	보안법 위반	징역 1년 2월	평양신학교 졸업(1930) 목사
12	허상련 (許尙璉)			기독교(장)			
13	황대벽 (黃大闢)			기독교(장)			
14	홍석민 (洪錫民)	32	사립학교 교원	기독교(장)	보안법 위반	징역 2년	

2) 평양의 시위 준비와 실행

(1) 준비

평양에서의 3.1운동 준비는 상하이(上海) 신한청년당에서 국내에 파송한 선우혁(鮮于爀)이 1919년 2월 9일 이승훈(李昇薰) 장로의 소개장을 가지고 평양 장대현교회 목사 길선주를 찾아 가면서부터 태동하였다. 평양에서의 3.1운동 준비 과정을 재판기록을 통해 일자별로 정리하면 다음과 같다.

1919년 1월 28일 이승훈(李昇薰) 장로와 양전백 목사가 선천남교회에서 개최된 평북노회 사경회에서 만나 국제정세 협의하였다.

2월 2일 정주에서 오산학교 설립자 이승훈이 교장 조만식(曺晩植)을 불러 선우혁을 소개하고, 조만식은 선우혁으로부터 "조선독립운동비 조달을 위하여 왔다"며 금전조달을 도와달라는 말을 듣고 도와줄 것을 승낙했다.[17]

2월 6일 상하이 신한청년당에서 파송된 선우혁(鮮于爀)이 '105인 사건'의 동지인 선천의 양전백 목사를 만나 독립운동을 협의하였다.

2월 7일 선우혁이 '105인 사건'의 동지인 정주의 이승훈을 만나 독립운동을 협의하였다.

2월 9일 선우혁이 이승훈의 소개장을 가지고 '105인 사건'의 동지인 평양 강규찬 목사집에 들렀다가 그와 함께 길선주 목사를 찾아가, 독립운동을 협의하고, '105인 사건'의 동지인 장대현교회 부목사 변린서를 소개받았다. 이 때 평양 예수교서원 안세환도 동참했는데, 이때부터 변린서 목사는 서문외교회 김선두 목사, 산정현교회 강규찬 목사, 장대현교회 이덕환 장로, 윤원삼(尹愿三) 장로, 산정현교회 김동원 장로, 도인권, 김성택 목사 등과 함께 독립운동을 준비하였다.

2월 10일 이승훈이 선천의 백시찬 장로집에서 평양을 다녀온 선우혁을 다시 만났다.

2월 11일 서울에서 최남선이 김도태를 정주 이승훈에게 보내(2월 7일) 급히 상경하여 송진우를 만나도록 전갈을 보냈으나, 당시 이승훈은 선천에 있었으므로 오산학교 교사 박현환에게 부탁하여 박현환이 선천에 가서 이승훈에게 전달하여, 그날 저녁 기차로 상경하였다.

2월 12일 이승훈이 서울에 도착하여 송진우를 만나 천도교와 합작할 것을 합의하고, 남대문교회 조사 함태영(咸台永)과 세브란스병원 이갑성을 만나 소식을 전하고, 다시 선천행 기차를 탔다.

2월 13일 이승훈이 선천에 도착하여 양전백 목사 집에서 이명룡 장로, 유여대 목사, 김병조 목사 등을 만나 천도교측과 협의한 내용을 전하고 동의를 받았다.

---

17 「조만식 고등법원 판결문」(1919. 7. 3)

2월 12, 13일경 윤원삼, 황찬영(黃贊永, 숭덕학교 교사), 김제현(金濟鉉), 곽권응(郭權膺, 숭덕학교 교사) 등이 예수교서원으로 안세환을 찾아가 도쿄(東京) 유학생이 조선독립선언(2.8독립선언)을 발표했으므로 그것을 성원하는 것이 좋지 않겠느냐는 논의를 했다.

2월 15일 이승훈이 기차로 아침에 평양에 도착하여 기홀병원에 입원하여, 그곳에서 서울 정동교회를 사임하고 중국으로 떠나는 손정도 목사를 만나 평양 남산현교회 신홍식 목사를 소개받았다.

2월 16일 이승훈이 기홀병원에서 신홍식, 길선주 목사를 만나 민족대표 참여를 확답받고, 저녁 기차로 상경하였다.

2월 17일 길선주 목사가 황해도 장연으로 사경회 인도를 위해 떠나면서 안세환에게 도장을 맡기자, 그날 저녁 안세환이 그것을 가지고 기차로 상경하였다.

2월 19일 신홍식 목사가 서울에 올라가 2월 20~21일 이승훈, 박희도, 정춘수, 이갑성, 오기선 등 기독교 진영 대표 모임에 참석하고 2월 22일 평양으로 돌아왔다. 이후 신홍식 목사는 남산현교회 부목사인 박석훈 목사와 함께 평양 감리교계의 만세운동을 준비했다.

2월 25일경 윤원삼의 소집으로 숭현여학교 사무실에서 정일선·곽권응·안세환 등이 모여, 안세환이 서울에서는 3월 1일 오후 1시 봉도식을 거행하고 오후 2시 독립선언식을 거행하고 만세를 부르게 되는데, 여기서도 똑같은 행사를 하자고 제안을 하여 일동이 이에 찬동하고 협의한 결과 김선두를 사회자로, 강규찬을 연설자로, 정일선을 선언서 낭독자로, 곽권응은 찬미가를 부르고, 황찬영은 안내역을 위해 활동하기로 하고, 윤원삼은 만세를 삼창하기로 결정했다. 감리교 신홍식 목사는 서울에 다녀온 안세환을 통해 서울 준비상황을 전달받고 그날 진남포 신흥리교회 홍기황 전도사에게 알려 진남포에서 만세운동을 준비할 것을 권했다.

2월 26일경 평양 장로교계는 각 교회에 서신으로 3월 1일 오후 1시 숭덕학교에서 봉도식 행사가 있으니 참가하도록 알리고, 숭덕학교와 숭현여학교 교사들과 학생들이 태극기와 전단을 만드는 등 행사 준비에 들어갔다.

2월 27일경 정일선이 김선두 목사와 강규찬 목사를 만나 거사 계획을 알리고, 순서를 담당해 줄 것을 부탁하여 쾌락을 받았다. 신홍식 목사는 독립선언식에 참석하기 위해 서울로 올라가고 평양에서는 박석훈 목사를 중심으로 감리교계의 만세운동을 준비했다.

2월 28일 윤원삼이 숭덕학교 부근에서 정경필(鄭京弼)로부터 서울에서 인쇄된 독립선언서 200여장을 받아 그 가운데 100장은 평양 이향리감리교회 김찬홍(金燦興) 목사에게 주고, 나머지는 3월 1일 숭덕학교에서 배포하였다.[18]

(2) 실행

평양에서의 독립선언식과 만세시위는 장로교계와 감리교계, 천도교계가 각각 별도로 준비하여 실행하였다. 1919년 3월 1일 장로교계는 숭덕학교 운동장에서, 감리교계는 남산현교회에서, 천도교계는 설암리 교구당에서 봉도식과 독립선언식을 갖고 만세 시위에 합류하였다. 장로교계는 3월 1일 오후 1시, 평양 장대현교회의 종 소리를 신호로 교회 옆 숭덕학교 운동장에서 평양의 장로교회 연합으로 1천여명이 모여 광무황제봉도식과 독립선언식을 거행하였다. 봉도식에 이은 독립선언식은 단상에 대형 태극기를 내걸고, 당시 장로회 총회장이자 서문외교회를 담임하고 있던 김선

___

18 이 선언서는 함태영(咸台永)이 이종일(李鍾一)에게서 받아, 평양에서 선언서를 받으러 안세환(安世桓)을 찾아 온 사람(정경필?)에게 600여장을 준 것 가운데 일부였다.

두(金善斗) 목사가 사회를 맡았다. 서문외교회 전도사로 있던 정일선(丁一善) 장로가 서울에서 보내온 독립선언서를 낭독하고, 산정현교회를 담임하던 강규찬(姜奎燦) 목사가 독립운동에 관한 연설을 했다. 이어서 윤원삼의 만세 3창으로 독립선언식을 마치고 만세시위에 들어가 숭덕학교와 숭현여학교 교사와 학생들이 미리 준비한 태극기를 흔들며 3대로 나뉘어 시내를 행진하여, 남산현교회에서 출발한 감리교계 시위대와 설암리 천도교구당에서 출발한 천도교계 시위대와 합류하였다. 이날 저녁 8시경에는 숭실대학 밴드부와 숭실중학 밴드부가 연합하여 숭실대학 교정에 모여 양악(행진곡)을 연주하며 만세시위대에 앞장서 교정을 한 바퀴 돌고 학당골 앞을 지나 시내로 행진하던 중 완전무장한 일본군대의 저지로 해산하기도 하였다.[19] 이렇게 시작된 평양의 만세시위는 일경의 가혹한 탄압 속에서도 3월 5일까지 격렬하게 계속되었는데, 일제 헌병 경찰은 3월 2일 새벽부터 주동자 체포에 들어가 3월 8일까지 검거당한 인원수만도 400명이 넘었다. 그 가운데 154명은 태형 혹은 즉결로 처분하고, 주동자로 생각되던 48명은 기소하기 위해 평양지방법원 검사국에 넘겼다.

이날 평양 숭덕학교 봉도식과 독립선언식에는 모펫(S. A. Moffett), 모우리(E. M. Mowry), 번하이젤(C. F. Bernheisel) 등 4명의 미국 북장로회 선교사가 참관하고 있었다. 그 중 한 사람인 번하이젤은 이날의 광경을 다음과 같이 상세히 기록으로 남겼다.

> 한국에서의 독립운동
> 조선, 평양 1919년 3월 1일
> 이 날은 이 나라 역사에서 기억할만한 날이다. 전 대한제국 황제이

---

19 「김동엽 외 1인 고등법원 판결문」(1919.06.26), 이들 밴드부에는 재학생은 물론 졸업생도 함께 참여하였다.

던 이태왕(李太王 ; 고종)이 최근에 죽었으며, 모레는 장례식 날로 예정되었다. 그 장례식은 일본제국의 황족의 자격으로, 국장(國葬)으로 치러질 예정이다. 그 장례식은 신도의식(神道儀式)에 따라 엄수되어질 것이다. 그런데 한국인들은 이에 매우 분노하고 있다고 한다. 왜냐하면 그 장례식이 자기 나라 의식에 따라 치러지기를 원하기 때문이다. 그래서 장례식 때에 서울에서 벌어질 일에 대해 많은 소문이 떠돌고 있다.

고(故) 고종 황제를 애도하는 봉도회(奉悼會)가 이 도시에서 열릴 것이라고 며칠 전에 발표되었다. 한 모임은 숭덕학교(기독교계 남학교), 다른 모임은 감리교회, 그리고 세 번째 모임은 천도교 본부에서 각각 열릴 것이다. 천도교는 전국에 널리 퍼져있는 반(半)-종교적이고, 반(半)-정치적인 조직이다.

한국인들 사이에는 요 며칠 동안 분명히 억누른 흥분이 감돌고 있고, 우리는 그 때에 무엇인가 중요한 일이 일어나리라는 소문을 많이 들었다. B(S. A. Moffett)씨와 C(E. M. Mowry)씨 그리고 나(C. F. Bernheisel)는 그 모임에 직접 참가해서 우리 눈으로 무슨 일이 일어나는가를 보기로 했다. AA(선천)의 F(S. L. Roberts)씨도 후에 늦게 와서 운동장 뒷켠에 서있었다. 운동장은 3,000명의 인파로 발 디딜 틈이 없었다. 우리는 아주 앞쪽의 한 쪽 열 옆으로 자리가 비어있는 것을 보았다. 우리의 모든 교회학교와 대부분의 공립학교에서 온 학생들이 참석했다.

입구 정면에는 강단이 있었고, 그 주위와 뒤에는 몇몇 목사들과 이 도시의 장로교 임원들이 자리잡고 있었다. 내가 들어섰을 때에는 제5교회(서문외교회)의 목사이며 장로회 총회장인 김선두 목사가 이야기하고 있었다. 제4교회(산정현교회)의 강규찬 목사는 이미 고종황제의 생애를 이야기했다. 이야기를 마친 후 김선두 목사는 이제 송영가를 부르고 축도를 하며 봉도회를 마친다고 말했다. 그리고 나서 사람들에게 다음 순서가 남았으니 그 자리에 그냥 앉아있어 달라고 말했다.

축도를 한 후, 김선두 목사는 베드로전서 3장 13~17절, 로마서 9장 3절의 두 성경 본문을 봉독했다. 그가 이 말씀을 엄숙하게 읽는 것을 볼 때, 심각한 일이 남아있다는 것은 분명했다. 그리고 신학교를 졸업하고 제4교회(산정현교회) 전도사로 있는 정일선이 연단에 올라서서, 읽어서 알려드려야 할 중요한 것이 있다고 말했다. 그는 오늘이 그의 평생에서 가장 행복하고 영광스러운 날이며, 내일 죽는 한이 있더라도 이것을 읽지 않고는 못 배기겠다고 말했다. 청중들은 박수갈채를 보냈다. 그러자 그는 사실상 한국 민족의 독립을 선언하는 독립선언서를 낭독하기 시작했다. 낭독이 끝나자, 한 사람이 올라가 사람들이 지켜야 할 것을 설명했다. 불법적인 짓을 해서는 안 되고, 모두 주어진 지시에 따를 것이며, 관헌에게 저항하지 말고 일본인 관리나 민간인들을 해치지 말라고 말하였다. 그리고 나서 강규찬 목사가 민족 독립에 대한 연설을 했다. 연설이 끝날 때 즈음에 몇 사람이 태극기를 한 아름씩 건물에서 가지고 나와서, 사람들에게 나누어 주었다. 커다란 태극기 하나가 연단에 걸리자, 군중들은 만세를 부르기 시작했으며, 태극기가 물결쳤다. 그리고서 우리 모두가 대열을 지어서 태극기를 흔들며 '만세', '만세'를 부르며 거리를 행진하자고 그들에게 설명했다.[20]

평양 감리교계의 봉도회와 독립선언식은 3월 1일 오후 남산현교회에서 거행되었다. 800여명의 교인들이 참여한 가운데 이향리교회 김찬홍(金燦興) 목사가 사회를 맡고, 남산현교회 박석훈 목사가 독립선언서를 낭독하였으며, 채관리교회 주기원(周基元) 목사가 연설을 하였다. 예배당 안에서 예배 형식으로 진행된 봉도회와 독립선언식을 마치고 참석자들은 태극기를 흔들며 "독립만세"를 외치며, 시내 쪽으로 행진하여 평양부청과 평양경찰서 쪽으로 향했다.[21]

---

20 C. F. Bernheisel, "The Independence Movement in Chosen. Pyengyang, Chosen, March 1st, 1919" 이 보고서는 평양 주재 북장로회 선교사들이 출판을 위해 편집한 것으로 보이는 『KOREAN INDEPENDENCE OUTBREAK』(1919)에 익명으로 실려 있다.

21 「김찬홍 외 14인 고등법원 판결문」(1919. 9. 29)

장로교계 주동자 중 한 사람으로서 3월 1일 평양 만세시위에 참여했던 도인권은 그의 회고록에서 다음과 같이 기록하고 있다.

준비했던 태극기를 숭덕학교 큰 승강구에다 높이 걸어놓게 되니 일반대중들은 미치리만큼 놀라며 흥분하였다. 이어서 독립선언식을 정중히 거행하게 되었다. 나는 먼저 독립선언식의 취지와 주제를 선포한 것이며 강규찬 목사는 연설을 하였고 정일선 목사(전도사-인용자)는 선언문을 봉독하였으며, 윤원삼·황민영 양씨는 태극기를 대중에게 배부하였을 뿐만 아니라 곽권응씨는 십년만에 애국가를 인도하여 일반대중이 제창토록 하였고, 김선두 목사는 이 집회의 사회를 하였다. 이러한 일의 구체적 상황은 독립운동혈사(獨立運動血史)에 평기(評記)되어 있는 것이다. 이 회합이 진행된 때는 일본 경관 수십 명이 달려와서 이 운동의 지도자들을 체포하려 하였으나 수천 군중이 달려들어 우리를 전체로 잡아가라고 고함과 반역을 하니 그들은 실색을 하고 달아나 버리고 말았다. 큰 태극기를 선두에 내세우고 해추골로 시가행진을 하려고 나와본 즉 거리는 인산인해를 이루고 만세를 부르고 있었으며 좌우 상점에는 눈부시리만큼 태극기가 게양되어 있었다. 일장기가 삽시간에 변하여 태극기가 된 것은 장차 일본이 한국의 국권 앞에 머리 숙일 예표인양 보였다. 그날 평양에서는 세 곳에서 모여 이런 집회를 갖고 만세를 불렀는데 다른 두 곳은 감리교회와 천도교이다. 이것을 본 일본 경찰은 무척 당황하였다. 이 운동을 계속하여 진행할 방침으로 선도자들을 택한 바 제1회에 도인권, 제2회에 조만식, 제3회에 김동원 제씨가 결정되었으나 일반대중이 이같이 흥분되니 선도 여부없이 모두가 분발하게 되었다. 나는 조만식 선생과 의논하기를 우리는 여기 있다가 공연히 구속되지 말고 상해로 건너가서 운동을 전개하자고 하여 그날 밤 북문으로 빠져나가 나의 이모가 사는 마을 신물로 가서 자고 그 다음 날 출발했다. 조만식 선생은 정주 오산학교 교장으로 있었기 때문에 걸어서 정주까지 가고 거기서 기차를 타고 신의주로 가서 압록강을 건너리라고 계획을 세웠다. 하루를 걸어서 겨우 강동 열패장 부근에 이르렀을 때 우리는 헌병 보조원에게 붙잡히게 되었다. 그러나 나는 그들의 손아귀에서 탈주할 수가 있었지만, 조선생은 체포 구금되어 평양으로 이송되었다. 나는 동행하던 동지가 잡혀가게 되니 혼자서만 갈 마음이 없어 다시 평양으로 돌아와 잠거하면서 조만식 선생의 결말을 보고 있었는데 육개월의 역형(징역 1년-인용자)을 받고 말았다. 나는 옥고를 같이 당하고 싶은 생각이었으나 동지들의 권유로 상해에 설립된 임시정부의 군사적 행정을 위해 일하려고 떠날 결심을 하였다. 기미년(1919) 7월 17일 조국 땅을 등져 출발하였다.[22]

(3) 주동자들의 재판

김선두 목사는 이 일로 3월 2일 새벽에 이 시위 주동자로 다른 주동자들과 함께 체포되어 서울로 압송되어 경성지방법원에서 재판을 받았다. 관할법원인 평양지방법원이 있었지만, 경성지방법원에서 재판을 받게 된 이유는 나와 있지 않지만,[23] 1919년 8월 21일 경성지방법원에서는 이른바 '보안법 위반'으로 징역 1년 6개월을 선고하였다. 그러자 이에 불복 항소하여 9월 19일 경성복심법원에서 같은 죄목으로 징역 1년 2개월을 선고받았다. 그는 이 법정에서 다음과 같이 진술하였다.

나는 피고 정일선으로부터 이태왕 전하 봉도식을 거행하니 사회자로서 출석하여 위 회의 순서를 말해 줄 것을 의뢰받고 조선독립의 계

---

22 「도인권(都寅權) 회고록」(1962), 34~37쪽
23 이 재판도 의주의 유여대 목사 등의 재판과 같이 "조선총독부 사법부장관으로부터 이들에 대한 재판을 경성지방법원에서 취급하라는 총독의 명령이 있으므로 경성지방법원으로 이송하라는 전보를 받고" 그렇게 했을 가능성이 크다[「河村檢事 사건 이송서」(평양지방법원 신의주지청, 1919. 3. 25), 『韓民族獨立運動史資料集』 27 (三一運動 17), 국사편찬위원회, 289쪽].

획의 모임이라는 것을 알고서 사회자의 일을 승락하였다. 나는 유럽 전쟁의 강회회의에서 약소국은 자유 독립을 할 수 있게 되었다는 것을 듣고 그 이후 조선의 독립을 희망하게 되었는데 그런 연유로 독립선언식의 사회자가 될 것을 승낙한 것이다. 그리고 독립선언식은 올해 3월 1일 오후 2시경 개회하게 되고 그날 나는 숭덕학교 운동장에 참가하여 구한국 국기를 앞세우고, 곽권응은 나의 지도에 따라 약 천 수백 명의 군중에게 종이로 만든 작은 태극기 수백 개를 배부하고, 나는 사회자로서 이제부터 조선독립 선언식을 거행한다는 뜻을 말하고, 정일선은 경성(서울)으로부터 보내온 선언서라고 제목한 조선민족은 민족자결주의에 기초하여 최후의 한 사람에 이르기까지 독립시위운동을 하고 일본의 기반을 이탈하여 목적을 관철하자는 뜻을 기재한 '불온문서(독립선언서)'를 낭독하고, 기타 자는 선언서를 일반 회중에게 배부하고 강규찬은 세계는 모두 인도를 중시하며 자유평등을 칭하기에 이르고 조선도 자유하게 되어 독립하기에 이른 것은 함께 축하해 마지않는다는 뜻의 선동적 연설을 했다. 나도 역시 '구속되어 천년을 살기 보다는 자유를 얻어 100년을 살아가는 것이 낫다.'라는 내용의 연설을 하여 군중을 열광시키고, 윤원삼은 먼저 조선독립만세를 3창하고 우리들은 군중과 함께 이에 창화하여 조선독립의 시위운동을 하게 되었다.[24]

1, 2심에서 모두 유죄판결을 받자 김선두 목사는 정일선과 함께 "우리의 행위는 조선민족으로서 정의·인도에 따른 의사 발동으로 범죄가 아니다. 그런데 1·2심에서 유죄판결을 받았는데 이는 부당하므로 복종할 수 없어 상고한다"는 취지로 고등법원에 상고하였으나, 10월 20일 기각 판결을 받아 서대문감옥에서 옥고를 치렀다.

1919년 8월 21일 경성지방법원에서 김선두 목사와 함께 재판을 받은

---

24 「김선두 외 2인 경성복심법원 판결문」(1919. 9. 19)

평양 장로교계 시위주동자들의 형량은 다음과 같다.[25]

　　　　징역 1년 6개월 : 김선두, 정일선(2인)
　　　　징역 1년 : 황찬영, 박인관, 곽권응, 강규찬, 김이제, 이일영(6인)
　　　　이상 각 피고에 대해 각 미결 구류일수 120일 본형에 산입.
　　　　이일영, 김이제는 5년간 형 집행 유예.

　같은 장로교계 시위주동자였지만, 윤원삼은 늦게 체포되어서 그런지 의주 만세시위에 참여했던 김병농 목사 등과 함께 경성지방법원에서 별도의 재판을 받았는데, 8월 30일 예심종결결정을 받고, 11월 6일 이른바 '출판법 및 보안법 위반'으로 징역 1년 2월(미결구류일수 90일 본형 산입)을 선고받고 옥고를 치렀다.[26]

　한편, 남산현교회에 모였던 감리교계 시위주동자들은 그대로 평양지방법원에서 유죄 판결을 받고 불복 공소하였으나, 7월 21일 평양복심법원에서 이른바 '보안법 위반 및 제령 제7호 위반'으로 같은 판결을 받게 되자 상고하였으나, 고등법원은 9월 29일 이들의 상고를 모두 기각하였다. 이들에 대한 평양지방법원과 평양복심법원의 판결문은 남아 있지 않으나, 다행히 고등법원의 판결문은 남아 있어 다음과 같이 이들의 형량을 알 수 있다.[27]

　　　　징역 2년 : 김찬홍, 박석훈, 주기원, 한국보, 홍원섭(5인)
　　　　징역 1년 : 김홍식, 박현숙, 서기풍, 송득후, 안영극, 이영순,

---

25 「김선두 외 7인 경성지방법원 판결문」(1919. 8. 21)
26 「윤원삼 외 14인 경성지방법원 예심종결결정문」(1919. 8. 30) ; 「윤원삼 외 14인 경성지방법원 판결문」(1919. 11. 6)
27 「김찬홍 외 14인 고등법원 판결문」(1919.09.29)

장도성, 조창일(8인)

징역 6월 : 김연실, 채애요라(2인)

이들 중 박석훈 목사는 11월 16일 옥사(獄死)하여 11월 18일 장례를 치렀다.[28] 이들 평양 만세시위 주동자들을 표로 정리하면 다음과 같다.

[표 2] 평양 만세시위 주동자들의 신상 및 혐의

번호	이름	나이	신분/직업	종교	혐의	판결	비고
1	강규찬 (姜奎燦)	46	목사	기독교(장)	보안법 위반	징역 1년	산정현교회, 독립에 관한 연설
2	곽권응 (郭權應)	25	교사	기독교(장)	보안법 위반	징역 1년/징역 8월	숭덕학교, 남문외교회 집사, 남문외교회 조사 (1921), 웅기교회 목사 (1924)
3	김선두 (金善斗)	44	목사	기독교(장)	보안법 위반	징역 1년 6월/징역 1년 2월	서문외교회 담임, 장로회 총회장, 독립선언식 사회
4	김연실 (金蓮實)	21	여교사	기독교(감)	보안법 위반	징역 6월	사립유치원
5	김이제 (金利濟)	47	목사	기독교(장)	보안법 위반	징역 1년, 집행유예 5년	
6	김찬흥 (金燦興)	46	목사	기독교(감)	보안법 위반	징역 2년	이향리교회
7	김홍식 (金弘植)	38	목사	기독교(감)	보안법 위반	징역 1년	신양리교회
8	도인권 (都寅權)	39		기독교(장)	보안법 위반	망명	안명근 사건으로 징역 10년(6년 복역), 105인 사건, 독립선언식 설명, 진남포 3.1운동, 망명 상

---

28 「朴錫薰氏永逝」『기독신보』 1919년 11월 26일

번호	이름	나이	신분/직업	종교	혐의	판결	비고
							하이 임시정부 참여, 감리교 목사(1930)
9	박석훈 (朴錫薰)	36	목사	기독교(감)	보안법 위반	징역 2년	남산현교회, 옥사 (1919.11.16)
10	박인관 (朴仁寬)	27	장로	기독교(장)	보안법 위반	징역 1년	서문외교회, 평양장로 회신학교 졸업(1916)
11	박현숙 (朴賢淑)	24	유사	기독교(감)	보안법 위반	징역 1년	남산현교회
12	서기풍 (徐基灃)	37	권사	기독교(감)	보안법 위반	징역 1년	채관리교회
13	송득후 (宋得珝)	29	목사	기독교(감)	보안법 위반	징역 1년	전구리교회
14	안영극 (安英極)	37	전도사	기독교(감)	보안법 위반	징역 1년	이향리교회
15	윤원삼 (尹愿三)	34	무직	기독교(장)	보안법 위반	징역 1년 2월	105인 사건, 장대현교회 집사, 평양신학교 재학, 만세 선창,
16	이영순 (李泳舜)	45	목사	기독교(감)	보안법 위반	징역 1년 ?	태천교회
17	이일영 (李一永)	46	목사	기독교(장)	보안법 위반	징역 1년, 집행유예 5년	남문외교회
18	장도성 (張道成)	19	학생	기독교(감)	보안법 위반	징역 1년	사립학교
19	정일선 (丁一善)	37	전도사	기독교(장)	보안법 위반	징역 1년 6월/징역 1년 2월	서문외교회, 장로, 독립선언서 낭독
20	조만식 (曺晩植)	38	교장	기독교(장)	보안법 위반	징역 1년	정주 오산학교, 산정현 교회 장로(1922)
21	조창일 (趙昌鎰)	36	권사	기독교(감)	보안법 위반	징역 1년	이향리교회

번호	이름	나이	신분/직업	종교	혐의	판결	비고
22	주기원 (周基元)	37	목사	기독교(감)	보안법 위반	징역 2년	차관리교회
23	채애요라 (蔡愛堯羅)	23	여교사	기독교(감)	보안법 위반	징역 6월	사립학교
24	한국보 (韓國輔)	30	전도사	기독교(감)	보안법 위반	징역 2년	채관리교회
25	함석은 (咸錫殷)	29	교사	기독교(장)			숭덕학교, 피신 망명 독립운동 참여
26	홍원섭 (洪王+袁燮, 洪轅燮)	45	전도사	기독교(감)	보안법 위반	징역 2년	남산현교회, 광성학교 사감
27	황찬영 (黃贊永)	27	교사	기독교(장)	보안법 위반	징역 1년	숭덕학교

3. 원산, 함흥의 선구적 봉기

1) 원산의 시위 준비와 실행

(1) 준비

원산에서의 3.1운동 준비는 원산부 남촌동감리교회(원산 중앙교회)를 담임하고 있던 정춘수(鄭春洙) 목사가 1919년 2월 중순경 '미남감리회 선교 100주년 기념' 행사의 일로 상경하여 4, 5일간 남대문밖 신행여관에 유숙하면서 피어선기념성경학원에서 열린 '백년기념회'에 참석하던 중 같은 모임에 참석한 박희도(朴熙道)를 만나 기독교계의 독립운동 준비 소식을 듣고 참여한 데서 비롯되었다. 그는 당시 종교교회를 담임하고 있던 친구인 오화영(吳華永) 목사의 부탁으로 2월 16일 종교교회에서 저녁 예배

설교를 하고, 그 다음 날 자신의 숙소인 신행여관으로 오화영 목사와 함께 찾아온 박희도(朴熙道)를 만나 독립운동의 참여를 결심하였다. 그 후 이틀간 개성에 들렀다가 다시 서울에 올라와 2월 20일 박희도가 교감으로 있던 영신학교 사무실을 찾아갔는데, 그 때 마침 천도교와의 협의를 위하여 서울에 머물고 있던 이승훈을 비롯하여, 오화영, 신홍식도 그곳에 모여 있어 함께 독립운동 문제를 의논하였다.[29] 그는 그 자리에서 독립청원을 주장하고, 천도교와 합동으로 하는 것에는 반대하였다. 2월 21일 원산에 돌아온 정춘수는 원산 중리교회 전도사이던 곽명리(郭明理)와 원산에서 약종상을 운영하며 장로교회인 광석동교회에 출석하던 이가순(李可順), 광석동교회 전도사 이순영(李順榮)을 포섭하여 비밀리에 원산에서의 이 운동을 준비하게 하였다. 2월 23일[30] 서울에 있는 오화영으로부터 정춘수에게 편지가 왔다. 그 요지는 "금번 서울에서는 천도교와 합동이 되었으므로 서울과 같이 지방에서도 천도교와 합동할 수밖에 없는 것이고, 그 발표 일자는 3월 1일로 정하였으니 서울과 지방이 동일(同日)에 시행하기로 하였다"는 것이었다.[31] 선언서는 인쇄하기로 하였으며 인쇄가 되면 곧바로 보내줄 것이라는 말도 들어있었다. 정춘수는 2월 26일경 서울의 이갑성이 보낸 김성국(金成國)을 만나 3월 1일 거사 사실을 다시 한 번 듣고, 원산에서 이 운동에 동참하기로 서명 날인한 5, 6명의 서명 날인서를

29 이병헌(李炳憲),1959, 「정춘수 선생 취조서」 『3.1운동 비사』, 시사시보사출판국, 547쪽

30 위의 책, 551쪽에는 정춘수는 편지를 받은 날을 '2월 23일'로 기억하고 있으나, 거사일이 '3월 1일'로 확정된 것은 2월 24일 저녁이고, 오화영이 이 사실을 박희도로부터 들은 것이 2월 25일이므로, 정춘수가 편지를 받은 것은 2월 26일일 것이다(같은 책 544쪽 「오화영 선생 취조서」에는 2월 25일 정춘수에게 편지로 통지한 것으로 진술하고 있다).

31 위와 같음

그에게 주어 이갑성에게 전하게 했다.[32] 정 목사는 2월 27일 곽명리를 서울에 보내 오화영 목사를 만나 확인해보게 하였다. 곽명리는 그날로 서울에 올라가 오화영 목사를 만나 그간 사정 이야기를 듣고, 그가 준 인쇄된 독립선언서 300여장을 받아 2월 28일 밤에 원산에 돌아왔다.[33]

한편, 2월 26일 정춘수로부터 거사일이 3월 1일이라는 사실을 알게 된 이가순은 서울에서 작성된 선언서의 도착이 늦어질 것도 염려되고, 제때 도착된다 하더라도 그 수량이 부족할 것을 염려하여 광석동교회 장로 겸 전도사인 이순영과 의논하여 서울에서 보내올 선언서 외에 원산에서도 독자적인 선언서를 작성 등사하여 배포하기로 하였다. 이 선언서는 이가순이 작성하여 이순영에게 주어 2월 28일 밤 차광은의 집에서 2,000매를 등사하였다.[34]

정춘수와 이가순은 그 동안 동지로 포섭한 지도급 인물들을 2월 28일 밤 거사 준비를 위하여 진성여학교(進誠女學校)에 모이게 했다. 이 날 이 모임에 참여한 사람들은 정춘수, 이가순, 이순영을 비롯하여 광성학교(光成學校) 교사 이진구(李鎭九), 보광중학교(保光中學校) 교사 차광은(車光恩 또는 車廣恩), 보광학교 교사 차용운(車用運), 잡화상을 경영하던 김기헌(金基憲), 고물상을 경영하던 오경달(吳京達), 사립소학교 교사 김장석(金章錫), 광성학교 교사 정연수(鄭延壽)와 이계술(李啓述), 보광학교 교사 인이극(印利極)과 함하은(咸河殷) 등이었다.[35] 이가순의 사회로 열린 이날 준비모임

---

32 「三·一 獨立宣言 關聯者 公判始末書」『韓民族獨立運動史資料集』18권(三一運動 VIII), 49쪽
33 이병헌(李炳憲), 위의 책, 551쪽
34 「이가순 외 12인 경성복심법원 판결문」(1919. 5. 26)
35 이진구(李鎭九), 1965, 「고물상 악기로 악대 꾸며(원산)」『신동아』1965년 3월호, 137~138쪽

에서 정춘수 목사는 "지금 우리 조선은 타국의 압력 하에 있다. 우리 민족의 자유행동이 불가능하므로 이를 벗어나려고 한다. 그런데 금번 구주전쟁의 강화회의에서 민족자결주의에 치중하게 되었으니 이 기회를 잃어버리지 말고 조선독립을 도모하려고 경성(京城)에 중앙부를 두고 조선 전도(全道)의 수뇌자 33명이 주동이 되어 독립단을 조직하고 1919년 3월 1일 오후 2시를 기하여 조선 각 도(道)가 일시에 독립선언을 할 계획이므로 여러분도 독립선언을 하고 이 운동을 해야 한다"는 취지의 연설을 하였다.[36] 얼마 후 정춘수는 곽명리가 서울에서 가져온 선언서를 보고, 이가순과 곽명리에게 "나는 내일 서울에 가니 이 곳 일은 그대들 두 사람이 좋도록 처리해 달라"고 부탁하고 자리를 떴다.[37] 이날 이 준비회의에 참석했던 이진구는 정춘수가 자리를 떠난 후 이 회의에서 논의 실행된 것을 다음과 같이 회고하고 있다.

우선 거사는 서울과 같이 3월 1일 오후 2시 각 교회의 종소리를 신호로 일제히 일어나기로 합의했다. 그리고 우리 열 세 사람은 각자 나누어 원산 시내 각 요소를 분담하기로 결정했다. 지금 내 기억에 남기로는 곽명리씨가 원산지방재판소(함흥지방법원 원산지청)를 맡기로 하고, 이가순씨는 시장을 맡아서 선언서를 낭독하기로 했으며, 나는 광성소학교의 상급반을 인도해서 남산 위에서 만세를 부르기로 했다. 그리고 나머지 열 분도 각기 원산 관공서 기타를 분담했다. 그 가운데

---

36 「손병희 외 47인 경성복심법원 판결문」(1920. 10. 30)

37 정춘수 목사는 3월 1일 아침 기차로 원산을 출발하여 밤에 왕십리에서 내려 오화영 목사의 집에 들렀으나, 이미 민족대표들이 체포되었다고 하므로, 그 집에서 5일 동안 머물다가 3월 5일 종로경찰서를 찾아가 자수하였다(이병헌(李炳憲), 1959, 「정춘수 선생 취조서」『3.1운동 비사』, 시사시보사출판국, 551~552쪽, 자수한 날과 장소가 '3월 7일'과 '경무총감부'로 나오는 자료도 있는데, 3월 5일 종로경찰서에 자수하고, 3월 7일 경무총감부에 넘겨진 것 같다).

서 이순영씨는 그날 자정이 지나 함흥으로 출발해서 함흥유지들에게 연락하고 돌아오기로 했다. 그날 밤을 세워가며, 몇 사람이 남아 등사판 세 개로 교대해 가면서 선언서 몇 천 장을 더 만들었다. 원래는 1만 장 정도의 선언서를 만들려고 했지만, 시간이 충분하지 못했던 것이다. 그리고 태극기도 여러 곳에서 만들어 졌지만, 수량이 얼마나 되었는지 기억에 남지 않는다.[38]

(2) 실행

거사일인 3월 1일은 마침 원산의 장날이었다. 이날 오전에 이가순은 곽명리가 서울에서 가져온 독립선언서 300매 중 50매를 함경남도 각 관청에 발송하고, 이순영과 함께 그 남은 것과 원산에서 자체적으로 제작 등사한 독립선언서 약 2,000매를 광성학교 학생들에게 주어 군중들에게 배포하게 하였다.[39]

오후 2시, 각 교회에서 종이 울리자 13인의 주동 인물들은 약속한 장소에서 독립선언서를 낭독하고 모인 군중들과 함께 만세를 부르며 장촌동(場村洞) 시장으로 행진하였다. 이 때 고물상을 운영하던 오경달은 자기 집에 있던 북과 나팔을 학생들에게 나누어 주었다. 학생들은 북을 치고 나팔을 불며 시위대열의 선두에 나섰다.[40] 이들을 따르는 군중은 삽시간에 700~800명을 넘었다. 이들은 일본인 거류지를 지나 원산경찰서로 향하였다. 도중에 일본 경찰·헌병·소방대 등이 합세하여 소방 호스로 물감[色水]을 뿌리며 군중을 해산시키려 하였다. 그러나 흩어졌던 군중은 다시 모여들고 물러섰던 군중은 다시 전진하였다. 당황한 일본 군경은 일제히

---

38 이진구(李鎭九), 1965, 「고물상 악기로 악대 꾸며(원산)」『신동아』 1965년 3월호, 138쪽
39 「이가순 외 12인 경성복심법원 판결문」(1919. 5. 26)
40 위와 같음

공포를 쏘았다. 그러자 군중의 일부는 흩어지고 나머지는 역전으로 몰려 갔다. 이들은 거기에서 다시 만세를 부르다가 저녁 6시경에야 해산하였다.[41] 이날 원산의 만세시위에 참가한 사람은 모두 2,000 명 정도이었으며, 그 다음날까지 체포된 사람은 50명이었다.[42]

이 시위에 대하여 당일 일제 고등경찰은 조선총독을 비롯하여 상부에 보내는 보고서 「독립운동에 관한 건(제2보)」(1919. 3. 1)에서 다음과 같이 보고하고 있다.

> 원산 거주 예수교 목사(전도사의 오류) 곽명리라는 자가 시장 안에서 독립선언서를 배포하고 있는 것을 발견하여 취조 중, 오후 4시에 이르러 약 500명의 조선인 무리가 악대(樂隊)를 선두로 일본인 시가지를 행진하며 시위운동을 하고 있으므로 이를 저지하려고 설득(懇諭)하고 있다. 또 조선인 거주지에 약 2,000명의 군중이 비분강개(悲憤慷慨)하여 연설을 하고 있어서 쉽게 해산하지 않으므로 소방리(消防吏)를 소집하고 또 재향군인회와 연락하여 진무(鎭撫)에 힘쓰고 있다.[43]

(3) 주동자들의 재판

원산 만세시위에서 체포된 50여 명 중 이가순을 비롯한 주동자들만 기소하고 나머지는 태형을 때려서 석방하였다.[44] 그리고 기소된 이들은

---

41 위와 같음

42 「高第5439號 獨立運動에 관한 건(제3보)」(朝鮮總督府 警務總監部 高等警察課, 1919. 3. 2) 大正8年乃至同10年 朝鮮騷擾事件關係書類 共7册 其7, 본격적인 주동자 체포는 3월 2일부터 시작된 것 같다. 이날 시위에 주동자 중 한 사람으로 참여했던 이진구는 3월 3일 체포되었다(이진구, 앞의 글, 138쪽).

43 「高第5410號 獨立運動에 관한 건(제2보)」(朝鮮總督府 警務總監部 高等警察課, 1919. 3. 1) 大正8年乃至同10年 朝鮮騷擾事件關係書類 共7册 其7

1919년 4월 9일 함흥지방법원 원산지정에서 모두 유죄 판결을 받았다. 이들이 어떤 형량을 받았는지 자료가 남아있지 않으나 이 가운데 이가순을 비롯한 13인의 주동자들은 무죄를 주장하며 항소하였다. 그러자 경성복심법원은 5월 26일 원 판결의 13인에 대한 부분을 취소하고 다음과 같이 형량을 조정하여 판결하였다.[45]

징역 2년 6월 : 이가순(1인)
징역 2년 : 이순영(1인)
징역 1년 6월 : 차용운, 차광은, 함하은, 김장석, 곽명리(5인)
징역 1년 : 김기헌, 정연수, 인이극, 이진구(4인)
무죄 : 이계술, 김진완(2인)

그러자 증거 불충분으로 무죄로 풀려난 이계술, 김진완 2인을 제외한 11인 모두가 자신들의 행위는 "조선민족으로서 정의·인도에 근거하는 의사발동으로 범죄가 아니다. 그런데 제1심 및 제2심에서 받은 유죄 판결은 부당하여 복종할 수 없는 위법한 것"이라고 주장하며 상고하였다.[46] 7월 3일 고등법원에서 이를 모두 기각하여, 그대로 옥고를 치르기는 하였으나, 상고취지 및 개인별 추가취지에서는 피고마다 자신의 행위의 정당성과 일본 식민지배의 불법성을 주장하고 있다. 특히 이가순의 다음과 같은 추가취지는 그가 어떤 의식을 가지고 원산 만세시위를 주도하였는지 잘 보여준다.

---

44 태형을 당하고 석방된 사람으로는 원산 광석동교회 집사 김하은, 김하준, 변기석, 최경모 등이 있다(『함남로회 제3회 회록』(1919. 9), 22쪽).
45 「이가순 외 12인 경성복심법원 판결문」(1919. 5. 26)
46 「이가순 외 10인 고등법원 판결서」(1919. 7. 3)

나의 행위는 정의·인도에 근거하고 세계 대세에 따라 민족자결의 원칙에 의한 행위로 아무런 범죄 행위가 아니다. 이는 인류의 공존권 상 필연적 요구로 인류 양심의 자연적 발로로 추호도 안녕질서를 문란시킨 일은 없다. 또 파괴 폭행 등 비행(非行)을 행한 일도 없다. 다만 이 양심이 시키는 바에 따라 나와 모인 군중과 함께 조선독립의 축하의 뜻을 표할 때 먼저 해당 경찰서에 그 뜻을 통고하고, 또 더군다나 그 요구에 따라 평온한 가운데 해산한 것뿐으로 추호도 안녕을 파괴하고 질서를 문란케 하는 일은 없다. …(중략)… 그런데 조선 민족의 독립운동에 대한 태도를 보면 정의 인도에 의해 솔선 승인함은 이같이 버리고 그 무도, 불법은 실로 형용하기 어렵다. 무고한 양민에게 발포, 난타 등 비인도적 만행을 취하고 인류적 양심은 추호도 없는 것 같으니 어찌 놀랄 것이 아니겠는가. 충분히 일본 정부의 배신(背信) 무의(無義)함을 알 것이다. 그 태도의 애매한 모순은 오히려 가엽게 생각된다. 지금까지 과거의 10년을 회상하면 일본은 소위 한일병합이란 말의 세계적 대 사기로 성공한 이래 여러 수단으로 세계를 속여 넘기고, 인도를 무시하고, 각 방면의 조선인의 자유를 속박하고, 인권을 유린하고 소위 헌병경찰제를 10년을 하루 같이 하고 유약한 인민은 부질없이 두려운 생각을 품게 하고, 반도(半島)를 모두 포대(砲臺)로 만들어 인민을 몰아내고, 포로로서 대우했기 때문에 조선인은 사방으로 떠돌아 간절히 망국의 한을 큰소리로 외친다. 이번 운동은 돌발적 우연한 일이 아니다. 일시적 감정으로 구사되는 것도 아니다. 전 민족이 일치된 행동인 것은 세계 모두가 인정하는 바이고, 일본이 어떻게 궤변을 제멋대로 해도 대답하기 곤란한 것은 당연한 바이다. 또 조선의 동부 아시아에 대한 정세는 마치 유럽에 대한 발칸과 같음은 천하 안목이 있는 자는 모두 인정하는 바이다. 그렇다면 발칸의 동정에 관해 세계 평화가 좌우되는 것과 같이 조선의 동정에 의해 또는 동양 평화는 물론 세계 평화가 좌우 되는 것은 지혜자를 기다리지 않아도 자연히 명백해 진다. …(중략)… 일본은 연합국의 하나로서 1918년 미국 대통령 위일손(韋日遜, Wilson)의 강화 원칙 14개조를 승인하고, 오늘날 「베르사이유」에서 세계 개조의 대막을 여는 운명에 이름은 아무도 부인할 수 없는 목선의 사실이 아니겠는가. 그렇다면 그 제5조에 민족자결주의를 인정함은 세계 모두가 인정하는 바로써 그 범위의 세계적인 성명자인 위일손 씨 대 러시아 통첩 및 그 외 수회에 걸친 언명(言明)에 관련하여 명찰(明察)하는 바이다. 그렇지만 일본 정부는 오히려 과거 시대의 침략정책이 그리워서 세계 대세에 역행하고 세계 5대 강국의 하나로서 인류평화에 대한 대책임을 무시하는 것이 어찌 가능한 일인가. 결국 이번 나의 행위는 평화와 자유를 사랑하는 양심의 발로로써 언론 집회를 허락하는 헌법상 정당 행위인 고로 이에 1, 2심의 불합리적 판결을 폐기함과 동시에 상고심의 명백한 해결을 기망하는 바이다.[47]

이들 원산 만세시위 주동자들을 표로 정리하면 다음과 같다.

[표 3] 원산 만세시위 주동자들의 신상 및 혐의

번호	이름	나이	신분/직업	종교	혐의	판결	비고
1	곽명리 (郭明理)	41	전도사	기독교(감)	보안법 출판법 위반	징역 1년 6월	원산 중리교회
2	김기헌 (金基憲)	24	무직	기독교(장)	보안법 출판법 위반	징역 1년	광석동교회
3	김장석 (金章錫)	28	잡화상	기독교(감)	보안법 출판법 위반	징역 1년 6월	
4	김진완 (金鎭完)	22	어물상		보안법 출판법 위반	무죄	
5	오경달 (吳京達)	28	고물상	기독교(장)	보안법 출판법 위반		시위대에 북과 나팔 제공
6	이가순 (李可順)	53	약종상	기독교(장)	보안법 출판법 위반	징역 2년 6월	광석동교회

47 「이가순 외 10인 고등법원 판결서」(1919. 7. 3)

번호	이름	나이	신분/직업	종교	혐의	판결	비고
7	이계술 (李啓述)	20	농업		보안법 출판법 위반	무죄	
8	이순영 (李順榮)	37	조사	기독교(장)	보안법 출판법 위반	징역 2년	광석동교회 장로 (1921.9)
9	이진구 (李鎭九)	21	교사	기독교(감)	보안법 출판법 위반	징역 1년	광성학교
10	인이극 (印利極)	22	교사	기독교(감)	보안법 출판법 위반	징역 1년	보광학교, 남촌동교회
11	정연수 (鄭延壽)	23	교사	기독교(감)	보안법 출판법 위반	징역 1년	광성학교, 옥사 (1919.10.)
12	차광은 (車廣恩, 車光恩)	20	양화상	기독교(장)	보안법 출판법 위반	징역 1년 6월	광석동교회, 교회 부속 배성학교 교사 (1920.9)
13	차용운 (車用運)	32	집사, 외국인 고용인	기독교(장)	보안법 출판법 위반	징역 1년 6월	석우동교회 장로 (1929.7)
14	함하은 (咸河殷, 咸泰榮)	26	교사	기독교(감)	보안법 출판법 위반	징역 1년 6월	보광학교

2) 함흥의 시위 준비와 실행

(1) 준비

함흥에서의 3.1운동 준비는 1919년 2월 25일부터 기독교인들이 중심이 되어 이루어졌다. 그 과정을 주동자들의 재판 기록을 통해서 정리하면 다음과 같다.

1919년 2월 25일 원산 광석동교회 전도사인 이순영(李順榮)이 함흥 중하리예배당(함흥남부교회)에 와서 함흥지역 교회 지도자들을 초치하고, "현금(現今) 세계의 대세는 민족자결의 기운으로 향하고 우리 조선 민족도 열국 강화회의의 문제에 포용(包容)하게 함으로써 자제(此際)에 나아가서 조선독립의 청원서를 동(同) 강화회의에 제출하는 것이 급무(急務)"라는 요지의 연설을 했다.[48] 그 무렵 이순영은 2월 21일경 감리교 정춘수(鄭春洙) 목사로부터 서울의 3.1운동 준비 소식을 들은 그 교회 교인 이가순(李可順)의 권유로 이 운동 준비에 참여하여 도내 연락 책임을 맡고 있었다. 그러자 그 자리에 참석했던 한영호(韓泳鎬) 영수, 김중석(金仲錫) 영신학교 교사, 최영학(崔榮學) 신창리교회 장로, 김광표(金光票) 전도사, 홍기진(洪基鎭) 장로, 이영식(李榮植) 집사, 오명근(吳明根) 집사, 이순기(李舜基) 함흥기독청년회 서기, 이진명(李鎭明), 궁승덕(弓承德), 권승경(權昇經) 등이 모두 이에 찬동하고, 즉시 독립청원서 작성 용지에 서명 날인하여 이순영에게 주었다.[49]

　그 다음날인 2월 26일에도 북간도 용정의 영신학교 교사로 있던 강봉우(姜鳳羽)가 함흥읍 신창리교회(함흥중앙교회)에 와서 교인들에게 제1차 세계대전 이후 국제정세를 알리면서 독립운동을 전개할 것을 권유했다. 그는 2월 28일 중하리예배당에서도 위에 서술한 이순영과 비슷한 요지의 연설을 하면서 "단순히 청원서를 제출하는 것만이 아니라 조선내지에서 총독정치를 혐염(嫌厭)하는 반향을 실현하지 않으면 우리는 현 정치에 감종(甘從)하는 것으로 오인할 우려가 있으므로 차제에 서울을 중심으로 조선 전토에서 독립선언 발표의 기도가 있으므로 함흥에서도 독립찬성자는 차거(此擧)를 실행하자"고 역설하였다.[50] 그러자 그 자리에 참석하였던 이근재(李根栽) 영신학교 교사, 이순기, 한영호, 김중석 영신학교 교사, 홍기

---

48 「이근재(李根栽) 외 40명 공판청구서」(함흥지방법원 검사국, 1919. 3. 24), 石川 檢事, 「大正 8年 保安法 事件(綴)」(1919)
49 위와 같음
50 위와 같음

진, 조영신(趙永信) 신창리교회 전도사, 조동훈(趙東薰) 영생학교 교사, 김려학(金麗鶴) 영생학교 교사, 임회영(林晦榮), 박성호(朴聖浩), 최명학(崔明鶴) 제혜병원 약제사, 김두석(金斗錫), 최영학(崔榮學), 이영식, 오명근, 권승경, 전창신(全昌信) 영신학교 여교사, 이성눌(李誠訥) 여학생 등이 이에 찬성하고 즉시 협의하여 3월 3일의 함흥 장날을 이용하여 독립선언서를 배포하고, 독립만세 시위를 하기로 결의하고 준비위원으로 이근재, 조영신, 한영호, 이순기, 홍기진, 장도원 등을 선임하였다.[51] 그러자 준비위원에 선정된 이근재 등은 다시 협의를 거듭하여 3월 1일 조영신을 원산에 급히 보내 서울에서 제작한 독립선언서를 가지고 와서 이를 기본으로 하여 함흥에서 배포할 독립선언서 작성할 것을 결의하고, 그 작성은 이근재가 맡았다. 그리고 이영화·한명식·이봉선·김치선·이면오·박희성·도상록 등에게 선언서와 태극기 제작 배포의 책임을 맡겼다.[52]

3월 2일 조영신이 원산에서 가져온 독립선언서를 바탕으로 이근재의 집에서 등사판을 사용하여 조선독립선언서 3천여 장을 인쇄하고, 태극기 18개를 만들어 배포를 맡기고, 함흥의 각급 학교 학생들에게 독립선언과 만세시위에 참여하도록 독려하였다. 그 결과 영생학교, 함흥고등보통학교, 함흥농학교의 전 생도가 독립선언발표운동에 찬동 가맹했다. 그날 저녁부터 다음 날 새벽까지 일제 경찰의 주동자에 대한 사전 검거가 있었으나, 만세시위는 예정대로 진행되었다.[53]

---

51 위와 같음
52 위와 같음
53 「高 第5597號 獨立運動에 관한 건(제4보)」(警務總監部 高等警察課, 1919. 3. 3) 大正8年乃至同10年 朝鮮騷擾事件關係書類 共7冊 其7 "(4) 함경남도 함흥 예수교 부속 영생중학교 생도가 수모자가 되어 고등보통학교, 공립보통학교 생도와 함께 3일 정오를 기하여 소요를 일으키려고 계획하고 있는 정황을 2일 밤 정탐하여 알고 3일 새벽에 수모자로 인정되는 자 88명을 검속하고 취조한 바, 「대한독립만세」

(2) 실행

3월 3일 정오를 기하여 함흥면 대화정통(大和町通) 부근에 1천여 명의 시위대가 집합하여 한영호의 연락으로 이명봉이 그곳 석종점(石鍾點)의 집 옥상에 올라가 조선독립만세라고 크게 쓴 대형 태극기를 흔들고 김기섭(金基燮) 조동훈(趙東薰) 등이 다수의 동지 학생들과 함께 독립선언서를 산포하며 독립만세를 고창하였다.[54] 원래 약속은 3월 3일 정오 당시 세브란스의학전문학교에 다니다가 선교병원인 함흥 제혜병원(濟惠病院)에서 제약사(製藥師)로 있던 최명학이 낙민루재에 올라가 나팔을 부는 것을 신호로 일제히 만세를 부르기로 약속했으나, 사전 검거선풍으로 지체되자 장진교회 이명봉 장로가 지붕위에 올라가 '조선독립만세'라고 쓴 대형 태극기를 높이 들고 만세를 선창한 것이었다.[55] 한편, 사전 검거되어 함흥경찰서 유도장에 갇혀있던 이근재, 조영신 등 주동자들도 시간이 되자 일제히 그곳에서 만세를 불렀다.[56] 이 만세시위에는 영생중학교, 영생여학교, 함흥공립농업학교, 함흥공립보통학교, 함흥공립고등보통학교 학생들이 동맹휴학을 하고 연일 대거 참여하였으며, 선교사가 증언하듯이 일제의 가혹한 탄압에도 불구하고 6일까지 격렬하게 지속되었다.

이 시위에 대한 맥래(Rev. M. D. MacRae, 마구례) 선교사의 진술서가

라고 쓴 구한국 국기 및 독립선언서 600여통을 발견하였는데, 정오에 이르러 정차장 앞에 약 200여명의 군중이 모여 예수교도 한 명이 이를 지휘하고 구한국 국기를 흔들자 군중이 일제히 만세를 부르므로 곧 바로 수모자 이하 46명을 검속한 바 군중은 해산되고 또한 영평(永平), 정평(定平)에서도 2일 밤 선언서를 길 위에 산포한 것을 발견하여 주의 중"

54 「이근재(李根栽) 외 40명 공판청구서」(함흥지방법원 검사국, 1919. 3. 24), 石川 檢事, 「大正 8年 保安法 事件(綴)」(1919)
55 김중석(金仲錫), 1965, 「낙민루 재의 나팔소리」『신동아』 1965년 3월호, 141쪽
56 위와 같음

남아있다. 그는 캐나다장로회 소속 선교사로 1898년부터 한국에 파송되어 당시 함흥선교지부를 책임지고 있었는데, 함흥에서의 만세시위와 일제의 가혹한 탄압을 목격하고, 이를 영국 영사관에 알리고 총독부에 항의하기 위해서 서울에 와서 1919년 3월 20일자로 다음과 같은 상세한 진술서를 실명으로 공표하였다.

함흥에서 아무런 시위도 일어나지 않았을 때인 1919년 3월 2일 밤과 3월 3일 새벽에 기독교 학교의 학생들 몇 명과 교사 한 명이 체포되어 경찰서로 연행되었다.

3일 월요일에 경찰이 (장날인데도) 가게 문을 닫으라고 명령했다는 말이 있었다. 이것 때문에 많은 사람들이 중심가에 모였다. 군중 속에서 한 사람이 나팔을 불었고, 이를 신호로 하여 군중들은 "대한독립만세"를 불렀고, 태극기가 물결쳤다.

함흥의 여러 학교에서 학생들이 모여들었고, 많은 학생들이 체포되었다. 이날 일본인 소방서원들은 소화 진압용 갈고리를 휘둘러댔다. 그러나 아무도 중상을 입지는 않았다.

3월 4일 12시 30분경에 한국인들은 다시 큰 소리로 외치기 시작했다. 이 소리를 듣자 일본인 소방대가 곤봉을 들고 군중을 해산시켰다. 그들은 또 곡괭이, 소화용 갈고리, 쇠뭉치, 단단한 몽둥이, 혹은 짧은 손 곤봉을 들고 있었다. 그들은 여기저기에서 머리를 때리고 갈고리를 휘두르면서 군중 속으로 돌진해 갔다. 얼마 지나지도 않아서 많은 사람들이 중상을 입었고, 얼굴에서 피를 흘리면서 소방서원들에 의해 경찰서로 끌려갔다.

그렇게 당한 사람들 중에 채규세라고 하는 청년이 있었는데, 그는 학생이며 한 한국인 경찰관의 동생이었다. 그는 큰 고통 때문에 소리를 지르고 있었고, 머리는 한 편으로 돌려져 놓여 있었으며 머리 왼쪽의 심한 상처에서 나오는 피가 얼굴에 흘러내리고 있었다. 이 사람은 며칠 후 위독한 상태에서 석방되었다.

또 다른 한 사람이 두 일본인 경관에 의해 경찰서로 끌려갔다. 그

의 머리에는 맞은 자국이 역력히 드러났고, 왼 얼굴의 맞은 상처에서
는 피가 흐르고 있었다. 왼쪽 다리도 또한 다쳐서 절름거렸고 고통 때
문에 신음을 했다. 이 사람은 50살가량 된 기독교인이다. 며칠 동안
병원에서 치료를 받은 후에 아무런 처벌 없이 석방되었다. 그의 이름
은 채학성이다.

그와 같이 경찰서로 끌려간 또 다른 사람은 비기독교계 학교의 학
생인 박익호이다. 그의 두개골은 심하게 깨져있었고, 며칠 후에 거의
죽어가는 상태에서 친구집으로 보내졌다.

바로 이날 7명의 한국인 남자들과 몇몇 소녀들이 받은 상처 때문에
비참한 지경이 되어 경찰서로 연행되었다.

이 장면이 연출되는 동안 경찰과 헌병들은 체포에 가담하지 않고,
다만 소방서원들이 무장하고 한국인을 체포하러 나갔으므로 일본인
소방서를 지키고 있었다.

목격한 바로는 한국인들은 저항하지 않았다. 그들은 방어하기 위해
서 막대기를 들거나 돌을 던지지도 않았으며, 일본인에 대해 욕설 한
마디도 하지 않았다.

3월 6일에도 함흥의 가게들은 가게문을 열지 않았고, 그 결과 많은
사람들이 거리로 나왔다. 가축 시장 근처에서 다시 만세를 불렀고, 이
와 함께 일본인 소방서원들은 다시 곤봉 등을 들고 돌진했다. 많은 사
람들이 구타당하고, 체포됐는데 그 중에 변은관이라는 사람이 있었다.
그는 곤봉으로 뒤통수를 맞았고, 거의 죽게 된 상태에서 경찰서로 끌
려갔다. 이날도 한국인들은 돌이나 막대기를 들지 않았고, 심지어 욕
설 한 마디조차 하지 않았다. 며칠 후 변은관은 석방되어 집으로 돌아
왔지만, 치유될 가망성은 없었다.[57]

---

57 "Statement by Rev. M. McRae of Events in Hamheung, Korea(Seoul, March
20th, 1919)," 「Korean Independence Outbreak」(1919)

(3) 주동자들의 재판

일제 경찰은 소방대까지 동원하여 평화적 만세시위를 폭력적으로 탄압하면서 시위 주동자들을 체포하였다. 시위 첫날인 3월 3일, 2일 저녁 예비검속을 포함하여 주동자 46명과 학생 88명을 검거하였다. 그 다음날인 4일에도 시위대 가운데 60여명을 체포하였다. 대량 검거에 대한 항의 시위가 잇따르자 5일에는 일제 경찰이 주동 인물을 제외한 170명을 석방하기도 하였지만, 주동 인물들의 신병을 넘겨받은 함흥지방법원 검사국은 가혹한 신문을 거쳐 3월 24일 이근재 등 41명을 이른바 '보안법 및 출판법 위반'으로 함흥지방법원에 기소했다.[58] 이들의 변호는 한국인 변호사 허헌(許憲)과 판사로 있다가 1913년에 사임한 신석정(申錫定)이 맡았다.[59] 함흥지방법원은 4월 21일 이들 41명 모두에게 징역 2년에서 태 90에 이르는 유죄를 선고하였다. 불행히도 그 판결문은 남아있지 않으나 그들의 형량이 다음과 같이 1919년 4월 25일자 『매일신보』에 보도되었다.[60]

> 징역 2년 : 이근재(1인)
> 징역 1년 6월 : 한영호, 홍기진, 조영신, 이순기, 이영화(5인)
> 징역 1년 : 최영학, 김광표, 김려학, 김중석, 오명근, 조동훈,
>   이영식, 김치선, 곽선죽(9인)
> 징역 10월 : 박성호, 이명봉, 권승경, 임회영, 김두석, 궁승덕,
>   이진명, 최명학(8인)
> 징역 8월 : 김기섭, 한명환, 이봉선, 김면오, 박희성, 도상록, 전창신
>   (7인)

---

58 「이근재(李根栽) 외 40명 공판청구서」(함흥지방법원 검사국, 1919. 3. 24), 石川 檢事, 「大正 8年 保安法 事件(綴)」(1919)
59 김중석(金仲錫), 1965, 「낙민루 재의 나팔소리」『신동아』1965년 3월호, 140~141쪽
60 「咸興騷擾公判, 사십여명판결」『매일신보』1919년 4월 25일

징역 6월 : 이성눌, 한림, 김성구, 서성모, 신태헌, 박의환, 한덕연,
　　　　　 조현원, 임의식, 이재백(10인)
태(笞) 90 : 진병로(1인)

이에 태를 맞고 풀려난 학생 진병로와 여교사 전창신, 여학생 이성눌
3인을 제외한 전원이 불복하여 경성복심법원에 항소하였다. 그러자 경성
복심법원은 7월 3일 원심 판결을 취소하고, 다음과 같이 주동자를 제외한
사람의 형량을 약간 조정한 판결을 내렸다.[61]

징역 2년 : 이근재(1인)
징역 1년 6월 : 한영호, 홍기진, 이순기, 조영신(4인)
징역 1년 : 조동훈, 이영화, 김치선, 곽선죽(4인)
징역 8월 : 김중석, 최영학, 이영식, 오명근, 김려학, 임회영,
　　　　　 박성호, 최명학, 김두석, 김기섭, 이명봉(11인)
태(笞) 90 : 한명환, 이봉선, 김면오, 박희성, 도상록, 김성구,
　　　　　 서성모, 신태헌, 박의환, 한림, 한덕연, 임의식, 조현원,
　　　　　 이재백, 강홍락(15인)
무죄 : 김광표, 이진명, 궁승덕, 권승경(4인)

그러나 주동자로 지목된 이근재, 한영호, 홍기진, 이순기, 조영신 등은
형량이 1심 그대로였고, 자신들의 행위는 정당한 것이요 유죄라고 생각지
않았기 때문에 태형 및 무죄가 선고된 사람을 제외한 이근재 등 20명은
법정 투쟁의 일환으로 다시 고등법원에 상고하였다. 이들은 상고 취지에
서 자기들의 "행위는 조선민족으로서 정인인도에 기초하는 의사발동으로
범죄가 아니다. 그런데 제1심 및 제2심에서 받은 유죄판결은 부당하여 복

---

61 「이근재 외 38인 경성복심법원 판결문」(1919. 7. 3)

종할 수 없는 위법인 것이다. 따라서 상고한다"고 당당히 무죄를 주장하였다. 특히 이근재는 그의 상고 추가 취지에서 자신의 행위는 법률상으로 "1). 본인의 소위는 죄가 되지 않는다. 2). 보안법을 위반한 일이 없다. 3). 재판상 규정에 어긋남이 있다. 재판을 공개하지 않고 더불어 이유를 설명하지 않았다. 4). 법률적용의 불법이 있다."는 요지로 상세히 설명했다. 그리고 사실상으로도 "1). 조선민족은 모두 죄인이 되었다. ......우리 민족 전체는 삼천리 되는 감옥에 2천만의 죄인을 수감시킨 것과 같다. 2). 인류가 당연히 해야 할 일이다. 3). 정의(正義), 인도(人道)를 위해 하였다. 4). 세계의 대세에 따른 것이다. 5). 일본 및 조선은 동일한 민족이 아니다. 언어와 의복 및 풍속이 전혀 다르니 절대적으로 합일(合一)할 수 없다. 6). 동양평화를 위해 한 것이다."라는 요지로 논리 정연하게 설명하였다.[62]

그러나 고등법원은 9월 1일 이들의 상고를 모두 기각하는 판결을 내려 형이 확정되어 옥고를 치렀다.

함흥 만세시위의 주동자들은 대부분 기독교인들이어서 1919년 9월 신창리교회에서 회집한 제3회 함남노회에도 보고되었다. 이 노회에서 채용한 「함흥구역 시찰 보고서」에 나오는 이들에 관한 보고는 다음과 같다.

5. 특별사건
1 독립사건으로 인하여 시험당한 이와 고생받는 이와 애매히 형벌
  을 받은 자 많사오니
1 3월 3일 독립만세사건
1) **함흥에 복역 26인** 중 장로와 집사와 교사와 영수와 학생이 함께
  있사오며, 태형 7인과 여학생 2인이오며
2) 수십일 후 방면이 13인과 여학생 7인 합 20인

62 「이근재 외 19인 고등법원 판결문」(1919. 9. 1)

3) 중상함으로 즉 방송한 자 2인이오며

4) 수일 악형 받은 자 2인과 수삭 악형 받은 자 2인과 애매히 악형을 당한 부인 3인이오며, 장로 홍기진씨와 영수 한영호씨와 교사 이순기씨와 전도사 조영신씨는 1년 반씩 처역이 되었사오며, 교원 이근재씨는 2개년이오며, 조사 이명봉씨와 어학선생 김기섭씨와 교사 김여학 조동훈 김중석, 집사 이영식 오명근, 선생 최명학 김두석, 의사 박성호씨는 각 8개월씩이오며, 학생 곽선죽 김치선씨와 이영화씨는 10개월씩이오며, 대학생 최순택씨와 이봉근, 집사 주배희씨와 중학생 노기호 박영봉 제씨는 아직 미결이오며, 여교사 전창신씨와 학생 이성눌씨는 6개월로 8개월까지 복역 중이옵나이다.[63]

이들 가운데 주동자로 징역 1년 6월을 선고받고 서대문형무소에서 옥고를 치르던 조영신 전도사는 1919년 가을 고문 후유증으로 늑막염에 걸려 여러 달 동안 고생을 하면서도 치료도 받지 못하고 면회가 허락되지 않아 집에 알릴 방도가 없었다. 그러다가 병이 위중해진 1920년 초 아들이 병에 걸려 고생한다는 소식을 전해들은 부친이 그 날로 상경하여 미북장로회 선교사 쿤스(Edwin W. Koons, 군예빈)의 도움으로 일제 당국과 교섭한지 11일만인 1월 13일 병보석으로 출옥하여 즉시 세브란스병원에 입원했으나 14일 새벽 2시경에 별세하였다. 그의 나이 22세였다. 그는 믿는 가정에서 태어나 기독교 계통의 소학교 중학교도 일찍이 졸업하고 평양 숭실대학에 입학했으나 학비를 댈 수 없어 학업을 중단하고 귀가하여 신앙생활을 하던 중 신창리교회에서 전도사로 피택되어 시무하던 중 3.1운동에 주동자로 참여하였다. 신실한 믿음과 효자로 소문났던 그의 안타까운 죽음의 소식이 함흥에 알려지자 함흥지역 교회와 유지들이 부조하

---

63 『함남로회 제3회 회록』(1919. 9), 27~28쪽

여 그의 시신을 친족과 함흥기독청년회(함흥YMCA) 총무가 1월 18일 서울에서 함흥으로 운구하여, 상여 앞에는 악대가 인도하고 수 만명이 뒤따르며 애도하는 가운데 성대한 장례를 치렀다. 일제 당국은 악대를 중지시키고 이 일로 몇몇이 힐문을 받기는 하였지만, 장례는 무사히 치를 수 있었다. 그의 죽음의 소식은 『기독신보』 1920년 1월 28일자에도 보도되고,[64] 1920년 8월에 열린 제4회 함남노회에도 상세히 보고되어 노회록에 실렸다.[65]

이들 함흥 만세시위 주동자들을 표로 정리하면 다음과 같다.

[표 4] 함흥 만세시위 주동자들의 신상 및 혐의

번호	이름	나이	신분/직업	종교	혐의	판결	비고
1	강흥락(姜興洛)	26	학생		보안법 출판법 위반	태 90도(복심)	함흥농업 2년생
2	곽선죽(郭善竹)	24	학생	기독교(장)	보안법 출판법 위반	징역 1년	영생학교 4년생, 신창리교회
3	궁승덕(弓承德)	34	식기상		보안법 출판법 위반	징역 10월, 무죄(복심)	독립청원서 서명 날인 증거 없음
4	권승경(權昇經)	36	외국인집 가정교사	기독교(장)	보안법 출판법 위반	징역 10월, 무죄(복심)	독립청원서 서명 날인 증거 없음
5	김광표(金光票)	35	전도사	기독교(장)	보안법 출판법 위반	징역 1년, 무죄(복심)	독립청원서 서명 날인 증거 없음
6	김기섭(金基燮)	28	외국인집 가정교사	기독교(장)	보안법 출판법 위반	징역 8월	어학교사
7	김두석(金斗錫)	30	외국인집 서기	기독교(장)	보안법 출판법 위반	징역 10월, 징역 8월(복심)	신창리교회 교사

---

64 「斗血의 靑年도 죽는다」 『기독신보』 1920년 1월 28일
65 『함남로회 제4회 회록』(1920. 8), 26~27쪽

번호	이름	나이	신분/직업	종교	혐의	판결	비고
8	김면오 (金冕五)	20	학생	기독교(장)	보안법 출판법 위반	징역 8월, 태 90도(복심)	영생학교 2년생
9	김성구 (金聲球)	23	학생		보안법 출판법 위반	징역 6월, 태 90도(복심)	함흥고보 2년생
10	김려학 (金麗鶴)	31	교사	기독교(장)	보안법 출판법 위반	징역 1년, 징역 8월(복심)	영생학교 교사
11	김중석 (金仲錫)	37	교사	기독교(장)	보안법 출판법 위반	징역 1년, 징역 8월(복심)	영신학교 교사, 신창리교회
12	전창신 (全昌信)	21	여교사	기독교(장)	보안법 출판법 위반	징역 8월	영생여학교
13	김치선 (金致善)	21	학생	기독교(장)	보안법 출판법 위반	징역 1년	영생학교 2년생, 신창리교회
14	도상록 (都相祿)	18	학생	기독교(장)	보안법 출판법 위반	징역 8월, 태 90도(복심)	영생학교 4년생
15	박성호 (朴聖浩)	27	의사	기독교(장)	보안법 출판법 위반	징역 10월, 징역 8월(복심)	신창리교회
16	박의환 (朴義煥)	23	학생		보안법 출판법 위반	징역 6월, 태 90도(복심)	함흥고보 4년생
17	박희성 (朴希聖)	19	학생	기독교(장)	보안법 출판법 위반	징역 8월, 태 90도(복심)	영생학교 3년생
18	서성모 (徐成模)	19	학생		보안법 출판법 위반	징역 6월, 태 90도(복심)	함흥고보 2년생
19	신태헌 (申泰憲)	23	학생		보안법 출판법 위반	징역 6월, 태 90도(복심)	함흥고보 4년생
20	오명근 (吳明根)	36	집사/목면상	기독교(장)	보안법 출판법 위반	징역 1년, 징역 8월(복심)	신창리교회 집사
21	이근재 (李根裁)	27	교사	기독교(장)	보안법 출판법 위반	징역 2년	영신학교 교사, 신창리교회
22	이명봉 (李明奉)	55	조사, 농업	기독교(장)	보안법 출판법 위반	징역 10월, 징역 8월(복심)	장진교회 장로
23	이봉선 (李鳳善)	24	학생	기독교(장)	보안법 출판법 위반	징역 8월, 태 90도(복심)	영생학교 4년생

번호	이름	나이	신분/직업	종교	혐의	판결	비고
24	이성눌 (李誠訥)	21	여학생	기독교(장)	보안법 출판법 위반	징역 6월	영생여학교
25	이순기 (李舜基)	30	교사, YMCA 서기	기독교(장)	보안법 출판법 위반	징역 1년 6월	신창리교회 교사, 장로(1923.8)
26	이영식 (李榮植)	39	집사/재 봉직	기독교(장)	보안법 출판법 위반	징역 1년, 징역 8월(복심)	신창리교회 집사
27	이영화 (李榮華)	24	솥장수	기독교(장)	보안법 출판법 위반	징역 1년 6월, 징역 1년(복심)	신창리교회
28	이재백 (李在白)	22	학생		보안법 출판법 위반	징역 6월, 태 90도(복심)	함흥고보 4년생
29	이진명 (李鎭明)	26	잡화상		보안법 출판법 위반	징역 10월, 무죄(복심)	독립청원서 서명 날인 증거 없음
30	임의식 (林義植)	21	학생		보안법 출판법 위반	징역 6월, 태 90도(복심)	함흥농업 1년생
31	임회영 (林晦榮)	47	농업	기독교(장)	보안법 출판법 위반	징역 10월, 징역 8월	신창리교회
32	조동훈 (趙東薰)	33	교사	기독교(장)	보안법 출판법 위반	징역 1년	영신학교 교사, 신창리교회
33	조영신 (趙永信)	21	전도사	기독교(장)	보안법 출판법 위반	징역 1년 6월	신창리교회 전도사, 원산에 가서 선언서를 가져옴, 옥고로 순국 (1920.1.14)
34	조현원 (趙鉉元)	21	학생		보안법 출판법 위반	징역 6월, 태 90도(복심)	함흥농업 2년생
35	진병로 (秦炳魯)	18	학생		보안법 출판법 위반	태 90도	함흥고보 3년생
36	최명학 (崔明鶴)	22	제혜병원 서기	기독교(장)	보안법 출판법 위반	징역 10월, 징역 8월	신창리교회 교사
37	최영학 (崔榮學)	40	장로/잡 화상	기독교(장)	보안법 출판법 위반	징역 1년, 징역 8월(복심)	신창리교회

번호	이름	나이	신분/직업	종교	혐의	판결	비고
38	한덕연 (韓德淵)	26	학생		보안법 출판법 위반	징역 6월, 태 90도	함흥농업 2년생
39	한명환 (韓明桓)	21	학생	기독교(장)	보안법 출판법 위반	징역 8월, 태 90도(복심)	영생학교 4년생
40	한영호 (韓泳鎬)	42	영수/재 목상	기독교(장)	보안법 출판법 위반	징역 1년 6월	신창리교회 영수
41	한림 (韓林)	19	학생		보안법 출판법 위반	징역 6월, 태 90도(복심)	함흥고보 3년생
42	홍기진 (洪基鎭)	34	장로/신 탄상	기독교(장)	보안법 출판법 위반	징역 1년 6월	신창리교회 장로

4. 맺음말

이상에서 북한지역 선구적 독립선언과 만세시위라고 할 수 있는 1919년 3월 1일 의주, 평양, 원산과 3월 3일 함흥의 만세시위를 그 준비과정에서 실행과 주동자 재판에 이르기까지 정리해 보았다. 이제 이를 요약하면서 그 성격과 의미를 살펴보면 다음과 같다.

첫째로, 1919년 3월 1일 독립선언식과 만세시위가 일어난 곳은 경기도의 서울과 고양, 평안북도의 의주와 선천, 평안남도의 평양, 진남포, 안주, 함경남도의 원산, 그리고 황해도 해주의 9곳인데, 서울과 고양을 제외한 7곳이 현재의 북한지역이다. 그리고 그 이유는 그곳에 사전에 주동자들의 조직과 철저한 준비가 있었기 때문이다.

둘째로, 의주의 경우 전국에서 유일하게 3.1독립선언서에 서명한 민족대표가 직접 독립선언식을 주도하였고, 함흥을 제외한 의주, 평양, 원산은 3.1민족대표를 배출한 곳이다. 따라서 이곳들에서는 3.1민족대표의 영향력과 역할이 다른 지역보다 컸던 것으로 보인다. 특히 담임목사가 3.1민족대표로 참여한 경우 그 교회에서 주동자들이 나오고 그 교회 전체가 참여하고 있다. 의주 유여대 목사의 의주서교회, 평양 길선주 목사의 장대현교회, 신홍식 목사의 남산현교회, 원산 정춘수 목사의 남촌동교회가 이에 속한다.

셋째로, 북한지역 선구적 독립선언과 만세시위에는 기독교계 인맥과 교회, 학교 조직이 동원되었다. 이는 사전 준비 과정은 물론 실행과 주동자들의 재판 기록에서도 확인된다.

넷째로, 의주와 평양의 독립선언과 만세시위는 식순까지 준비된 가장 전형적인 독립선언식을 거행하고 만세시위를 벌였다. 그리고 그 의례는 찬미, 기도, 축도를 포함한 기독교식이었다.

다섯째로, 북한지역 선구적 독립선언과 만세시위에는 모두 서울에서 인쇄되어 전달된 3.1독립선언서가 사용되었다. 그렇지만, 의주와 원산에서는 3.1독립선언서가 늦게 전달되거나 소량 전달될 것을 대비하여 독자적인 독립선언서를 등사하여 준비하였다. 의주에서는 2.8독립선언서를 원고로 하였고, 원산에서는 주동자 이가순이 저작하였다. 함흥에서는 3월 2일에 조영신이 원산에서 가져온 3.1독립선언서를 이재근이 축약 등사하여 사용하였다.

여섯째로, 평양의 독립선언식과 만세시위는 한날에 일어나서 합류하기는 하였지만, 장로교 감리교 천도교가 각각 따로 독립선언식을 가졌다. 이것은 준비 과정에서부터 별도로 준비되었기 때문이다. 원산의 경우는 준비 단계부터 장로교와 감리교가 협력하여 단일한 시위를 이끌어 낼 수 있었다.

끝으로, 평양 만세시위와 원산 만세시위에는 북과 나팔이 동원된 밴드(樂隊)가 앞장서서 행진곡을 연주하며 시위대를 이끌었다.

3.1운동과 공세적 만세시위의 전개
- 강서군·맹산군·수안군을 중심으로 -

성 주 현(숭실대학교 HK연구교수)

1. 머리말

3.1운동의 '역사적 평가' 내지 '의의'를 논할 때에는 일반적으로 '비폭력, 평화 시위'를 강조해왔다. 예를 들어 3.1운동을 오랫동안 연구한 김진봉은 다음과 같이 밝힌 바 있다.

> 3.1운동은 비폭력운동이었다. 독립만세운동이 점차 결렬한 양상을 띠게 되자 일제의 무력 탄압은 야만적 행위로 일관하였으며, 이에 격분한 시위군중은 농기구·몽둥이·돌멩이를 가지고 일본 관헌을 대항한 것은 사실이었다.[1]

이에 의하면 3.1운동은 비폭력운동이었으며, 격렬하게 전개되는 과정에서 일본의 무력적 탄압, 그리고 이에 대항하여 만세시위 과정에서 부득이 일부 농기구 등을 사용했다는 것이었다. 그 결과 일본 측에서 8명이 타살되었고 158명이 부상당하였다는 것이다. 그런데 일부 지역에서는 관공서, 경찰지서 등도 파괴되었다. 이를 두고 일부에서 3.1운동은 '폭력 반, 비폭력 반의 운동'이라는 주장을 하기도 하였다.[2]

일반적으로 3.1운동을 비폭력, 평화적인 운동이었다고 하는 것은 독립선언서에 나타난 평화주의와 공약삼장의 '질서 존중' 등이 지니고 있는 의미를 강조하기 때문이다. 뿐만 아니라 3.1운동 당일 발행된『조선독립신문』에서도 "결단코 난폭적 행동라든지 파괴적 행동을 하지 말라"[3]고 강조하였을 뿐만 아니라 실제로 대부분의 경우 평화적인 만세시위를 하였기 때문이다. 그러나 3.1운동 당시 비폭력 평화적 만세시위뿐만 아니라, 적극적이고 '공세적 만세시위'[4]를 전개한 곳도 적지 않았다.

---

1 김진봉, 2000,『3·1운동사연구』, 국학자료원, 223쪽
2 김진봉, 앞의 책, 224쪽
3 『조선독립신문』제1호, 1929년 3월 1일자
4 일반적으로 3.1운동의 만세시위 양상을 크게 비폭력 또는 폭력으로 나누어 본다. 그렇지만 만세시위의 양상은 지역마다 다양하게 나타나고 있다. 일반적으로 평화적 비폭력이라고 할 수 있는 시장 또는 거리, 산상에서 만세시위를 하고 해산한 경우, 같은 장소에서 했더라도 헌병이나 군대가 동원된 만세시위, 헌병이나 군인이 동원하여 진압하는 과정에서 만세시위를 해산한 경우, 헌병이나 군대가 동원 진압하더라도 투석 등으로 적극적으로 대응하는 경우, 일제 식민기관 즉 군청, 면사무소, 우체국 등을 습격 내지 공격하거나 또는 일본인 상가, 일본인에게 위해를 가하는 경우, 일제 식민통치기관 중 가장 폭력성을 내포하고 있는 경찰서 또는 헌병주재소 등을 습격하거나 공격하는 경우 등 다양한 모습으로 나타나고 있다.
이렇게 다양한 만세시위를 단순히 비폭력, 폭력으로만 구분할 수 있는가 하는 문제가 있다. 이와 같은 다양한 만세시위를 보다 세분하여 볼 필요가 있다고 본다. 그런 측면에서 '공세적 시위'라는 분류도 의미가 있다고 판단된다. 특히 일제 식민기

3.1운동의 전체적인 전개과정을 보면, 초기에는 비폭력 평화적 만세시위가 대부분이었지만 점차 시간이 흐를수록 '폭력적인 시위'가 많아졌다. 이러한 인식은 일본 측 자료에서도 보이고 있다.[5] 그런데 평안도 지역과 황해도 지역에서는 운동 초기부터 공세적 만세시위를 전개한 곳이 적지 않았다.[6] 이들 지역의 만세시위는 초기부터 적극적으로, 그리고 공세적으로 전개하였다. 평안도와 황해도의 만세시위는 서울과 마찬가지로 3월 1일을 기해 평양, 진남포, 안주, 선천 등지에서부터 시작되었다. 이어 강서

관을 대상으로 보다 적극적으로 전개한 만세시위의 경우 그것이 폭력을 수반하지 않는다 하더라고 공세적 시위로 불 수 있지 않을까 한다. 이에 대해서는 좀 더 고민을 해서 용어에 대한 개념 정리를 하고자 한다.

그리고 '공세적'이라는 용어는 반드시 폭력을 수반하지는 않는다. '공세적'의 사전적 의미는 관형사의 의미에서는 '공격하는 태도와 시세를 띤'이라고 하고 있고, 명사의 의미로는 '공격하는 태도와 시세를 띤 것'이라고 설명하고 있다. 그리고 그 예문으로는 "저렇게 공세적 자세로 일관하니 도대체 협상을 하겠다는 건지 말겠다는 건지 모르겠다." 또 "상대 쪽에서 공세적으로 나올 것에 대비해 우리도 대책을 세워야 해." 등으로 들고 있다. 그리고 상황에 따라 다양하게 사용되고 있는 것이 '공세적'이라는 용어이다. 즉 '공세적 투자', '공세적 협상', '공세적 지원', '공세적 기동 작전', '공세적 활동' 등에서처럼 그 쓰임새에 따라서 활용도가 높다고 할 수 있다.

이처럼 3.1운동의 만세시위 양상에서도 '공세적 만세시위'는 반드시 폭력성을 내포하지는 않지만, 앞에서 언급한 바 있듯이 폭력적 일제의 식민통치에 대한 적극적으로 대응이나 저항하였을 경우 활용하여도 무방하지 않을까 한다. 무엇보다도 3.1운동의 과정에서 전개된 만세시위의 여러 가지 양상을 '비폭력'과 '폭력적'이라는 이분법적 해석에서 벗어나 보다 다양하고 적극적으로 해석해야 하지 않을까 한다.

5 박찬승 외 역주, 2018, 『국역 조선총독부 30년사』(상), 민속원, 296쪽
"소요 발생 초기에는 두세 차례 폭행을 행한 경우도 있었지만, 대체로 온화하고 소극적인 수단을 취하여 만세를 제창한 것에 불과했다. 그러나 시일이 경과하면서 그 성격이 악화되어 점차 폭동의 의 색채를 띠었다."
6 『시정25년사』에 의하면 "각도 중에서 소요가 격심했던 곳은 경기도, 황해도, 평안 남북도, 경상남도"였다고 밝히고 있다. 대표적인 곳이 성천군이었으며, 이외에도 안성군의 양성과 원곡, 수원군의 송산과 화수리 등이 있다.

와 맹산을 포함한 대부분의 지역에서 3월 초순에 만세시위를 전개하였다. 그리고 이들 지역에서는 만세시위를 전개한 초기부터 일제 식민지배에 대해 공세적으로 대응하였는데, 강서군와 맹산군, 그리고 수안군이 대표적이라 할 수 있다.

강서군에서는 3월 3일과 4일 양일간의 만세시위에서 헌병분대장과 보조원이 살해되었으며, 일본 군경의 무차별 사격으로 10명의 사망과 60여 명이 부상을 당하였다. 맹산군에서는 3월 6, 9, 10일의 만세시위에서 헌병분견소가 습격당하였으며, 헌병의 사격으로 54명이 사망하고 13명이 부상당하였다. 수안군에서도 3월 3일 만세시위에서 헌병분견소가 습격 당하였고, 헌병의 총격으로 9명이 사망하고 18명이 중상을 입었다. 이처럼 강서군과 맹산군, 그리고 수안군은 3월 초순부터 공세적으로 만세시위가 전개된 곳이라 할 수 있다.[7]

그럼에도 불구하고 이들 지역에 대한 연구는 크게 조명을 받지 못하였다.[8] 이 글에서는 평안도의 강서군과 맹산군, 그리고 황해도의 수안군의

---

7 『독립운동사』에 의하면 강서군, 맹산군, 수안군의 3.1운동에 대해 다음과 같이 정리한 바 있다.

시(부)·군별		운동집회 회수	동원 인원수	사망자 수	부상자 수	피검자 수
강서 (江西)	강서	3	5,000	58	120	29
	함종	9	13,760	3	27	255
맹산(孟山)		5	1,500	253	250	-
수안군		11	3,500	15	32	80

8 본고에서 다루고 있는 맹산군과 강서군의 3.1운동에 대한 연구는 아직 없는 실정이다. 다만 수안군은 조규태, 2009, 「황해도 수안지역 천도교인의 3·1운동」, 『숭실사학』 23, 숭실사학회가 있다. 그리고 서북지역의 3.1운동에 대한 연구로 이윤상, 1989, 「평안도 지방의 3·1운동」, 『3·1민족해방운동연구』, 청년사 ; 김진봉, 2000, 「관서지역의 3.1운동」, 『3.1운동사연구』, 국학자료원; 이용철, 2018. 4, 「평안북도 정주지역의 3.1운동」, 『역사와 담론』 86 등이 있다.

공세적 만세시위를 살펴보고, 그 특성을 살펴보고자 한다.

2. 강서·맹산·수안군의 공세적 만세시위의 전개

3.1운동의 기획자들은 비폭력 평화주의를 내세웠지만, 평안남도 강서군과 맹산군 그리고 황해도 수안군의 주민들은 초기부터 적극적 공세를 통한 만세시위를 전개하였다. 이들 지역의 만세시위를 살펴보면 다음과 같다.

1) 강서군의 만세시위

먼저 평남 강서군의 만세시위를 살펴보자. 강서군의 만세시위는 3월 2일부터 10일까지 3월 초에 집중적으로 전개되었는데, 이를 정리해보면 [표 1]과 같다.

[표 1] 강서군 3.1운동의 만세시위 현황

일자	장소	만세시위 내용	일본 측 피해	시위대 피해
3월 2일	증산	3백여 명 만세시위, 주모자 체포		
3월 3일	강서	4천여 명 만세시위		
3월 4일	반석 사천시장	헌병분견소 습격	분견소장 및 헌병 보조원 등 4명 살해	사망 9명, 부상자 4명
3월 6일	강서	1천여 명 만세시위		
	함종	1천여 명 만세시위, 헌병 발포		사망 1명, 중상 1명
3월 9일	강서	주모자 검거에 대응하여 항의		

일자	장소	만세시위 내용	일본 측 피해	시위대 피해
3월 10일	중산 강서	수천 명이 만세시위를 하고 추도회 개최		

[표 1]에 의하면, 강서군에서는 7, 8차례 만세시위가 전개되었다. 이중 공세적 만세시위는 3월 4일 사천에서 전개된 만세시위로, 이날 헌병분견 소장과 헌병보조원 등 4명이 살해되었다. 이날 만세시위에 대해 다음과 같이 기록하고 있다.

사천 헌병주재소는 삼월 사일에 폭민이 음습하여 헌병주재소장 좌등실오랑(佐藤實五郞) 상등명과 보조원 세 명이 힘을 다하여 이것을 물리치기에 노력하였으나, 탄환은 다 써버리고 중과가 부적하여 마침내 소장 이하 네 명은 장렬히 죽었더라. 이 급보를 접하고 평양 헌병 분대장 이하가 현지에 급행하였는데, 폭민 중에도 죽은 자가 오십 이 명이요, 부상한 자의 수호는 불명하더라.[9]

3월 4일 수천 군중이 헌병분견소를 포위하고 만세를 부르자 헌병분견 소장 佐藤實五郞은 보조원 3명과 총을 난사하여 현장에서 희생된 사람이 50명이고 부상자는 백여 명이었는데, 이때 탄환이 떨어지자 뒤쪽으로 도망치는 것을 본 군중은 이를 추적하여 소장과 보조원 3인을 타살하였다.[10]

주재소는 폭민의 맹렬한 습격을 받아 탄약으로 저항하였으나 마침내 소원(상등병 1명, 보조원 3명) 전부 살해됨[11]

---

9 『매일신보』 1919년 3월 8일자
10 이병헌, 1959, 『3.1운동비사』, 시사시보사 출판국, 978쪽
11 강덕상, 1967, 『3.1운동』(1), みすず書房, 94쪽

사천 헌병주재소에 시위대가 내습하였으며 소장 상등병 左藤實五
郎 외 보조원 3명이 극력 격퇴하기 위해 노력하려고 총기를 사용하였
지만 중과부적으로 마침내 장렬하게 최후를 마침. 평양 헌병분대장 등
10여 명이 현지로 파견하였으며 시위대 다수 사상자 발생함[12]

위의 인용문에 의하면, 3월 4일 반석면 사천의 만세시위는 수천 명의
시위대가 헌병분견소를 습격하였으며, 사토 지쓰고로(左藤實五郎) 상등병
분견소장과 보조원 3명이 총격을 하면서 이를 격퇴시키고자 하였으나 중
과부적으로 살해당하였다. 이는 3.1운동 전개과정에서 가장 먼저 일본 헌
병을 살해한 사건이었다. 이날의 공세적인 만세시위의 주도인물은 조진탁
이었다. 조진탁의 판결문에 의하면 당시의 상황을 좀 더 구체적으로 확인
할 수 있는데, 다음과 같다.

피고 曺振鐸은 宋賢根과 여러 사람들과 함께 수천의 군중을 지휘
하며 조선독립만세를 부르며 沙川시장으로 몰려가자 그곳 헌병주재
소 헌병 상등병 사토 지쓰고로(佐藤實五郎)는 헌병보조원 朴堯燮 등
과 함께 그 부근 거리에서 군중들에게 손을 흔들며 해산을 명하였으
나 듣지 않자 발포하니, 이에 군중들은 크게 격앙되었는데 車廷信이
란 자는 군중 속으로부터 뛰어나와 헌병 상등병의 총기를 탈취하였고,
피고 조진탁은 崔能賢, 송현근 등과 함께 그 상등병을 살해하려고 돌
맹이와 곤봉으로 구타하여 기절시켰고, 그 상등병이 소생하여 사천 헌
병주재소 부근 金宋律의 집으로 기어 들어가려 하는 것을 피고 조진
탁 등은 다시 그를 발로 차고 곤봉으로 머리 등을 구타하여 김송률
집 앞에서 살해하였다.[13]

---

12 김정명, 1967, 『조선독립운동(1)』, 원서방, 325쪽
13 「조진탁 판결문」

이른바 모락장 만세시위로 알려진 사천시장 만세시위는 조진탁, 송현
근, 최능현 등이 수천 명의 만세시위대를 이끌고 사천시장으로 몰려가면
서 시작되었다. 시위대는 근처에 있는 헌병분견소로 향하자 일본인 상등
병 사토와 보조원 박요섭 등이 해산을 종용하였으나, 군중이 이를 거부하
자 경찰은 총격을 가하였다. 이에 격분한 시위대는 헌병분견소를 습격하
였다. 차정신이 사토의 총을 빼앗자 조진탁과 최능현 송현근 등이 돌맹이
와 곤봉으로 사토를 구타하였다. 사토는 김송률의 집으로 피신하려고 하
였지만 결국 그의 집 앞에서 살해되었다. 이외에도 이날 시위대의 헌병분
견소 습격으로 보조원 박요섭, 강병일, 김성규 등도 함께 살해되었다.[14]
그리고 시위대 측에서는 9명의 사망자와 5명의 부상자가 발행하였다.[15]
이처럼 사천시장 만세시위는 초기에는 평화적으로 만세시위를 전개했지
만, 경찰 측의 위협과 총격으로 시위대의 격렬한 저항이 이어졌으며, 결국
유혈투쟁의 공세적 만세시위가 되었다. 이에 대해『한국독립운동사략』에
는 '혈전(血戰)'이라고 하였다.[16]

---

14 박요섭, 강병일, 김성규에 대해 위키백과사전(https://ko.wikipedia.org/wiki/)에는 다
   음과 같은 내용으로 기록되어 있다.
   1919년 3월 4일, 평안남도 강서군 사천시장 일대에서 일어난 독립만세시위를 탄압
   하기 위해 주재소장 사토 지쓰고로(佐藤實五郞) 상등병의 지휘 아래 출동하여 시
   위 군중에게 발포함으로써 13명을 사살하고 40여 명에게 중경상을 입혔다. 이 과
   정에서 분노한 시위대의 공격을 받아 사망했다.
15 『한국독립운동사략』에는 사천만세시위에서 윤관도(尹寬道), 현경묵(玄景默), 현인
   묵(玄仁默), 윤창도(尹昌道), 김면호(金冕浩), 차진규(車鎭奎), 현승철(玄承哲), 김
   종권(金鍾權), 김광욱(金光郁), 함병하(咸炳河), 김점현(金漸鉉) 등 11인이 탄환에
   맞아 사망하였다고 밝힌 바 있다.
16 김병조, 1973,『한국독립운동사략』;『독립운동사 자료집』6, 한국독립운동사편찬
   위원회, 56쪽

2) 맹산군의 만세시위

다음으로 맹산군의 3.1운동을 살펴보자. 맹산군의 3.1운동은 3월 6일과 10일 두 차례 전개되었다. 이를 간략히 정리하면 [표 2]와 같다.

[표 2] 맹산군 3.1운동의 만세시위 현황

일자	장소	만세시위 내용	일본 측 피해	시위대 피해
3월 6일	맹산	30여 명 독립선언서 배포하고 만세시위, 주모자 체포		
3월 10일	맹산	시위 군중 1백여 명이 헌병분견소를 습격	상등병 1명 즉사, 보조원 1명 중상	50명 사상

[표 2]에 보듯이, 맹산군의 만세시위는 두 차례 일어났지만 3월 10일의 만세시위는 시위대 측과 일본 측 쌍방에서 피해가 있었던 유혈투쟁이었다. 이날 만세시위는 천도교인이 중심이 되어 전개되었다. 당시 만세시위의 상황을 기록을 통해 살펴보면 다음과 같다.

> 읍내 동편으로부터 동지 헌병분견소에 향하여 약 1백 명의 군중이 살같이 온다는 급보를 접하고 동소 정구 헌병 오장은 부하 7명을 거느리고 주모자를 체포하러 간즉, 일변 군중은 아무도 없는 짝을 보고 사무실에 돌입하여 폭행하였으므로 헌병과 및 보조원은 방어코자 하여 이에 대 격투가 시작되었는데, 마침내 헌병 상등병 좌등연 씨는 다수의 군중과 용감히 격투하다가 죽고, 박 보조원 감독은 중상을 당하였고, 사무실 안은 수라장이 되었는데, 다른 헌병과 보조원 등은 마침 응원하여 온 보병과 한 가지 뒤뜰에서 협력하여 발포한 까닭에 격퇴하였는데, 소요자의 사상은 50명이라더라.[17]

17 『매일신보』 1919년 3월 13일자

오후 2시 반 천도교인 약 1백 명이 헌병분견소를 습격하자 경찰은 발포하여 이를 진압하였다. 이 과정에서 시위대 50여 명의 사상자가 발생했으며, 상등병 1명 즉사, 보조원 1명 중상 당하였다.[18]

3월 10일 읍내에서 수천 명이 집합하여 태극기를 들고 만세를 부르자, 헌병분견소에서 井口 헌병 조장이 보조원 7명을 인솔하고 달려와서 군중에게 총을 쏘아 수십 인이 부상을 당하였다. 이에 격분하여 군중은 헌병분견소로 쫓아가서 사무실로 들어가려 할 때 보조원이 칼을 들고 쫓아 나와 군중을 향하여 함부로 내리침에 일대 격투가 벌어져 헌병 상등병 佐藤은 현장에서 제 칼에 죽고 보조원 한 명은 중상을 당하고 도망을 갔는데, 이날 군중 측은 사상자 50명이었다.[19]

위의 기록에 의하면, 천도교인 1백여 명이 헌병분견소로 몰려간다는 소문을 듣고 이구치(井口) 헌병 오장이 보조원 7명을 인솔하여 주모자를 체포하러 나간 사이, 시위대는 헌병분견소에 이르렀고, 안에 아무도 없는 것을 보고 돌입하였다. 그러나 안에 남아 있던 헌병 사토(佐藤) 상등병과 보조원 1명과 격투가 벌어졌다. 사토 상등병은 분견소 안에서 살해되었고, 보조원 1명이 중상을 당하였다. 분견소로 돌아온 이구치(井口) 오장과 보조원은 시위대에 총을 난사하여 50명의 사상자가 발생하였다. 이와 같은 맹산군의 만세시위에 대해 『한국독립운동사략』은 '천도교인의 참사'라고 하면서 '박내준, 방윤격 등 53명이 사살되었다'고 기록한 바 있다.[20]

---

18 김정명, 앞의 책, 347쪽 및 349쪽, 351쪽
19 이병헌, 앞의 책, 980쪽
20 김병조, 앞의 책 ;『독립운동사』 6, 65쪽

3) 수안군의 만세시위

수안군의 만세시위는 3월 3일부터 18일까지 7차례 전개되었다. 이를 정리해보면 [표 3]과 같다.

[표 3] 수안군 3.1운동의 만세시위 현황

일자	장소	만세시위 내용	일본 측 피해	시위대 피해
3월 3일	수안	만세 시위대 헌병 분대 세 번 습격		9명 사망, 18명 부상
3월 5일	수안	1백여 명 만세시위하고 해산		
3월 6일	석달리	헌병분견소 앞에서 만세시위		10여 명 피검
3월 9일	율리	1백여 명 만세시위하고 해산		11명 피검
3월 9일	능리	만세시위		
3월 10일	능리	형세불안, 만세시위		
3월 18일	은율리	학생 50여 명 만세시위하고 해산		교사 피검

수안군의 만세시위는 [표 3]과 같이 7차례 있었지만, 공세적 만세시위는 3월 3일에 있었다. 이날의 만세시위에 대한 기록은 다음과 같다.

시위군종은 세 번에 걸쳐 헌병분대 습격하였으며, 헌병은 병기를 사용하여 대응하였다. 시위대가 두 번째 습격 때 6명이 사망하고 9명이 부상하였으며, 세 번째 습격 때는 3명이 사망하고 9명이 부상하였다.[21]

삼월 삼일 아침에 약 이백 명의 천도교도가 수안헌병대를 음습하였으므로 설유하여 해산케 화였으나 오전 열시쯤부터 오후 일곱 시까지에 세 번이나 천도교도의 일단은 함성을 지르면서 분대 안에 쇄도

---

21 김정명, 앞의 책, 317쪽 및 321쪽

하여 분대와 군청을 내어놓으라 하여 위험이 급박하여 도저히 진압하는 방책이 없으므로 총기를 사용하여 폭민 아홉 명을 죽이고 십팔 명의 중상자를 내어 헤쳐 보냈더라.[22]

3월 3일 오전 약 3백여 명의 천도교인이 헌병대를 포위하고 독립만세를 부르며 시위운동을 하였는데, 헌병이 해산을 강요하였으나, 동일 오후 7시까지 천도교인은 우리 조선이 독립되었으니 군청과 헌병대를 철거하라고 하다가 헌병 총탄에 수십 인의 부상자와 3인의 피살자를 내고 백여 인이 검거되었다.[23]

3월 3일의 공세적 만세시위는 천도교인이 중심이 되어 헌병분견소를 세 차례 습격하였고, 일제의 폭력적 대응으로 시위대에서 9명이 사망하였고, 18명이 부상을 당하였다. 당시의 만세시위를 재구성해보면 다음과 같다.

3월 2일 천도교구실에서 만세시위를 모의를 한 후, 다음날인 3월 3일 새벽 6시 무렵 130여 명이 천도교구실로 집결하였다. 선두에는 이영철, 중앙에는 한청일, 그리고 홍석정과 함께 태극기를 앞세우고 시위대를 인솔하여 금융조합 앞에 이르렀다. 이영철은 "우리는 오늘로써 일본의 통치를 벗어나 자유민이 되고 조선독립의 목적을 이룰 것인 즉, 일동 독립만세를 부르고 수안헌병대로 하여금 퇴거시켜야겠다"라고 연설을 한 후 시위대를 이끌고 헌병분견소로 몰려가 만세시위를 전개하였다. 이영철과 홍석정은 헌병분대장 중위 노로 교(野呂匡)에게 다음과 같이 협박하였다.

우리는 이미 조선의 독립을 선언했으니, 속히 이곳을 우리에게 양도하라. 만일 이에 불응하면 지방으로부터 계속 내습할 천도교도이 늘

---

22 『매일신보』 1919년 3월 7일자
23 이병헌, 앞의 책, 964쪽

어나 끝까지 이의 관철을 요구할 것이다.[24]

이와 같은 협박을 하였지만 시위대는 헌병분대장의 여러 차례 해산을 권유함에 따라 대표자 두 명만 남기고 해산하였다. 이상이 바로 제1차 습격이었다.

천도교구실로 돌아온 시위대는 홍석정의 통지를 받고 오전 11시경 1백여 명이 다시 헌병분건소로 몰려가 만세를 외치며 퇴거를 다시 요구하였다. 격렬하게 시위하던 시위대는 헌병의 발포로 물러났다. 제2차 습격이었다. 이때 헌병의 발포로 6명이 사망하고 9명이 부상당하였다. 잠시 진정한 시위군중은 한청일과 홍석정의 지휘로 160여 명이 또 다시 헌병분건소로 몰려가 입구에 세워놓은 통행차단 시설을 돌파하고 구내로 들어갔다. 시위대는 분건소를 넘겨줄 것을 요구하면서, "우리를 죽여라"고 외치며 분대원을 협박하였다. 헌병들이 총격으로 저지함에 따라 3명이 사망하고 9명이 부상당하였다. 세 번째 습격이었다. 이날 만세시위에서 헌병분건소를 세 번이나 습격한 것은 유일할 정도로 적극적 공세였다. 이날의 만세시위는 '수안사건'이라고 하여 널리 알려졌다.

이상으로 강서군, 맹산군, 그리고 수안군의 공세적 만세시위를 살펴보았다. 이들 지역의 공세적 만세시위의 특징은 헌병분건소를 습격하였다는 점이다. 이는 일제의 헌병경찰제에 대한 적극적 저항의 의미가 담겨져 있었다.

---

24 「안봉하 등 판결문」

3. 공제적 만세시위에 대한 일제의 대응과 탄압

전혀 예기치 못한 상황에서 1919년 3월 1일 경성을 포함한 평양, 진남포, 선천, 의주, 원산 등지에서 독립선언서가 배포되고 만세시위가 전개되자, 일제는 무단통치의 연장선에서 강압적으로 대응하였다. 3.1운동 이전의 무단통치는 헌병경찰을 식민통치의 추진력으로 삼았다. 헌병경찰 조직은 중앙의 경무총감부, 지방의 경무부를 정점으로 그 아래 헌병분대, 헌병분견소, 헌병파출소, 경찰서, 경찰분서, 순사주재소, 순사파출소 등 방대한 조직을 두었다. 이를 통해 무단통치기의 식민통치를 유지할 수 있었다. 이에 따라 3.1운동이 전국적으로 발발하자 헌병경찰을 동원하여 만세시위를 강력하게 탄압하였다.

3.1운동 당시 총독인 하세가와(長谷川)는 3.1운동이 일어나자 곧 바로 유고를 발포하였는데, 이 유고에는 "경거망동 허설부언을 날조하여 인심을 요란케 함과 같은 언동을 감히 행하는 자가 있으면 본 총독은 직권으로써 엄중처분할 것"이라고 하였으며, '호무가차(豪無假借)' 즉 조금도 사정을 봐 주지 않겠다고 엄포를 놓았다.[25] 뿐만 아니라 경성지방법원 검사정 고우츠(鄕津友彌)는 다음과 같이 밝히면서 만세시위에 참가한 자는 강

---

25 『매일신보』 1919년 3월 2일자. 하세가와 총독의 諭告 내용은 다음과 같다.
"故大勳位 李太王 國葬의 儀가 將次 再明 三日로써 擧行되려 ᄒᆞ니, 庶民은 宜當 勤愼ᄒᆞ야써 哀悼의 至情을 表ᄒᆞᆯ 것이오. 苟히 喧噪에 亘ᄒᆞᆷ과 如ᄒᆞᆫ 行動은 秋毫도 此가 無ᄒᆞ도록 用意치 안이치 못ᄒᆞᆯ지라. 然而 此 聖儀의 行ᄒᆞ려ᄒᆞᆷ에 當ᄒᆞ야 無稽의 流言蜚語를 放ᄒᆞ며 徒然히 人心을 蠱惑케 ᄒᆞ고저 ᄒᆞ고, 時又喧擾에 亘ᄒᆞᄂᆞᆫ 徒輩가 有ᄒᆞᆷ은 實로 遺憾에 不堪이라. 庶民은 宜當 相慶相誡ᄒᆞ야써 敬弔의 誠意를 致ᄒᆞ기에 萬一의 遺漏가 無ᄒᆞᆯ事를 期ᄒᆞ지라. 若夫 輕擧妄動 虛說浮言을 捏造ᄒᆞ야 人心을 搖亂케 ᄒᆞᆷ과 如ᄒᆞᆫ 言動을 敢行ᄒᆞᄂᆞᆫ 者가 有ᄒᆞᆷ에ᄂᆞᆫ 本 總督은 職權으로써 嚴重處分ᄒᆞᆯ 것이오. 毫無假借이러라."

력 조치할 것이라고 하였다.

> 이들 소요의 도배(徒輩)는 법이 허하는 한도에서 어디까지든지 엄벌에 처하는 것이 지당한 즉 재판소는 가차없이 엄혹히 처분할 심산이라. 목하 체포된 자만 하여도 비상한 수에 달하였고, 또 속속 검거될 것으로 생각하는 고로 감옥은 이미 기백 명이든지 수용할 수 있도록 준비를 마친 바, 취조(取調)받는 자는 모두 수감할 터이라.[26]

즉 만세시위에 대해서는 '엄벌에 처'하고 '엄혹한 처분'을 할 것이며, 시위 참가자 모두를 감옥에 수감할 것이라고 하였다. 이와 같은 입장에서 일제는 헌병경찰뿐만 아니라 군사력까지 동원하여 강력하게 만세시위를 탄압하였다. 뿐만 아니라 일본 정부에서 조선헌병대사령관에게 보낸 통첩에서도 이를 뒷받침하는 내용을 확인할 수 있다.

> 금회 조선 각지에서 봉기한 조선인의 폭동은 그 범위가 여러 도에 걸쳐 소요지가 20여 개에 미쳐 그 거동에 경시하지 못할 것이다. 그리고 그 발발 후에 있어서의 여러 정보에 비추어 보건대 폭민(暴民)들은 맥락을 갖추고, 특히 그 이면에는 이의 선동 지도에 임한 자가 있어 계획적으로 일어나고 있는 것 같다. 이와 같은 기도에 대해 이를 미연에 방지하여 미리 화근을 삼제(芟除)하는 조처를 강구하였더라면 금회와 같은 소요를 크게 하지 않았을 것으로 믿는다. 따라서 차제에 특히 부하를 독려하여 불상사의 진정을 빨리하게 함은 물론 그 폭거에 이르기까지의 경로를 정탐하여 장래 이들 폭거에 대해 미연에 이를 방지함에 있어 실책이 없게 할 것을 바람.[27]

---

26 『매일신보』1919년 3월 7일자
27 국회도서관편, 『한국민족운동사료(3.1운동편 기2)』, 국회도서관, 1977, 1~2쪽

이 통첩에 의하면, 우선 만세시위를 경시하지 못할 것이며, 미연에 방지하여 화근을 삼제하는 조처를 했더라면 3.1운동을 일어나지 않을 것이라는 보았다. 그러나 중요한 것은 부하를 독려하여 불상사 즉 만세시위를 빨리 진압함을 물론이고 방지하는 수단에 있어 실책이 없게 하는 것이었다. 헌병대사령관이 부하를 독려하여 만세시위를 속히 진압하라는 것으로 여기에는 헌병경찰을 동원 강력하게 진압하라고 하는 메시지였다. 그 연장선상에서 만세시위를 강렬하게 진압을 하되 외국인이 주목할 수 있으니 주의할 것을 지시하기도 하였다.[28]

하세가와 총독도 만세시위를 진압하기 위해 군의 사용을 일본 정부에 진정하였다. 그는 "모든 수단을 다하여 이를 예방함에도 불구하고 점차 북선(北鮮) 및 남선(南鮮) 지방에 만연할 징조가 있어, 이제 군대의 사용을 적극적으로 소요지역 외에도 미치도록 하여, 소요를 미연에 방지함이 필요한 정황에 달"하였다고 보고 있었다.[29]

한편 앞서 살펴본 바와 같이 강서군과 맹산군, 그리고 수안군의 만세시위는 헌병분견소와 면사무소 등 관공서를 습격하고 관공리들이 살해되는 등 공세적으로 전개됨에 따라 일제도 강력하게 대응하였다.

3월 1일부터 조선 내 평안남북도와 황해도에서 독립운동이 개시되어 이후 거의 전도에 파급하여 11일까지 지득한 운동 또는 소요의 현저한 장소는 경성, 기타 수 수십 개소에 미치고 시위운동 또는 소요에 참가한 인원은 많은 것은 수천 명에 달하고 헌병대 경찰서를 습격하여 심한 것은 수명의 헌병과 동 보조원을 살해하는 등의 거동으로 나왔으므로, 각지에 병력을 분견하여 헌병과 경찰관을 원조하여 폭민을

---

28 국회도서관편, 『한국민족운동사료(3.1운동편 기2)』, 2쪽
29 같은 책, 22쪽

진압하고 또 속속 주모자를 체포하고 있으나 (후략)[30]

앞 절에서 살펴보았듯이 강서군, 맹산군, 수안군처럼 평안남북도와 황해도에서 공세적으로 만세시위를 전개하여 헌병분견소를 습격하고 헌병과 보조원이 살해당하자, 일제는 군 병력을 파견하여 강력하게 진압할 것을 조선군사령부에 시달하였다.

일제 측 자료에 의하면 강서군, 맹산군, 수안군의 만세시위에 대한 군병력 출동에 대해 [표 4]와 같이 정리한 바 있다.

[표 4] 강서군, 맹산군, 수안군의 만세시위와 병력 출동 상황

날짜	지역	소요인원	소요자의 행동	소요자의 특징	출동병력	상황
3월 3일	수안	수 불명	3회나 헌병대를 습격하다	천도교도	보병 20명	피아에 사상이 있다. (死9, 傷18)
3월 4일	증산 (강서)	수 불명	사천헌병대를 습격하여 상등병 1, 보조원 3을 살해하고 보조원 집을 방화하다.	폭도	장교 이하 11명	폭도는 퇴각하다. 진정 중
3월 5일 ~7일	강서	수 불명	평온한 형태를 띠다.	폭민	보병 11명	탄광노동자가 폭동에 가담할 것을 고려하여 부근의 병력을 집결 진정 중
3월 7일	율리 (수안)	다수	평양 방면에서 침입한 조짐이 있었다.		헌병이 출동	
3월 7일	석달 (수안)	약 40명	주재소를 습격하다	천도교도		해산시키다
3월 8일	함종 (강서)	약 3백 명	불온한 거동이 있었고 제지를 듣지 않다.			실탄을 사용하여 해산시키다. 鮮人 死傷 3
3월 9일	맹산	군중 약 백 명	약 백 명의 폭민이 헌병분견소에 난입하	천도교도	덕천에서 장교 이하	헌병 상등병 1명, 보조원 1명 부상, 선인 사상 51

30 앞의 책, 27쪽

날짜	지역	소요인원	소요자의 행동	소요자의 특징	출동병력	상황
			여 폭행함		10명	명, 폭민은 해산되었다. (9일) 헌병 보병이 협동하여 격퇴하였음. 헌병 사망 1, 보조원 1 부상, 폭민이 약 50명 사상하였음(10일)

　그리고 만세시위 중 군대가 진압에 출동하였다가 피해를 상황에 대해서도 보고한 바 있는데, 맹산군의 경우 [표 5]와 같다.

[표 5] 3.1운동 당시 맹산군에 파견된 군대와 조선인의 피해

일시	부대명	진정에 종사한 인원	군대와 경찰관헌	조선인 사망	조선인 부상	군대 사망	군대 부상	비고
3월 10일	보병 77	장교 이하 10	협력	54	13	1	1	헌병 상등병 사망, 보조원 부상

　[표 4]와 [표 5]에 의하면 강서군과 맹산군 그리고 수안군의 만세시위를 진압하는 과정에서 일제는 군을 출동하였으며, 뿐만 아니라 헌병과 협력하여 시위대를 강력하게 탄압하였음을 알 수 있다.

　서북지역의 중심인 평양에서 3월 1일 만세시위가 일어나자 조선군사령부는 보병 1중대를 출동시켰다.[31] 이어 평양과 인접한 강서에서 일어난 3월 2일 만세시위를 진압하기 위해 군의 파견을 요청에 따라 장교를 포함하여 보병 11명을 파견하였다.[32] 또한 강서군 반석면 사천에서 헌병 상등병 1명과 보조원 3명이 살해당하자 강서군의 파견부대에서 장교 등 11명

---

31 앞의 책, 1쪽
32 앞의 책, 5쪽 및 6쪽

을 급파하여 만세시위를 진압하였다.[33] 함종지역에서 3월 8일 만세시위에는 헌병들이 해산을 요구하였지만 시위대는 물러서지 않고 저항하였다. 이에 진남포에서 파견된 장교 등 15명은 실탄을 사용하여 시위를 진압하는 과정에서 2명이 즉사, 1명이 중상을 당하는 등 강제적으로 진압하였다.[34]

한편 강서군 반석면 사천시장 만세시위를 주도한 조진탁은 일제의 검거를 피하여 원산부 상리1동에 숨어 지내다가 1921년 3월 19일 체포되어[35] 1922년 10월 17일 사형집행을 당하였다.[36] 또한 사천시장 만세시위에 참여한 김준관 역시 다른 곳으로 피신하였다가 1921년 1월 17일 검거되었다.[37] 사천시장 만세시위에서 헌병보조원을 살해한 윤형도도 만세시위 이후 평양에서 잡화상을 운영하면서 피신생활을 하였지만 1926년 4월 검거되었다.[38] 이처럼 강서군 사천시장의 공세적 만세시위에 대해 일제 경찰은 주모자를 끝까지 추적하여 체포하여 처벌하였다.

맹산군의 만세시위에 대해서도 일제는 폭력적으로 탄압하였다. 3월 9

---

33 앞의 책, 10~11쪽
34 앞의 책, 19쪽
35 『동아일보』 1921년 3월 28일자
36 『동아일보』 1922년 10월 22일자. 조진탁은 3.1운동 직후 궐석재판으로 사형선고를 언도받았다. 피체 이후 상고를 하였지만 기각당하여 평양감옥에서 순국하였다.
37 『매일신보』 1921년 2월 14일자. 신문 기사에 의하면 「헌병 살해 범인 체포」라고 하여 '살인자'로 묘사하였다.
38 『매일신보』 1927년 5얼 26일자. 이 기사에 의하면 그동안 사천시장 만세시위에서 헌병의 총격으로 즉사한 것으로 알려진 윤창도와 윤관도는 즉사하지 않고 부상을 입었다고 밝히고 있다. 윤창도와 윤관도의 공훈록에 의하면 둘 다 즉사한 것으로 되어 있다. 윤형도는 평양지방법원에서 징역 7년을 언도받았으며(『매일신보』 1927년 6월 25일자), 복심법원에서는 징역 5년을 선고받았다(『동아일보』 1927년 10월 15일자).

일 만세시위대는 헌병분견소로 몰려가 만세를 부르자 해산을 요구하였다. 이와 동시에 헌병분견소에서는 덕천으로 군의 추가 파견을 요청하였다. 이에 장교를 포함한 11명이 즉시 출동하였고, 시위대가 헌병분견소 안으로 들어가려고 하자 헌병과 출동한 군은 발포를 하여 시위대 1백여 명 중 51명의 사상자가 발생하였다.[39] 이 과정에서 상등병 1명이 즉사하고 보조원 1명의 부상자도 발생하였지만, 어느 지역보다 강력하게 탄압하였음을 알 수 있다.

이와 관련하여 맹산군 만세시위의 진압과정에 대해서는 일제 측 자료를 구체적으로 살펴보면 다음과 같다.

3월 10일 평안남도 맹산 소요 진압상황
1. 3월 6일경부터 평안남도 맹산군 맹산에서 소요가 일어나 일어났으므로 보병 제77연대장은 이노우에(井上) 중위 이하 10명을 맹산으로 파견하다. 해 부대는 3월 10일 오전 9시 20분 맹산에 도착하였다. 그런데 맹산에서는 동일 약 백 명의 폭민이 집합하여 오후 3시를 기하여 운동을 개시할 계획이므로 행동 개시에 앞서 헌병분견소장은 시장에 집합을 하면 부민 등 피등이 유인되는 것을 우려하여 주모자를 검거하려고 하였다. 따라서 오후 2시 井尻 헌병 오장 이하로 하여금 천도교도 약 백 명을 맹산 공립보통학교 문전에 집합케 하여 해산을 명하고 주모자 4명을 헌병분견소로 인치하려고 하였더니, 그들 일동은 끝까지 완강히 저항하여 헌병오장 이하 5명을 포위하고 주먹으로 구타라고 혹은 투석하는 등의 폭행을 연출하면서 분견소로 몰려와 창유리를 파괴하고 투석하며 유치시키려고 하는 주모자 5명을 탈취하려고 폭도 일동이 분견소 사무실 내로 闖入하다. 헌병 일동은 이를 제지하려고 하나 다시 폭행을 감행하였으므로 이노우에(井上) 중위는 시기를 유예하여서는 안 될 것을 察知하고 하사 이하와 헌병을 지휘하여

---

39 『한국민족운동사료(3.1운동편 기2)』, 23쪽

뒤뜰에서 사무실에 있는 폭도에 대해 사격을 명하였다. 그런데 헌병 상등병 1명과 보조원 감독 1명이 부재임을 알고 일시 사격을 중지하였더니 사토(佐藤) 헌병 상등병이 전사하고 보조원 감독이 부상해 있으므로 이를 뒤뜰로 끌어낸다. 그러나 폭도는 그래도 폭행을 행하므로 다시 사격을 행하여 이를 해산시켰다. 그리고 사격시간은 3분이며 사격 정지 후는 보병이 분견소 내외의 경계를 임하고 헌병은 사체의 검사를 하다.

2. 我 사상자와 그 상황

진압 행위에 종사한 군대에는 사상자가 없다. 경찰관헌에 있어서는 헌병 상등병 1명이 즉사하고 보조원 감독 1명이 부상하였다. 사토 헌병 상등병의 전사와 보조원 감독의 부상 원인은 양명이 주모자를 유치장에 구속하려고 했을 즈음 폭도로부터 저항을 받고 사토 상등병이 이를 방위하려고 하여 격투 중 폭도의 손에 가지고 있던 돌에 前頭部를 구타당하여 그곳에 기절한 것을 보조원 감독이 이를 보고 동 상등병을 안아 일으키어 扶出하려고 할 때 다중의 폭도에게 압도되어 깔렸기 때문에 드디어 신체의 자유를 잃은 동시 시기는 유예할 수 없는 정도로 절박하였고 물론 헌병은 전원 실외로 나온 것으로 믿고 사격을 하였으므로 사토 상등병은 흉부에 관통 총상을 받고 보조원 감독은 臀部에 동 총상을 받게 되었다.

3. 병기의 손상과 소비탄약
병기의 손상은 없다.
38식 보병총 실탄   28발(보병)
동   10발(헌병)
16년식 권총 실탄   28발(헌병)

4. 폭도의 사상과 그 상황
폭도의 사상은 사무실 안과 그 앞에서 총탄에 명중하여 즉사한 자가 51명이며, 부상 후 도주하여 도중에서 사망한 자가 3명으로 死者

의 총수는 54명이며, 부상자는 13명으로 부상자는 부상 후 도주하였다. 주모자인 4명은 모두 분건소 사무실 내에 즉사하였다.

5. 폭도 사상자에 대한 처치

폭도의 사체는 맹산면장에게 인도하여 동지 공동묘지로 부민으로 하여금 운반케 하여 감시자를 두고 유족의 신청에 의해 인도하였는데, 전부 유족으로부터 신청이 있었다. 부상자는 도주 후 소재가 불명한 자가 많다.[40]

위의 맹산군 만세시위 진압과정 보고에 의하면, 사토 헌병 상등병과 보조원의 살해는 만세시위대에 의해서 학살당한 것이 아니라 일본군의 오판과 총격에 의해서 즉사한 것이다. 이는 시위대가 헌병분건소로 몰려가 사무실로 진입한 것은 검거된 주모자를 구출해내려고 한 것이었고, 이에 대한 무력 진압으로 총격을 가한 상황에서 발생한 것이다. 일군과 헌병은 총격은 3분 정도 하였다고 밝히고 있고, 실탄은 보병과 헌병 모두 66발이었다. 이 총격으로 만세시위에 참가한 시위대 중 사망자가 54명에 달하였으며, 부상자 13명으로 사상자가 67명이 발생하였다. 이는 진압이라고 하지만 실제적으로는 '학살'이라고 해도 무방하였다. 학살된 시신은 김상각 맹산면장에게 인도되었고, 유족들에 의해 수습되었다.

한편 수안에서 3월 3일 세 차례에 걸쳐 헌병분대를 습격하자 두 차례 총격을 가하여 9명의 사망자와 18명의 부상자가 발생하였다. 이로 인해 만세시위대가 해산하였지만 또 다시 습격할 징후가 있다고 판단하고 군의 파병을 요청함에 따라 평양에 주둔한 77연대는 40여 명을 파견 하였다.[41] 뿐만 아니라 용산 조선군사령부에서는 보병 1중의 병력을 파견할

---

40 앞의 책, 243~244쪽
41 앞의 책, 6쪽

수 있음을 제시하였고, 이에 앞서 조선군사령관은 국장에 참례한 보병 77 연대의 중대 중 장교와 병사 20명 등 1소대를 수안으로 급파하였다.[42]

이처럼 평양 주둔 77연대는 평양과 주변 지역에서 전개된 만세시위 진압을 위해 각 지역에 파병하였기 때문에 병력이 부족하게 되었고, 이에 조선군 사령부는 3월 6일 보병 78연대에서 장교를 포함하여 1백여 명을 평양으로 증원하였다.[43] 뿐만 아니라 조선군 사령관은 "평안남북도와 황해도 지역에 제19사단장으로 하여금 보병 제39여단을 사용하여 현황에 따라 대비하도록 하였다"고 일본 육군대신에게 보고하였다.[44] 이처럼 일제는 강서군과 맹산군, 그리고 수안군이 있는 평안남도와 황해도에서 공세적으로 만세시위가 이어지자 군의 파견으로 강력하게 대응하였다.

4. 공세적 만세시위의 특징과 확산

이상으로 평남의 강서군과 맹산군, 그리고 황해도의 수안군의 공세적 만세시위에 대하여 살펴보았다. 그렇다면 이들 지역 공세적 시위의 특성은 어떻게 보아야 할 것인가. 이들 지역의 공세적 만시세위가 3월 1일부터 5월까지 이어진 여타 지역의 공세적 만세시위를 대표할 수는 없지만 그 경향성을 살펴볼 수 있지 않을까 한다. 강서군과 맹산군, 그리고 수안군의 만세시위의 특징을 정리해보면 다음과 같다.

첫째는 이들 지역의 공세적 만세시위는 3월 초에 집중되고 있다는 점

---

42 앞의 책, 7쪽 및 8쪽
43 앞의 책, 11쪽
44 앞의 책, 24쪽

이다. 앞에서도 언급하였듯이 3.1운동 전개과정에서 초기에는 평화적 시위였지만 점차 시간이 지남에 따라 격렬하게 진행되었다고 보는 것이 일반적이라고 할 수 있다. 그러나 이 글에서 살펴본 강서군과 맹산군, 수안군의 격렬하고 공세적 만세시위는 모두 3월 10일 이전에 전개되었다. 즉 강서군은 3월 4일, 맹산군은 3월 10일, 수안군은 3월 3일에 각각 공세적 만세시위를 전개하였다. 이로 볼 때 3.1운동의 전개과정에서 일부 지역에서는 초기부터 공세적 시위가 전개되었다고 보는 것이 타당할 것으로 판단된다.

둘째는 이들 지역의 공세적 시위의 대상은 헌병분견소를 습격하고 헌병을 살해하였다는 공통점을 가지고 있다. 이는 그 만큼 헌병경찰이 식민지배의 첨병적 역할을 담당하였으며 실제적으로 헌병경찰에 대해 실생활에서도 불만이 컸다고 할 수 있다. 일제강점기 식민지배기구 가운데 가장 악명을 떨친 것은 헌병경찰이었다.[45] 헌병경찰제도는 3.1운동 이전 식민지배의 핵심으로, 헌병경찰은 민족운동을 탄압하는 것이 주 임무였을 뿐만 아니라 각종 치안 법규를[46] 무기로 하여 조선인의 일상생활까지 간섭하였다.[47]

헌병경찰은 1910년 병합 직전에 데라우치 통감에 의한 헌병과 경찰의 통합 지시에서 비롯되었다. 1910년대 무단통치의 근간이 된 헌병경찰의 임무는 첩보수집과 의병의 토벌 이외에도 검사업무 대리, 범죄즉결 처분권 및 민사쟁송 조정권, 징세원조 등 광범위한 행정업무뿐만 아니라 일본

---

45 야마다 겐타로 저, 최혜주 엮음, 2011, 『일본의 식민지 조선통치 해부』, 어문학사, 35쪽
46 조선인을 억압한 치안법규는 한말의 보안법과 신문지법을 비롯하여 범죄즉결령, 경찰범처벌규칙 등이 있다.
47 송이랑, 1999, 『일제의 한국 식민지 통치방식』, 세종출판사, 100~103쪽

어 보급, 위생섬열, 부업장려까지 강제하여 조선인의 실생활을 통제하였다.[48] 때문에 헌병은 식민지 조선인의 생사여탈권을 가진 존재로 인식되었다. 뿐만 아니라 조선인 헌병보조원 역시 호랑이의 위세를 빌려 조선인을 탄압하는 협력자[49]였다는 점에서 한국인들의 분노를 사고 있었다고 할 수 있다.

이는 여타 지역에서도 마찬가지였지만, 강서군과 맹산군, 수안군의 공세적 만세시위에서 첫 공격 목표가 된 것은 조선인의 생사여탈권을 가지고 있던 헌병이었다. 따라서 이 지역의 주민들은 만세시위를 전개하면서 우선 헌병분견소를 습격하고 헌병을 살해하였던 것이다.

셋째는 이들 지역의 공세적 만세시위의 주도세력이 종교인들이었다는 공통점이 있다. 3.1운동은 천도교, 기독교, 불교 등 종교 세력이 중심이 되었으며, 일반적으로는 비폭력적 만세운동을 추구하였다. 그런 점에서 이 지역 사례는 매우 이례적이라고 할 수 있다. 강서군과 맹산군, 수안군의 공세적 만세시위를 주도한 인물들은 바로 기독교인과 천도교인들이었다. 이는 총독부의 종교정책과도 관련이 있는 것으로 보인다. 총독부는 통감부 시기의 종교정책을 그대로 이어 받아 '포교규칙'을 제정 공포하여 종교를 통제하였다. 이에 따라 천도교와 같은 정치색이 강한 종교는 철저

---

48 헌병의 임무는 1. 첩보수집, 2. 폭도토벌, 3. 장교와 하사의 검사사무 대리, 4. 범죄의 즉결, 5. 민사소송의 조정, 6. 집달리 업무, 7. 국경 세관 업무, 8. 산림 감시, 9. 민적 사무, 10. 외국여권, 11. 우편 호위, 12. 여행자 보호, 13. 종두, 14. 屠獸 검사, 15. 수출우 검열, 16. 우량 관측, 17. 수위 측량, 18. 해적 밀어선 밀수입의 경계 취체, 즉 경비선에 관한 업무, 19. 害獸 驅除, 20. 묘지 취체, 21. 노동자 취체, 22. 재류 금지자 취체, 23. 일본어 보급, 24. 도로 개수, 25. 국고금 및 공금의 경호, 26. 식림농사 개량, 27. 부업 장려, 28. 법령 보급, 29. 납세 권고 등에까지 영향력을 행사하였다.

49 야마다 겐타로 저, 최혜주 엮음, 앞의 책, 36~37쪽

하게 탈정치화를 시켜 수양단체로 만들어 가려고 하였으며, 정치색이 옅은 천주교와 러시아정교, 기독교도 역시 비정치적인 사회교화단체로 만들어가고자 하였다.[50]

또한 총독부는 '사립학교규칙'을 통해 교육과 종교의 분리를 내세워 기독교계 사립학교의 종교교육을 전면으로 금지시켰으며 교원의 자격까지 통제하고자 하였다. 이에 대해 기독교계에서는 종교교육의 자유와 양심의 자유 등을 요구하는 항의문을 제출하기도 하였다.[51] 심지어 "기독교적 교육의 종착역은 교육가들의 입옥(入獄)"이라고 할 정도로 기독교적 교육과 의식이 민족운동에 미치는 영향을 억제하고자 하였다.[52] 여기에 더하여 '105인 사건'으로 서북지역의 기독교를 탄압한 것도 이 지역 기독교인들의 배일의식을 고양시켰던 것이다.

천도교도들의 배일 의식도 강했다. 천도교의 경전인 『용담유사』의 「안심가」에 의하면 '개 같은 왜적'이라고 하여 일본을 경계하였을 뿐만 아니라 1894년 동학농민혁명에서 수많은 희생을 강요당하였기 때문에 배일의식이 여타 종교보다 강하였다. 더욱이 총독부는 천도교를 '유사종교'로 지정하여 취체의 대상으로 삼아 탄압이 심하였다. 특히 1911년에는 천도교에 대한 탄압을 노골적으로 드러내기도 하였다.[53] 일제는 천도교를 취체의 대상으로만 인식하였고, 종교행사에 헌병들을 임석시켜 동향을 파악하는 한편, 교인들의 활동을 억압하였다. 때문에 천도교인 역시 일제의 식

---

50 박승길, 1992, 「일제 무단통치시대의 종교정책과 그 영향」, 『현대 한국의 종교와 사회』, 문학과지성사, 43쪽

51 高橋浜吉, 『朝鮮敎育史考』, 帝國地方行政學會 朝鮮本部, 1927, 430~431쪽

52 문형모, 1982, 「일제의 식민교육과 종교교육의 갈등-식민교육과 미선계 학교교육의 관계를 중심으로」, 『근대민족교육의 전개와 갈등』, 한국정신문화연구원, 155쪽

53 조선총독부 편, 1911, 『조선총독부시정연표』, 77쪽

민지배에 대한 저항의식이 강하였다. 이와 같은 연장선상에서 3.1운동 당시 천도교인은 식민지배 관공서를 대상으로 공세적 저항을 주도한 것으로 보인다.

수안군 만세시위의 주도 인물인 천도교인 이영철은 "오늘부터 일본의 통치를 벗어나서 자유민이 되고 조선국의 독립 목적을 달할 터"[54]이라고 하였던 것처럼, 천도교인들은 3.1운동을 '실제적으로 독립'이라는 인식을 강하게 가졌던 것이다. 이에 앞서 수안군에 독립선언서를 전달한 이경섭은 "이제 조선은 독립국가가 되고 조선 민족은 자주민이 되는 기운의 시기를 만났다. 민족자결은 하늘의 명령이며 시대의 대세이다. 이 시기를 맞아 조선민족 남녀노소를 불문하고 이에 순응병진하여 일어나서 독립을 외쳐 민족적 요구가 치열함을 천하에 발표하여 목적달성을 향해 맥진하지 않으면 안 된다"[55]고 강조한 바 있다. 이는 만세시위를 적극적 내지 공세적으로 전개하라고 하는 암시가 되었다.

이와 같은 일제의 종교정책은 기독교인과 천도교인들로 하여금 배일의식을 고양시켰으며, 3.1운동 당시 공세적 만세시위를 전개하는 중요한 요인이었다고 할 수 있다.

넷째는 공세적 시위로 만세시위 참여자의 사망과 중상 등 피해자가 컸다는 점이다. 앞에서 살펴본 바와 같이 강서군과 맹산군, 수안군의 공세적 시위과정에서 만세시위에 참가한 시위군중 중 사상자가 90명에 달하였다. 즉 강서군은 사망자가 9명과 부상자가 4명, 맹산군은 사망자가 54명, 부상자가 13명에 달했으며, 수안군은 사망자가 9명, 부상자가 19명이었다. 이를 좀 더 구체적으로 부면 강서군은 8차례 만세시위에서 사망자가 10

---

54 『동아일보』 1920년 7월 23일자
55 「안봉하 외 판결문」

명, 부상자가 5명이었다는 점에서 3월 4일 반석면 사천시장의 공세적 만세시위의 피해는 전체의 9할에 해당한다고 할 수 있다. 맹산군의 경우 3월 10일 공세적 시위에서 대규모 피해가 있었으며, 수안군은 3월 3일 공세적 만세시위에서 가장 많은 피해를 당하였다. 이와 관련하여 공세적 시위에서 헌병경찰측의 피해도 적지 않았다. 강서군에서 헌병 1명과 보조원 3명이 죽었으며, 수안군에서는 헌병 1명이 죽고 보조원 1명이 부상을 당하는 등 6명의 사상자가 발생하였다.

한편 강서군과 맹산군, 그리고 수안군의 3.1운동은 여타 지역 또는 3.1 운동 이후 어떠한 영향을 미쳤는가 하는 점이다. 이에 대해서는 구체적으로 드러나고 있지는 않지만 단편적인 정보를 통해 유추해 볼 수 있다.

첫째는 강서군과 인접한 평원군 만세시위에 강서군의 청년들이 참여하였다는 점이다. 평원군은 3월 6일 수안에서 첫 만세시위를 전개하였는데, 이날 만세시위는 오후 4시 5백여 명이 시위대를 형성하여 경찰관서를 습격하는 등 역시 공세적으로 전개하였다. 이 만세시위에는 평양에서 6명과 강서에서 4명의 청년들이 참가하여 만세시위를 주도하였다고 한다.[56] 강서군의 만세시위가 평원군에 영향을 주었다고 볼 수 있다.

둘째는 이혜준의 공적기록에 의하면 "사천시장의 만세운동은 대동군 금제면(金祭面) 원장리(院場里)에서 시위운동에 참가하였던 군중들이 사천시장(일명 모락장) 만세운동을 준비하다 주재소에 잡혀간 반석교회 장로 최능현(崔能賢)과 모락장교회 목사 송현근(宋賢根)을 구출하기로 하면서 전개되었다"[57]고 한 바, 강서군의 공세적 만세시위인 사천시장 만세시위는 강서군 반석면과 대동군 금제면의 주민들이 연합하여 전개하였음을

56 『독립운동사』 제2권(3.1운동사 상), 419쪽
57 국가보훈처 공훈전자사료관

알 수 있다. 사천시장 만세시위를 주도한 조진탁이 1921년 피검되었을 때, 신문기사에서도 이를 뒷받침하는 내용이 있는데, 다음과 같다.

재작년 독립소요 때에 평남 강서군 성대면 연곡리 조진탁과 동도 대동군 금제면 원장리 고지형과의 두 노인은 동지와 같이 만세를 부르다가 강서군 사천면 장거리에서 그곳 헌병출장소의 내지인 헌병 한 사람과 헌병보조원 두 사람을 무참히 때려죽이고[58]

즉 강서군 사천시장의 만세시위는 강서군의 조진탁과 대동군 금제면의 고지형과 함께 주도한 것이었다. 이는 사천시장 만세시위는 강서군과 대동군 주민들이 연합하여 전개한 것임을 알 수 있다. 이러한 점에서 이들 지역에서는 나름대로 네트워크를 형성하여 만세시위를 전개해 나갔던 것을 확인할 수 있다.

또한 강서군의 사천시장에서 전개된 공세적 만세시위는 이후 이 지역 출신들이 무장투쟁에 참여하게 하는 데도 영향을 주었다. 강서군 반석면 상사리 출생인 이기영과 쌍룡면 운포리 출신 최상선은 3.1운동을 경험하면서 독립운동에 헌신할 것을 결심하고 만주로 건너가 대한독립단에 가입하였다. 이들은 1920년 10월에는 창성군에서 군자금을 모금한 바 있으며, 1921년 1월에는 영변경찰서의 경관대와 운산면 북진면 니적주재소를 습격하였다. 또한 1923년 8월에는 희천군 동창주재소를 습격하여 9월에는 희천군 북면주재소를 습격하였다.[59] 이처럼 강서군의 만세시위는 지역민으로 하여금 독립운동 전선에 참여케 하는 동기가 되기도 하였다.

---

58 『매일신보』 1921년 10월 23일자
59 『동아일보』 1924년 12월 12일자. 이기영과 최상선은 1926년 9월 30일 평양복심법원 재심 판결에서 징역 10년을 언도받았다(『동아일보』 1926년 10월 2일자).

5. 맺음말

이상으로 평남의 강서군과 맹산군, 그리고 황해도의 수안군에서 전개되었던 만세시위의 양상을 살펴보았다. 이들 지역의 만세시위는 헌병분견소를 습격하고 헌병을 살해하는 공세적 만세시위의 양상을 보여주었다. 일반적으로 3.1운동이 초기에는 평화적 만세시위였지만 시간이 경과함에 따라 격화되어 갔다고 알려져 있지만, 이들 지역은 3.1운동 초기부터 격렬하게 만세시위를 전개하였던 것이다.

강서군의 만세시위는 3월 2일부터 10일까지 7,8차례 전개되었다. 그렇지만 공세적으로 만세시위를 전개한 것은 3월 4일 반석면 사천시장 일명 모락장에서 전개한 만세시위였다. 이날 만세시위에서 시위대는 헌병분견소를 습격하고 상등병 사토와 보조원 3명을 살해하였다. 그리고 시위 군중에서도 헌병의 총격으로 50여 명의 사상자가 발생하였다. 그리고 이날 시위를 주도한 조진탁은 다른 지역으로 피신하였지만 1921년 3월 원산에서 피체되어 1922년 10월 17일 사형이 집행되었다. 맹산군에서는 3월 6일과 10일 두 차례 만세시위를 전개하였지만 3월 10일 만세시위가 공세적이었다. 이날 만세시위 역시 헌병분견소를 습격하였고, 그 결과 헌병 1명이 즉사하고 보조원 1명이 중상 당하였다. 그리고 헌병과 군대의 연합으로 시위대에 무차별 총격을 가하여 54명이 사망하였고, 13명이 부상을 당하였다. 수안군에서는 3월 3일부터 18일까지 7차례 만세시위를 전개하였다. 이중 첫 만세시위인 3월 3일의 만세시위가 가장 공세적이었다. 이날 만세시위는 세 차례나 헌병분견소를 습격하였으며, 진압과정에서 헌병의 발포로 9명의 시위군중이 사망하였고, 18명의 부상자가 발생하였다.

이상 강서군과 맹산군, 수안군의 공세적 만세시위는 첫째 3월 초에 집중되었다는 점, 둘째, 헌병분견소와 헌병을 살해하였다는 점, 셋째 종교인이 주도하였다는 공통점을 가지고 있다. 넷째, 강서군의 경우 주민들이 인접한 대동군과 평원군에서 전개된 만세시위에 참가하여 연합시위를 전개하였다. 강서군의 만세시위는 대동군과 평원군에 적지 않은 영향을 주었던 것이다.

제3부

중기의 만세시위

경남 중부지역 만세시위의 점이적 성격
- 창녕군 영산 및 함안군 함안읍 시위를 중심으로 -

이 정 은(3·1운동기념사업회 회장)

목 차

1. 머리말
2. 창녕군 영산면 23인 결사대의 만세시위
3. 경남 함안 만세시위
4. 맺음말

---

1. 머리말

1919년 3월 1일 3·1운동이 발발했을 때 목숨의 위험을 무릅쓰고 "독립을 선언"하는 것, 모여 독립만세를 부르는 것 이외에, 독립운동의 앞날에 대해 어떠한 전망도 거의 불가능했다. 그것은 조선총독부가 10년 동안 강고하게 식민지 지배체제를 구축·강화해 왔고, 한국인들의 집회, 결사, 언론, 출판 등 모든 기본권을 철저히 탄압하고 있었기 때문이다. 또 이제 막 끝난 제1차 세계대전에서 일본은 승전국이 되었다. 약소국 독립이 논의될 수 있는 전승 국가들의 파리강화회의에서 일본의 국제적 위상과 발언권은 그 어느 때보다 강화되었다. 거기에 더하여, 제1차 세계대전이 막 끝난 시점의 일본 경제는 전쟁 특수경기로 이례적인 호황을 기록하여, 개항 이후 지속되어온 만성적인 적자 상태에서 흑자로 전환하여 돈이 넘쳐 흘렀다.[1]

이와 같은 상황에서 일어난 3·1독립만세운동은 극히 제한된 전망만 가진 채 서울, 경기고양, 해주, 평양, 진남포, 안산, 의주, 선천, 원산 등의 주로 도회지에서 독립을 '요구하는' 만세시위로 시작되었다. 그렇게 시작된 독립만세 시위운동은 종교계, 학생층 등의 전파노력과, 광무(고종) 황제 국장에 참여 차 상경하였다가 독립운동의 발발을 목격하고 귀향한 지방 인사들이 자체적으로 만세시위를 계획 추진하면서 전국으로 광범하게 퍼져나갔다. 지방 만세시위는 지역 주체들의 의식과 지역사회의 응집력, 동원력 정도에 따라 초기의 '독립을 요구하는' 평화적인 만세시위에서 점차 지방에서는 일제 관공서의 철폐, 관헌의 퇴거를 요구하는 '독립의 쟁취' 방향으로 나아가는 추세를 보여 주었다.

이런 전반적인 추세 속에서 3월 중순 경상남도 창녕군 영산면 만세시위와 함안군 함안면 시위는 지방시위가 서울의 모형을 따르면서도 점차 투쟁성을 강화해 나가는 중간 단계의 모습을 보여 주었다. 영산면 만세시위는 민족대표와 그들의 독립선언을 모방하여 24인 결사대를 조직하여 독립선언과 만세시위를 전개하였다. 그들은 군중들의 급진적인 경향을 자제시키며, 민족대표의 평화시위 원칙을 지키고자 하였다. 함안읍내 시위

---

1 졸고, 1990,「3·1운동 직전의 사회상황 -매일신보 기사를 중심으로-」.『한국독립운동사연구』4, 참고. 일본 경제는 산업 전 부문에 걸쳐 광범한 수출주도 경제 붐이 일어났다. 그 중에서 특히 해상운송과 조선공업에서 특수경기를 맞았다. 1913년부터 1919년까지 사이에 제조업 생산량은 평균 1.65배 증가했고, 그중 기계 3.1배, 철강 1.8배, 화학 1.6배, 직물 1,6배가 증가했다.

에서는 일제 관공서를 습격하는 급진적 면모와 탄압을 위해 증강 파견된 군경을 압도하는 시위를 벌였음에도 불구하고, 일제 경찰서장에게 '독립운동 확인서'를 요구하며 일제 구축과 독립의 쟁취로까지는 나아가지 않았다. 함안면 시위는 평안남도 맹산, 강서, 경기도 안성군 원곡면과 양성면 시위에서 보는 바와 같은, 일제 관공서의 인수 또는 방화, 파괴를 통해 '일제의 구축'이라는 단계로까지 나아가기 전단계의 독특한 모습을 보여주었다. 3·1운동 만세시위의 발전과정 전체를 놓고 볼 때 이 두 지역의 만세시위는 공세적이고, 소위 '폭력적'인 시위로 나아가는 중간단계의 점이적(漸移的) 성격을 보이고 있다 하겠다.

요컨대 3·1운동은 이를테면 '평화시위'와 같은 정형화된 시위형태가 처음부터 끝까지 일관되게 진행된 것이 아니었다. 시위는 처음에는 제한된 전망만을 갖고 시작되었으나,[2] 만세시위가 확산되고 진전되면서. 그리고 지역에 따라 시위 주체들이 자신들의 힘(자주독립의식, 지역사회 응집력, 동원력 등)을 의식하고 동원할 수 있는 가능성과 역량에 따라 점차 공세적으로 발전하여 마침내 지역에 따라서는 '일제 구축' 또는 '독립쟁취'를 기도하는 독립전쟁적 성격을 나타내어 갔다고 정리될 수 있을 것이다.

본 논문에서는 그 중에서 3·1운동의 초기와 중기에 일어난 경상남도 중부의 창녕군 영산면 시위와 함안군 함안읍내 만세시위를 통해 만세시위 발전 과정에서 평화시위가 일제 관공서의 습격과 파괴의 공세적 시위로 나아가는 중간 단계의 시위 양상을 살펴보고자 한다.

---

2 김용직(Kim Yong-Jick), 1992, 「현대 한국의 근대국가 형성과 민족적 사회운동 : 비교역사학적 관점에서 본 3·1운동(1919) (Formation of a Modern State and National Social Movement in Modern Korea : March First Movement(1919) in Comparative Historical Perspective)」, University of North Carolina, Chapel Hill 참조

2. 창녕군 영산면 23인 결사대의 만세시위

1) 지역개관

경상남도 창녕군 영산면은 대구와 마산의 중간에 위치한 경상남도 중부지역에 있다. 원래 영산군 소재지였는데, 1914년 일제의 행정구역 개편 때 창녕군 산하 면으로 강등 편입되었다.[3] 영산면에는 구익리(九翼里)·교리(校里)·동리(東里)·서리(西里)·성내리(城內里)·신제리(新堤里)·월령리(月嶺里)·봉암리(鳳岩里)·죽사리(竹紗里) 등 9개 동리가 있는데, 이중에서 교(校)·동(東)·서(西)·성내(城內)의 4개 리(里)는 집촌을 이루고 있었으며, 이전 영산군 시절 읍내였다. 영산장은 영산현 또는 영산군 시절부터 인근 계성·장마·남지·길곡·부곡 등 창녕군 남부지역 상권의 중심이었고 낙동강이 가까워 물길을 통한 경남 내륙과의 연결점을 형성하고 있고, 남북으로 마산과 대구, 동서로 밀양과 합천을 잇는 교차점에 있어 상업의 비중이 높았다. 창녕군 내에서는 창녕장(3, 8일)과 함께 영산장(5, 10일)이 가장 컸고, 영산에는 어염전이 상설시장으로 있었을 정도로[4] 영산 주민들의 상업활동이 활발했다.[5] 이와 더불어 다른 시골지역과 달리 이곳에는 일제시대에 면사무소 순사 주재소, 우편소 등의 관공서 외에 연초 판매소, 금융조합 등의 일제 사업조직과 일인 상점들이 있었다.

읍내 4개리는 일본인들이 다수 진출해 있었던 것이 주목된다. 이 지역에 토지를 소유하고 있었던 일인들은 다음 [표 1]과 같다.

---

3 昌寧郡誌編纂委員會, 1984, 『昌寧郡誌』, pp. 64~66. 읍격의 격하가 일제에 대한 반감을 키웠을 수 있다.

4 『昌寧郡誌』 p. 504

5 인근 의령·창녕·함안·밀양장에 영산사람 아니면 시장이 되지 않는다는 말이 있었다 한다.

[표 1] 영산지역 일인 토지 보유 상황

姓名	田	畓	垈	기타	계	비 고
東洋拓植(株)		16,115			16,115	주로 죽사리
關口良一	1,693	10,669			12,362	南旨
松下定治郎		469			469	밀양군 부곡면 가곡리
大原三用		156			156	서리
福本久三郎	1,445	1,734	67		3,246	성내리
八代谷粂吉			50		50	월령리
大倉琴二			44		44	
團酪角太郎	88		61		149	
山蘿林平	762		104		866	창녕읍 교하리
角南一郎			487	570	1,057	
霜降松次郎			644		644	
松井榮太郎	5,161	2,476	445	170	8,252	
片岡忠義	149		420		569	연초판매소장
加薦平八郎	441		117		558	영상국교장
佐藤豊介	1,827	1,502	153		3,482	
奧田徹夫	1,095		98		1,193	과자가게
本村又雄	379				379	영산여관
廣瀨三郎	4,802	3,015	143		7,960	경북 자인군
官峙揶德			71		71	창녕읍 교하리
福齋祭一			191		191	
下材芳藏			16		16	
片脚利雄	1,008	1,449	37		2,494	성내리
北村芳吉			155		155	
林喜兵衛			149		149	서리
松下定治郎	10,225		200		10,425	
河合政之輒			16		16	남지
松原龜治郎	645	1,822			2,467	
迫間慊太郎		5,603			5,603	
秦泉寺悅龜	3,255	6,767			10,022	
계	32,975	51,777	3,668	740	89,160	

자료 : 昌寧郡所藏 『土地臺帳』

　　일본인 토지소유자들의 목록을 보면 우선 영산이라는 작은 지역에 동척 외에 28명의 일본인들이 89,000여 평을 소유하고 있었다. 이 수치는

3월 18일 경남 합천군 삼가장터 만세시위를 주도한 합천군 상백면과 기회면에 1919년까지 일본인 토지소유가 전무했던 것과 대조된다. 합천지역 가운데서도 특히 3월 23일 13,000명의 삼가지역 연합시위를 벌인 상백, 가회면 각각의 중심지인 백산면 운곡리, 상백면 평구리와 가회면 덕촌리와 구평리의 『土地臺帳』를 보면 다음과 같다.

① 합천군 백산면 운곡리에는 일제시대 전 기간을 통하여 일인 소유지가 없다.[6]

② 합천군 상백면 평구리의 일인 소유지는 다음 [표 2]와 같다.

[표 2] 합천군 상백면 평구리 일인 토지소유상황   (단위 : 坪)

성 명	田	畓	垈	雜	소유권 취득(거주지)
晴岡義勝	734				1943. 6. 19
	147				1942. 3. 20
和泉佳太郎			2,187	97	1930. 11. 26(진주)
高木二三				林野 3정보	1921. 3. 2
			366		1922. 9. 2
白川庄茂	490				1931. 9. 5
梅津儀八		349			1933. 12. 15
朝田芳平		840			1926. 4. 22(삼가면 금리)
中田小市				10	1936. 3. 4
계	1,371	1,189	2,553	3,107	

자료 : 陜川郡廳所藏, 『土地臺帳』(상백면 평구리)

즉 합천군 상백면 평구리의 경우 일인 토지 소유는 가장 빠른 것이 1921년에 시작된다. 그러므로 3·1운동 당시까지는 이 지역에 일인의 토지소유가 없었다.

③ 가회면 德村里와 含芳里의 일인 토지 소유 상황은 [표 3]과 같다.

---

6 陜川郡所藏, 『土地臺帳』(쌍백면 운곡리)

[표 3] 가회면 덕촌·함방리의 일인 토지소유상황　(단위 : 坪)

성 명	田	畓	垈	雜	소유권 취득(거주지)
中村嘉一		9,187			1931. 7. 29(함방리 : 1,192평)
		460			1938.7.21
新宮領藤太郎	23		63		1929.7.13
長尾末賴		530			1933.6.1(함방리)
계	23	10,177	63		

자료 : 陜川郡所藏, 『土地臺帳』(삼가면 덕촌리, 함방리)

가회면 덕촌리, 함방리의 경우도 3·1운동 당시에는 일인의 토지 침투가 없었고, 1920년대 후반에 들어와서야 일인의 토지 소유가 소수 생겨나는 것을 볼 수 있다. 이상의 토지소유 자료를 볼 때 합천군 삼가 시위를 주도한 이 지역에는 창녕군 영산면과 비교가 된다. 그곳에는 일본인의 이주가 거의 없어 백산, 상백, 가회 지역사회는 재지 유력층을 중심으로 공동체적 질서가 비교적 온존된 지역이라 할 수 있다. 또한 만세시위가 치열하게 일어났던 함안군 함안면(17명 24,722평), 안성군 원곡면(3인 14,611평) 등지와 비교할 때도 면적에서 약 4~6배, 토지소유자 수도 1.6배에서 9배나 되었다. 그러나 영산 지역에 대규모 일인 농장이 있었던 것은 아니었다. 영산면이 영취산(738m)~영추산(681m)로 이어지는 산록의 기슭에 있어 대규모 농장이 발달할 수 있는 평야지대가 아니었기 때문에 일인들이 소유한 토지는 다른 지역 일인의 큰 농장의 일부이거나, 이 지역 관공리 또는 영업하는 일인 소유의 소규모 토지가 많았다.

읍내 4개리에 東拓이 16,115평의 토지를 갖고 있었고, 關口農場 땅이 12,362평, 迫間農場 땅이 5,603평, 松下定次郞 소유가 10,425평, 그리고 秦泉寺愧龜 농장의 일부도 이 지역에 있었다. 농장을 경영하는 이외의 일인들은 대개 보통학교 교장, 교사, 연초판매소장, 우편소장, 주재소 순사, 금융조합 이사, 연초조합 이사 등의 관공리가 대부분이었고, 과자점, 잡화점,

여관 등을 경영하는 민간인 3명이 있었다 한다. 이와 같이 다수의 일인들이 거주하고 있었던 것은 지역의 상업중심지적 성격을 말해 준다.

다른 한편 일인들의 토지소유와 정주를 통해 이 지역 '식민(植民)'화 정도가 상당히 진전되어 있는 양상을 볼 수 있다. 이 지역 시위가 합천이나 함안과 같이 중장년층이 시위운동을 주도하지 않고, 청년학생들이 시위를 주도한 데는 이런 지역 특성과 관계가 있지 않나 생각된다.

1919년 당시 읍내 4개리의 한국인 최대 지주는 신정식(辛廷植)으로, 천석꾼이었다고 하고, 그밖에 500석을 가졌다는 구철서, 남재희, 황태수 등의 지주가 있었다. 읍내 4개리 대토지 소유자 상황을 보면 다음과 같다.

[표 4] 영산 읍내 한인 토지 보유 상황 (단위 : 평)

성 명	田	畓	垈	기 타	계	비 고
구철서	588	10,439	76		11,103	대구부 서천 대전정
신정식	10,796	39,785	1,051	2,084	53,716	
남노희	5,816	8,271			14,087	서·죽사리만 조사
황태수	3,255	6,767			10,022	〃

자료 : 昌寧郡所藏 『土地臺帳』

문화 교육 시설로는 校里에 영산향교가 있고, 신식 교육기관으로 영산공립보통학교가 있었다. 영산공립보통학교는 1913년 3월 23일 세워진 4년제 식민지 초등교육기관이다. 이 학교는 1908년 4월 15일 세워진 사립경명학교(慶明學校) 후신이며, 설립되던 그해 경명학교 수료생을 4학년으로 받아 개교하여 이듬해인 1914년 3월 8명의 제1회 졸업생을 냈다. 그후 계속해서 3·1운동 때까지 제2회(1915) 14명, 제3회(1916) 13명, 제4회(1917) 17명, 제5회(1918) 19명 등 93명의 졸업생을 냈다. 이들 초기 보통학교 졸업생 중 면서기가 3명이 나왔는데, 2회에서 1명, 3회에서 2명이었다. 동리민들은 보통학교를 나오고 일본말을 배운 이들을 "개화꾼"으로 불렀다 한다. 이들 가운데 특히 제1~4회 졸업생들이 3·1운동을 주도했으며, 그 후 1920년대 이 지역에서 치열하게 전개된 소작인 운동을 비롯한 농민운동·청년운동·사회운동에서 지도적 역할을 했다.

2) 구중회, 서울과의 연계고리

구중회(具中會)는 1919년 당시 21세로, 영산면 동리에서 한말 군 주사를 지낸 구종서(具宗書)의 장남으로 태어났다. 구중회는 영산공립보통학교 제1회 졸업생으로,[7] 서울 보성고등보통학교 2학년으로 편입하여 1917년 3월 보성고등보통학교를 졸업했다. 그후 그는 귀향하지 않고, 시흥 부근 농장 등에서 기식(寄食)하며 지냈다고 한다.[8] 그는 3·1운동으로 10개월의 징역형을 치른 후 출옥하여 일본 와세다대[早稻田大] 고등사범부 영문과에 유학하여 1926년 졸업했다. 일본 유학 중 그는 영산유학생모둠 회장이었다. 유학 후 그해 4월 서울 보성중학교 교유(教諭)로 있으면서 천도교 청년당 중앙집행위원으로 활동했다.[9] 이를 통해 보면 3·1운동 전에도 천도교와 깊이 관계되었을 가능성이 크다.[10]

영산면 만세시위는 천도교가 운영하는 서울 보성고보를 나와 서울근

---

7 『烽火』에는 具中會가 당시 보성고보 학생으로 되어 있으나 그는 1914년 2학년으로 편입, 1917년 3월에 그 학교를 졸업했다(보성고보, 「학적부」).

8 具滋鎬 증언(1998). 구자호씨는 구중회의 아들로 1980년대 민주화추진협의회 상임 운영위원이었다.

9 鍾路警察署長, 1930, 「天道教靑年黨 一覽에 관한 건」, 『思想에 關한 情報綴 第6冊』

10 구중회는 보성중학교에서 1932년 3월까지 봉직하다가 1932년 5월 만주 하얼빈으로 가 5년간 농장을 경영하는 한편 피난 동포 구제사업에 종사했다. 1937년 8월부터 중국 북부 및 중부를 여행한 후 1939년 5월 만주 北安省 海倫縣에서 水田을 경영하다 1943년 6월 귀국하였다. 해방 후 마산중고등학교 초대 교장, 제헌국회의원에 당선, 헌법기초위원으로 활동했고, 6·25 사변 때 납북되었다(국회도서관, M/F <國會議員履歷書綴>).

교에서 활동하던 구중회가 2월 하순경 귀향하면서 시작되었다.

3) 23인 결사대의 시위운동

영산의 3·1운동은 3월 13일에 일어났다.[11] 영산 만세시위는 1회의 시위로 끝나지 않고 후속 시위가 그달 말까지 계속되었다. 시위의 전개과정을 「판결문」과 영산3·1독립운동유족회에서 낸 『烽火-靈山3·1獨立運動小史』를 중심으로 살펴보면 다음과 같다.

구중회는 1919년 2월 하순 영산으로 귀향하여 먼저 김추은(金秋銀), 장진수(張振秀)의 찬동을 얻은 뒤 이들과 함께 영산 읍내 4개 리를 중심으로 그 주변 죽사리·계성면(桂城面) 명리(明里) 등지에 사는 청년들로써 동지를 규합한 후 서울로 돌아갔다. 그는 서울에서 최린을 비롯한 천도교 지도자와 학생대표들을 만나 이 고장의 상황을 이야기하고, 여러 가지 지시와 함께 경남의령, 밀양, 창녕 등지에 독립선언문과 독립신문을 전달할 책임을 맡아 2월 23일 귀향했다.[12] 이후 그는 밀양, 의령지역과 연락을 통하고, 500매 가량의 태극기와 큰 깃발 등을 준비했다.[13]

거사 이틀 전인 3월 11일 밤 영산 청년들은 구중회의 사랑에 모여 24명의 결사대를 조직했다. 결사대의 명단과 배경, 거사 후 형량은 다음 [표 5]와 같다.

---

11 경남지역에서는 함안군 칠북의 3월 9일 시위에 이어 가장 빠른 시위에 속한다.
12 독립선언서는 일반적으로 2월 27일 인쇄된 것으로 이야기 되고 있으나 「默庵 李鍾一 備忘錄」,『韓國思想』, 19, 1952)에 의하면 실은 2월 20일경부터 찍기 시작하여 2월 24·25일경 먼 지역 천도교 교구에 우선적으로 발송하였다는 것으로 보아 이때 창녕·밀양·의령지역에 전할 독립선언서를 받아 내려온 것이 아닌가 한다. 그렇다면 그의 귀향일자는 2월 24·25일경일 수가 있다.
13 金判國 증언

[표 5] 23인 결사대원

성 명	나이	직업	거주지	학력	천도교	형량	비고
구중회具中會	21	농업	東里	보성고보	○	10월	
김추은金秋銀	24	〃	竹紗里	경명학교	○	〃	
장진수張振秀	23	〃	東里	보통(2회)	○	〃	
하은호河銀浩	21	면서기	西面	보통(3회)		8월	
조삼준趙三準	24	농업	城內里		○	〃	
남경명南慶圭	23	이발직	竹紗里	경명학교		〃	
구판진具判珍	23	면서기	校里	보통(2회)	○	〃	
서점수徐點守	17	무직	城內里	보통(4회)	○	〃	
구창서具昌書(判執)	20	농업	校里	보통(2회)	○	〃	
장정수張定秀	17	〃	竹紗里	보통(3회)		〃	
신영락(암우)辛泳洛	18	〃	東里	보통(4회)	○	〃	
김영두金斗榮(杜榮)	21	면서기	西里	보통(3회)		〃	
구남회具南會14	18	무직	東里	보통(2회)		〃	
하영규河靈圭	27	어물상	〃		○	6월	
이수철李守哲	20	농업	〃			〃	
박도문朴道文	20	〃	西里	보통(3회)		〃	
임창수林昌洙(秀)	22	〃	桂城面 明里	보통(4회)		〃	
박중문朴重文(勳)	28	소금장수	〃			〃	
이기석李琪錫	26	농업	校里		○	〃	
김찬선金贊善	21	〃	東里		○	〃	
권재수權在守(點同)	17	〃	城內里	보통(4회)		〃	
김금영金今榮15	18	〃	西里	보통(4회)		〃	
최봉용崔奉用	18	〃	東里	보통(4회)		〃	
하찬원 河贊源16							

자료 : 河鳳柱·曺星國, 1979, 앞의 책 ; 독립운동사편찬위원회, 1972, 앞 책, pp. 1226~1229 ;
영산공립보통학교, 「학적부」
비고 : 보통(2회) : 영산보통학교 2회 졸업

---

14 구중회의 동생
15 김두영의 동생
16 영산 24인 결사단원 중 하찬원은 영산 만세시위 실행단계에서 빠졌다. 24인 결사
대는 23인 결사대로 만세시위를 진행했다. 하찬원은 이후 처가가 있는 함안면 시위
에 참여하고 옥고를 치렀다.

이들 영산 3·1운동 결사대는 모두 집촌을 이루고 있는 읍내의 東·西·校·城內里 4개 동리와 인근의 竹紗里 청년들이었다. 연령은 17세부터 28세 사이로 평균은 21.7세이다. 이들 가운데 핵심 3인의 당시 경제적 배경을 보면 다음 [표 6]과 같다.

이들 중 17명이 경명학교 또는 영산공립보통학교 졸업생으로 동리에서는 소위 '개화꾼'에 해당하는 청년들이었다. 또한 이중 11명이 1919년 당시에 천도교 신자였던 것으로 보인다.[17] 이를 통해 볼 때 영산면 3·1운동의 23인 결사대는 20세 전후의 연령에, 대체로 보통학교 출신자이며, 천도교를 통한 사회·종교적 단체활동 경험을 가진 청년(장년)들이다. 경제적으로는 거의 대부분 재산이 넉넉한 계층이 아니었다.[18]

[표 6] 3.1운동 핵심 대원의 토지소유 상황   (단위 : 평)

성 명	田	畓	기 타	비 고
具中會	1,309	1,336	잡(묘지) 20,140	부친 具宗書 소유
金秋銀	995	446	垈 46	
張振秀	642	1,326		

자료 : 창녕군청 소장 『土地臺帳』

이 당시 경남지방의 천도교는 교세가 미약하여 경남지방 3·1 운동에 있어서 천도교가 "주요한 위치에 가담하지 않았다."[19] 그러나 영산의 시

17 3·1운동 당시의 교인여부 추정 : 金判權·曺星國 증언
18 한편 영산 3·1 운동의 주도자들이 가진 특징 중의 하나는 3·1 운동 이후 김추은·장진수·구창서 등은 농민운동·청년운동 지도자로서 또는 노동야학회 운영자 등으로서 동포를 위해 일했다.
19 삼천포의 경우 "천도교도가 200여 명이 있었으나 일반인들로부터 고립되어 있어서 운동에 앞장선다고 해도 일반의 동조를 받기 어려운 상태에 있었고," 한편 일제 관헌의 사찰을 받아 시위 기회를 놓쳤다(조선헌병대사령부, <조선소요 사건상황>, 『독립운동사자료집』 제6집, p. 611).

위운동은 절반의 청년들이 천도교인으로서 주도적인 위치에 있었다고 할 수 있다. 이렇게 보면 23인 결사대는 보통학교 학력 정도의 읍내 '개화꾼' 청년들이 중심이 되어 동네 형님 아우들로 이루어진 결사체로 보인다. 이들의 직업은 농업은 물론, 면서기, 이발, 소금장수, 어물상 등이 포함되어 있고 특히 면서기가 3명이나 포함되어 있는 것을 볼 수 있다. 이들 청년들이 바로 만세시위에 돌입하지 못하고 3월 13일에야 실행하게 된 것은 독립선언서 내용이 어려워 이를 새로 정리하느라고 시간이 걸렸다 한다. 그리하여 23인 결사대는 다음과 같은 선서문과 서약서, 투쟁방법을 채택했다.

선서문
一. 今日 吾等의 獨立運動은 오직 自主的 精神을 發揮할 것이요 결코 排他的 感情으로 逸走 하지 말 것.
二. 本 運動은 秩序를 尊重하고 吾等의 主張과 態度를 公明正大 하게 할 것.
三. 二千萬 生靈의 福祉와 祖國光復의 實現이 吾等의 一擧手一投足에 있다는 大理想과 矜持를 가질 것.

朝鮮開國 四二五二年
己未 三月 十三日 陰二月 十二日
靈山地方 代表

　　23인 결사대의 선서문에서 청년들은 지역의 선각 청년들로서 서울에서 종교계 지도자 33인이 '민족대표'를 자임한 것처럼, 영산 결사대 청년들도 '영산지방 대표'를 자임했다. 이들은 독립선언서의 공약 3장의 정신에 따라 "배타적 감정에 일주치 않을 것임"과 "질서를 존중하고 공명정대하게 의사를 표명할" 것을 결의했다.

그럼에도 이들은 서울의 독립선언서보다 한 걸음 더 나아간 면도 보여주었다. 그들은 자신들의 일거수일투족이 조국의 광복과 직결되어 있다고 생각하여 다음과 같은 서약서를 채택하였는데, 그 속에서 "독립주권국을 전취(戰取)한다."고 전투적 결의를 표명하였으며, "결사적인 투쟁"을 맹서했다. 또한 독립이라는 숭고한 목표를 끝까지 쟁취하기 위해 스스로 결사대를 조직하여 투쟁에 나섰다. 이러한 투쟁적인 면모는 민족대표 독립선언과 그 행동에 비해 훨씬 발전된 모습이 아닐 수 없다. 이것은 3월 1일 이후 거대한 독립만세 시위운동이 일어나 일제 지배의 중심 경성 온 거리를 해방의 공간으로 만든 감격을 경험하고 난 후의 일이기에 더욱 진전된 의식과 표현이 가능했을 것이다.

서약서

一. 朝鮮民族代表 三十三人의 獨立宣言書에 依하여 朝鮮開國 四二五二年 三月十三日에 靈山 地方代表 二十四名은 獨立運動을 展開한다.

二. 今日 吾等의 獨立運動은 民族自決主義 原則下에 獨立主權國을 전취(戰取)한다.

三. 吾等의 獨立運動은 崇高한 精神과 決死的인 鬪爭으로써 寸步도 退步 하지 말며 最後一人 最後一刻까지 繼續한다.

이의 目的을 達成하기 爲하여 決死隊를 組織하고 署名捺印함.
朝鮮開國 四二五二年 三月 十三日
(隊員 署名 捺印)

24인 청년 결사대원은 다음과 같은 투쟁방법을 결정했다.

투쟁 방법

① 당일은 왜경의 눈을 피하여 이곳 남산에서 開春會의 형식으로 일을 시작한다.
② 태극기는 具昌書의 책임 아래 제작하고 군물[農樂]은 趙三準이 준비하며 大旗는 李守哲이 책임 제작하여 숨겨 두고 일반 군중이 사용할 태극기도 비장한다.
③ 대기는 결사선봉대의 도착과 함께 한길가에 세워 신호로 삼는다.
④ 시장 중앙에 壇을 모아서 군중을 모이게 한 다음 독립선언서와 선서문을 발표한다.
⑤ 결사대를 선두로 하여 시위행렬을 한다. 그러나 질서정연한 행동으로써 폭력 따위는 삼가 한다.
⑥ 두번째의 시위는 계속하여 昌寧으로 향한다.
⑦ 세번째의 시위는 南旨로 하되 이는 각 市日마다 행한다.

즉, 이들 청년 결사대는 영산의 동리 앞 남산에서 개춘회 형식으로 시위운동을 시작하는데, 태극기와 농악, 큰 깃발을 준비하며, 독립선언서와 선서문을 발표하고, 질서정연하게 시가행진을 할 것이며, 폭력을 삼갈 것을 결의했다. 또한 시위는 영산 읍내에서 그치지 않고 장날을 따라 북쪽 창녕 소재지와 남쪽의 남지 등지로 확산할 계획을 세웠다.

3월 13일 오후 1시 개춘회를 표방하고 남산에 모였을 때 결사단원 중 하찬원이 불참했다. 한 사람의 탈락자 때문에 23인은 남산에 모여[20] 이 운동에서 1步라도 퇴각하는 자는 다른 단원으로부터 생명을 빼앗긴다는 決死團員盟誓書에 서명하며 결속을 재확인했다.[21]

---

20 이들이 남산에서 일을 시작한 것은 남산이 동네 가까이 병풍처럼 있어서 전부터 보막이 사람 동원할 때나 잃은 물건을 찾을 때 그 위에서 洞丁이 소리를 외쳐 동리인에게 육성방송(?)을 했을 정도로 동리인의 이목을 모으기 좋았기 때문으로 보인다(『靈鷲說話』, pp. 133~141 참조).
21 이들이 거사 당일 다시 결사단원 맹세서에 서명하게 된 데에는 처음의 24인 결사대원 중의 하나였던 하찬원의 이탈 때문이었던 것으로 보인다. 하찬원은 처가가 있

  금일 吾等이 독립운동을 전개함은 조선 민족대표 33인 독립선언서
를 절대 지지하고 중앙에 호응하여 완전한 독립 주권국을 戰取하자는
데 그 목적이 있는 것이다. 그러므로 오등은 정의를 위하여는 물불을
가리지 않을 것이며 대한독립을 한사코 전취할 것을 맹세하고 이에
서명 날인 함.[22]

  이러한 결의를 재확인하고 난 후 구중회가 독립선언서를 낭독했다. 그
후 미리 준비한 태극기와 농악대를 앞세우고 "대한독립만세!" "약소민족
해방 만세!"를 외쳤다. 또한 한말 사립학교에서 널리 불렸던 소년 전진가
를 부르며 시위운동을 시작했다.

  징과 북소리, 만세소리가 영산 읍내를 일깨웠다. 일경의 달려와 저지
했다. 일경과 실랑이를 벌이며 저지를 물리치려는 와자지껄한 소동에 동
리민들이 모여들었다. 청년들은 각각 가슴에 간직하였던 태극기를 동민에
게 나누어 주어 독립만세를 외쳤다. 시장터까지 다다른 대원들은 준비된
단 위에 올라서서 온 시장의 군중을 향하여 다시 독립선언서와 결사대의
선서문을 낭독했다. 여기서 "대한독립만세"라고 쓴 깃발 40~50개를 배부
하고 이를 흔들며 독립만세를 계속 외치면서 오후 6시까지 600~700명과
시위대가 영산면 읍내를 누비며 행진하다가 해가 저물어 해산을 선언했
다. 그러나 흥분한 군중들은 해산을 거부했다. 결사대원들이 군중에 대하
여 해산을 종용하고, 구중회가 독립에 대한 연설을 하여 군중을 간신히
진정시켜 돌려보냈다.

  군중을 해산시킨 후 결사대원들이 다음날 계획을 세우고 있을 때 창녕

는 咸安으로 가 그곳 함안읍내시위 중에 총상을 입고 붙잡혀 2년 형을 살았다.
22 獨立運動史編纂委員會, 1971, 『獨立運動史』(3), p. 229 ; 독립운동사편찬위원회,
   1972, 위 책, p. 1228

경찰서에서 일경들을 태운 자동차 2대가 들이닥쳤다. 장진수, 남경명이 붙잡혀 갔다. 나머지 대원들은 피신하였다.

저녁 8시경 청년들은 다시 남산에 모여 영산읍내 만세시위를 재개했다. 이때엔 장구가 동원되었는데, 만세소리와 장구소리에 영산주민들이 모여들어 군중시위로 번져 갔다. 시위대는 동지들이 잡혀가 갇혀 있는 창녕경찰서로 향했다.

창녕은 영산에서 12km 북쪽에 있었다. 시위대가 영산에서 4km 정도 거리의 계성교에 왔을 때 일경들이 막아섰다. 시위대는 해산당하고 구중회가 체포되었다.

이튿날인 3월 14일(음 2월 13일)은 창녕장날이었다. 오후 5시경 나머지 대원들은 일경과 군청 직원의 저지를 피하여 장꾼으로 가장하고 창녕에 집결하는 데 성공했다. 그러나 창녕 장터에 장꾼들의 모습이 보이지 않았다. 장날이었음에도 경찰서에서 미리 파시(破市)하여 두었기 때문이었다. 이들은 그럼에도 장마당에서 대한독립만세를 외치고 나섰다. 그러나 창녕 주민들의 호응이 없었다.[23] 그곳 주민들이 전혀 호응하지 않자 이들은 구금된 창녕경찰서로 돌입하여 동지들의 석방을 요구했다. 경찰서 앞에서 육탄전이 벌어졌다. 뒷일 수습을 위해 대원 3명은 뒤로 빠져 나왔다. 나머지 대원들은 전원 구금되었다.[24]

4) 학생대원의 시위운동

결국 23인의 결사대가 다 구속되었다. 그러나 영산면 시위는 끝나지

---

23 창녕은 영산과는 대조적으로 단결이 잘 안된다고 한다.
24 나머지 3명도 곧 구금된 것으로 보인다. 독립운동사편찬위원회, 1972, 위 책, pp. 1226~1227

않았다. 후배 영산 보통학교 학생들이 일어났다. 3월 26일 이들이 영산의 동리 뒤 보림이라는 곳에 모여 다음과 같은 강령을 채택하였다.

강령
① 영산보통학교 학생은 모두 참가한다.
② 운동의 지휘는 4학년이 맡는다.
③ 다른 면과 긴밀하게 연락을 해서 영산장날에 모이는 군중으로 하여금 함께 시위하도록 한다.[25]

또한 다음과 같은 내용의 결의문을 통과시키고 곧 동맹 휴학에 들어갔다.

① 우리들은 독립운동을 끝까지 할 것을 맹세하며 감금된 대원들을 구출하는 데 전력을 다 한다.
② 우리들은 결사대의 뒤를 이어 이 운동에 목숨을 내어 놓는다.
③ 우리의 운동을 방해하거나 우리를 배반하여 당국에 기밀사항을 밀고하는 반민족적인 분자가 있을 때는 이를 가차없이 몰아내고 그들 분자와 통하지 않는다.
④ 우리는 학교 수업을 거부하고 동맹휴학을 단행한다.[26]

이때의 영산보통학교에는 4학년 21명이 3월 25일경 졸업식을 하였고, 1학년 26명, 2학년 13명, 3학년 13명 등 모두 52명의 학생이 있었다. 시위는 김계운(金桂運), 황임권(黃任權), 박법용(朴法容), 임봉화(林鳳和), 황점이(黃點伊), 하호용(河浩龍), 강용수(姜用守, 桂秀), 히낙원(河洛源), 유갑용(劉甲龍), 신학문(辛學文), 하봉주(河鳳柱), 김양원(金養元), 남두업(南斗業)등 4학

---

25 河鳳柱·曺星國, 1979, 앞의 책, p. 54
26 위 책, p. 56

년 진급 예정의 학생들이었고, 그 밖에 곽임준(郭任俊), 이기문(李基文), 차이수(車二水), 구옥돈(具玉敦), 곽이경(郭二京), 우원석(禹元石), 기이봉(奇二鳳), 하중호(河重浩), 김차수복(金且守福)이 주도적 역할을 했다.

3월 26일(음 2월 25일)은 영산 장날이었다. 보통학생 일동이 대열을 갖추어 보림에서 영산장터로 나아가자 장꾼들이 일제히 학생들의 시위에 합세했다. 시위 군중의 기세는 치열하였다. 일부 군중들은 일본인 상점을 습격했다. 일경이 총칼을 휘두르며 공포를 쏘아 시위군중을 해산시키고 학생 5명을 잡아 갔다. 많은 부상자가 생겼다. 시위대열이 무너지자 학생들은 다음날의 행동을 위해 다음과 같이 계획하고 결의했다.

① 감금된 동지를 구출하기 위하여 내일 오전 9시 창녕에 간다.
② 왜경의 눈을 피하기 위하며 한두 사람씩 헤어져서 원(院)을 거쳐 명리 뒷산에 모인다.[27]
③ 명리 뒷산에서는 산을 타고 나가면서 신당(新堂)[28] 뒷고개를 빠져 큰 길로 창녕으로 향한다.
④ 창녕 입구에 이르면 「애국행진곡」을 부르며 태극기를 꺼내 들고 경찰서로 돌진한다.
⑤ 경찰서에 이르면 그곳을 포위하고 "대한독립만세"를 외치면서 "우리의 애국 청년을 석방하라"는 구호를 부르짖는다.
⑥ 왜경이 발포하는 한이 있더라도 목적을 이루지 않고서는 물러서지 않는다.
⑦ 하급생의 동원 연락은 황임권이 죽전(竹前)과 도천(都泉)방면을, 임봉화가 모리(毛里)와 어만(於萬)방면,[29] 이기문이 계성(桂城) 방면, 하봉주가 영산읍내를 각각 맡는다.[30]

---

27 계성면 명리
28 계성면 신당리
29 도전면 어만리

3월 27일, 전날의 결의대로 학생들은 창녕으로 출발했다. 그들이 신당 뒷산을 빠져 나올 때 일본 경찰의 저지에 부딪혔다. 일경들은 어린 소년들에게 매질을 하고, 창녕군수 엄형섭(嚴衡燮, 1918~1920재직)이 회유 연설을 했다. 키 큰 학생 4명이 붙들려갔다.[31] 나머지는 영산으로 도로 쫓겨 왔는데, 그 중에서도 기이봉, 박법용, 하봉주 세 사람은 영산주재소로 끌려가 갖은 위협과 손가락 사이에 못을 끼워 비트는 고문을 당했다. 주모자 색출을 위해서였다.

학생들은 이날의 실패가 마쓰바라(松原龜治郎)라는 일인의 밀고 때문이라는 것을 알고 군중과 합세하여 그 집으로 밀어 닥쳤다. 그는 도망쳤다. 일경이 다시 총칼로 군중을 해산시켰다.

감금되지 않은 주동 학생들은 흩어진 학생들을 다시 모아 30일 다시 창녕경찰서를 공격할 것을 결의하였으나 일제의 감시와 방해로 실패로 돌아갔다. 그래서 학생들은 전화선을 끊어 경찰본서와의 연락을 지연시키고 일경의 정보원구실을 한 일인들을 습격하여 몰아내기로 하고 4隊를 편성하여 동시 다발의 공격을 가하기로 하였다.

다음날인 3월 31일 학생들은 일부 학생으로 하여금 성내리 주변에서 만세를 부르게 하여 일경과 일군을 그곳에 몰리게 해 놓고 제1대는 우편국을 습격하여 전화선을 절단했다. 제2대는 일인 部板의 집을, 제3대는 秦泉寺滉龜의 집을, 제4대는 奧田徹夫의 집을 공격하여 완전히 성공을 거두었다.

이렇게 지칠 줄 모르고 영산의 운동이 계속되자 탄압도 이에 비례했고, 어린 학생들에 대해 검거, 고문 등이 자행되었다. 굽힐 줄 모르던 이곳의 운동은 지도자를 잃고 계속되는 탄압으로 말미암아 수그러들지 않

---

30 河鳳柱·曺星國, 1979, 앞의 책, p. 54
31 김계도, 이기문, 곽이경, 구옥돈

을 수 없었다.[32]

23인 결사대원은 1919년 5월 8일 부산지방법원 마산지원에서 주도자 구중회, 김추은, 장진수 세 사람은 징역 3년, 나머지 남경명·구남회·구판진·신암우·장정수·구판돈·하은호·서점수·김두영·조삼준은 징역 2년, 박중훈·김찬선·최봉용·이기석·권점동·하운규·김금영·이수철·임창수·박도문은 징역 1년이 구형되었으나 청소년이라는 정상이 참작되어 주도자 3명은 징역 10월의 실형을, 나머지는 징역 8월 또는 6월에 집행유예 2년을 언도받았다. 그러나 검사측이 공소를 제기하여 모두 실형을 받았다.[33]

한편 보통학교 학생들에 의해 시위운동이 끈질기게 전개되자, 그 이듬해에는 보통학교 졸업반 학생에 대해서 학적부에 '操行'이라는 행동상황 평가를 했다. 이것이 학생 시위운동과 관련되어 있다는 것을 나타내 주는 증거는 1920년 이후 시위사태가 재발할 우려가 없다고 판단되자 그 후로는 조행 평가가 사라졌다는 데서 알 수 있다.[34]

3. 경남 함안 만세시위

1) 지역개관

함안군은 북쪽으로 의령군, 창녕군과 접하고, 동쪽으로 창원시, 남쪽으

---

32 河鳳桂·曺星國, 앞의 책, pp. 57~60

33 독립운동사편찬위원회, 1972, 앞 책, pp. 1226~1229. 일제의 고문이 얼마나 악랄했던지 임창수는 출옥 이듬해 사망하고, 곰눈 후유증으로 김추은은 35세, 이기적 38세, 구창서(판돈)은 32세, 신영락은 40세, 최봉용 41세, 김창선 44세로 각각 일찍 사망했다.

34 영산공립보통학교 「학적부」

로 마산시, 서쪽으로 진주시에 접하고 있는 경상남도 중부의 군이다. 남고 북저의 지형으로 군내 강들은 북쪽으로 흘러 남강에 합류하고, 남강은 서쪽에서 동쪽으로 흘러 북쪽에서 내려오는 낙동강과 함안군 대산면에서 합수하여 낙동강 하류를 형성하여 남해안으로 흘러간다. 육로교통이 발달하기 이전 함안은 이 때문에 내륙 수운의 요충지였다.[35] 고지대를 형성하고 있는 동남부 산곡간은 풍수해와 전란으로부터 삶을 지켜 주었으며, 지대가 낮은 북쪽 남강 유역은 비옥한 충적토와 편리한 수운 때문에 함안은 안동, 합천 등지와 마찬가지로 유림층의 世居地가 되었다. 이에 따라 많은 서원이 세워져 유학의 고장이 되었다. 1914년 군 통폐합 이전 서부 함안군 지역에는 금천서원·덕암서원·도림서원·서산서원·송정서원·도암서원·신암서원·도계서원 등 10개의 서원이, 동부의 구 칠원군 지역에는 태양서원·청계서원·덕연서원·덕원서원·상봉서원·기양서원·홍포서원 등 7개 서원이 있어, 모두 17개 서원이 함안군에 있었다. 이러한 지역의 문화적, 역사적 배경은 이 지역이 향촌공동체적 응집력이 강력할 수 있었음을 말해 준다.

[표 7] 함안군내 서원 현황

구분	No.	서원명	위치 (설립년도)	배향인물	비 고
구 함안 지역	1	금천서원	1569		군수 장범이 설립
	2	덕암서원	함안면 (1634)	주순, 박한주, 조종도 제향	
	3	도림서원	함안면 (1672)	정구 향사	
	4	도계서원	함안면 (1780)	이휴복, 조익도 등 제향	

---

35 변광석, 1995, 「18.19세기 경상도 남부지역의 상품유통구조」,『지역과 역사』5

구분	No.	서원명	위치 (설립년도)	배향인물	비 고
	5	도암서원	군북면 (1679)	배여경, 조영득 제향	1868년 훼철, 1940년 복설
	6	서산서원	군북면 (1703)	군북 출신 趙旅 등 생육신 제향	서원철폐령 훼철 * 군북면 3.1운동의 거점 서산서당 설립운영
	7	송정서원	산인면 (1721)	조임도 제향	
	8	신암서원	가야면 (1780)	안관	1993년 10월 복원
	9	운구서원	가야읍 혈곡리		서원철폐령 이후 훼철
	10	도남서원	대산면 (1854)	조방 향사	서원철폐령 이후 훼철
구 칠원 지역	1	덕연서원	칠원면 (1591)	칠원면 주세봉 향사	
	2	덕원서원	칠원면		덕연서원 별사
	3	태양서원	칠북면 (1640)	안정 향사	1868년 훼철, 1950년 복설
	4	청계서원	칠서면 (1670)	이삼로 제향	
	5	상봉서원	칠원면 (1696)	황열 향사	
	6	기양서원	칠원면 (1701)	주세곤, 주선원, 주각, 주재성, 주도복 추향	
	7	홍포서원	칠서면 (1782)	윤환, 윤자당, 윤지, 윤석보, 윤탁연 등 추향	

17세기 仁祖代 이후 이 지역 인사들이 중앙정계에서 배제되면서 서원들이 집중적으로 설립되었다. 출세를 포기한 사람들은 유력한 사족을 중심으로 종족마을을 형성해갔다. 이러한 유림층은 배타적인 향권을 장악하기 위해 鄕案을 작성하고 유력한 사족을 入錄하여 강하게 결속하였다. 1569년부터 1745년까지 37회 가량 이루어진 함주향안의 입록자를 성씨와

본관별로 구분하면 함안조씨 244명(30%), 재령 이씨 94명(11%), 성산 이씨 76명(9%), 순흥 안씨 76명(9%), 밀양 박씨 43명(5%), 여주 이씨 32명(4%), 인천 이씨 29명(4%), 광주 안씨 26명(3%), 창원황씨 26명(3%) 등이었다.[36]

그러나 함안이 유학적 전통을 고집하기만 하는 그런 고장은 아니었다. 한말 전국에서 학교설립운동이 벌어지자 함안에서도 지역유지들이 학교 설립에 나섰다.[37] 1908년 함안면 함안교회에 安信學校와[38] 咸化學校,[39] 칠북면 이령리의 이령교회 장로 김세민이 1911년에 세운 경명학교[40]를 비롯하여 信昌夜學校(신창사숙)·보흥학교·찬명학교[41]·龜里學校[42]·동명학교[43] 등이 세워졌다. 동명학교 교사는 3월 19일 함안면 3·1운동 때「독립선언서」를 낭독하는 등 주도적으로 3·1운동에 참여하였다.[44] 그 밖에 개량서당도 출현했으며, 燦明학교도 주야학으로 함께 열었다.

애국계몽단체로서 1909년 1~2월경 설립된 대한협회 함안지회와 무릉지회가 있었다.[45] 이들 지회는 근대교육운동과 문화계몽운동을 주도하였

---

36 지수걸, 근대 이행기 경남 함안지역의 사회이동 양상, 『한국독립운동사연구』 17, pp. 206~207
37 함안지역 애국계몽운동에 대해서는 김형목, 2006, 「3·1운동 이전 함안지역 사회변동과 민족운동」, 『함안3·1운동사 연구』(연구용역보고서, 미간행)을 참조함
38 이송희, 「함안지역 3·1운동의 역사적 배경」, 『지역과 역사』 16, 부경역사연구소, 2005, p. 48
39 『皇城新聞』 1908년 8월 20일 잡보 「咸化新校」, 9월 30일 잡보 「咸化進化」
40 『慶南日報』 1910년 11월 29일 잡보 「學校有人」
41 『慶南日報』 1911년 4월 17일 수문소록 「燦校進級式」, 5월 19일 잡보 「教育無形之財産」. 趙性燁은 『朝鮮紳士寶鑑』(1913)에 등재된 인물이다.
42 『慶南日報』 1919년 11월 7일 잡보 「教育熱心」
43 『慶南日報』 1910년 11월 13일 잡보 「苦心教育」
44 도진순 외, 『군북 3·1독립운동사』, pp. 23~24
45 대한협회, 『大韓協會會報』 11, 1909.2, p. 68

다. 嶠南敎育會에도 함안지역 출신들이 참여했으나, 함안지회는 조직되지 않았다. 國債報償運動은 경남도내 타 지역에 비하여 비교적 늦게 진행되어[46] 5월 중순에 가서야 동리별로 의무금처럼 부과하여 거두었다.[47] 반면 의병운동에서는 거의 움직임이 없었다.

유림의 고장 함안에 개신교가 설립된 것은 1897년 군북면 사촌리 교회가 최초였다. 경남에서는 부산, 울산에 이어 세 번째이며, 경남 내륙에서는 가장 빨랐다. 1919년까지 경남지역에 설립된 교회(장로교) 130개 중에서 함안 사촌리 교회는 첫 5개 교회의 하나였던 만큼 경남지역에서 매우 일찍 개신교회가 설립되었다고 할 수 있다.[48] 함안군에는 1906년~1907년과 1909년에 집중적으로 교회가 설립되었다. 1909년 이후에는 1919년 3·1운동 때까지 교회설립이 보이지 않는다. 함안군의 개신교 설립상황은 [표 8]과 같다.

[표 8] 함안군의 개신교 설립상황

No	면	동리	교회명	설립일	비 고
1	군북면	사촌리	사촌교회	1897	
2	칠북면	이령리	이령교회	1899	
3	산인면	부봉리	부봉교회	1906	

---

46 개인적인 차원에서는 1907년 3월 중순 안정중이 창원 이원종과 거창 최수교 등과 개인적으로 모금에 참여한 일이 있었다(『황성신문』 1907년 3월 18일 광고 「국채 보상의무금집 송인원급액수」).

47 『皇城新聞』 1907. 9. 25~26일자 광고 「국채보상의무금집송인원급액수」

48 20세기 이전에 경남도내에서 개신교가 설립된 부·군은 부산, 울산, 김해, 밀양, 창원 함안의 6곳으로서 경남 중동부지역에 치중되어 있는 것을 볼 수 있다. 이 중에서 함안만 유일하게 군북과 칠북 2곳에 설립되었다. 1893~1919년까지 경남지역 130개 교회 중 제1위는 19개가 설립된 동래, 2위는 13개가 설립된 창원, 3위는 11개가 설립된 함안, 의령, 김해군이다.

No	면	동리	교회명	설립일	비 고
4	법수면	백산리	백산리교회	1906	
5	함안면	봉성리	읍내교회	1906	
6	칠서면	계내리	계내리교회	1907	
7	법수면	류외리	류외리 교회	1908	
8	여항면	외암리	외암리교회	1909	
9	군북면	덕대리	군북교회	1909	
10	칠원면	구성리	구성리교회	1909	
11	대산면	하기리	하기리교회	1909	

자료 : 한국기독교역사연구소, 2002, 『조선예수교장로회사기』(상·하)

최초로 설립된 군북의 사촌리 교회의 설립은 한말 국가적 위기상황과 무관하지 않았다. 사촌리는 함안 조씨 집성촌 지역으로 중시조인 생육신 어계 조여의 서산서원(서산정)이 있고, 양반으로 자처하는 곳이다. 호주 선교사들이 여러 차례 이 마을을 드나들었다. 그런데 당시 함안 조씨 문중 도유사로 있던 초로의 조동규라는 사람이 문중으로 찾아온 선교사들을 만나서 기독교에 관한 이야기를 듣곤 했다. 하루는 선교사 아담슨(A. Adamson 孫安路)에게 그는 진지한 태도로 물었다.

"우리가 예수를 믿으면 독립할 수 있겠소?"

그 때에 아담슨은 말문이 막혀 한참동안 침묵을 지키다가 대답하기를 "만일 한국사람 100만 명 정도만 예수교를 믿으면 독립은 저절로 될 것이요." 했다. 놀랍게도 조동규는 그날부터 즐기던 술, 담배를 끊고 교인이 될 것을 결심했다. 뿐만 아니라 자기 집안사람들에게도 강권하여 교인이 되게 했고, 당장에 예배당을 세우게 된 것이다.[49]

칠북면 이령리 새말의 김성아(金聖牙)는 남편 金基哲이 아들 하나를 두

---

49 영남교회사편찬위원회, 1987, 『韓國嶺南教會史』, 양서각, p. 141

고 일찍 사망하여 혼자되었다. 그녀는 험난한 세상에서 가족과 재산을 지키기 위해 김해 김씨 종친회 일을 보며 부산의 기독교와 접촉했던 김수업이란 사람을 통해 예수교 장로회 김해읍내교회와 연결되어 1897년 5월부터 새말의 자신의 내실에서 예배를 보기 시작하였다. 1897년 10월 아들 김세민이 교회의 영수가 되었다. 아직 장로회가 성립되기 전이었기 때문이다. 1898년 10월 김세민의 아들 김정오가 유아세례를 받았고, 이듬해인 1899년 교회가 정식으로 설립되었다.[50]

김세민은 인근 낙동강변의 창원군 동면 본포교회, 창녕군 길곡면 오호리 교회, 영산면 영산교회를 설립하고 원근의 교인들과 혼맥을 형성해 갔다. 창원 본포교회는 그의 여동생 김화일이 시집가면서 세워진 교회이며, 딸 김복남은 김해교회를 설립한 배성두의 아들 배동석과 결혼하였고, 아들 김정오는 창녕군 영산교회 金海水와 결혼했다. 또한 1911년에 사립 徹明學校를 설립하여 이곳 자제들에게 신학문 교육을 하였으며, 이런 활동을 배경으로 김세민의 아들 김정오와 곽철환 등이 서울로 유학하게 되었다. 이러한 교회안의 혼맥이 후에 3·1운동으로 연결되었다.

2) 서울시위에 참여한 함안 학생들과 상경 인사들

3·1운동 당시 함안 출신 학생들이 서울에서 공부하고 있었다. 이들은 서울에서 3·1운동에 참여하였으며, 함안 인사들이 서울의 광무황제 국장 참관과, 귀향 후 함안에서 시위운동을 벌인 일과 밀접한 관련을 갖고 있다. 이들이 서울 3·1운동 참여 사항은 다음 [표 9]와 같다.

---

50 한국기독교사연구소, 2000, 『조선예수교회사기』(상), p. 58

[표 9] 서울 3·1운동에 참여한 함안 학생들

본 적	서울 주소	성 명	나이	소 속	처분	비고
경남 함안군 군북면 사촌리 680	경성부 연지동 8 吳鼎烈 방	趙鏞錫	24	경신학교 3년	징역6월에 집행유예3년	자5, 63, 96
함안군 함안면 봉성동 391	경성부계동 47-1 成世麟 방	韓鍾建	18	중앙학교 2년	징역6월에 집행유예3년	자5, 64, 90
경남 칠북면 이령리 453	경성 화천정 126 吳翰泳 방	金正悟	22	경성약학교 1년	면소방면	자5, 57

자료 : 독립운동사편찬위원회, 『독립운동사 자료집』 5

이들에 대한 심문조서를 보면 고향 함안 부모, 친지들이 광무황제 국장을 계기로 상경하였다가 학생단 시위가 크게 일어났던 3월 5일 고향으로 돌아가게 되어 배웅하기 위해 남대문 역에 나갔다는 말이 공통적으로 나온다. 칠북면 이령리 출신의 경성약학교 1학년 김정오에게는 2월 28일 아침 어머니 尹嶋伊와[51] 같은 칠북면 사람 郭鍾轍[52]이, 3월 2일에는 부친 金世民이 국장에 참관하기 위해 서울에 왔다. 함안면 봉성동 사람 중앙학교의 한종건에게는 어머니가 왔다.

이때 함안에서는 여러 인사들이 서울로 왔는데 위의 인사들은 다른 함안 사람들고 함께 왔을 가능성이 크다. 함안에서 서울의 국장에 참관하러 온 것으로 파악되는 인사들은 다음과 같다.

---

51 金正悟 심문조서 <국사편찬위원회 편, 『한민족독립운동자료집』17(3·1운동7), pp. 227~228>

52 곽종철(1878~1944)은 칠북면 이령리 185번지 영서마을 사람으로 천석꾼 집안이었다 한다. 3·1운동 이후에도 이령리에 살았으며, 재산관리와 과객접대 등으로 지냈으며, 아들 곽수영이 재산을 팔아 만주로 간 이후 재산이 기울었다 한다(외손녀 조붕례 증언, 2006. 2. 11.). 곽종철이 서울에서 학교에 다녔는지는 확실한 증언이 없다.

(1) 이령리 사람들

김정오의 부친이자 이령리 교회 장로인 김세민은 3월 2일 이령리 주민 13명을 이끌고 광무황제의 국장을 배관하기 위해 상경하였다. 13명은 김세민, 여봉준, 김주현, 윤기선, 황병민, 하갑수, 한세호, 정영실, 김홍찬, 김갑일, 황경수, 김차선, 안수원이며,[53] 칠원면의 정영보도 상경하였다.[54] 이들은 3월 9일 경남 최초의 시위인 칠북면 이령리 시위를 주도하였다.

(2) 함안면 사람들

한문교사 조한휘, 당시 함안면장의 아들 한종순,[55] 한문 교사 이찬영, 조병흠, 조문국, 박건병(강원도 철원출신, 동명학교 교사), 강기수(동명학교 교사), 한관열 등 인사들이 3월 1일 서울에 가서 서울에서 일어난 독립만세 시위와 3월 3일의 국장을 참관하고 3월 5일경 귀향하였다.[56] 이들은 함안면과 군북면 시위를 주도하였다.

3) 세브란스 의전 학생 배동석의 이령리 내방

경성부 화천정 126번지는 오늘날 서울 남대문에서 염천교 가는 길과 의주로가 만나는 교차로 북동 모서리 순화소공원 중간쯤에 있었다. 1919년 당시 화천정 126번지 오한영(吳翰泳) 집은 남대문통 5정목 15번지 세브란스 의학전문학교 학생들 하숙집이었다. 하숙생 김성국(金成國, 29세)은

---

53 이령리 3·1운동 기념비
54 이규석, 1998,『함안 항일독립운동사』, 함안문화원, p. 295
55 함안경찰서 순사부장 大林福夫,「被告人 韓鍾憲 素行調書」, 3형제가 모두 3·1독립운동에 참여하였고, 체포된 2형제 외 장형은 도주 중이라고 되어 있다.
56 이규석, 위 책, pp. 37

경남 부산부 영주동 30번지, 배동석(裵東奭, 29세)은 경남 김해군 김해면 동상동 901번지. 이굉상(李宏祥, 27세)은 경남 창원군 웅동면 마천리 74번지, 김문진(金文珍, 23세)은 경북 대구부 남산정 5번지로, 모두 경상도 학생이었다. 또한 다들 장로교 신자로서, 김성국은 부산 영주동 교회, 배동석은 김해 읍내교회(1898 설립), 이굉상은 창원 마천리교회(1905년 설립)의 예수교 장로파 교회 회원이며, 김문진은 확실히 자료에 나오지는 않지만 대구 남산현 교회 회원일 가능성이 크다.

이들 세브란스 의전 하숙생 4인방은 3·1운동 준비과정에서 민족대표 이갑성의 밀사로서 함경도와 경상도 지방을 다녀오고, 독립선언서를 배포하여 지방에서 시위운동이 일어나게 하는 등 중요한 역할을 했다.

김성국은 2월 25, 26일경 세브란스 병원 사무원으로 있는 민족대표 33인의 한 사람 이갑성에게서 독립선언 계획을 듣고 일본 정부와 조선총독부에 제출할 독립선언서 또는 조선독립청원서에 서명할 민족대표를 확보하기 위해 함경남도 원산으로 가 그곳 북감리교파 예수교 목사 정춘수를 비롯한 원산지역 인사 수명에게서 이름과 날인한 백지를 받아들고 곧바로 서울로 돌아왔다.

2월 27일 김성국은 이갑성과 함께 경운동 천도교월보사 사장 이종일(李鍾一)에게서 독립선언서 약 1천 매를 받아 인사동 승동예배당으로 가져가 각 학교 학생 대표들에게 나누어 주도록 보성전문학교 강기덕(康基德)에게 전달했다.[57]

다른 하숙생 배동석(裵東奭)은 1891년생으로 28세. 김해장로교회 창립자인 배성두[58]의 아들로서 세브란스의학전문학교에 다니고 있었다.

---

57 국사편찬위원회 편, 『한민족독립운동자료집』 16(3·1운동 6), pp. 136
58 배성두는 1894년 외국선교사가 김해 지역에 선교하기 전에 기독교 신앙을 받아들여 김해교회를 세웠다.

위의 함안군 칠북면 이령리 교회는 1897년 김해장로교회에서 전교되었으며, 배동석은 이령교회의 장로 김세민의 첫째 딸이자 조선약학교 학생 김정오의 누나인 金福南과 1913년 9월 20일 결혼하여 김정오와는 처남매부간이였다. 김정오는 3·1운동 후 서울 하숙집을 화천정 126번지 매형의 하숙집으로 옮겼다. 위 김정오의 서울 주소가 그 하숙집이다. 이들의 관계를 그림으로 나타내면 [표 10]과 같다.

배동석은 2월 12일, 2월 24일 음악회를 칭하고 세브란스 연합의학전문학교 구내에서 김원벽, 김형기, 윤자영, 김문진, 한위건 등과 함께 독립운동을 논의한 핵심 학생대표였다.

1919년 2월 23일 민족대표인 장로교의 이갑성은 경남지방 민족대표 추천을 위하여 마산을 방문하여 기독교계 학교인 사립창신학교 교사 임학찬과 상남장로교회 장로 이상소를 만났으나, 선언서에 첨부할 날인을 받지 못하고 돌아왔다. 이갑성은 경남 지역에 연고가 없어 실패했다고 생각하여 2월 24일 마산의 이상소, 임학찬 등을 잘 아는 김해 출신 배동석을 다시 보냈다.

배동석은 60세의 교회 장로인 이상소도 알고 있었고, 임학찬도 김해의 같은 동리 출신 친구로서 잘 아는 사이였다. 배동석은 2월 25일 마산에 도착하여 임학찬이 하숙하고 있는 이상소 집으로 그를 찾았다. 2월 26일 경에는 마산 창신학교로 와서 임학찬을 만나 독립선언서에 날인을 다시 부탁했다. 마산의 인사들은 독립선언서에 날인하기를 거절하고, 독립선언을 하게 되면 마산지역에서도 이에 뒤따르겠다며 독립선언 후 선언서만 전달해 줄 것을 부탁했다.[59]

배동석이 소기의 성과를 얻지 못하고 상경한 후 3월 2일 같은 집 하숙

---

59 국사편찬위원회 편, 『한민족독립운동자료집』 16(3·1운동 6), pp. 137

생인 세브란스 의학전문학생 李宏祥이 서울에서 선언서를 가지고 마산으로 가 임학찬에게 독립선언서를 20~30매를 전달하였다.[60]

배동석은 마산을 방문하는 기회에 이령리 처가에 들러서 자고 다음날 아침 일찍 마산으로 갔으며, 2월 26일은 마산의 임학찬 집에서 묵고 다음날 일을 본 후 다시 이령리 처가에 들러 하루 밤을 지내고 2월 28일 서울로 떠났다. 이때 이령리 처가의 장인이자 교회 지도자인 김세민에게 독립운동 준비 소식을 전하며, 그 일대의 기독교를 통하여 시위운동에 참여할 것을 권유했던 것으로 보인다. 이에 따라 이령리에서는 2월 28일 독립운동을 위한 준비모임이 있었다고 한다.[61]

이와 같이 배동석은 서울에서 학생층의 주요 지도자로서, 그리고 민족대표 진영과 긴밀한 관계 속에서 경남지역 인사들을 독립운동에 참여시키고, 시위운동을 함안을 비롯한 경남지역에 확산시키는 역할을 담당했다.[62] 또한 함안의 3·1운동 추진 인사들이 단순히 국장 배관 차 상경하였다가 3·1운동 발발을 보고 귀향하여 시위운동을 일으킨 것이 아니라, 독

---

60 이후 배동석은 고향인 김해에서 시위운동을 전개하다 3월 30일 체포되어 서울에 압송되었다고 하나(박효생, 『김해교회 백년사 -1894~1994-』, 1998, p. 76) 자료상으로 이 부분은 확인되지 않으며, 심문조서 및 판결문에는 단지 서울 시위와 마산 기독교계 지도자들을 접촉한 부분만 거론되었다. 만일 김해 시위 현장에서 체포되었다면 당연히 김해 시위주도 부분이 주요 조사 및 처벌사항이 되었을 것이다. 그러므로 배동석의 김해시위 부분에 대해서는 앞으로 규명되어야 할 과제이다.

61 김필오씨(함안군 칠북면, 김정오의 동생) 증언(2006. 2. 9, 칠북 자택)

62 배동석은 1919년 11월 6일 경성지방법원에서 징역 1년 형을 받았으나, 이에 불복, 경성복심법원에 공소를 제기했다. 그러나 1920년 4월 27일 기각되고, 서대문 감옥에서 복역하다 고문의 후유증으로 중병(결핵)을 얻었다. 그는 병보석으로 나와 치료 중 1924년 8월 29일 사망하였다. 그의 부인 金福南은 서대문감옥에서 고문으로 눈알이 둘 다 빠지고, 손톱, 발톱이 다 빠져서 나온 남편 배동석을 보고 충격을 받아 정신이상이 되어 다시 친정으로 돌아와야 했고, 일생 자신과 가족들이 고생하였다(김필오씨 증언, 2005. 12. 7 칠북 자택).

립운동 준비단계에서부터 깊이 관여한 배동석에 의해 긴밀하게 연결되어 준비되었다는 점을 확인할 수 있다.

배동석이 이령리를 다녀간 뒤 김세민 장로는 3월 2일 13인의 이령리 주민을 대동하고 광무황제의 국장을 배관하기 위해 상경하였다. 이들은 서울에서 광무황제의 국장 뿐 아니라, 서울시내에서 벌어지고 있었던 독립만세 시위운동을 직접 목격하였다. 일행은 3얼 5일 귀향했고, 김정오는 일행과 별도로 3월 8일 고향으로 돌아왔다.[63]

4) 칠북면 이령리 연개장터 시위

3월 5일 이령리로 돌아온 김세민 등은 이튿날인 3월 6일 29명의 동리 인사들을 모아 이령리 교회에서 만세시위 준비모임을 갖고 3일 뒤인 3월 9일 연개장날에 만세시위를 벌이기로 결정하였다. 또한 준비위원으로 여봉준, 곽성복, 김주현과, 3월 8일 서울에서 귀향하는 김정오를 선임하여 준비를 맡겼다. 이 준비위원은 39명으로 확대되었다.[64]

3월 9일 진행된 이령리는 관할인 칠원 주재소로부터 북쪽으로 약 9km 이상 떨어져 있고, 중간에 몇 겹의 산줄기가 가로놓여 두 지역을 격리하고 있다. 아마도 그런 까닭으로 이령리 만세시위운동은 문헌에 남아 있지 않다. 이령리 주민들은 1976년에 이령지에 3·1운동기념비를 세웠다. 기념비에 새겨진 내용을 통해서 보면 다음과 같다.

3월 9일 정오 연개장터에 많은 군중이 모였다. 대회장인 김세민이 개

---

63 金正悟 심문조서(국사편찬위원회 편, 위 책, pp. 227~228)
64 김두량, 김수감, 이만웅, 여경천, 곽진수, 손학봉, 김금석, 림경환, 엄태경, 김만옥, 김윤석, 김성추, 황출이, 배양전, 박기우, 구제남, 이명이, 황마리아, 이귀애, 김혜림, 이선옥, 김혜숙, 김장덕, 곽성복, 임순우, 엄또일, 윤봉수, 진익이, 김순(기념비 및 이규석, 위 책, p. 30)

회사를 하고, 이어 유관도가 격려 연설을 한 후, 경성약학교 학생 김정오가 선언서를 낭독하였다. 이후 사립경명학교 학생들을 선두로 손에 태극기를 흔들고 독립만세를 외치면서 석양이 질 때까지 동리를 행진했다. 당시 참석한 사람들은 앞의 준비모임에 참석한 39명과 그밖의 36명 명단이 새겨져 있다. 이로 미루어 약 100명 정도가 시위운동에 참여한 것으로 추산된다.

이령리 시위에는 이령리 주민 외에도 대산면 평림리의 권영수, 하기리의 김성근, 안효중, 최말종 등 대산면 하기리 교회와 평림교회 인사들이 연락을 받고 참여하였다.[65] 칠원면에서도 윤사문과 김두량을 통하여 칠원면 주도자 朴敬天, 鄭泳普 등의 인사들과 비밀연락을 통하고 있었다. 당시 이령리는 마산경찰서 칠원 주재소 관할이어서 경찰은 뒤늦게 이 사실을 알고 조사를 벌였다.

　　3월 10일 경부터 함안군(咸安郡) 칠원(漆原) 기독교 신도들은 구마산의 신도와 기맥을 통하고, 장날을 이용하여 소요를 일으키려 하였다.
　　소관 주재소 경찰관은 이를 탐지하고, 주모자로 지목되는 자에 대하여 엄중한 설유를 가한 결과 무사할 수 있었다.[66]

칠원파출소 관할 지역에서 구마산의 신도와 기맥을 통하고 있었던 기독교 신도들은 배동석을 통한 이령리교회 신자들로 밖에 볼 수 없었다. 이령리 교회 신자들이 마산교회 인사들과 연락차 내방한 배동석에 의해 3·1운동에 깊이 연결되어 시위운동이 일어났다. 경찰은 이 시위를 하루 늦은 3월 10일로 파악하였다.[67]

---

65 이규석, 위 책, p. 308
66 조선헌병대사령부, 위 책, p. 608

이렇게 서울의 3·1운동 중심부와 밀접하게 관계된 가운데 시작된 함안군 칠북면 이령리의 첫 시위는 소규모의 조용한 시위로 끝났으나, 이후 3월 12일과 17일 대산면 평림장터 시위, 3월 18일 칠서면 이룡리 시위 등 함안 군내 각지에서 연쇄적으로 시위운동이 발발하여 3월 19일 함안 읍내, 3월 20일 군북시위에 이르게 된다.

[표 10] 칠북, 칠원지역시위 관계망

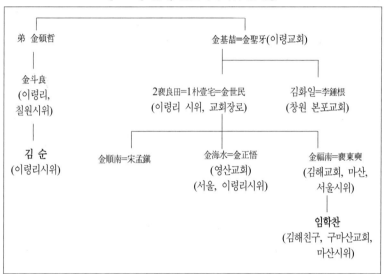

5) 함안면 읍내 시위

한문교사 조한휘 등 함안면 인사들은 앞에서 언급한 것과 같이 경성의 국장에 참관하고 3월 5일경 귀향하였다.[68] 이들은 함안면 봉성동의 곽종한, 한종순의 아우 한종헌(부산상업학교 2년생), 검암리의 이희석(여항면의 동명학교 교사), 여항면의 박노일 등과 독립만세 시위운동을 계획했다. 날짜는 3월 19일 함안 읍내 장날로 하고, 서울에서 가져온 독립선언서를 축약하여 독립선언서를 만들었으며, 태극기를 제작하였다. 또한 각지로 사람들을 파견하여 군중을 모으게 하였다.[69]

3월 19일 오후 1시경 지휘부는 비봉산에서 고천제를 올렸다. 오후 2시 동명학교 교사 이희석의 신호로 군중들이 일제히 읍내 중심인 봉성리에 모여들었다. 대산면 산서리 사는 안치호는 3·1운동 이전에도 여러 차례 일제에 항의와 항거를 하며 옥고를 치른 지사였는데, 함안 읍내 독립운동 소식을 듣고 미리 만들어 둔 태극기와 대한독립기를 휴대하고 약 40리 (16km) 거리의 함안 읍내까지 달려왔다. 그는 시장에 모여든 군중에 앞장서 시위운동을 격려하다가 주재소로 연행되었다. 축약된 독립선언서가 군중들에게 배부되고, 태극기가 태평루에 내걸렸다. 이희석이 독립선언문을 낭독하였다. 이후 3천여 군중이 태극기를 흔들고 대한독립만세를 소리높이 외치며 읍내를 행진했다. 시위대는 함안 경찰관 주재소로 쇄도해 갔다.

한편 함안군 내에서 시위운동이 연속해서 일어나자 마산경찰서에서 전날부터 함안에 출동하여 경계를 펴고 있었다. 시위가 시작되자 마산경찰서장 기타무라(北村)와 함안읍내 주재 순사들이 오만하게 시위를 진압

---

68 이규석, 위 책, pp. 37
69 마산경찰서장 北村晴 ア 쯅의 신문조서, 재판장의 심문조서, 안지호 판결문, 이규석의 위의 책 등을 참고하여 정리함

하였다. 군중들은 격분했다. 도끼와 몽둥이를 들고 나오고, 돌을 던지면서 주재소를 6차례에 걸쳐 습격했다. 군청, 우편소에도 밀고 들어가 기물과 집기를 파손하였다. 군중들이 세번째로 주재소로 밀고 들어갔을 때 도끼로 주재소 유치장과 판자벽을 부수고 수감되어 있던 안지호를 구출해 내었다. 탈출한 안지호는 피신하지 않고 다시 큰 태극기를 흔들며 시위군중을 지휘하였다.[70]

군중들은 오오바야시(大林) 순사부장 사택으로 쳐들어가 현관문과 안방의 미닫이 등을 파괴하고, 순사부장을 구타했다. 군중은 다시 기타무라 (北村) 마산경찰서장을 구타하면서 "함안군민이 독립만세를 불렀다는 사실증명서를 작성하라."고 요구하였다. 그 와중에서도 순사부장은 뒷날 검거를 위해 시위대 60여 명의 옷에 몰래 먹물을 묻혀 가담자를 표시하였다.

시위대는 다시 함안군청에 몰려가서 투석하고 정문과 사무실 출입문과 창문 유리등을 파괴하고 오오바야시(大林) 순사부장 집으로 피신한 함안군수 민인호를 찾아내어 독립만세를 부르도록 요구하였다. 시위대는 부산지방법원 함안출장소도 돌을 던지고 문짝과 간판을 파괴하였다. 함안공립보통학교, 함안우체국, 함안공립심상소학교 등도 차례로 몰려가 기물과 유리창, 판자벽 등을 파괴하였다.

조선헌병대사령부는 함안읍내 시위의 공세성에 대해 다음과 같이 보고하였다.

다음 19일에는 읍내에서 약 2천의 폭민이 경찰관 주재소에 쇄도하여 주재소 내에 뛰어 들었다. 그리고 마침 마산(馬山)으로부터 출장 중에 있던 경찰서장과 이 곳 주재소 순사 부장을 구타 또는 발로 차는 등 폭행·모욕하였으며, 또 주재소의 기물·건물을 파괴하고 서류를 파

---

70 「부산지방법원 마산지청 판결문」, 이규석, 위 책, p. 40

기하는 등 난폭·낭자를 감행하였다.

그리고 군수를 협박하고 또 구타하여 광폭을 계속하였으나, 마산 중포병대(重砲兵隊)의 응원을 얻어 즉시 해산시켰다. 이것이 본도에 있어서의 악성 소요로서, 그 정도 또한 전반을 통하여 가장 심했다.[71]

시위대의 기세는 경찰력을 압도했다. 함안주재소 순사들과 지원 출동한 마산경찰서 경찰력으로도 시위대를 '진압'할 수 없었다. 일경은 군 병력 지원을 요청하였다. 마산중포병대 병력 21명이 급파되었다. 시위대는 군병력 출동을 보자 다음을 기약하며 해산하였다.

경상남도 경찰부의 한 보고는 함안 읍내 시위를 예를 들면서 함안군의 시위운동이 경상남도내에서 가장 공세적인 시위운동이었으며, 그런 시위 양상이 일제 당국에 얼마나 위협적이었는가를 다음과 같이 말하였다.

일례를 들면, 3월 19일 함안군(咸安郡) 읍내에 있어서의 소요와 같이, 소관 마산(馬山) 서장은 그것의 형세가 불온하므로 이의 경계를 위해 그 곳에 출장하여 부하를 지휘하면서 경계하던 중, 동일 오후 2시 경 약 2천 의 군중이 주재소로 몰려들었다.

이에 대하여 서장은 끝까지 온화 수단에 의하여 해산시키려고 간곡한 유시(諭示)에 힘썼으나, 그들은 더욱 더 기승하여 서장 및 주재소 수석 순사를 붙잡아 우리들과 함께 독립만세를 불렀다고 하는 증명서를 내놓으라고 강요하였다.[72] 더욱이 구타를 하고, 마침내는 주재

---

71 조선헌병대사령부, 1973, 「조선소요사건상황」, 독립운동사편찬위원회, 『獨立運動史資料集』 6, p. 554
72 이 증명서가 '순사들이 시위대와 함께 만세를 불렀다는 증명서인가' 하는 문제에 대해 함안 시위 참여자 「韓鍾憲 판결문」에는 함안시위대가 "北村 경찰서장을 구타하고 본일 함안인민이 독립만세를 불렀다는 증명서를 작성하여 줄 것을 强請하였고," 라고 되어 있고, 「安知鏑 등 11인 판결문」에는 "또한 서장과 나(大林福夫)에 대하여 '금일 선인이 독립만세를 불렀다는 것을 증명서로 쓰기를 强請하였으

소 기타 관공아(官公衙)까지 파괴하고, 또는 기물을 훼기(毁棄)하는 따위의 광태를 부렸다.

이날 오후 마산 중포병(重砲兵) 대대로부터 포병이 자동차로 급히 원조하러 온 모습을 보자, 이의 위력을 두려워하여 즉시 해산하였다.[73]

그러나 함안군의 만세시위는 이로써 끝난 것이 아니었다. 다음날 군북 시위로 이어져갔다.

6) 군북면 시위

함안면 시위 주도자 조병흠, 조문국, 한관열 등이 광무황제 국장 배관차 경성에 갔을 때 군북면 인사들도 함께 상경하였다고 하는데 명단은 확인되지 않는다. 함안시위 주도자들이 3월 5일 귀향하여 바로 협의하여 3월 19일 함안장날 시위운동을 결정하자, 그 자리에 있었던 이희석은 평소 친분이 있는 군북면 사촌리의 조상규를 앞세워 군북면 사촌리 조용대의 사랑채로 갔다. 조용대의 사랑채에 조상규, 조경식, 조주규, 조석규, 조형규, 조용섭, 조용규 등이 모여 있었다. 이희석은 그들에게 3월 19일의 함안시위에 참석할 것을 요청했다. 일동은 함안시위 후 그 다음날인 3월 20일 군북에서도 시위운동을 벌일 것을 결의하였다.

조상규 등 군북면 인사들은 각 면리 별로 서원 학교, 친인척에게 연락하고, 동리별 동원책임자가 선정되었다.[74]

동리 책임자들은 3월 10일 군북 장날, 해질 무렵 백이산 서산서당에

며" 라고 하고 있는 것을 보면 함안 주민의 만세시위 확인서를 요구했다고 보아야 할 것이다.

73 위 책, p. 651

74 위와 같음

모여 거사계획을 구체화시켰다. 거사 당일은 3월 20일 장날 정오로 하고, 장소는 군북 장터로 하였다. 태극기와 독립선언서는 서산서당과 여항산 원효암에서 제작하기로 하였다.

서울에서 가져온 독립선언서가 장문이고 내용도 어려워 조주규, 조상규, 조용대, 조용규, 조경식, 조동규, 조석규, 조성규 등이 서산서당에 모여서 이를 쉽게 고쳐 다시 제작하였다. 태극기는 신창야학교 등사기를 이용하여 등사하였다. 채색은 원효암 의상대에서 붉고 푸른 물감으로 완성하여 산대 가지를 잘라 깃대를 만들었다.

이들은 한문강학을 칭하고 서산서당에 모였고, 원효암 의상대에 모일 때는 나무꾼으로 가장했다. 한지 조달, 태극기 제작조에 식량 조달, 경찰과 밀정의 경계 등이 분담되었다. 이렇게 완벽한 책임분담과 단결력으로 준비작업을 진행했다.

서산서당과 원효암에서 제작된 태극기와 새로 제작된 선언서 전단은 나무지게와 장보따리에 숨겨 군북장터로 옮겼다.[75]

3월 18일까지 준비를 마친 군북 인사들은 3월 19일 함안 읍내 시위운동에 참여하였다. 함안에서 검거가 시작되자 군북 인사들은 다음날 시위를 위해 군북으로 철수하였다.

3월 20일 군북 시위운동은 전날의 함안읍내 시위로 일제의 감시가 심해지자 두 단계로 나누어 진행했다. 제1단계는 오전 9시 조상규 등이 군북면 동촌리 신창야학교 교정에서 학생 50여 명과 함께 독립선언서를 낭독하고 대한독립만세를 불렀다. 이를 탐지한 진해만 중포병대대 특무조장 이하 16명이 출동했다.[76]

---

75 李圭奭, 1998, 위 책, pp. 62~63
76 金正明, 1967, 『朝鮮獨立運動』1(民族主義運動篇), pp. 398~399

제2단계로 시위 주도자들은 12시쯤 군북 장터로 갔다. 군북장터에는 장꾼과 장꾼으로 가장한 군중들이 밀려들었다. 예상보다 훨씬 많은 사람들이 모여들어 군북 장터가 비좁았다. 부득이 장소를 인근 군북냇가로 변경했다. 태극기와 독립선언서 전단이 배포되었다. 1시 정각이 되자 조상규가 둑 위에 올라서서 독립선언서를 낭독했다. 조용규가 대한독립만세를 선창하자 만세 함성이 백이산에 메아리쳤다.[77]

시위대는 대열을 지어 독립만세를 외치며 신창, 소포, 덕대, 안도를 행진하며 순회하였다. 상인과 장꾼들도 철시하고 합류하였으며, 밭을 매던 농부와 아낙네까지 합류하여 시위대는 5천 명으로 늘어났다.

일본 진해만 중포병대대 특무조장 泰間喜治郎 이하 16명이 출동하여 경계에 들어갔고, 군경과 몸싸움이 벌어졌다. 진압 군병이 공포를 쏘았다. 총소리에 순간 군중이 흩어졌으나 공포임을 알고 다시 모여들었다. 오후 2시 쯤 시위대는 군북면사무소와 군북 주재소를 포위하여 전날 함안읍내 시위 구금자 석방을 요구하였다.

시위대가 주재소로 돌진하자 일본 군경은 소방차로 검은 물감을 무차별적으로 뿌렸다. 군중들은 격분하여 도로와 군북천변 돌을 주워 던지며 대항했다. 군경은 20여 발의 경고사격을 가하였다.

군중들이 놀라 흩어지려 하자 대형 태극기를 든 조용규가 "헛총이다. 물러서지 마라!" 하고 외쳤다. 물러서던 군중들이 다시 돌아서 주재소로 향하여 돌을 던지며 성난 파도처럼 주재로 밀고 나아갔다. 일본 군경의 총구가 일제히 불을 뿜었다. 주도자를 비롯한 40여 명이 피를 흘리며 쓰러졌다. 김삼도, 김우곤, 나수범, 박상엽, 박원개, 박주범, 박학숙, 송문호,

---

77 日本陸軍省, 1919, 「1919.3.19 경상남도 함안군 군북 소요 진압상황」, 『陸海軍省文書』

이경민, 이경흠, 이원필, 이재형, 조성기, 조성술, 조용규, 조용대, 조용섭, 조용태, 조주규, 조호진 등 20여명이 현장에서 순국하였다.[78]

그날 오후 5시 10분 조선헌병대사령관 고지마 소우지로(兒島惣次郞)는 일본의 육군대신 앞으로 다음과 같이 전문을 보냈다.

> 20일 함안 군북에 폭민 3000이 경찰관주재소 우편서를 습격하므로 진해만 중포병과 협력 하여 발포하여 해산시켰는데 순사 1, 포병 3이 부상하고 폭민에 사망이 16, 부상이 3[79]

그러나 9일 후 조선군사령관의 보고서(3. 29)에는 현장에 중상자 3명, 사망자 21명이며, 추가 조사 결과 조선인 사망자는 남자 21명, 여자 1명이고, 부상자 남자 17명, 여자 1명이었으며, 일본인 1명도 유탄에 사망하였고 군경 12명이 경상을 당했다고 정정하였다. 일제는 진압에 실탄 60발을 사용했다고 보고했다. 사망자 23명(일본인 1인 포함)과 부상 17명이었다면 거의 조준 사격했다는 것을 알 수 있다.

4. 맺음말

3·1운동은 시작부터 지도부 공백 상태에서 시작되었다. 일제의 폭압적인 무단체제 하에 이 운동이 어떻게 전개될 것인지, 어느 정도 전개될 수 있을 것인지 어떤 전망도 허용하지 않는 미지의 안개 속에서 3·1운동이 굴러가기 시작되었다. 3월 1일과 3월 5일의 대규모 만세시위 이후 3월

---

78 李圭奭, 1998, 위 책, p. 63
79 국회도서관, 1977, 『한민족독립운동사료』 기 1, p. 60

10일 휴교령으로 각급 학교가 휴교에 들어갔다. 서울 시내에서는 산발적인 만세시위가 계속되고 있었지만, 더 이상 대규모 시위를 기대할 수 없다는 것이 점차 명확해졌다. 3월 10일경부터 3월 20일경 사이 10여 일은 전국적으로 독립만세 시위운동이 소강상태를 보였다.

1919년 3월 12일 문일평(文一平)과 안동교회 김백원 목사, 승동교회 차상진(車相晉) 목사, 조형균(趙衡均)·문성호(文成鎬)·김극선(金極善)·백관형(白觀亨) 지방 유생들이 보신각 앞에서 「12인등의 장서」[80]를 발표하였다. 그 문서의 이면에는 어렵게 시작된 3·1독립운동이 '이러다 정말 가물가물 꺼져버리는 것은 아닌가'하는 조바심, 초조함이 담겨 있었다. 「12인 장서」는 꺼져가는 독립운동을 다시 한 번 재점화하기 위해 제2의 독립선언을 의도한 것이었다.

경남 창녕군 영산의 23인 청년 결사대의 만세시위는 그 다음날 일어났다. 영산 청년들은 "朝鮮民族代表 33人의 獨立宣言書에 依하여 朝鮮開國 4252年 3月 13日에 靈山地方 代表…"하며 그들 자신을 영산지방 대표로 자임하면서 중앙의 독립만세시위 '규범'에 따라 독립선언서를 낭독하고 시위를 벌였다. 군중들의 급진적 경향으로 치달으려 하자 애써 자제시키면서 평화적으로 시위를 이끌었다. 초기에는 "독립선언" 그 자체만으로도 목숨을 거는 일이었기에 결사대를 조직하고, 서약서에 날인하며 결의를 다져야 했고, 극히 제한된 전망만 갖고 행동으로 나아갔다.

일단 시위운동이 시작되자 그들은 시위를 인근 창녕과 남지로 확산하고자 했다. 그들의 청년들의 시위가 주도자들의 체포와 구금으로 더 이상 지속할 수 없게 되었을 때 보통학교 재학생들이 후속 시위를 이어갔다. 그들은 독립운동을 훼방하는 일인의 집을 습격하는 등 자체 동력에 의해

---

80 「애원서」라는 제목으로도 알려져 있다.

시위의 성격을 공세적으로 발전시켜 갔다.

함안군에서는 3월 9일 칠북면 이령리 연개장터 만세시위에서부터 3월 19일 함안 읍내, 3월 20일 군북시위와 4월 3일 칠원면 시위까지 연쇄반응적으로 이어졌다. 또한 한 시위에 참여한 사람들이 뒤의 시위를 주도하고, 다른 지역에 시위를 확산시키고 양상을 강화하였다. 각 시위들은 어느 동리, 어느 면의 고립적인 단독 시위가 아니라 동리와 동리, 면과 면이 상호 연대하여 추진하였다. 여기에는 이 지역에 유교적 문화전통과 종족마을의 발달, 한말 위기의식 속에서 급속하게 전파된 교육구국운동과 기독교 등을 통한 유대의식과 연결망이 바탕에 있었다. 이러한 향촌 공동체적 유대와 동원력이 폭압적인 일제 지배 권력에 대한 막강한 대응력으로서 일시적으로 일제 식민지 관권을 무력화시키기까지 하였다. 그러나 함안군의 시위운동 단계에서는 경기도 안성군 원곡·양성면 시위나 수원군(현 화성시) 장안·우정면 시위, 평남 맹산 등에서 보여주는 바와 같이 일제 식민지 지배의 철폐를 요구하는 단계까지는 나아가지 못하였다. 그런 점에서 경남 중부지역 창녕군 영산면과 함안지역 만세시위는 독립요구 의사표명 시위로부터 출발하여 점차 '독립전쟁'으로 나아가는 중간단계의 성격을 보여 주었다. 그 단적인 에피소드가 3월 19일 함안 읍내 시위에서 시위대가 마산경찰서의 증원병력까지도 무력화시키며 면사무소를 6차례나 압박하는 공세적인 시위를 전개하면서도 마산경찰서장에서 그들이 독립운동을 전개했다는 확인서를 써 줄 것을 요구했다는 데서 볼 수 있다.

주제어 : 3·1운동, 만세시위, 창녕, 영산, 마산, 칠북, 함안, 군북, 구중회, 배동석, 안지호, 평화시위, 폭력시위, 공세적 만세시위, 독립전쟁

경북지역 3·1운동의 전개 양상과 특징
- 영덕과 안동의 격정적 시위지역을 중심으로 -

심 상 훈(한국국학진흥원 국학정보센터장)

1. 머리말

1910년대는 한국독립운동사에 있어서 암흑기이자 새로운 활로를 모색하던 시기였다. 국권상실이라는 상황으로 국내에서 항일운동을 전개하던 많은 인사들이 망명이라는 길을 선택했으며, 독립운동 기지건설을 위해 분주하게 움직이기 시작하였다. 많은 독립운동가들이 망명하면서 국내 독립운동은 공백기로 접어들게 되었고, 이 공백기를 깨뜨린 중요한 사건이 발생하게 된다. 그것이 바로 3·1운동이다.

3·1운동은 세계 제국주의 열강에 맞서 일어난 식민지 해방운동의 선두에 섰다. 3·1운동 직후에 일어난 4월 인도 마하트마 간디 주도하의 비폭력·비협조운동, 5월 중국에서 터진 5·4운동, 그해 여름에 일어난 베트남 독립운동, 필리핀 마닐라 대학생과 이집트 카이로 대학생들의 독립운동 등을 보면 그 흐름을 이해할 수 있다. 다시 말하자면, 제1차 세계대전을 마무리 짓는 단계에서 터져 나온 세계 식민지 해방운동의 선두에 바로 3·1운동이 있었다는 말이다. 제국주의가 식민지 쟁탈전을 벌이면서 성난 파도처럼 세계를 집어삼키던 그 시기에 3·1운동이 이를 비판하고 막아서는 흐름의 선두권에 속하는 세계적인 사건이었다.[1]

3·1운동은 한말부터 이어져 온 국권회복운동과 독립운동의 방략이 하나로 통합되어가는 계기를 마련한 운동이었다. 따라서 이 운동에 대해서는 그 이듬해 박은식(朴殷植)에 의해 『한국독립운동지혈사(韓國獨立運動之血史)』(1920)로 정리되면서, 내외국인에 의해 질적·양적으로 상당한 연구 성과가 축적되었다. 하지만 3·1운동에 대한 연구는 주로 그 준비과정이나 중앙의 민족대표와 교계의 움직임, 운동의 이념 등을 중심으로 이루어져 왔다.

3·1운동의 지방 확산에 대한 연구는 1970년대 조동걸(趙東杰)의 강원도 사례연구가 나오면서부터 본격화되었다.[2] 이후 도(道)단위 혹은 군(郡)단위로 많은 사례연구가 발표되어 이 분야의 연구 성과를 한 단계 축적시

---

1 3·1운동의 세계사적 의의와 평가는 안동대학교 안동문화연구소의 『경북독립운동사Ⅲ-3·1운동』(2013, 경상북도), 15~31쪽 참조

2 趙東杰, 1970, 「三·一運動의 地方史的 性格-江原道 地方을 中心으로」 『歷史學報』 47 ; 1971, 「춘천의 3·1운동과 그 성격」 『碩友』 7. 이 논문들은 조동걸이 집필한 『韓國近代史의 試鍊과 反省』과 『韓國民族主義의 成立과 獨立運動史 研究』에 각각 수정·보완하여 수록되었다.

키는 계기를 마련하였다. 특히 국사편찬위원회와 독립운동사편찬위원회에서 각 지방의 3·1운동을 개략적으로 정리하면서 연구의 기초적 자료를 제공하였다.[3] 도(道)단위를 대상한 경우는 이지원(경기), 정연태(경남), 박준익·김진호(충남), 김진봉(호서), 황부연(충북), 김남수(전북), 박찬승·박이준(전남), 이윤상(평안도), 송광배(제주) 등의 연구가 있다.[4] 군(郡)단위 연구로는 이정은(안성, 합천, 창녕, 화성), 김용달(포천), 홍석창(화성), 조병찬·노천호(수원), 정명진(공주), 김진호(청양), 이철휘(양양), 이종철(강릉), 이균영(순천) 등이 대표적인 것이다.[5] 각 지역 3·1운동의 실상을 밝

3 국사편찬위원회, 1988,『한민족독립운동』3 ; 독립운동사편찬위원회, 1983,『독립운동사』3, 고려서림

4 김남수, 1988,「전북지방의 3·1운동에 대한 연구」, 고려대학교 교육대학원 석사학위논문. 김진봉, 1987,「호서지방 3·1운동의 성격」『한국독립운동사연구』1, 독립기념관 한국독립운동사연구소. 김진호, 2001,「충남지방 3·1운동 연구」, 충남대학교 박사학위논문. 목포대학교 역사학부, 1988,『3·1운동 80주년기념 전남지방의 3·1운동』, 전라남도. 박이준, 2001,「전남지방 3·1운동의 성격」『국사관논총』96, 국사편찬위원회. 박준익, 1985,「충남지방 3·1운동-지방적 특성을 중심으로」, 공주사대 교육대학원 석사학위논문. 박찬승, 1995,「전남지방 3·1운동과 광주학생독립운동」『전남사학』9, 전남사학회. 송광배, 1985,「제주지방 3·1운동과 그 후의 항일운동」, 국민대학교 교육대학원 석사학위논문. 이윤상, 1989,「평안도지방의 3·1운동」『3·1 민족해방운동 연구』, 청년사. 이지원, 1989,「경기도 지방의 3·1운동」『3·1 민족해방운동 연구』, 청년사. 정연태, 1989,「경남지방의 3·1운동」『3·1 민족해방운동 연구』, 청년사. 황부연, 1987,「충북지방의 3·1운동」『충북사학』1, 충북사학회. 이창건, 1999,「3·1運動의 地域別 主導勢力 硏究」, 대구효성가톨릭대학원 박사학위논문

5 김용달, 1991,「포천의 3·1운동」『포천지역의 독립운동사』, 포천문화원. 김진호, 2000,「청양지역의 3·1운동」『忠南史學』12, 충남사학회. 노천호, 1987,「수원지방 3·1운동 연구」, 단국대학교 대학원 석사학위논문. 이균영, 1988,「順天의 3·1만세운동」『同大史學』2, 동덕여자대학교 국사학과. 이정은, 1987,「안성군 원곡·양성의 3·1운동」『한국독립운동사연구』1, 한국독립운동사연구소 ; 1988,「창녕군 영산의 3·1운동」『한국독립운동사연구』2, 한국독립운동사연구소 ; 1989,「경남

히는 것은 3·1운동을 보다 심층적으로 이해하는 데 반드시 필요한 작업

이다. 지역의 3·1운동에 대한 관심은 경북지역 만세운동연구로 이어졌고,

이 지역 만세운동의 성격을 어느 정도 밝히는 데 기여하였다. 안동대학교

안동문화연구소에서 간행한 『경북독립운동사Ⅲ』에 따르면 경북지역의

3·1운동은 3~5월에 걸쳐 22개 부·군(府·郡)에서 90회 이상의 시위가 펼쳐

진 것으로 정리되어 있다. 즉, 도내 전지역에서 만세시위운동이 전개되었

음을 의미하는데, 이러한 양상에 비추어 볼 때 아직까지 경북지역 만세운

동의 연구 성과는 부족한 편이다. 지금까지 발표된 연구 성과를 정리해

보면 대략 약 20편 정도의 논문과 지역 독립운동사를 정리한 단행본에

수록된 경우가 대부분이며, 그것도 지역적으로 편차가 있다.[6] 경북지역

합천의 3·1운동」『한국독립운동사연구』3, 한국독립운동사연구소 ; 1991, 「3·1운
동의 지방 확산 배경과 성격」『한국독립운동사연구』5, 한국독립운동사연구소 ;
1995, 「화성군 우정면·장안면 3·1운동」『한국독립운동사연구』9, 한국독립운동사
연구소 ; 2006, 「3·1운동의 지방시위에 관한 연구」, 서울대학교 박사학위논문. 李
喆輝, 1992, 「襄陽地方 3·1萬歲運動의 硏究」『嶺東文化』4, 관동대 영동문화연
구소. 李鐘哲, 1994 「日帝時代 江陵地方 抗日運動 硏究」『嶺東文化』5, 關東大
學校 嶺東文化硏究所. 鄭明鎭, 1991, 「公州面 3·1獨立萬歲事件의 顚末」『熊
津文化』2·3, 공주향토문화연구회. 조병찬, 1972, 「수원지방을 중심으로 한 3·1운
동」, 단국대학교 대학원 석사학위논문. 洪錫昌, 1992, 「水原 華城地方의 3·1運動
史」(上)『기전문화』10, 畿甸鄕土文化硏究會

6 지금까지 연구된 대구·경북지역 3·1운동의 논문은 다음과 같다. 권대웅, 1992, 「청도
군 운문면 3·1독립운동」『(西巖조항래교수화갑기념논총) 韓國史學論叢』, 아세아
문화사 ; 2000, 「한말, 일제초기 청도지역의 민족운동과 주도세력의 성격」『민족
문화논총』21, 영남대학교 민족문화연구소 ; 2008, 「청도군의 3·1운동」『한국민
족운동사연구』54, 한국민족운동사학회. 권영배, 1997, 「대구지역 3·1운동의 전개
와 주도층」『조선사연구』6, 조선사연구회 ; 2000, 「안동유림의 3·1운동과 파리장
서운동」『대동문화연구』36, 성균관대학교 대동문화연구원. 김원석, 1994, 「안동
의 3·1운동」, 안동대학교 대학원석사논문 ; 1994, 「안동지역 3·1운동의 성격」『안
동문화』15, 안동대학교 안동문화연구소 ; 2002, 「의성 3·1운동 시위 주도세력의
성격」『안동사학』7, 안동사학회. 김도형, 1987, 「한말 일제 초기 경북지방의 민족

만세운동의 연구 성과를 지역별로 나누어 보면, 대구의 만세운동을 정리한 글이 3편, 안동 6편, 영덕 2편, 영양 1편, 봉화 1편, 의성 2편, 영주 3편, 예천 1편, 청송 1편, 김천 1편, 청도 2편 그리고 경북지역을 총체적으로 정리한 경우가 2편이다.

이 글은 경북에서 전개된 만세운동 가운데 가장 격정적인 시위 양상을 보인 영덕과 안동지역의 3·1운동을 정리한 것이다. 그중에서도 일제 식민통치기관에 대한 저항적인 모습을 보인 곳, 그리고 종교적인 색채를 지양하고 연합세력을 형성하여 만세운동을 주도한 곳에 대한 전개 양상을 중

운동」『지방사회와 민족운동』, 한길사. 김의환, 1973,「대구 3·1운동의 고찰」『대구사학』 7·8집, 대구사학회. 김일수, 1997,「일제강점기 경북 예천지역 민족운동」『계명사학』 8, 계명사학회. 김희곤, 2005,「김천지역의 3·1운동」『안동사학』 9·10, 안동사학회. 박연수, 1990,「경북지방의 3·1운동」, 계명대학교 교육대학원 석사학위논문. 박창식, 1992,「3·1運動時 嶺南地方의 基督敎 獨立運動에 관한 考察」, 慶星大 敎育大學院 석사학위논문. 심상훈, 2002,「영덕지역 3·1운동의 성격」『안동사학』 7, 안동사학회 ; 2009,「대구경북지역 3.1운동의 연구 성과와 전망」『안동사학』 14, 안동사학회. 李邦雄, 1983,「경북지방 3·1운동에 대한 연구」, 계명대학교 교육대학원 석사학위논문. 이원균, 1980,「삼일운동 당시 영남유림의 활동」『부대사학』 4, 부산대학교사학회. 이윤갑, 2006,「대구지역의 한말 일제초기 사회변동과 3·1운동」『계명사학』 17, 계명사학회. 최영철, 2003,「영주지역의 3·1운동」『안동사학』 7, 안동사학회. 최진숙, 1998,「慶北地域에서의 基督敎 傳播와 3·1運動」, 계명대 교육대학원 석사학위논문. 이외에도 지역독립운동을 정리하면서 3·1운동을 다룬 대표적인 저서는 다음과 같다. 김의환, 1971,『영남 삼일운동사연구』, 독립운동사편찬위원회. 김희곤, 1999,『안동의 독립운동사』, 안동시 ; 2007,『안동사람들의 항일투쟁』, 지식산업사. 김희곤 외, 2002,『의성의 독립운동사』, 의성군 ; 2003,『영덕의 독립운동사』, 영덕군 ; 2004,『청송의 독립운동사』, 청송군 ; 2006,『영양의 독립운동사』, 영양문화원 ; 2007,『봉화의 독립운동사』, 봉화군 ; 2009,『문경의 의병과 독립운동사 연구』, 문경문화원 ; 2011,『울진의 독립운동사』, 울진문화원. 김일수 외, 2006,『영주독립운동사』, 영주시. 권대웅 외, 2010,『청도의 독립운동사』, 청도군. 조인호 외, 2013,『영천의 독립운동사』, 영천항일독립운동선양사업회. 안동대학교 안동문화연구소, 2013,『경북독립운동사Ⅲ-3·1운동』, 경상북도

심으로 정리하였다. 이 지역의 만세운동은 다른 지역과 견주어 볼 때 당연히 보편성과 특수성을 지니고 있다. 전체로 보면 대체로 비슷하지만, 구체적으로 뜯어 보면 지역마다 조금씩 차이를 보인다. 이는 그 지역의 역사와 문화의 차이에서 그 원인을 찾을 수 있다. 이 지역의 만세운동을 이해하기 위해서 먼저 경북지역 만세운동의 전개 양상과 특징을 알아보고, 영덕과 안동의 만세운동 전개 양상과 주도세력의 특징, 그리고 두 지역 만세운동의 공통점을 정리하고자 한다.

2. 경북지역 3·1운동의 전개 양상과 특징

3·1운동은 1919년 3월 1일 서울에서 시작되어 각 지역으로 확산된 뒤 약 3개월 동안 전국적으로 펼쳐졌다. 대구를 비롯한 경북에서도 3·1운동이 격렬하게 펼쳐졌는데, 두가지 경로를 통해 만세운동이 발화되었다.[7] 하나는 서울에서 3·1운동을 기획하던 인물들이 독립선언서를 보내온 것이고, 다른 하나는 서울에서 시위 대열을 눈으로 본 뒤 선언서와 태극기를 손에 넣고 고향으로 돌아와 그 소식을 전하면서 계기를 만든 경우였다. 대구 만세운동은 앞의 경우이고, 경북 북부와 동해안 등 나머지 지역은 대개 뒤의 경우였다. 대구 주변에서는 이곳 만세운동에 참가한 인물이 고향을 찾으면서 계기를 만들었고, 대구에서 먼 곳은 오히려 서울에서 돌아온 사람으로부터 계기를 찾은 것이 일반적인 현상이었다. 이런 경우에도 유림들은 전통적으로 황제의 장례에 참석하는 봉도단으로 서울에 갔

---

7 경상북도 각 시·군에서 전개된 3·1운동에 대해서는 안동대학교 안동문화연구소에 간행한 『경북독립운동사Ⅲ-3·1운동』(2013, 경상북도) 참조

다가 만세운동 소식을 갖고 돌아왔고, 기독교인들은 신학을 배우기 위해 상경하거나 평양으로 가다가 시위를 보고 돌아온 경우가 많았다.

경북의 3·1운동은 3월 8일 대구 만세운동 이후 5월 7일 청도군 매전면 구촌동 만세운동에 이르기까지 꼬박 두 달 동안 80곳이 넘는 지역에서 80회 넘게 일어났으며, 총 3만여 명이 참가하였다. 경북지역에서 가장 먼저 일어났던 대구 만세운동은 일본 군경의 특별경계 속에서도 기독교계 인사들과 학생들을 중심으로 추진되었다. 그 결과 3월 8일 대구 서문시장에서 약 1,000명의 군중이 만세운동을 일으켰다. 그 뒤 경북 곳곳으로 확산되었다.

경북지역에서 일어난 3·1운동은 봉기의 빈도를 보면 발단기와 절정기, 그리고 종결기 등 세 시기로 구분해 볼 수 있다. 첫 발단은 3월 8일과 10일 대구에서 시작된 시위였고, 11일에 영일군 포항면, 12일에 의성군 비안면과 선산군 인동면에서 일어나면서 확산 조짐을 보였다. 그러다가 폭발적으로 확산된 것은 3월 16일 이후이며, 27일까지 절정기에 해당한다. 28일부터 만세운동은 잦아들었고, 그러다가 4월 6일부터 9일까지 반짝 강세를 보이다가 4월 15일까지 간간이 이어졌다. 그 뒤로는 완전히 꺼졌던 불이 4월 26일과 5월 7일에 한 차례씩 일어나면서 마무리 되었다. 처음 만세운동이 시작된 대구를 비롯하여 남부 지역이 북부 지역에 비해 먼저 시작되고 늦게까지 이어졌다. 하지만 규모까지 그렇지는 않았다. 규모가 큰 곳은 대구·의성·안동·영덕·성주·영주·영일 등이었고, 봉화·달성·영천은 규모도 작은 데다가 한 차례에 그친 경우도 있었다. 더구나 경산과 군위 지역처럼 주역들이 사전에 발각되는 바람에 만세운동이 아예 일어나지 못한 경우도 있다.

지역별로 보면 발단기에는 대구와 포항·의성에서, 절정기에는 안동과 영덕·의성에서 특기할 만한 투쟁을 벌였고, 종결단계에 들어서는 대부분의 군 지역에서 한두 차례씩 일어났다. 횟수로 보면 의성·안동(각 14회)에서 가장 여러 차례 일어났고, 영덕(8회)과 성주(7회)에 이어 상주·선산(각 4회), 대구·칠곡·예천·영주·청도(각 3회), 그리고 나머지 군에서 한두 번씩 일어났다.

참가 인원을 보면, 안동이 11,000여 명으로 단연 많았다. 다음으로 의성·대구·성주가 약 3,000명 선이고, 바로 아래에 2,000명 선이었다. 한 장소에서 1,000명 이상이 참가한 시위는 모두 13회 일어났다. 안동이 5회(안동과 예안 각 2회, 임동 1회)로 가장 많고, 대구(서문시장·남문 밖 시장)와 영덕(영해·병곡)이 각 2회, 그리고 영일(포항)·의성(안평)·영주(풍기)·성주 등이 각 1회씩이었다. 가장 큰 규모는 성주장터와 안동면(3차) 시위로 3,000명이나 되었고, 이에 버금가는 것으로 안동(2차)과 영주 풍기에서 2,500명이 참가했다. 그 다음으로 예안(2차) 시위에 2,000명 정도가 참여했다.

3·1운동의 강도도 지역별로 차이가 컸다. 일제의 관헌 자료는 검속과 한국인의 피해를 알려 주는데, 물론 이 숫자는 최소치로 이해하면 될 것이다. 조선주차헌병대사령부의 조사에 따르면, 경북지역에서 두 달 동안 50명 이상의 규모로 일어난 만세운동을 40회, 일제가 미리 막아서 일어나지 못한 경우도 5회로 기록되어 있다. 그리고 만세운동 참가 인원은 22개 지역에서 16,500여 명, 사망자 25명, 부상자 69명, 체포자 2,155명으로 집계하였다. 이 가운데 영덕이 489명으로 가장 많고, 뒤를 이어 안동 392명, 대구 297명, 의성 190명, 칠곡 135명, 성주 133명 등의 순이다. 체포된 사람이 많다는 것은 그 지역의 만세운동이 그만큼 강렬하고 격정적이었다는 것을 의미한다.

[표 1] 경북지역에서 3·1운동으로 체포된 사람의 수

군별	대구	달성	군위	의성	안동	청송	영양	영덕	영일	경주	영천	울진
인수	297(16)	33	4	190	392(1)	7	5	489(4)	39	30	18(1)	30

군별	청도	고령	성주	칠곡	김천	선산	상주	문경	예천	영주	봉화	총계
인수	97	33	133	135	51	11	19	23	43	34	20	2,155 (22)

* 1919년 12월 31일 기준, 조선주차헌병대사령부 조사 참조, ( ) 안은 여자 수

　전국적인 추이를 본다면 봉기 횟수는 다른 도에 비해 조금 적은 편이다. 다만 서울을 제외한다면 대개 평균치에 머문다. 그런데 이 수치에 비해 참가 인원이 절대적으로 많다. 봉기 횟수가 전국의 5%가 안 되는데, 참가 인원은 무려 28.7%나 된다. 이에 반해 사상자는 적은 편이다. 그렇다면 큰 규모로 일어났지만, 강도는 그리 강하지 않아 사상자가 적었다고 말할 수 있다. 하지만 여기에는 몇 가지 오류가 있다. 우선 이 조사에는 헌병경찰이 주둔하고 있던 곳을 벗어난 지역에서 만세운동이 벌어져 뒤늦게 발각된 경우와, 50명 이내의 인원이 참가한 지역은 제외한다는 단서 조항이 붙어 있다. 1명이 단독시위를 벌인 경우도 있었고, 지역에 따라서는 수십 명이 나서서 만세운동을 펼친 경우도 있었기 때문에 이들 모두가 조사표에 포함되지는 않았다. 따라서 이 자료에 제시된 것보다 시위 횟수와 참가 인원이 훨씬 많았을 것으로 추정된다.

　또 피살자만 살펴보더라도 그 수치는 실제와 큰 차이가 있다. 예를 들면, 안동에서 가장 많은 사망자가 발생했는데 15명으로 기록되어 있다. 하지만 안동에는 그 당시 사망한 사람이 30명 정도로 알려져 있다. 이런 차이는 만세운동을 벌이다가 일경에게 붙잡혀 태형을 당하거나 구타를 당한 사람들이 집으로 옮겨진 뒤에 사망한 경우도 적지 않았기 때문이다. 따라서 여기에 기록된 수치는 『한국독립운동지혈사』에서 제시된 것과 큰

차이를 보인다.[8] 그러므로 실제보다 많이 축소되었을 가능성이 있다. 이러한 사실은 그들이 조사한 체포자 수에서도 짐작할 수 있다.

경북지역 3·1운동에서도 다른 지역과 마찬가지로 일제 군경은 만세운동을 짓밟기 위해 총기를 사용하였다. 모두 15개소에서 15회나 총기가 사용되었고, 일제 군경이 총을 쏘는 바람에 사상자가 많이 발생하였으며, 게다가 현장에서 무자비하게 폭행하는 바람에 사상자가 더 크게 늘어났던 것으로 보인다. 또한 관공서 건물도 많이 부서졌는데, 면사무소 8개소, 경찰관서 7개소, 우편소 1개소, 학교 2개소가 파괴되었다. 관공서는 식민지 민중이 만나는 통치기관이다. 따라서 서울에서 독립을 선언하고 이를 세계에 알리면서 평화로운 저항을 내세웠지만, 식민통치에 마주 서 있던 민중들은 무저항·비폭력이라는 틀을 유지할 수가 없었다. 무엇보다 식민지 민중에게 가장 원성을 산 기관이 일제 통치기관 가운데서도 말단인 면사무소와 경찰주재소였다. 이들 기관이 비록 말단기구이기는 하지만 민중들이 매일 마주치는 일제의 식민통치기구였기 때문이다. 따라서 이를 공격 대상으로 삼는 것은 자연스러운 일이었다. 더구나 시위를 준비하고 펼쳐 나가는 동안 경찰에 붙잡힌 사람들이 늘어나자, 이들을 석방시켜 달라고 요구하며 주재소를 공격하는 일이 흔했다. 따라서 시위 장소가 장터에서 면사무소나 경찰주재소로 옮겨졌고, 그 결과 이들 기관이 부서지는 현상이 곳곳에서 벌어지게 되었다.

---

8 박은식이 쓴 『한국독립운동지혈사』에는 3월에서 5월 사이에 경북에서 벌어진 만세운동은 총 93회로 63,000명이 참가하여, 사망자 1,206명, 부상자 3,276명, 붙잡힌 사람이 5,073명이었다고 기록되어 있다. 이를 전국적인 통계와 견주어 보면, 경북이 결코 강도가 약한 것이 아님을 알 수 있다. 박은식은 상해에서 자료를 수집하여 이 책을 집필하였다. 나라 안에서 상해로 오는 인물들을 통하여 자료를 수집하다 보니 부정확하고 겹친 수치가 생기기도 했을 것이다(독립운동사편찬위원회, 1983, 「부록-'3·1운동일람표'」 『독립운동사』 3, 880쪽 참조).

또 만세운동을 주도한 인물은 유림과 기독교인이 주된 축을 이루었다. 그렇다고 유림세력이나 기독교가 독자적으로 자신들만의 만세운동을 펼친 것은 아니다. 곳곳마다 두 축이 각각 독립적으로 추진하기도 했지만, 협력하여 함께 만세운동을 펼친 곳도 많았다. 전통 유림세력이 강고한 곳에서는 그들의 역할이 돋보였고, 그렇지 않은 곳에서는 새롭게 들어선 기독교의 목소리가 높았다. 1910년대에 접어들면서 지역 곳곳에 들어섰던 교회가 바로 3·1운동을 통해 처음으로 민족문제에 참여하게 된 것이다.

만세운동이 일어난 날은 대부분 장날이었다. 면 소재지의 장터는 장꾼을 비롯해 많은 사람이 모여드는 곳이기에 시위를 펼치기 알맞은 장소였다. 만세운동을 펼친 시간은 다양했다. 한창 장이 서는 낮에 일어난 경우도 많았고, 장이 저무는 저녁도 그랬다. 저녁 무렵에 시작된 만세운동이 밤을 지새우는 경우까지 나타났다. 또 한 곳에서 다른 지역으로 이동하여 펼치는 시위도 있었다.

3. 영덕지역 3·1운동과 주도세력의 성격

1) 전개 양상

영덕의 3·1운동은 영해면 성내장터에 대규모 인원이 참가한 가운데 3월 18일 만세운동의 신호탄이 터진 것을 계기로, 4월 4일 남정면 시위로 막을 내리게 된다. 영덕지역에서는 총 8차례 만세운동이 전개되었는데, 전개양상이나 성격이 북부지역과 남부지역이 대조적인 모습을 보인다. 영덕군 내에서는 총 9개 면 가운데 6개면에서 만세운동이 일어났는데, 그 상황을 지역별로 정리해 보면 [표 2]와 같다.[9]

[표 2] 영덕지역 3·1운동의 전개 현황

일자	지역	장소	내용	주도세력	탄압/피해	비고
3. 18. (음 2.17.)	영해면	성내 시장	○ 정규하·남여명·남효직·박의락 등 주도. 약 1,000명 ○ 주재소·보통학교·소학교·우편소· 면사무소 공격	유림 / 기독교인	주도 인사 체포	
	병곡면		○ 영해 만세시위 군중이 약 400명 이 병곡면으로 이동 ○ 주재소·면사무소 공격	유림 / 기독교인	주도 인사 체포	
	영덕면	읍내 시장	○ 강우근·이승구 등 북장로파 신자 중심 주도. 약 200명	기독교인	주도 인사 체포	
3. 19. (음 2.19.)	영해면	성내 시장	○ 18일 시위 연속	유림 / 기독교인	사상자 발생	
	영덕면		○ 보통학교 학생 및 졸업생과 주민 주도. 약 400명 ○ 구금자 구출 시도		재향군인·소방 조·어부 등이 시 위대 진압에 참여	
	창수면 창수동		○ 이종구 주도. 약 200명 ○ 주재소 및 면사무소 공격	유림	주도 인사 체포	
	지품면 원전동		○ 주명우 등 북장로교 신자. 약 20명 ○ 시장·주재소 앞에서 만세시위	기독교인	주명우 등 체포	
3. 21. (음 2.20.)	지품면 신안동		○ 문의향 등. 약 60명 ○ 신안동 마을에서 2시간 동안 만세 시위	유림	문의향 등 2명 체포	
4. 4. (음 3.4.)	남정면 장사동	장사 시장	○ 기독교 신자 및 청년. 약 20명 ○ 만세시위	유림 / 기독교인	박명방 등 9명 체포	

---

9 영덕지역 3·1운동의 전체적인 전개 양상은 김희곤의 『영덕의 독립운동사』(2003,
영덕군)와 심상훈의 「영덕지역 3·1운동의 성격」(2002,『안동사학』7, 안동사학회)
과 안동대학교 안동문화연구소의 『경북독립운동사Ⅲ-3·1운동』(2013, 경상북도).
참조. 영덕지역 3·1운동의 전개 과정은 재판기록(『독립운동사자료집』5, 1375~
1435쪽)을 토대로 사실적인 부분만 요약·정리한 것이며, 여기에 서술하는 내용 중
특별한 경우를 제외하고는 이 책의 내용이다.

영덕지역 3·1운동은 시기적으로 3월 18일에서 4월 4일까지 일어났지만, 실질적인 시위의 형태를 띤 날짜는 나흘 밖에 되지 않는다. 3월 12일 김세영과 권태원이 처음으로 영덕지역 3·1운동에 대해 논의를 시작하였다. 이어 3월 15일 영해 시위가 논의된 이후 3일 동안 모두 여덟 차례 만세운동이 전개되었다. 그 중에서도 3월 18일에 대규모의 인원이 참가한 만세운동이 전개되었다. 이처럼 3월 18일에 3차례 2,400여 명이 참가한 시위가 이루어질 수 있었던 것은 당시 영덕지역의 최대 시장인 읍내시장(영덕면)과 성내시장이 열렸기 때문이다. 그런데 3·1운동은 그 지역의 장날을 끼고 전개되는 것이 일반적인 경향이었지만, 영덕지역에서는 여덟 차례 시위 가운데 장날에 이루어진 것은 불과 세 차례에 지나지 않았다.[10]

영덕지역의 3·1운동은 점화 및 절정기 그리고 퇴조기 및 정리기로 나누어 볼 수 있다. 1단계인 점화·절정기는 3월 18일과 19일의 만세운동이 여기에 해당된다. 영덕지역 3·1운동은 남부와 북부에서 비슷한 시기와 장소에서 시작되었다. 하나는 영덕면에서, 다른 하나는 영해면에서 장날에 각각 만세운동이 이루어졌다. 병곡 시위도 포함시킬 수 있지만, 그곳에서 만세운동을 계획하고 실행한 것이 아니라 영해 시위에 참여했던 일부 사람들이 전개한 것이기 때문에 영해 시위 범주에 포함시켜야 될 것이다. 이것을 계기로 영덕지역의 3·1운동은 절정이자 확산기로 접어들었다. 다음 날인 3월 19일 세 군데에서 만세운동이 전개되었는데, 영덕 시위는 지품으로, 영해 시위는 영해와 창수 시위로 이어졌다. 2단계인 퇴조 및 정리기는 3월 21일과 4월 4일에 각각 전개된 만세운동이 여기에 해당된다. 3

---

10 『독립운동사』(독립운동사편찬위원회)나 『한민족독립운동사』(국사편찬위원회), 『영덕군지』 등에서는 남정면 시위가 장날에 이루어진 것으로 설명하고 있다. 그러나 1920·30년대의 기록이지만, 남정면에는 5일과 10일에 장이 개설되었는데, 이 날을 음력으로 환산해도 역시 3월 4이라 장이 설 수 있는 날은 아니다.

월 21일 지품 신안동에서 1차례 만세운동이 이루어졌으며, 4월 4일 남정 시위는 영덕지역의 3·1을 최종적으로 마무리 짓는 것이었다.

이 가운데 격정적인 시위 양상을 보여주었으며, 기독교인과 유림의 연합세력에 의해 만세운동이 전개되었던 영덕 북부지역, 즉 영해·병곡·창수지역의 만세운동 전개 양상과 주도세력의 성격을 정리하고자 한다.

(1) 영해면 만세운동

영해면 3·1운동은 3월 18일 성내리(城內里) 시장에서 정규하·남여명·남효직·박의락·권상호 등 기독교 세력과 지역 유림들의 주도 아래 전개되었다. 영해의 독립만세운동을 위한 최초의 회합은 권태원이 정규하·박의락 등과의 모임이었다. 권태원은 3월 15일 병곡면 송천동 예수교 장로교회로 가서 정규하를 만나 만세운동을 논의하였다. 정규하는 교회에서 권태원을 만나 그로부터 김세영의 독립만세운동 전개에 대하여 듣고 그 취지에 찬성하였으며, 3월 18일 영해시장에서 만세운동을 전개할 것을 합의하였다. 권태원과 정규하는 이 만남 이후 동지 규합에 나섰다. 권태원은 3월 17일 송천동 권유동의 집에서 박의락·서삼진(徐三辰)·조영한(趙榮漢)·김치운(金致雲) 등에게 상세히 설명하여 호응을 얻었다. 정규하는 3월 15일 밤에 창수면(蒼水面) 인량동(仁良洞)에 거주하는 명망가인 권상호에게도 권태원의 활동 내용을 알리고, 3월 18일 영해시장에서 열리게 될 만세운동에 유림들이 적극 참여할 수 있게 권유해 달라고 부탁했다. 권상호는 창수면 인량동·오촌동(梧村洞)과 영해면 원구동(元邱洞)의 권(權)·이(李)·백(白)씨 문중의 유림들에게 권유하겠다고 호응하였다.

그리고 송천동의 남효직(南孝直)과 괴시동의 남여명(南與明/世燗)의 전갈을 받은 권태원과 정규하는 남효직의 집으로 가서 남효직·남여명·권중엽·권문경(權文景) 형제를 만났다. 권태원과 정규하는 독립운동에 관련한 사항을 설명하고 독립만세운동에 참가해 달라고 요청하였다. 이들은 적극 찬성과 지지를 하고, 남효직은 영해 괴시동의 남(南)씨 문중, 남여명은 축산면(丑山面) 하번동(下煩洞)의 박(朴)씨 문중을 규합하기로 하였다. 또 병곡 송천동 권씨 문중들의 참여를 권유하라는 권태원의 요구를 받고서 정규하는 3월 16일 송천동의 교회로 가서 기독교인들과 권씨 일족들을 참가시키려고 노력하였다. 이렇게 하여 3월 18일 영해 성내동에서의 독립만세운동은 영해지역을 대표하는 5개 문중(권·남·박·이·백씨)의 유림과 기독교인들이 참여하게 되었다.

3월 18일 12시 경에 정규하·남효직·남세혁·박희락 등이 태극기를 안고 시장에 들어가면서 영해시위가 시작되었다. 이들은 시장에 모여, 각각 태극기를 나눠 가지고 오후 1시경 영해주재소 앞에서 만세운동의 신호탄을 터트렸다. 영해 시위는 주재소를 기점으로 하여 장소를 옮겨가면서 만세를 불렀던 것으로 보인다. 집결장소를 중심으로 세 차례 정도 만세운동이 펼쳐진 것으로 나눌 수 있다. 첫 번째가 주재소에서 만세를 부르고 영해공립보통학교로 옮겨 간 것, 두 번째는 공립학교를 부수고 다시 주재소 앞으로 이동한 것, 세 번째가 주재소에서 시장으로 이동하여 만세를 부른 후 다시 주재소로 돌아와 기물을 파괴한 때가 그것이다.

첫 번째 시위의 경우, 주재소 앞에서 만세시위를 시작한 군중들이 영해공립보통학교와 공립심상고등소학교로 가서 만세를 부르며, 교사와 학생들이 참여할 것을 요구하였다. 그러나 학생들이 그들의 요구를 거부하자, 학교 건물과 기물을 파괴하고 다시 주재소로 돌아왔다. 두 번째 시위의 경우는 주재소로 돌아온 군중들이 순사들에게도 만세를 부를 것을 강요했고, 일부는 주재소로 돌을 던져 유리창을 깨뜨렸다. 군중은 다시 시장으로 가서 만세를 부르다가 공립보통학교·공립삼상고등소학교·면사무소·우편소 등으로 몰려가 건조물 및 각종 문서류를 파괴한 후 다시 주재소로 발길을 옮겼다. 세 번째 시위는 주재소에 도착한 군중들이 주재소로 들어가 기물을 다시 파기한 경우이다. 군중들의 공격을 받은 주재소 순사들은 급기야 영덕경찰서에 협조를 요청하였고, 이에 영덕경찰서장을 비롯한 5명의 순사가 오후 3시 30분경에 영해 도착하였다. 이들은 군중들이 잠시 휴식을 취하고 있던 음식점으로 가 해산을 종용했지만, 오히려 붙잡히는 신세가 되었다. 이렇게 3월 18일 영해 시위의 밤은 깊어 갔다.

3월 19일 영해 장터에 다시 많은 군중들이 모여 18일의 열기를 이어가고 있었다. 주재소 등 일제의 관공서를 완전히 장악하였던 그들은 장터를 다니며 만세운동을 펼쳤다. 오전 11시경에는 포항 헌병대 분대장이 헌병 6명을 이끌고 영해에 도착하였다. 하지만 이들은 만세 군중에게 해산을 요구할 뿐 위세에 눌려 더 이상 제지하거나 탄압하지 못하였다. 그러나 오후 5시경 대구에서 보병 80연대에서 장교 이하 17명이 출동하여 영해에 도착하자, 일제 군경들은 본격적인 독립만세운동 진압 작전을 전개하기 시작하였다. 처음에는 강압적인 자세로 해산을 종용하였지만 만세 군중이 계속하여 해산을 거부하며 독립만세를 부르자, 군경들은 공포를 발사하기 시작하였다. 군경의 공포 발사에도 만세 군중이 동요하지 않고 계속하여 태극기를 흔들면서 독립만세를 부르자 결국 실탄을 발포하며 무력적 진압과 탄압을 자행하였다. 이어 군경들은 독립만세운동을 주도한 인사들에 대한 대대적인 검거 작전에 들어갔다. 그 결과 일제 군경들은 제1차 검거 작전에서 김세영 등 96명을 재판에 회부하였고, 제2차 검거 작전으로 남응하 등 74명이 붙잡혀 재판에 회부되었다.

[표 3] 영해면 만세운동 주도세력 및 주요 참가자

면	리	주도세력 및 주요 참가자
영해	원구	정규하, 박의락, 장활이, 박재식, 김치만, 강봉조, 백응봉, 남호정 등
	묘곡	이상화, 김원발, 손영세, 김학이, 전상호, 김두천, 김동락, 김임천, 김일국 등
	연평	박계혁, 김재술, 박제원, 이중식 등
	괴시	남여명, 김덕수, 김실광, 권영만, 남웅하 등
	대동	남병하, 남호연 등
	성내	강삼인, 김택이, 최목형, 양재학, 황무출, 김목덕 등
	벌영	최명수
병곡	송천	남효직, 권영조, 조영한, 김치운, 장성렬, 권정필, 조태헌, 권유동, 권달성 등
	원황	서삼진, 김성욱, 김동택, 김성규, 조영택, 송현일, 박수환, 박문찬, 김낙원 등
	각리	남교문, 장유학, 남조홍 등
창수	인량	권상호, 박작지, 권태웅, 신상문, 이만희, 남교묵 등
지품	신안	신경동
축산	부곡	박동활, 정점용 등
	고부 고곡	김덕근, 전석순 등
	상원	이동화, 이중달, 이주득 등
	도곡	박원종, 박종태, 박재송 등
기타		3명 등

(2) 병곡면 만세운동

병곡 시위는 3월 18일 영해 시위에 참여했던 일부 시위군중들이 이 지역으로 그 열기를 옮기면서 시작되었다. 영해에서 독립만세운동을 전개한 만세 군중 가운데 약 200명이 오후 2시경 정규하 등의 유도에 따라 영해에서 병곡을 항해 출발하였다. 이동하던 도중에 주민들이 합세하기 시작했다. 병곡면에 도착한 만세 군중은 우선 병곡주재소로 향하였다. 오후 4시경 김응조·정규하·박의락 등 4명이 앞장서서 태극기 4기를 가지고 병곡주재소를 향해 행진하였고, 서삼진은 자전거를 타고 만세 군중 대열의 앞과 뒤를 오가면서 군중을 이끌며 독려하였다. 장성렬도 때때로 선도자가 되었다.

병곡주재소는 영해주재소로부터 연락을 받고 인접한 강원도 평해 헌병분견소에 지원을 요청하고 만일의 사태에 대비를 하고 있었다. 만세 군중이 주재소를 향하여 행진하여 오자, 주재소 일경들은 출동하여 이들을 제압하고 해산시키려고 하였다. 이에 만세 군중은 일경의 제지에 맞서 돌을 던지고 돌·막대기·낫 등을 들고 주재소로 진입하였다. 주재소로 들어간 군중은 창문을 파괴하고 일경들을 공격하였고, 오후 5시경 주임순사와 순사보는 후방산으로 도망갔다. 도주하였던 일경들이 평해 헌병분견소에서 병곡으로 출동한 헌병 3명, 하사·상등병·병졸 각각 1명과 함께 병곡으로 되돌아 왔다. 이에 군중은 일제군경에 맞섰다. 그러나 군경이 사격하려고 총을 조준하자, 정규하는 희생을 염려하여 군중을 설득한 끝에 오후 7시경 해산하였다.[11] 이들은 3월 19일 영해에서 다시 독립만세운동이 전개되었다.

[표 4] 병곡면 만세운동 주도세력 및 주요 참가자

면	리	주도세력 및 주요 참가자
영해	원구	정규하, 박의락
	괴시	남여명
	묘곡	이상화, 김원발, 손영세, 김학이
병곡	원황	서삼진, 김동택, 박수환, 김상한, 조영택, 김낙원, 손무준, 김성욱 등
	영동	김몽룡 등
	각리	남조홍, 남교문, 장유학, 남교영 등
	송천	권영조, 조영한, 김치운, 장태헌, 권정필, 장성렬, 권유동, 김유성 등
	신평	이해동

11 국회도서관, 1977, 『韓國民族運動史料』(三·一運動篇 其三), 100쪽

면	리	주도세력 및 주요 참가자
	아곡	이홍엽
창수	인량	권태웅, 박작지
지품	낙평	김응조

(3) 창수면 만세운동

창수면에서는 3월 19일 창수동(蒼水洞)에서 이종구(李鍾龜) 등이 주도하여 독립만세운동을 일으켰다. 이종구는 영양군의 유지로서 3월 18일 영해 독립만세운동 소식을 듣고 동참하기 위해 3월 19일 창수면 오촌동(梧村洞)과 삼계동(三溪洞)의 마을 주민 수십 명과 함께 영해로 가다가 신기동(新基洞)에서 지역민을 만나게 되었다. 이들은 그곳에서 만세운동을 어떻게 펼쳐나갈지에 대한 논의를 시작하였다. 그 결과 시간적으로 영해로 이동하는 것보다는 면내 창수동에 가서 독립만세를 부르는 것이 좋겠다고 의견을 모았다. 그리하여 신기동 마을로 들어가 마을의 구장인 이현설(李鉉卨)과 협의를 하였다. 당시 신기동 주민들은 일제가 도로공사를 하면서 인근의 전답을 강제로 수용하여 일제에게 불만을 많이 가지고 있었다. 이들 주민들에게 독립만세운동에 참가하도록 권유하여 만세 군중은 약 150명으로 늘어났다.

창수주재소에서는 3월 18일 영해·병곡에서 주재소·면사무소 등이 파괴되었다는 정보를 접하고 만일의 사태에 대비하고 있었다. 오후 4시경 약 200명이 각자 태극기를 들고 흔들며 막대기를 휴대하고 독립만세를 부르면서 주재소로 향하였다. 권재형(權在亨)·이현우(李鉉祐)·박치운(朴致雲)·이현설·이현석(李鉉奭)·이영호(李永浩)·박재복(朴載馥)·김용이 등이 선두에 서서 이들을 이끌었다. 김재수와 권명덕 등은 큰 태극기를 휘두르고 주재소 파괴를 명하고 파괴할 때마다 독립만세를 고창하였다. 일경들이 설득하며 해산하도록 강요하였으나, 만세 군중은 이에 응하지 않고 주재소로 들어가 사무실 건물·기구·공문서류를 파괴·파손하고 이어 객실 및 숙소로 들어가 천정·문짝·가재 도구들을 닥치는 대로 파괴하였다.

창수주재소를 철저히 파괴한 군중은 오후 7시에 이르러 독립만세를 열창하고 개사한 노래를 부르면서 주재소를 떠나 각자 마을로 귀가하였다.[12] 창수의 만세운동에는 창수동·신리동·삼계동·방가동 인사들이 대거 참여하였고, 울진 서면에서 참가한 인물도 있었다.

[표 5] 창수면 만세운동 주도세력 및 참가자

면	리	주도세력 및 주요 참가자
창수	창수	이수각, 남출이, 이선봉, 정돌석, 박재홍, 황유선, 이인수, 윤학근, 박천석, 이학술, 장명술, 김우한, 백수학, 박학래, 박봉현, 장진규, 박동이, 정석근, 맹학근, 김상준, 황명석, 나성운, 김삼이, 김말불, 홍학용, 유말동, 이해일, 박계도, 김화원, 박만복, 나재성, 김보식, 신동악, 나채선 등
	신리	권재형, 이현설, 김경발, 정석출, 이석범, 박종하, 이진택, 우억만, 권상룡, 윤순석, 정재주, 손상석, 이성백, 오해봉, 우주일, 김연순, 김도치, 김덕규, 정학수, 신갑수, 황부칠, 신재휴, 김대지 등
	삼계	남만기, 김삼록 등
	방가	성칠성, 권만석 등
	신기	이환이
	인량	이현우
	강상	김중규, 김계규 등
	장구	박숙이, 오만이 등
	갈천	이춘삼
	미곡	신동악
병곡	원황	김응상
	오촌	이기성, 이호발, 이기석 등
기타		배희직(강원 울진 서면 왕피), 박재복, 기타 4명

12 류시중·박병원·김희곤 역주, 2010, 『국역 고등경찰요사』, 선인, 78~79쪽

2) 인명피해

3·1운동에 대한 일제의 기본적인 대책은 군경에 의한 '비인도적 잔혹한 학살탄압'에 있었다. 만세운동이 전국적으로 확산되고, 시위 양상이 격렬해지자, 일제는 총칼을 앞세워 진압에 나섰다. 여기에서 주목할 점은 일제가 시위군중을 '폭도(暴徒)' 또는 '폭민(暴民)'이라 규정한 것이다. '폭도'란 그들이 의병을 지칭하던 용어로서, 시위군중을 무력으로 진압한다는 뜻이 담겨져 있다. 이때부터 일제는 전국 어느 곳에서나 시위가 발생하면 무력으로 진압하였고, 이 과정에서 많은 한국인들이 그들의 총칼에 다치거나 죽게 되었다. 만세운동이 전국적으로 확산되자, 일제는 그 원인을 병력부족으로 생각하고 급기야 일본본토에서 보병 6개 대대와 헌병 3~4백 명을 증원하여 한반도로 급파하였다. 당시(1919. 4. 15) 경상북도는 제20사단이 관할하고 있었는데, 17군데에 분견대가 설치되어 있었다. 그 17군데는 안동·예천·예안·영양·문경·상주·김천·선산·의성·왜관·경주·영천·포항·영해·대구·경산 등지였다. 여기서 주목되는 곳이 예안과 영해 및 왜관이다. 나머지 지역은 1914년 일제의 강제적인 행정구역 개편으로 군청 소재지가 된 곳이며, 조선시대 이래 그 지역의 행정적 중심지였다. 그런데 예안·영해·왜관은 그러한 지역이 아닌데도 불구하고 군대가 주둔하게 되었다는 사실은 그 지역의 만세운동이 얼마나 치열했는가를 반증하는 것이다.

영덕지역 만세운동은 평화적인 시위와 공격성을 띤 시위로 대별된다. 남부지역은 평화적인 모습으로, 북부지역은 공격성을 가진 시위의 모습으로 나타난다. 남부지역, 즉 영덕·지품·남정에서 전개된 만세운동은 그 지역 일본인 자위조직이나 주재소에 배치되어 있던 순사들로 충분히 해산시킬 수 있었다. 그래서 영덕경찰서장이 순사를 데리고 영해 시위를 진압하기 위해 지원할 정도였다. 반면에 북부지역에서 전개된 시위는 그 지역 주재소의 경찰력이 완전히 무력화됨으로써 포항·평해에서 헌병이, 대구에서 일본군 보병 80연대의 군병력이 동원되었다.

3월 18일(1차)과 19일(2차)에 전개된 영해 시위에는 2개 지역 헌병 분견소의 헌병과 대구에서 일본군이 파견되어 진압에 나섰다. 1차 시위로 인해 군중들에게 주재소가 완전히 파괴되자, 시위 군중을 진압하기 위해 영덕경찰서에서 순사를 지원하였다. 그렇지만 이들이 시위군중에게 붙잡혔기 때문에 일제가 의도한 대로 진압하지 못하였다. 따라서 포항 헌병분견대에서는 자체 병력 8명과 대구로부터 지원을 받은 보병 21명을 영해로 파견하여 시위군중을 진압하고자 했다. 저녁 무렵에는 영해 시위에 참여한 사람들이 일단 해산한 상태여서 무력적인 충돌은 없었다.[13] 하지만 2차 시위에서는 진압 병력의 발포로 만세운동에 참여하였던 군중 8명이 현장에서 쓰러져 사망했고, 16명이 부상을 입는 사태가 발생하였다.[14]

3월 18일의 병곡 시위에는 평해 헌병분견대의 헌병들이 진압에 나섰는데, 발포 직전에 시위군중들이 해산함으로써 사상자는 없었다. 또한 3월 19일에 전개된 장수 시위에는 영해 시위를 진압하기 위해 파견된 병력 중 일부가 진압에 나섰지만, 이들이 도착하기 전에 해산하여 피해는 없었다.

영덕지역 3·1운동 전 기간을 통해 볼 때, 18일에 전개된 영해 시위를 제외하고는 진압 병력이 시위 군중을 향해 사격한 경우는 없었던 것으로

---

13 『현대사자료』 삼일운동1, 3.1운동 日次報告 (총독부경무국, 1919.3~5), (319) 대정 8년 3월 19일 고제7901호 및 日次報告 (朝鮮軍司令官, 1919.3~8) 밀수 102호 기 83 3월 20일 122호

14 위의 책, 日次報告 (朝鮮軍司令官, 1919.3~월) 밀수 102호 기89 3월 21일 145호 (3월 20일) 및 日次報告 (총독부경무국, 1919.3~ 5월),(320) 대정 8년 3월 20일 고 제 7957호, 독립운동에 관한 건(제21보). 이들 기록에는 진압 병력의 발포로 1명이 사망하고, 14명이 부상을 입은 것으로 되어 있다.

보인다. 그리고 만세운동으로 사망하거나 다친 경우도 이 시위뿐이다.

3) 주도세력의 성격

첫째, 영덕지역 3·1운동의 주도세력은 크게 세 계열로 나누어 볼 수 있다. 기독교세력과 기독교·유림의 연합세력, 그리고 유림세력이 그것이다. ① 기독교[15]세력이 주도한 경우는 영덕과 지품 원전에서 찾아 볼 수 있다. 영덕 시위에는 김세영·권태원·김혁동·강우근·김암우·이정규·김용하·김귀근·강대열·김순근·송기주 등이 그 중심에 있었다.[16] 이들은 대체로 영덕과 남정면의 기독교인 약 50여 명을 동원하여 시위를 전개하였다. 지품 원전 시위는 당시 기독교인이었던 주명우가 주도한 것이다. 기독교세력이 중심이 되어 전개된 만세운동은 대체로 온건하면서도 평화적인 형태를 띠고 있다. 영덕 시위도 장터에서 기독교인과 장꾼들이 모여 만세를 외쳤으며, 지품 원전에서 전개된 시위도 주재소 앞에서 만세를 부른 것이 전부다. ② 기독교와 유림의 연합세력인데, 영해·병곡·남정 시위가 여기에 해당한다. 이 경우가 영덕지역 3·1운동에서 가장 격렬한 시위 모습을 보여준다. 영해·병곡 시위를 처음 준비한 세력은 송천동 교회를 중심으로 한 기독교세력이다. 권태원으로부터 3·1운동의 정황을 전해 들은 정규하가 기독교인들을 규합하면서 준비가 시작되었다. 정규하·박희락·서삼진·김치운·남경문·손영세·김원발·권유동·장유학·김성욱·김상환·김원수 등 다수의 기독교인들이 여기에 가담한 것이다.[17] 그러나 이들은 기

---

15 영덕군, 1981, 『영덕군지』, 332~339쪽. 1919년 당시 영덕지역에는 영덕면교회 (1908)·매정교회(1910)·삼사교회(1911)·낙평교회(1901)·원전교회(1911)·화천일교회(1903)·송천교회(1910) 등 일곱 군데에 교회가 설립되었다. 다른 지역에 비해 기독교가 비교적 일찍 정착한 곳이 바로 영덕이었다.
16 독립운동사편찬위원회, 1983, 『독립운동사자료집』 5, 고려서림, 1375~1435쪽

독교인들만으로 영해 시위를 이끌어갈 수 없다고 판단하였고, 그래서 정규하는 영해지역의 유림들에게 도움을 요청하게 되었다. 이처럼 영해 시위에 이 지역의 유림들을 동참시킬 수 있었던 이유는 그가 바로 이곳 원구동 출신이었기 때문이다. 또한 신앙생활을 하기 전 이곳에서 전통적인 교육을 받으며 어린 시절을 보냈고, 그들과 친분을 나누었던 관계였기에 가능했을 것이다. 정규하는 먼저 인량동의 권상호를 찾아가 그 지역(창수면 인량, 영해면 원구동)의 유림들을 만세운동에 동참시켜줄 것을 요청하였다. 이어서 괴시동의 남효직·남세혁·권중엽·권문경 등을 만나 3·1운동의 정황을 알려주고, 그곳의 유림이 참여할 수 있도록 설득하였다. 권헌문은 권태원의 권유로 이들과 함께 영해 시위를 준비하였다. 정규하로부터 부탁받은 이들은 각자 구역을 정하여 유림세력을 규합하기 시작하였다. 유림세력을 규합하는 데는 영해지역의 대표적인 문중을 주 대상으로 삼았다. 당시 영해지역을 대표하던 남(영양)·권(안동)·백(대흥)·박(무안)·이(재령)씨 등 5대 문중은 창수면 인량·오촌·원구와 영해면 괴시동 및 축산면 하번동에 거주하면서 탄탄한 사회·경제적인 기반을 다져놓고 있었다.[18] 다른 지역의 경우는 두 계열이 독자적으로 만세운동을 준비하다가 시위 장소에서 하나가 되는 모습이 일반적인 상황이다. 그런데 영해 시위는 처음 준비단계부터 기독교세력과 유림세력이 협력하였으며, 각자의 역

---

17 독립운동사편찬위원회, 앞의 책, 1375~1435쪽

18 朝鮮總督府, 1935(昭和 10), 『朝鮮の聚落』(後篇), 京城: 朝鮮總督府. 英陽 南氏, 安東 權氏, 大興 白氏, 務安 朴氏, 載寧 李氏, 寧海 申氏 등이 영덕지역을 대표하는 유림세력이었다. 영양 남씨는 영해면 괴시동과 원구동, 안동 권씨는 병곡면 송천동과 창수면 인량동, 대흥 백씨는 영해면 원구동과 창수면 인량동, 무안 박씨는 영해면 원구동과 축산면 도곡동, 영해 신씨는 영덕면 금호동에 각각 동성마을을 형성하였다. 이외에도 영덕면 上直洞, 영덕면 下直洞, 南亭面 道川洞 등에도 큰 규모는 아니었지만, 동성마을이 형성된 곳이다.

할과 지역을 분담하여 시위 군중을 규합하고 있었던 것이다. 이러한 모습이 가능할 수 있었던 것은 영해지역의 유림세력이 지니고 있던 사회·경제적인 기반과 함께 대부분의 기독교인들이 이들과 연결되어 있었기 때문이다. 즉, 혈연적인 관계로 유대감과 공감대가 형성되어 있었으며, 일제강점 이후 상대적으로 느끼는 지역적 차별이 어느 정도 영향을 주었을 것이다. 남정 시위의 경우도 이와 비슷한 형태였다. ③ 유림세력이 주도한 것은 지품(신안)·창수 시위이다. 유림세력에 의해 전개된 만세운동은 기독교세력이나 연합세력처럼 사전에 준비되지는 않았다. 창수 시위의 경우는 이종구·이수각·이현설·김경발·권재형·이현우·박성운·이현우·이현설·황유선 등이 영해 시위에 참여하기 위해 영해로 향하다가 창수면으로 시위 장소를 옮긴 경우이다. 이들은 면소재지로 이동하면서 주위의 민가에서 군중들을 규합하였고, 특히 그들의 고용인들을 불러모아 만세운동을 전개하였다. 지품 신안 시위도 조직적인 준비가 없는 가운데 이루어진 경우이다.

둘째, 만세운동에 참가하여 재판을 받은 사람들의 직업을 살펴보기로 하자. 영덕지역 3·1운동에 주도적으로 참여하여 재판을 받은 사람은 모두 196명이다. 지역적으로 보면 가장 공격적인 시위를 전개한 영해·창수지역이 165명이고, 평화적인 만세운동을 펼친 남부지역은 31명이다. 이들의 직업은 대부분이 농업이며, 농업 이외의 직업 소유자는 12명(농업 겸 제조·제사업 2명 포함)뿐이다. 그 내용을 살펴보면 [표 6]과 같다.

[표 6] 영덕지역 3·1운동에 참가하여 재판을 받은 인원과 직업

지역	일 시	시위 장소	재판회부 (명)	농업 이외 직업	비 고
영덕면	3월 19일	읍내시장	18		
남정면	4월 4일	장사시장(?)	4		
지품면	3월 19일	지품시장	7		
	3월 21일	신안동	2		
영해·병곡· 축산면	3월 18일	성내시장/주재소(병곡)	83	고용인 7, 붓제조 1 초혜상 1, (농업/제조업 1)	면제 4
	3월 19일	성내시장			
창수면	3월 19일	주재소	82	토기제조 1, 잡화상 1 고용인 1, (농업/제사업 1)	면제 7
계			196	12+(2)=14	면제 11

판결을 받은 인물의 92.8%가 농업에 종사하였는데, 다른 지역에 비해 그 비율이 높은 편이다. 그런데 농업 이외의 직업으로 어업이 보이지 않는 것이 다소 의외이다. 영덕지역은 농업과 어업이 병행되면서 경제권을 형성하는 지역인데, 어업에 종사하는 사람들이 주역으로 떠오르지 않았다는 것이다.

셋째, 재판에 회부된 196명 중 형 면제를 받은 11명을 제외한 185명이 실형을 선고받았다. 지역별로 살펴보면, 영해 시위에 참여하였던 사람들의 형량이 비교적 높은 편이다. 그 다음이 창수 시위에 참여한 사람들이다. 이들은 대부분 소요죄·공무집행 방해죄·건조물 손괴죄·기물 손괴죄·공문서 훼기죄·보안법 위반죄 등 8종목의 죄목에 적용되었다. 그렇기 때문에 형량이 높을 수밖에 없었다. 영해·창수 시위에 참여한 사람들 가운데 상당히 중형이라고 할 수 있는 3년 이상이 19명(7년형 4명, 4년형 9명, 3년형 6명)이며, 2년 이상도 20명이나 된다. 이처럼 중형을 받은 경우는 드문 사례로 이 지역 만세운동이 얼마나 격렬하게 전개되었는지를 보여

주는 내용이다. 가장 높은 비율을 차지하는 형량은 1년 이상에서 2년 미만으로 전체 인원 중 34.3%에 해당한다.

[표 7] 영덕지역 3·1운동 참가자의 수형량과 피살자 현황　(단위 : 명)

시위지역	피살	7년	4년	3년	2년	1년 이상~ 2년 미만	1년 미만	집행 유예	태형	면제	계
영덕					3	3	5		7		18
남정							2		2		4
지품					1	1	4		3		9
영해	8	3	5	6	15	13	9	28		4	91
창수		1	4		1	53		16		7	82
계	8	4	9	6	20	70	20	44	12	11	204
비율	3.9	2.0	4.4	2.9	9.8	34.3	9.8	21.6	5.9	5.4	100

　영덕지역 3·1운동에서 발견되는 특징 중의 하나는 수형량과 주도·참여세력의 연령층 사이에 상관관계가 있다는 것이다. 이들의 연령층이 폭넓은 지역은 형량도 상대적으로 높게 나타난다. 영해·창수 시위의 연령층이 10대부터 60대까지 고르게 분포되어 있으며, 수형량도 7년에서부터 면제까지 다양하다. 영덕지역의 만세시위가 전반적으로 격렬하면서도 조직적으로 전개되었다는 의미이다. 이것은 어쩌면 그 지역에서 연령을 초월하여 총체적으로 단결된 시위를 전개한 결과라고 할 수 있다.

　넷째, 영덕지역 3·1운동의 주된 참여세력의 연령은 아래 표에서 보는 것과 같다. 이를 통해서 확인할 수 있는 것은 다른 지역과 마찬가지로 20·30대가 시위 현장을 주도적으로 끌고 나간 점이다. 다음으로 높은 비율을 차지하는 연령층이 40대로서 19.4%나 된다. 20·30·40대를 모두 합하면, 전체 인원의 81.1%에 해당한다.

[표 8] 영덕지역 3·1운동 주도 세력 및 참가자 연령 분포 (단위 : 명)

시위지역	10대	20대	30대	40대	50대	60대	미상	계
영덕		5	6	3	1			3	18
남정		1	1				2	4
지품		1	1	1			6	9
영해	1	29	31	15	7			83
창수	2	23	23	19	10	2	3	82
계	3	59	62	38	18	2	14	196
비율	1.5	30.1	31.6	19.4	9.2	1.0	7.2	100

영덕지역 3·1운동의 연령층 분포에서 특이한 점은 다른 지역에서 찾아보기 드문 60대 참여자가 2명이나 발견된다. 그리고 나이를 알 수 없는 경우도 7.2%가 된다. 영해와 창수 시위에 10대가 3명이 참가하였는데, 이들의 직업은 학생이 아니라 농업으로 되어 있다. 즉, 이 지역 만세운동에는 학생들이 주된 참여세력으로 동참하지 못했다는 점을 알려주고 있다. 1910년을 기점으로 하여 영덕에는 7개 정도의 사립학교가 설립되어 있었다.[19] 이 가운데 2개 학교는 1910년 영해공립보통학교로 흡수되었지만, 나머지 학교는 나름대로 명맥을 유지했던 것으로 보인다. 특히 문중학교(안동 권씨)가 존재했다는 것은, 어쩌면 뚜렷한 민족적인 성향을 보여줄 수 있는 경우이기도 하다. 안동의 경우는 문중학교에서 수학한 많은 사람들이 만세운동에 참여한 사례를 발견할 수 있는데, 이와 비슷한 성격을 지닌 영해지역에서 그러한 사례를 발견할 수 없다는 점이다.

19 權大雄, 1994, 「韓末 慶北地方의 私立學校와 그 性格」『國史館論叢』58, 국사편찬위원회. 1910년대 영덕지역에는 장사학교(남정면, 1908), 爲山學校(축산면, 1909), 寧東學校(병곡면, 1909), 협창학교(1910), 大濟學校(병곡면, 1910), 一新義塾(지품면), 盈新學校(영덕면) 등이 설립되어 있었다. 지역적으로 보면 영해면과 병곡면에 집중적으로 사립학교가 설립되었다.

4. 안동지역 3·1운동과 주도세력의 성격

1) 전개 양상

안동의 3·1운동은 1919년 3월 13일 이상동의 1인 시위부터 3월 27일 풍남면 하회시위까지 모두 14회에 걸쳐 1만여 명이 참가하였고, 17일에서 23일까지가 절정기였다.[20] 그 가운데 안동면과 예안면 그리고 임동면은 1,500여 명에서 3,000명에 이르는 대규모의 시위 항쟁을 펼쳤다. 이를 제외한 나머지 다른 시위는 수십 명에서 300명 정도였다.[21] 안동군 19개 면 가운데 11개 면에서 시위가 일어났는데 시위가 일어나지 않은 면은 장이 서지 않는 소규모의 작은 면이었고, 그 지역 사람들은 인근에 있는 큰 면의 만세시위에 참가하였다. 특히 23일 안동면 시위는 사실상 안동군민 전체가 참여한 만세시위로서, 30여 명이 살해당하여 경북에서 인명 피해가 가장 컸다.

[표 9] 안동지역 3·1운동의 전개 현황

일자	지역	장소	내용	주도세력	탄압/피해	비고
3. 13. (음 2.12.)	안동면 (1차)	공신상회 앞	○ 이상동 1인 단독 시위		주도 인사 체포	

---

20 안동지역 3·1운동의 전체적인 전개 양상은 김희곤의 『안동의 독립운동사』(1994, 안동시)와 『안동 사람들의 항일투쟁』(2007, 지식산업사), 권영배의 「안동유림의 3·1운동과 파리장서운동」(2000, 『대동문화연구』 36, 성균관대학교 대동문화연구원), 김원석의 「안동의 3·1운동」(1994, 안동대학교 대학원석사논문)과 「안동지역 3·1운동의 성격」(1994, 『안동문화』 15, 안동대학교 안동문화연구소), 안동대학교 안동문화연구소의 『경북독립운동사Ⅲ-3·1운동』(2013, 경상북도). 참조

21 김원석, 1994, 「안동의 3·1운동」, 안동대 석사학위논문, 35쪽

일자	지역	장소	내용	주도세력	탄압/피해	비고
3. 17. (음 2.16.)	예안면 (1차)	예안시장 주재소	○ 신상면·조수인·기독교인(만촌교회) 등 주도. 약 1,500명 ○ 주재소 공격	유림 / 기독교인	주도 인사 체포	
3. 18. (음 2.17.)	안동면 (2차)	삼산동 곡물전 앞	○ 송기식·류동봉·송장식·송홍식·권중호 등 유림세력, 안동교회 신도 등이 주도. 약 2,500명 ○ 군청, 경찰서, 대구지방법원 안동지원 공격	유림 / 기독교인	주도 인사 체포	
	도산면 토계동	도산공립 보통학교	○ 이용호·이극호 등 주도. 약 30명	유림		
3. 21. (음 2.20.)	임동면	임동 편항시장	○ 류연성·류동수·류동태·박재식·류교희·박진성 등 ○ 약 1,500명. 주재소 공격	유림	주도 인사 체포	
	일직면 망호동	망호동 솔밭	○ 이구덕 등 주도 ○ 약 100명. 만세시위.	유림	주도 인사 체포	
	임서면 금소동	금소동 마을 앞	○ 임찬일·임호일·임범섭·손응돌·류북실·임윤익·박유석 등 ○ 약 300명. 주재소 및 면사무소 공격	유림 / 기독교인	주도 인사 체포 사상자 발생 (시위 이후)	
	길안면	길안 천지장터	○ 손영학·김정익·김정연·손대석·정성흠 등 ○ 약 350명. 주재소 및 면사무소 공격	유림	주도 인사 체포 사상자 발생 (시위 이후)	
3. 22. (음 2.21.)	예안면 (2차)	면소재지 일원	○ 약 2,000명. 만세시위.		부상자 발생	
	임북면 사월동	면사무소 앞	○ 권영석·권오규·권태환·금명석·김일선·천점백·천지락 등 ○ 약 300명. 면사무소 공격		주도 인사 체포	
3. 23. (음 2.22.)	안동면 (3차)	면소재지 일원	○ 전군(全郡)적인 시위 양상 ○ 약 3,000명. 경찰서와 대구지방법원 안동지원 공격		사상자 발생	
	동후면 절강동		○ 약 100명. 면사무소 공격.			

일자	지역	장소	내용	주도세력	탄압/피해	비고
3. 24. (음 2.23.)	풍산면	풍산시장	○ 전성철·김후성·권영현 등이 주도 ○ 약 30명. 만세시위	기독교인	주도 인사 체포	
3. 27. (음 2.26.)	풍남면 화회동	화회 만송정 앞	○ 류점등 등이 주도 ○ 약 30명(소년 23명). 만세시위	유림	주도 인사 체포	

13일부터 시작된 안동의 3·1운동은 18일까지는 비교적 온건한 시위 모습을 보였다. 그런데 18일부터 시작된 안동면 2차 시위가 밤 12시를 넘어서자 공격적인 양상을 보이기 시작했다. 이때부터는 식민통치기관에 대한 과감한 공격을 가하는 투쟁 양상이 나타나는데, 면사무소 5곳과 주재소 3곳을 부수었다. 당시 경북에서 일어난 일제 경찰헌병관서 습격 12회, 일반관서 습격 6회 가운데 안동이 각각 3회와 5회를 차지하고 있었으니, 이 사실만 보아도 안동지역 만세시위가 얼마나 격렬했는지를 알 수 있다. 이렇듯 안동의 독립만세는 강력하고 격렬한 투쟁의지를 행동으로 나타냈다.

안동에서 한창 시위가 격렬하게 치닫고 있을 때인 22일에 보병 제80연대에서 1개 중대 병력이 분산 배치되어 경찰과 합동작전을 펴면서 시위 진압에 나섰다. 안동 3·1만세로 재판에 넘겨져서 실형을 받은 사람은 168명이다. 가장 격렬한 시위를 벌인 임동에서는 67명의 수형자 중 2년 이상의 중형을 받은 사람이 무려 58명이나 될 정도로 강한 공격성을 띠었다.

이 가운데 격정적인 시위 양상을 보여주었으며, 기독교인과 유림의 연합세력에 의해 만세운동이 전개되었던 안동(부내)·예안·임동/임북지역 만세운동 전개양상과 주도세력의 성격을 정리하고자 한다.

(1) 안동면 만세운동

안동면의 3·1만세운동는 동경 유학생 강대극(姜大極)의 귀국과 '세브란스연합의학전문학교' 재학생인 김재명(金在明)의 귀향으로 시작되었다. 강대극은 1919년 2월 16일에 '2·8독립선언서'라고 일컬어지는 「선언서」를 가지고 귀국했다고 알려져 있다. 그는 3월 3일과 4일에 평소 잘 알고 지내던 안동군청 서기 김원진(金元鎭)을 찾아가 서울 등지의 시위 소식을 전하고, 함께 만세운동을 펼치자고 권유하였다. 김원진은 일본의 지배에 불만을 가지고 독립의 방법에 대해 고민하던 인물이었다.[22] 그때 강대극이 찾아왔으며, 김원진은 주저하지 않고 그와 의기투합하였다. 그리고 안동교회 목사 김영옥(金泳玉), 장로 이중희(李重熙) 등과도 만나 3월 13일 장날에 거사하자고 논의하였다. 여기에 서울에서 독립선언서를 갖고 온 김재명도 참여하게 된다.[23] 김원진은 3월 11일 안동수비대 청사의 인부 40~50명을 설득하여, 교회 종소리를 신호로 합세할 것을 약속 받았다. 그리고 안동군 북후면 옹천의 강대극 집에서 만든 태극기와 격문을 은밀히 돌리기도 하였다. 그러나 안동면의 만세운동은 강대극·김원진·김영옥·이중희 등 주역 4명이 거사 하루 전날인 3월 12일 계획단계에서 예비검속을 당하면서 좌절되었다.[24]

하지만 안동면의 1차 시위가 완전히 실패한 것은 아니었다. 첫 만세시위가 석주 이상룡(石洲 李相龍)의 동생인 이상동(李相東)에 의해서 이루어졌기 때문이다. 이상동은 13일 장날 오후 5시 반경, 공신상회(현 신한은행

---

22 독립운동사편찬위원회, 앞의 책(『독립운동사자료집』 5), 1335쪽. 그는 이미 강원도 지역에서 발간된 사회주의 성향으로 짐작되는 혁신잡지를 구독하였으며, 윌슨의 민족자결주의를 관철해 나갈 방법을 찾고 있었다.

23 김을동, 1985, 『안동판독립사』, 명문사, 221쪽

24 안동교회80년사편찬위원회, 1989, 『안동교회 80년사』, 안동교회, 161쪽

앞 성결교회 입구쯤으로 추정됨) 앞 도로에서 '대한독립만세'를 외쳤다.[25] 이상동의 1인 시위는 안동면 만세운동을 은밀히 추진하고 있던 유림세력 및 기독교 지도자들에게 기폭제 역할을 하였다.

안동면 2차 시위는 계획단계에서 안동교회와 송기식(宋基植)을 비롯한 유림에 의해 두 갈래로 준비되고 있었다. 예비검속을 피한 김병우·김익현(金翊顯)·김계한(金啓漢)·황인규(黃仁圭)·권점필(權點必)·이인홍(李仁洪) 등은 3월 18일 장날에 서둘러 거사를 일으키기로 결의하였다. 이들은 안동교회를 중심으로 태극기와 격문을 만들었다. 특히 이 시위는 하루 전인 17일에 일어난 예안 시위에 의해 열기가 달아오르고 있었다.

3월 18일 낮 12시경 기독교인 30여 명이 삼산동 곡물전(현 신한은행과 농협안동지부 중간 지점) 앞에서 '대한독립만세'를 외치기 시작했다. 이들이 태극기와 '대한독립만세'라고 쓴 깃발을 앞세우고 남문통과 북문통을 오르내리며 시위를 벌이고 있을 때, 동문통에서 내려오는 또 다른 시위대가 합세하였다. 송기식을 비롯한 류동붕(柳東鵬)·송장식(宋章植)·송홍식(宋弘植)·권중호(權中鎬)·문소원(文召源)·이종록(李鍾綠) 등 유림이 시위대를 지휘하고 있었다. 송기식은 계획단계에서 이미 김병우·김원진과 시위를 논의했고, 협동학교(協東學校 : 임동)·보문의숙(寶文義塾 : 도산)·동화학교(東華學校 : 하회)의 교사와 학생을 동원하는 한편, 태극기와 격문을 만들어 곳곳에 배부하였다. 여기에서 주동자로 보이는 14명이 체포되었고, 시위 군중은 일단 해산했다. 그러다가 오후 6시경 다시 기독교인 60여 명이 체포된 사람들의 석방을 요구하며 시위운동을 전개하였다. 밤이 되자 시위 군중은 더욱 많아져 19일 0시 50분경에는 2,500여 명으로 늘어났다. 당시 안동면의 인구가 5,502명이었으므로 면민의 절반이 만세운동에 참

---

25 독립운동사편찬위원회, 앞의 책(『독립운동사자료집』 5), 1373쪽

여한 것이다. 이들은 일제 통치기관인 군청·경찰서·대구지방법원 안동지청으로 가서 구속자 석방을 요구하며 돌을 던졌고, 일부는 불을 지르고자 했다. 그러나 일본 수비대의 사격으로 해산되었다. 당시 안동에 거주하고 있던 일본인들은 129호 495명이었는데,[26] 이들은 안동면 2차 시위 후 자위단을 조직하여 시위 군중 탄압에 가담하였다.

안동교회와 송기식을 비롯한 유림들에 의해 주도된 2차 의거와는 달리, 23일의 3차 시위는 안동군의 다른 면민들이 대거 참가하여 전군(全郡)적인 시위 양상을 보였다. 오후 7시 30분 무렵 만세시위가 시작되었으며, 3,000여 명의 군중은 구금자를 구출하기 위해 경찰서와 법원 안동지원으로 밀고 들어갔다. 수비대가 공포를 쏘아 위협 해산코자 했으나, 시위대는 돌을 던지기 시작하였다. 여기에서 수비대의 실탄 발사로 30여 명이 죽고, 50여 명이 부상을 입었다. 군중은 북서쪽 산 위로 철수하여 만세를 외치고 해산하였으니 그때가 다음 날 새벽 4시경이었다. 3차 시위에서는 일본 경찰과 수비대 및 자위단의 탄압이 극에 달하였는데, 이때 김옥진(안동면)·권두경(서후)·이암회(서후)·권도익(와룡)·황영남(남후)·김필수(와룡)·김회백(와룡) 등이 피살된 것으로 전해진다. 이들의 거주지가 전부 다른 것은 3차 시위가 대중적인 양상으로 발전했음을 보여주는 대목이다.

(2) 예안면 만세운동

안동지역에서 최초로 대규모 군중에 의해 만세시위가 일어난 곳은 예안이었다. 3월 13일 이상동 한 사람이 단독시위를 벌였지만, 예안은 대규모 군중 시위가 처음으로 전개된 곳이다. 예안 시위는 광무황제 장례식에 참가했던 이동봉(李東鳳)·이용호(李用鎬)·김동택(金東澤)·신응한(申應漢) 등

---

26 조선총독부, 『조선총독부통계연보(대정 7년 12월 말)』, 54, 55쪽

에 의해 발단이 되었다. 그들은 서울의 시위를 직접 보고 돌아와 소식을 전하면서 시위를 준비하였다.

예안 1차 시위는 계획단계에서 세 갈래로 준비되었다. 첫째로, 예안면장 신상면(申相冕)을 중심으로 한 인사들이 면사무소 숙직실에서 시위를 논의하였다. 3월 11일 밤 8시경에 이시교(李時敎)·이남호(李南鎬)·이광호(李洸鎬)·이호명(李鎬明)·신응두(申應斗)·신동희(申東熙) 등이 모여 있을 때, 신상면이 3월 17일에 만세운동을 전개하자고 제의하였다. 이 제의에 따라 장날을 이용하여 대한독립만세를 부르고 시위를 펼치고자 결의하였고, 많은 사람들이 참여할 수 있도록 권유하였다.[27] 둘째, 예안의 유림 지도자 가운데 한 사람인 조수인(趙修仁)도 의거 세력을 모으고 있었다. 그는 3월 8일경 서울의 손병희로부터 서신을 받고 예안 만세운동을 주도할 결심으로 김진휘(金鎭暉)·조병건(趙炳建)·이원영(李源永)·조맹호(趙孟鎬)·조방인(趙邦仁) 등과 의논하여, 3월 17일에 거사하기로 합의했다. 셋째, 예안 만촌교회(현 예안교회)에서도 교인들을 중심으로 3월 17일의 만세시위가 준비되고 있었다. 광무황제 장례식에 참가하였다가 독립선언서를 가져온 신응한과 민태규(閔泰圭) 및 면려청년회 간부 신세균(申世均) 등이 중심이 되었다. 이들은 교회 안에서 비밀히 등사판으로 태극기 수백 장을 제작하여 시위를 준비하였다.

예안 시위는 3월 17일 오후 3시 30분경 20~30명의 군중이 면사무소 뒤편 선성산(宣城山)에 올라가 일본이 세운 '어대전기념비(御大典紀念碑)'를 쓰러뜨리고, 독립만세를 부르는 것을 신호로 시작되었다. 시장 주변에 모여 있던 30여 명씩으로 이루어진 3개 시위대가 일제히 시장을 향하여 진격해 갔다. 미리 정보를 탐지한 일본 경찰이 수비대까지 동원하여 시위

---

27 독립운동사편찬위원회, 앞의 책(『독립운동사자료집』 5), 1328, 1330쪽

군중을 포위하고 진압하고자 했다. 그러나 이에 굴하지 않고 이동봉이 만세를 외치며, 군중을 예안주재소로 인솔해 갔다. 이를 본 이열호(李烈鎬)와 선명학교 및 예안공립보통학교 학생들이 태극기를 던져주며 시위 군중에게 용기를 북돋았다. 주동자를 비롯한 15명이 체포당하면서 군중도 해산하였다.[28] 그날 오후 6시경, 격분한 군중이 점차 주재소로 몰려가 체포된 사람들의 석방을 요구하였다. 해산 명령에도 불구하고 오히려 군중의 수가 많아져 1,500여 명에 이르렀으며, 체포된 사람들을 탈환코자 돌멩이와 기왓장을 던지면서 주재소로 밀고 들어갔다. 이때 일제의 진압 과정에서 25명이 또 체포당했다.[29] 해산 군중 가운데 와룡·예안면민 600여 명은 산을 타고 안동 북문으로 들어가 다음 날인 18일 안동면 시위에 합세하였다.[30]

3월 22일, 예안면에서 2차 시위가 일어났다. 해질 무렵인 오후 7시부터 약 2,000명의 군중이 태극기를 들고 동부동과 서부동, 선성산 위에서 무리를 이루며 만세를 부르기 시작했다. 여기에 대응하여 밀집한 시장에서 군중 해산에 힘쓰던 일본 경찰 2명이 시위 군중에게 포위되자, 수비병 6명이 총을 쏘아서 군중을 해산시켰다. 이때 시위 군중 13명이 부상을 입고, 3명이 체포되었다.[31] 예안 시위로 재판을 받은 사람은 모두 50명이다.[32]

---

28 류시중·박병원·김희곤 역주, 앞의 책, 71~72쪽
29 류시중·박병원·김희곤 역주, 위의 책, 71~72쪽
30 독립운동사편찬위원회, 앞의책(『독립운동사』 3), 397쪽
31 류시중·박병원·김희곤 역주, 앞의 책, 71~72쪽
32 독립운동사편찬위원회, 앞의 책(『독립운동사자료집』 5), 1359쪽

[표 10] 예안면 만세운동 주도세력 및 주요 참가자

면	리	주도세력 및 주요 참가자
녹전	녹내	이종흥, 이주섭
	사신	신응숙
도산	분천	이의필, 이삼현
	온혜	이회림, 이인호, 이병린
	운곡	이유홍
	원천	이원영, 조만인
	의일	김동택
	의촌	이중무, 이운호, 이맹호
	토계	이용호, 이비호, 이영호, 이동봉, 이극호, 이기호, 이출이, 이상호, 이호준, 이동욱
예안	대곡	조사명
	부포	이성호, 조병건
	삼계	이남호
	서부	이중원, 이광호
	천전	김형진, 김두진, 김응진
임북	정산	조수인, 조방인

(3) 임동·임북면 만세운동

안동지역의 3·1만세운동은 21일이 되자 4개 면(임동·임서·길안·일직)에서 동시다발적으로 일어났다. 이것은 18일의 안동면 의거가 각 지역에 자극을 주었을 뿐만 아니라, 거사 주동자들의 준비가 신속히 전달된 결과였다. 임동 시위는 류동시(柳東蓍)가 3월 초 광무황제 장례식에 참가했다가 귀향하면서부터 계획된 것으로 보인다. 이때 류동시는 협동학교의 류동태(柳東泰)·이균호(李均鎬)와 거사 계획을 의논하고 류연성(柳淵成)과도 협의하였다. 그리고 협동학교에서 태극기와 독립선언서를 준비하였다.[33]

---

33 경상북도사편찬위원회, 1983, 『경상북도사』(중), 경북인쇄소, 307쪽

15일 편항시장(鞭巷市場)(챗거리장)의 동쪽 공동 타작장에 류연성·류동수(柳東洙)·박재식(朴載植)·류교희(柳敎熙)·박진성(朴晉成) 등이 모여서 21일 장날에 만세시위를 벌이기로 약속하였다. 그리고 많은 사람을 참여시키기 위해 류연성은 대곡동과 위동, 류동수는 마령동, 박진성과 박재식은 임동면 소재지인 증평동, 류교희는 수곡동과 박곡동, 이강욱(李康郁)과 홍명성(洪明聖)은 갈전동을 각각 맡았다.[34] 이렇게 조직적인 거사 계획을 세우게 된 데는 류연성의 역할이 컸다.

3월 21일 오후 1시쯤 지나서 기독교인 10여 명이 독립만세를 부르자 시장에 모인 군중이 호응하였다. 또 류연성은 군중을 향하여 만세를 불러야 할 이유를 설명하면서 독립만세를 외쳤다. 이때 우치다[內田] 순사가 이를 제지하다가 주재소로 도주하였고, 군중도 주재소로 향하였다.[35] 주재소로 밀고 들어간 군중은 일본 경찰이 휴대하고 있는 무기와 보관 중인 무기를 모두 빼앗고, 지적도·호적부·지세명기장 등 중요 서류도 파기하였다. 이때 시위대는 일본 경찰을 완전히 제압하고, 우치다 순사와 한국인 순사보 등을 때려서 거꾸러뜨렸다. 이때 오카다[岡田] 순사가 신덕리(임서면) 주재소로 도망갔고, 주재소는 시위 군중으로 꽉 차게 되었다.[36] 이들은 주재소를 부수고, 주재소의 무기를 몽땅 우물에 버렸다. 이어 면사무소를 습격하여 기구와 서류를 파기하고 건물을 부수었다. 시위 군중은 22일 새벽 2시경에 전원 해산하였다. 군중이 흩어진 뒤 새벽 5시 무렵 안동에서 수비대가 왔으나, 시위 현장에 아무도 없어 체포된 사람이 없었다. 이때 시위에 직·간접적으로 참가한 인원이 1,500명을 넘었다고 전해진다.

---

34 독립운동사편찬위원회, 앞의 책(『독립운동사자료집』 5), 1348쪽
35 독립운동사편찬위원회, 위의 책, 1338, 1348쪽
36 독립운동사편찬위원회, 앞의 책(『독립운동사자료집』 5), 1352~1357쪽 ; 류시중·박병원·김희곤 역주, 앞의 책, 74쪽

임동 시위를 주도했던 이강욱과 홍명성은 영양군 청기로 달려가서 3월 24일 청기 3·1운동을 주도하였고, 그날 밤 영양군 입암의 이원오(李元五) 집에서 이곳으로 온 류동수와 합류하여 25일 영양 시위를 주도했다고 한다.[37]

한편 임동 시위대의 일부가 3월 22일 오후 2시쯤 이웃에 있는 임북면 소재지인 사월(현 임동면 사월리)로 몰려가 그 지역 사람들과 합세하였다. 300여 명의 시위대는 면사무소와 숙직실을 모두 부수고, 서류도 파기한 뒤 오후 5시쯤 자진 해산했다.[38] 21일에서 22일까지 임동 챗거리와 사월에서 일어난 시위로 체포되어 재판에 회부된 사람은 모두 69명이었다. 이 숫자는 경북지역 면 단위 시위에서 가장 많은 기소자를 기록한 것으로, 시위가 얼마나 과격하고 격렬했는지를 증명하는 것이다. 이외에도 길안면과 임서면에서 펼쳐진 만세운동에서도 해당 지역 관공서를 파괴하는 등 격렬한 시위를 전개하였다.

[표 11] 임동·임북면 만세운동 주도세력 및 주요 참가자

면	리	주도세력 및 주요 참가자
임동	마령	류치득, 류동수
	박곡	류교희
	수곡	류연익, 류연태, 류종식, 류연기, 류동수, 류동혁, 류동복, 류 동, 류동환
임북	계곡	류연성, 이승연, 김옥창
	구룡	류기영
	사월	류경발
영양	신해	류춘흠

---

37 『대구매일신문』 1982년 5월 8일 자
38 광복회 대구·경북연합지부, 1991, 『대구·경북항일독립운동사』, 신흥인쇄소, 147쪽

2) 일제의 탄압과 인명 피해

경북의 3·1운동은 3월 8일에서 5월 7일까지 두 달 동안 지속되었다.[39] 절정기는 3월 하순부터 4월 초순까지였는데, 안동의 시위는 3월 중·후반에 집중되었고 경북에서 인명 피해가 가장 컸다.[40] 3월 12일 총독은 부대 배치 명령을 내렸다. 안동에는 시위가 한창 달아오르던 22일에 보병 제80연대에서 1개 중대 병력이 배치되었다. 당시 안동에는 78명의 일본 경찰이 주재하고 있었는데, 안동경찰서에 서장(경시) 1명, 경부 1명, 경부보 3명, 순사부장 7명, 순사 21명이, 주재소에 순사부장 15명과 순사 30명이 각각 배치되어 있었다. 파견되어 온 군대는 경찰과 합동작전을 펴면서 시위 탄압에 나섰다. 일본 경찰은 17일 예안과 18일 안동에서 시위가 일어났을 때 단호한 조치를 취하지 않았기 때문에 23일 안동에서 대규모의 시위가 일어난 것으로 생각하였다. 그리하여 23일에는 모든 수단을 강구하여 시위대를 무력으로 진압하면서 많은 피해가 발생했다.

안동 시위의 인명피해는 일본 측 기록과는 큰 차이를 보인다. 우리 측 기록에는 안동군민 전체가 참가한 23일의 안동면 시위에서 30여 명의 피살자가 발생하였으며, 임서 시위(21일) 직후인 26일에 주동자 색출 과정에서 5명이 살해당했다고 전해진다. 당시 안동면 시위를 이끌었던 송기식은 죽음을 당한 자가 40여 명이라고 기록했다.

---

39 독립운동사편찬위원회, 1983, 『독립운동사자료집』 6, 고려서림, 542쪽
40 일제 자료에 기록된 경북지역 만세시위 관련 피살자 26명(류시중·박병원·김희곤 역주, 앞의 책, 63쪽) 가운데 안동이 15명(국회도서관, 1976, 『한국민족운동사료』 중국편, 246쪽)으로 가장 많다.

[표 12] 안동지역 3·1운동의 인명 피해 상황

시위	예안 1차	안동 2차	임서	길안	예안 2차	안동 3차
피해 내역	부상 5명	부상 2명	피살 3명 부상 5명	부상 1명 (여자)	부상 13명	피살 15명 부상 20명

* 자료 : 경상북도경찰부,『고등경찰요사』. 국회도서관『한국민족운동사료』(3·1운동 편).『매일 신보』1919년 3월 26일자

그런데 안동면 시위에서 이름이 밝혀진 피살자는 김옥진(金玉鎭)·권두경(權斗慶)·이암회(李岩回)·권도익(權道益)·황영남(黃永南)·김필수(金鉍洙)·김회백(金會伯) 등 7명이고, 임서 시위로 일본 경찰의 주동자 검거 과정에서 피살된 사람은 임호일(林浩逸)·임지열(林志烈)·김도주(金道周)·신필원(辛必元)·신달석(辛達石) 등 5명이며, 길안시위 뒤 피살된 사람은 손두원·김필락 등 2명으로 총 14명에 불과하다. 따라서 우리 측 기록은 3·1만세 이후 일제 경찰에 의한 취조 과정에서 고문과 그 후유증으로 숨진 안동 전체 사망자를 모두 합친 숫자로 보아야 할 것 같다. 당시 일본 외무성과 육군성의 기록에 경상북도 전체의 사망자가 25명, 부상자가 72명이라고 밝힌 것과는 큰 차이를 보이며, 심지어 조선총독부 기관지인『매일신보』에서는 사망자 15명, 부상자 108명으로 보도하였다.

[표 13] 안동지역 3·1운동 수형 현황 (단위 : 명)

형량 \ 지역	7년	6년	5년	4년	3년	2년 6월	2년	1년 6월	1년	10월 이하	집행 유예	계
예안			1	1	3	1	4	5	19	13	2	49
안동					1		4	1	7	8	1	22
임동	1	5			6	3	43	1		2	6	67
임서							2	11	2			15
길안			3		1				1	5	5	15
계	1	5	4	1	11	4	53	19	33	28	9	168
비율(%)	1	3	2	1	6	2	32	11	20	17	5	100

[표 13]은 시위 주도세력의 수형 현황을 기간별로 정리한 것이다. 이 표에 따르면 안동지역 3·1운동으로 실형을 받은 사람은 168명이다. 23일의 안동면 시위에서는 사상자가 많이 발생하기는 했지만, 거군적인 최대 규모 시위였던 것에 비해서는 수형자의 숫자나 형량이 비교적 적은 편이다. 가장 격렬한 시위를 벌인 임동에서는 67명의 수형자가 발생했을 뿐만 아니라 시위 주동자인 류연성이 안동에서 최고형인 7년을 선고받고 결국 옥사하였다.

3) 주도세력의 성격

첫째, 사회적인 성격을 정리해 보면, 유림세력이 단독으로 시위를 주도했던 지역은 예안면과 임동면 두 곳이다. 또 규모가 아주 작기는 하지만, 예안시위 다음 날 진성이씨 동성마을인 도산면에서도 유림이 중심이 되어 시위를 주도하였다. 이것은 예안의 시위가 계속 확산되어 갔던 것을 의미한다. 예안 시위는 계획단계에서 기독교도의 역할이 있었지만, 전반적으로 유림에 의해 전개되었다. 그런데 안동면 2차 시위는 유림과 기독교도가 연합하여 시위를 벌였다. 예안 시위의 주도세력으로서 재판에 회부되어 형을 받은 사람은 50명(징역형 49명, 태형 1명)이었고, 재판에 회부되지 않고 태형을 받은 사람은 9명이었다. 수형자 59명 중 36명이 향반 출신으로서, 예안 시위의 주도세력은 유림이 61%를 차지했다. 이들은 진성이씨 21명, 횡성조씨 5명, 영천이씨 3명, 우계이씨 2명, 선성(예안)김씨 4명, 평산신씨 1명으로 진성이씨가 전체의 60%를 차지한다.

임동은 전주류씨를 중심으로 한 향반이 시위에서 주도적인 역할을 담당하였다. 이들은 수곡동과 박곡동에 동성마을을 이루고 있었다. 임동 시위에서 재판에 회부되어 실형을 선고받은 67명 중 전주류씨를 중심으로 한 유림이 18명으로 27%를 차지하고 있다. 이들 중 시위에서 주도적인 역할을 맡은 류연성·류동수·류교희·류동환 등은 모두 정재 류치명(定齋 柳致明)의 증손인 류동시와 가까운 혈연관계를 맺고 있었다. 임동면 수곡동은 전주류씨의 동성마을일 뿐만 아니라 사립 협동학교가 소재한 곳이기도 했다.[41] 이곳에서 태극기와 독립선언서를 준비하였으며 협동학교 출신자들에게 연락하여 임동 시위에 참여할 것을 종용하기도 하였다. 협동학교 출신으로 임동 시위에 적극 참여한 인사로 류동혁·류연태·류연기 등이 있다. 이러한 정황으로 볼 때 임동 시위의 구심체는 협동학교와 류동시를 축으로 하는 학연·혈연·지연의 결속 세력으로 볼 수 있다.

둘째, 경제적인 측면을 정리해 보면, 만세운동을 주도하였던 유림층은 대부분 농업을 기반으로 삼고 있었다. 주요 인물인 송기식은 서산 김흥락(西山 金興洛)의 학통을 계승한 유림으로서 경제적 배경도 농업이 중심이었다. 그는 유림이기에 직업이 당연히 농업으로 나와 있지만, 실제로 농사를 지은 것이 아니고 농업을 배경으로 하고 있다고 보아야 할 것이다. 대다수의 안동 유림들이 관직과는 거리가 멀고 토지 경제에 바탕을 두고 있던 신분이었기 때문에 직업이 농업으로 기록된 것이다. 예안 시위의 수형자 59명을 분석해 보면, 주도세력의 71%가 농업에 종사했다. 면장을 비롯한 관직자 15.2%, 상업 6.8%, 교사와 학생이 각각 3.4% 등이었다. 농업 가운데 중농층으로 보이는 4명(이동욱·이호명·조만인·신동희)을 제외하고는 자작농 내지 자·소작농으로 여유롭지 못한 경제적 위치에 있었다. 임동·임북 시위로 재판에 회부된 68명(2명은 무죄 판결) 가운데 농업에 종사한 사람은 59명으로 거의 88%를 차지한다. 농업 외에 음식점(이강욱·박진성), 고용인(천양쇠), 날품팔이(김은수), 도살업(황점봉) 등 5명과

---

41 경상북도사편찬위원회, 앞의 책, 307쪽

직업을 알 수 없는 4명(김실경·김석이·천승락·김수철)까지 농업이 아니라 하더라도 시위 주도세력의 경제적 바탕이 대부분 농업으로 나타나고 있다. 이것으로 볼 때, 당시 유림이라는 사회적·신분적인 위치와 경제적인 형편이 일치하지 않는다는 것을 알 수 있다.

한편 기독교인들은 거의 대다수가 상업적인 농업 및 양축업에 종사하고 있었다. 김병우·이중희·황인규·김계한 등은 복숭아와 같은 과수를 재배하면서 소규모 철공소도 경영하고(이중희), 안동교회에서 운영하는 계명학교(啓明學校) 교사로도 활동했으며(이중희·김익현), 권점필은 기독교 서점을 운영하였다. 이렇게 볼 때 기독교인들은 전통적인 농업보다 시장성 있는 상품을 재배하고, 생산하는 경제활동에 종사하는 계층이었다고 할 수 있다. 이처럼 안동 3·1운동의 주도세력은 경제적으로 볼 때 농업에 기반을 둔 자작농 내지 자·소작농 정도의 부유하지 못한 유림이 대부분이다. 일반 농민의 경우도 중농의 비율이 아주 낮고 대부분 영세하고 빈한하였다. 이 지역은 특히 유교적인 가치관이 중시된 곳이었기에 상공업보다는 농업에 강한 집착을 보였다. 그러나 안동면 2차 시위의 한 갈래를 맡은 기독교 주도 인물의 직업은 상공업분야가 많았는데, 이들 다수는 몰락 양반이나 중인계층 인물이었다.

셋째, 종교적인 성격을 살펴보면, 안동은 개항 직후 위정척사운동의 중심지가 되었는데, 전국에서 가장 먼저 일어난 의병항쟁은 그러한 성향을 잘 보여주는 것이었다. 그런데 전·중기 의병항쟁 이후 안동 유림에도 커다란 변화가 나타났다. 혁신유림들이 신교육체제를 받아들여 교육구국운동을 펼쳐 나간 것이다. 그러나 개화를 거부하며 의병적 기질을 가지고 있던 척사 유림은 향리에서 서당을 운영하면서 후진을 양성하기도 하고, 또 절개를 지키기 위해 두문불출하거나, 경술국치 이후에는 자결을 통해 위정척사적 대의명분을 지키려고 하였다. 이러한 저항정신은 안동지역 3·1

운동에서도 그대로 나타난다. 안동면의 경우는 송기식을 중심한 유림이 움직였고, 예안과 임동의 경우도 진성이씨와 전주류씨 문중을 비롯한 유림들이 주도해 나갔다. 위정척사운동과 의병항쟁 및 계몽운동을 이끌어 왔고, 또 전국적으로 가장 많은 수의 순절자를 남긴 안동에서 그 유학적 명분과 힘이 3·1운동을 통해 일제의 통치기관을 파괴하고 체제를 부정하는 격렬한 시위로 그 모습을 나타낸 것이다. 그리고 유림들은 파리장서운동에 힘을 보태며 3·1운동의 또 다른 줄기에 참가하였으며, 1920년대 들어서는 좌우파로 분화되면서 민족운동을 줄기차게 이어 나갔다. 그러나 그 활동은 이미 종교적 차원을 떠난 것이었다.

시위 주도세력에는 이들 유림 외에, 기독교도들의 적극적인 시위 주도도 주목된다. 안동에 1908년 선교부가 설치되고 1909년 8월에 안동교회가 창립되었으니, 3·1운동 당시는 선교 10주년이 되는 해였다. 안동지역의 만세시위 14회 중에 6회는 기독교도들이 주도세력으로 활약한 것으로 보인다. 예안 시위에서 기독교도가 선두에서 만세를 불렀으며, 안동면 시위에도 김영옥 목사나 장로들이 앞장섰다. 또 임동 시위에서도 기독교도한 무리가 참여하였다.[42] 그리고 오대교회 교인들이 임서 시위를 주도하였고, 풍산면 시위 주도세력도 30여 명의 기독교인들이었다. 3·1운동 때에 관서지역과 서울에서 기독교인이 주동이 된 것은 널리 알려져 있으나, 위정척사적 저항정신이 드높았던 유림의 고장인 안동에서도 시위 계획단계에서 기독교도들이 참여했다는 사실은 눈여겨 볼만한 대목이다. 유학의 권능이 한풀 꺾인 사상적 공백기에 기독교가 점차 터를 잡아가기 시작하였다. 평소에 자기주장을 표출하지 못하던 그들은 3·1운동이 전국적으로 확산되어 가자 만세시위를 통한 구국의 대열에 동참하여, 자신들의 존재

---

42 독립운동사편찬위원회, 앞의 책(『독립운동사자료집』 5), 1338쪽

가치를 선명하게 드러내 보였다. 하지만 이들이 3·1운동에만 반짝 고개를 내밀었다가 그 이후 민족운동에는 계속해서 동참하지 못한 것은 아쉬운 점이다.

넷째, 시위 주도세력의 또 다른 특징은 일제 식민통치의 말단 행정조직인 면장·면서기·잠업교사와 마을에서 여론을 선도할 만한 위치에 있는 동장이 상당수 참여하고 있었다는 점이다. 면장 신상면, 면서기 이광호·이남호·이중원·이병린, 잠업교사 이시교 등이 예안 시위에서 중요한 역할을 맡았다. 일제는 1910년 9월 30일 조선총독부 지방관제를 발표했는데, 그 중점은 면 기능의 강화에 있었다. 그런데 이미 통감부 시기부터 면은 일제의 징세와 치안의 말단기구로 기능이 강화되기 시작하였다.[43] 1914년 4월 317개 군이 218개 군으로 줄어들 때, 예안군이 안동군으로 통합되면서 예안면으로 낮추어졌다.[44] 일제는 '면'이라는 최하부 조직을 통해 통치력을 행사하였다. 점차 친일적 인물에게 면장직을 맡기고서, 통치자로 자리 잡게 만든 것이다. 그런데 예안의 경우는 아직도 일제에 타협하지 않는 인물이 면(面) 행정을 맡고 있었다. 그가 면서기를 지휘하고, 지역 지도자들을 규합하여 시위를 전개했던 것이다.

---

43 염인호, 1984, 「일제하 지방통치에 관한 연구」, 연세대 석사학위논문, 6~7쪽
44 김희곤, 1997, 『안동 사람들의 항일투쟁』, 지식산업사, 242~249쪽. 1914년 당시 안동군은 예안군을 병합하여 20개 면(부내면-안동면, 동후면, 남선면, 남후면, 서후면, 북후면, 임현내면, 임동면, 임서면, 임북면, 길안면, 일직면, 풍남면, 풍서면, 풍북면, 와룡면, 풍산면, 예안면, 녹전면, 도산면) 194개 동리로 재편되었다.

5. 영덕과 안동지역 만세운동의 특성–격정적인 시위지역을 중심으로

안동의 3·1운동은 1919년 3월 13일 이상동의 1인 시위부터 3월 27일 풍남면 하회시위까지 모두 14회에 걸쳐 1만여 명이 참가하였고, 17일에서 23일까지가 절정기였다. 그 가운데 안동면과 예안면 그리고 임동면은 1,500여 명에서 3,000명에 이르는 대규모의 시위 항쟁을 펼쳤다. 이를 제외한 나머지 다른 시위는 수십 명에서 300명 정도였다. 안동군 19개 면 가운데 11개 면에서 시위가 일어났는데 시위가 일어나지 않은 면은 장이 서지 않는 소규모의 작은 면이었고, 그 지역 사람들은 인근에 있는 큰 면의 만세시위에 참가하였다. 특히 23일 안동면 시위는 사실상 안동군민 전체가 참여한 만세시위로서, 30여 명이 살해당하여 경북에서 인명 피해가 가장 큰 시위였다. 13일부터 시작된 안동의 3·1운동은 18일까지는 비교적 온건한 시위 모습을 보였다. 그런데 18일부터 시작된 안동면 2차 시위가 밤 12시를 넘어서자 공격적인 양상을 보이기 시작했다. 이때부터는 식민통치기관에 대한 과감한 공격을 가하는 투쟁 양상을 나타냈다.

영덕지역 3·1운동은 3월 18일 영해와 영덕에서 처음 시위가 일어난 이후, 4월 4일 남정 시위에서 마지막 불꽃을 불사를 때까지 17일간에 걸쳐 총 8회의 만세운동이 전개되었다. 당시 9개면 가운데 6개면에서 만세운동이 일어났는데, 영덕과 영해를 중심으로 인근지역에서 집중적으로 전개되었으며 시위 형태가 그대로 이어졌다. 즉, 영덕을 중심으로 한 남부지역에서는 영덕시위와 마찬가지로 평화적인 형태의 만세운동으로, 영해와 인접한 북부지역은 공격적인 성격을 띤 시위의 성격을 보여준다.

안동과 영덕(영해)은 지역적으로 거리가 먼 곳이지만, 이곳에서 전개된 만세운동을 살펴보면 유사한 모습을 확인할 수 있다. 공통적인 모습과 특성을 다음과 같이 정리할 수 있을 것이다. 첫째, 이 지역 3·1운동의 밑바탕에는 조선후기부터 이어져 내려온 저항의식이 깔려있으며, 특히 의병항쟁의 경험이 큰 역할을 하였다. 이러한 저항정신과 의병항쟁의 경험이 3·1운동뿐만 아니라 이후에 전개되는 민족운동의 뿌리가 된 것이다.

둘째, 이 지역의 유림들이 국외 독립운동단체와 연결고리를 형성하고 있었다. 일제에게 강제로 국권을 빼앗긴 직후 이 지역의 대표적인 유림들이 문중적 차원이나 개인적인 차원에서 만주지역으로 망명하여 독립운동을 전개해 나갔다. 그들은 수시로 국내로 들어와 군자금이나 독립군 모집활동을 하면서, 자연스럽게 이곳 친척이나 동기들과 접촉하게 되었다. 이 지역 유림들은 이들을 통해 만주에서 전개되던 독립운동의 정황을 접하면서, 독립운동에 대한 상황을 파악하고 있었다. 따라서 이 지역 유림들은 독립 쟁취의 가능성에 대해 생각하였고, 국내에서 그것을 위한 실천 운동이 전개되면, 언제든지 투쟁의 대오에 합류할 태세를 갖추고 있었던 것이다.

셋째, 만세운동을 주도한 인물은 유림과 기독교인이 주된 축을 이루었다. 이 지역 3·1운동을 준비하고 계획하는데, 기독교인들의 역할이 컸다. 하지만 이것을 끌고 나간 것은 유림과 민중들이었다. 그렇다고 유림세력이나 기독교가 독자적으로 자신들만의 만세운동을 펼친 것은 아니다. 곳곳마다 두 축이 각각 독립적으로 추진하기도 했지만, 협력하여 함께 만세운동을 펼친 곳도 많았다. 전통 유림세력이 강고한 곳에서는 그들의 역할이 돋보였고, 그렇지 않은 곳에서는 새롭게 들어선 기독교의 목소리가 높았다. 1910년대에 접어들면서 지역 곳곳에 들어섰던 교회가 바로 3·1운동을 통해 처음으로 민족문제에 참여하게 된 것이다.

넷째, 일제에 의한 행정구역 개편도 만세시위가 공격적인 모습으로 바뀌는 데 일조했다는 사실이다. 영덕의 경우 현 영덕군소재지를 중심으로 남부와 북부가 시위 양상이나 형태적 성격에서 현저한 차이를 보여주고 있다. 영덕을 중심으로 한 남부지역에서는 태극기를 앞장세운 평화적인 만세운동의 형태를 띠고 있는 반면에, 북부지역은 주재소·면사무소 등을 파괴하는 등 공격적인 모습을 보여주고 있다. 따라서 북부지역에는 진압 병력의 발포로 시위 현장에서 8명이나 숨지는 불상사가 발생하기도 했으면, 영덕지역에서 가장 많은 수형자가 생겼으며 높은 형량을 받았다. 이처럼 북부지역에서 공격적인 시위 형태를 보여줄 수밖에 없었던 것은 일제의 지역 차별적인 통치 방식에서 그 원인을 찾을 수 있다. 영해를 비롯한 북부지역은 일제가 한반도를 강점하기 전까지 영덕지역의 정치·사회·경제·문화의 중심지 역할을 담당하였던 곳이었다. 또한 신돌석의진의 주요 활동 거점이었기 때문에 자연스럽게 일제의 감시 대상지역이 되었다. 일제는 영해지역의 항일정신을 꺾기 위해 1914년 행정구역통폐합이라는 무기를 앞세워 이곳의 위상을 영덕면으로 통합하였고, 또한 어업의 전진기지이자 국방상 중요한 위치를 차지했던 축산항의 기능을 그들이 개척한 강구항으로 넘겼다. 이러한 일제의 지역적 차별로 쌓인 불만이 영해 시위에서 그대로 표출된 것이다. 안동의 경우 예안면은 조선시대부터 독립된 행정구역으로 존재해 오다가, 일제의 행정구역 개편으로 안동군으로 흡수되었다. 또한 안동 유림들의 정신적인 구심점이었던 도산서원이 있는 곳이다. 한말에는 예안(선성)의병이 결성되어 처절한 항일투쟁을 펼쳤으며, 시대적인 흐름에 따라 계몽운동을 전개하기도 했다. 아울러 안동의 대표적인 자정순국자를 배출한 지역이었다. 이처럼 지역적인 자부심을 지닌 곳이 안동과 통합되면서 이곳의 주민들은 많은 실망과 일제에 대한 적개심을 품게 되었다. 이러한 복합적인 상황이 이 지역 만세운동이 공격적으로 변하는 요인으로 작용했을 것이다.

다섯째, 이 지역에서는 학생들이 주도세력으로 만세운동에 참여한 흔적을 찾아볼 수 없다. 경북지역에서는 학생들이 만세운동을 주도하거나 적극적으로 참여한 경우가 많은 편인데, 이 지역에서는 그러한 적극적인 모습을 찾아보기 힘든 편이다.

6. 맺음말

1919년에 들면서 나라 안팎을 달군 한국인의 거대한 항일투쟁이 3·1독립선언이요, 만세운동이다. 시점으로 말하자면 한국 독립운동사 51년 가운데 꼭 중간에 해당하고, 성격으로 보면 독립운동의 분기점이라 평가된다. 3·1운동은 제국주의 침략 물결에 맞서는 것이었다. 비록 제국주의 열강 가운데 승전국이 중심이 되어 판을 짰던 파리강화회의였지만, 여기에 식민지 해방 문제를 다루도록 요구하고 나선 것이다. 이러한 노력은 식민지 국가들에게는 귀감이 되지 않을 수 없었다. 제1차 세계대전 직후 활발하게 일어난 식민지 해방운동의 선상에서 3·1운동은 시간적으로 선두에 있었고, 그 반향이 결코 작지 않다. 또 참가자들의 비율도 그러했으며, 무저항 비폭력 투쟁의 방법에서, 또 인류사회가 지향해 갈 인도주의를 제시한 사상적인 면에서도 높게 평가해야 할 것이다.

3·1운동 이후 독립운동의 양상은 크게 발전하였다. 사상적으로 대한민국임시정부가 세워지면서 한국 역사에서 처음으로 민주공화정이 발을 내디뎠고, 또한 3·1운동 과정에서 사회주의 물결이 국내로 밀려들기 시작했다. 따라서 1920년대 이후 한국 독립운동은 흔히 말하듯이 민족주의와 사회주의라는 두 가지 사조로 진행되었다.

안동과 영덕지역의 3·1운동은 만세운동으로 끝나지 않고, 그 이후 이

지역 항일운동의 인적·물적 구심점이 되었다. 안동의 경우, 이 운동을 통해 성장한 유림과 안동 사람들은 만세운동의 정신을 잇고자 유림단의거 (1·2차)에 참여하거나, 1920년대 사회주의 사상을 기반으로 한 대중운동 그리고 만세운동의 결정체인 대한민국 임시정부를 지원하기 위한 활동 등에 참여하게 된다. 영덕의 경우, 1920년대 청년운동과 사회주의운동 그리고 1930년 대중적인 혁명운동(영덕·영양콤그룹)이 이 지역을 중심으로 펼쳐지게 된다.

종교계 중심의 전라도 만세시위
- 선행연구 검토와 향후과제 제시를 중심으로 -

한 규 무(광주대학교 호텔관광경영학부 교수)

Ⅰ. 머리말

이 글은 1919년 3·1운동 당시 전라도의 천도교·기독교[1] 등 종교계가

---

1 여기서 '기독교'는 '개신교'를 뜻한다. 천주교인들이 3·1운동에 참여한 사례도 여럿 있으며, 지역적으로는 서울·경기·경북·황해 등에서 확인된다(윤선자, 1997, 「3·1운동기 천주교회의 동향」『전남사학』11, 전남사학회, 476~477쪽). 전라도의 사례는 아직 확인되지 않는다.

어떻게 참여했는지에 대한 선행연구를 검토하고 향후과제를 제시하려는 것이다. 전남·전북의 3·1운동에 대해서는 몇 차례 종합적으로 정리된 적이 있었지만,[2] 종교계의 동향에 초점을 맞춘 사례는 많지 않은 것같다.[3]

여기서 '종교계 중심'의 '전라도 만세시위'라 함은 '전라도 만세시위'만 '종교계 중심'이었다는 뜻도, '전라도 만세시위'가 타지역에 비해 '종교계 중심'이었다는 뜻도 아니다. '전라도 만세시위' 중 '종교계 중심'이었던 것을 살펴보겠다는 것이다. 3·1운동 당시 천도교와 기독교 등 종교계의 참여가 활발했음은 주지의 사실이다. '민족대표 33인'이 모두 종교인이었으며, 그 조직이 만세시위에 적극 활용되었다. 전라도 역시 예외가 아니었다.

그런데 '종교계 중심'이란 무엇인지 모호할 수 있다. 종교인들이 '주도'했다는 뜻인지, 종교인 '다수'가 참여했다는 뜻인지, 몇몇 종교인이 '두각'을 나타냈다는 뜻인지, 종교인이 참여한 '사례'가 많다는 뜻인지 구분이 쉽지 않다. 어느 지역에서 천도교인과 기독교인이 함께 참여한 사례가 있다 해도 그것이 사전협의를 통한 연대였는지 독자적 행동의 결과였는지 판단이 어렵다. 선행연구에서는 종교인이 다수 참여했다고 나오지만 구체적으로 누가 어떤 종교인인지 언급되지 않는 경우가 상당수라는 점과 더불어 필자가 기독교 민족운동사를 전공했지만 천도교에 대해서는

---

2 독립운동사편찬위원회, 1971, 『독립운동사③ : 3·1운동사㉖』, 독립유공자사업기금운용위원회 ; 전라북도, 1989, 『전라북도지①』, 전라북도 ; 전라남도지편찬위원회, 1993, 『전라남도지⑧』, 전라남도 ; 박이준, 2001, 「전남지방 3·1운동의 성격」 『국사관논총』 96, 국사편찬위원회 ; 김진호·박이준·박철규, 2009, 『한국독립운동의 역사⑳ : 국내 3·1운동 Ⅱ-남부』, 독립기념관 한국독립운동사연구소

3 논문으로는 다음과 같은 것들이 있다 : 한규무, 2000, 「광주·전남 기독교인들의 3·1운동 참여와 동향」 『한국기독교와 역사』 13, 한국기독교역사연구소 ; 조규태, 2004, 「전남지역 천도교인들의 3·1운동」, 『동학연구』 17, 한국동학학회

문외한이라는 점도 큰 부담이 되었다. 그러다 보니 실제보다 기독교측의 활동이 부각되었을 수도 있다.

이 글은 선행연구 정리와 일제측의 인식 분석, 향후과제 제시 등으로 구성하고자 한다. 3·1운동 100주년을 맞는 이 시점에서 선행연구의 성과를 넘어서는 새로운 내용이 되어야 하는데 검토와 정리 수준에 그치고 말았다. 필자의 역량 부족을 새삼 절감하며, 부디 이 글이 향후 전라도 3·1운동 연구에 작게나마 도움이 되기를 바라는 마음 간절하다.

II. 선행연구 검토① : 전라도 3·1운동의 지역별 추이

전라도 3·1운동의 지역별 추이에 대한 선행연구[4]의 내용을 정리하면 다음과 같다.

---

4 가장 최근의 연구성과인 김진호·박이준·박철규, 2009, 『한국독립운동의 역사⑳ : 국내 3·1운동Ⅱ-남부』, 141~240쪽의 내용을 정리한 것이다.

3월

지역	1	2	3	4	5	6	7	8	9	10	11	12	13	14	15	16	17	18	19	20	21	22	23	24	25	26	27	28	29	30	31
광주①								광주읍(전남)분파		광주읍(전남)																					
광주②																															
담양													담양읍																		
곡성①																															
곡성②																															
나주					[불명](남평)남평리										나주읍					동화동 [불명]포 다미면							다시면 동				
장성⑦																삼서면 복룡리유(남창)															
순천②															장흥면	순천읍															
보성																															
무안																															
구례																								구례읍(전남)	구례읍						
광양																										광양읍					
승주																										영광읍	승주읍		곡성읍(전남)		
고흥②																										영광읍 영광읍 [불명]					
목포②																									용당리	[불명](남창)남창리					
무안														망운면				망운면 도동리		망운면											
함평										영광읍				영광읍																	
영광																															
진도															완도읍																구학읍
단양																															
진도																															
완도①																														표성리 등	
완도②																					조천리	조천리	조천리(전남)								
제주②																															

전라 남도①

종교계 중심의 전라도 만세시위 265

4월

지역	1	2	3	4	5	6	7	8	9	10	11	12	13	14	15	16	17	18	19	20	21	22	23	24	25	26	27	28	29	30
							광주읍																		광주읍					

지역	3월																														
	1	2	3	4	5	6	7	8	9	10	11	12	13	14	15	16	17	18	19	20	21	22	23	24	25	26	27	28	29	30	31
전주⑩													전주읍 서정	전주읍 완산정			초포면 송천리		봉동면 장기리 (완주)				전주읍 (완주)	삼례면							
임실㉛										둔남면 오수리					청웅면 구고리 당저리		봉동면 청웅면 구고리 당저리		지사면 방계리 청웅면 구고리 둔남리		지사면	둔남면 오수리 강진면 갈담리 청웅면 당저리									
정읍㉚										이평면						태인면		능교리 태인면 (정읍)													
순창㉒															순창읍 (장남) (분면)	순창읍 (장남) [분면]				순창읍			정읍 [분면]								
남원㉙					군산부													덕과면 금암리 (남원)													
금구㉗									개정면 구량리																						
무주⑦																															
김제㉓									부용역 (김제)											수류면											
부안㉕															무장면				고창읍 (장남)		고창면										
고창													상패면 (장남)										신태인 신곡리 오성리		신태인 오성리						
장수㉘																			신태인 동령리 (장남)				신태인 사무소 강점리 사거리		(장남) 화화리						
함열																									함열리 (장남)						
무안																															
군산																							옥구 (장남)		옥구 (장남)			옥구 (장남)			옥구 무안면

종교계 중심의 전라도 만세시위 **267**

지역	1	2	3	4	5	6	7	8	9	10	11	12	13	14	15	16	17	18	19	20	21	22	23	24	25	26	27	28	29	30
전주 (부)			전주읍																											
임실 (군)																														
남원 (군)		정읍 (정읍)			신태인면 신용리 오룡리 신천리																			용담면 (진안) 송풍리						
순창 (군)				이리 (익산)																										
정읍 (군)																														
군산 (부)																														
무주 (군)																														
진안 (군)				남정면 신평리 (정읍)													좌포 (진안)												
익산 (군)				대장촌 (익산)																										
고창																														
진안면 (진안)					마령면 평지리								성수면 삼봉리 도통리 (진안)																	
장수 (군)			주천면 주양리																											
진안																														
무주 (진안)	부귀읍																													
금산																														

4월

전라북도 ②

여기서 보듯이 전라도에서는 1919년 3월 중순부터 4월 중순까지 만세시위가 있었으며 전남에서는 22개, 전북에서는 15개 지역에서 만세시위의 사례(불발 포함)가 확인된다.[5] 전라도 최초의 만세시위는 1919년 3월 5일 전북 군산의 사례이다. 전남에서는 3월 10일 광주·영광이 최초의 사례이다. 이 군산과 광주의 사례는 기독교계가 주도했다. 건수(일수)로만 보면 임실(8건)-전주·함평(7건)·익산(6건)-광주(5건) 등 지역이 활발했다.

Ⅲ. 선행연구 검토② : 전라도 종교계의 3·1운동 참여

전라도 3·1운동의 종교계 참여 지역을 정리하면 다음과 같다.[6] 대체적으로 전남에서는 기독교, 전북에서는 천도교의 참여가 활발했던 것으로 보인다.

[표 1] 선행연구 : 종교계가 만세시위에 참여한 지역(불발 포함)

구분	전남	전북	합계
천도교	장흥	김제, 순창, 임실, 장수	5
기독교	광주, 목포, 장성, 진도, 화순, 제주	군산, 옥구	9
천도교+기독교	고흥, 순천, 완도	전주, 남원, 부안, 익산, 정읍	7

만세시위가 확인되는 37개 지역 중 종교계가 참여한 지역은 21개

---

5 특정지역 3·1운동에 대한 논저와 시(市)·도(道)·군(郡) 등 향토사의 내용을 참조하면 이보다 더 많은 사례가 확인될 것이다.
6 김진호·박이준·박철규, 2009, 『한국독립운동의 역사⑳ : 국내 3·1운동Ⅱ-남부』, 141~240쪽

(56.8%)로 나타난다. 전남 최초의 사례인 광주와 전북 최초의 사례인 군산, 만세시위가 활발했던 임실·전주·함평·익산 중 함평만 제외하면 모두 종교계의 참여가 확인되는 지역이다. 이로써 단순히 판단하자면 종교계의 참여가 확인되는 지역에서 만세시위가 상대적으로 신속·활발하게 전개되었다고 할 수 있다.

그런데 선행연구에 근거하여 정리한 이같은 내용이 얼마나 정확한지는 장담하기 어렵다. 1919년 5월 20일 현재 광주지방법원 본청 및 지청의 기소자의 종교별 현황을 정리하면 다음과 같다.[7]

[표 2] 광주지방법원 본청·지청 기소자의 종교별 현황(1919.05.20.)

청명		총인원	불교	유교	천도교	예수교	무종교	불명
전남	광주본청	139(25)	-	-	1	81(25)	57	-
	순천지청	43	-	-	15	-	28	-
	목포지청	69(4)	-	3	-	17(4)	49	-
	장흥지청	89(1)	-	-	2	8(1)	75	4
	제주지청	29	-	-	-	1	28	-
	소계	369(3)	-	3	18	107(30)	237	4
전북	전주지청	178(15)	2	-	19	38(15)	98	21
	금산지청	13	1	-	-	1	7	4
	남원지청	11	-	-	11	-	-	-
	정읍지청	35	-	-	-	1	34	-
	군산지청	79	-	-	19	26	4	30
	소계	316(15)	3	-	49	66(15)	143	55
총계		684(45)	3	3	67	173(45)	380	59
%		100%	0.04%	0.04%	9.80%	25.29%	55.56%	8.63%

※ ( ) 안은 여성의 숫자

---

7 3·1운동 관계 기소인 종교별표(광주지방법원 관내 : 1919.05.20. 현재) : 독립운동사편찬위원회, 1971, 『독립운동사③ : 삼일운동사⑨』, 636쪽

기소자들이 만세시위에서 주도적 역할을 한 인물이라 가정한다면, 전라도 만세시위를 주도한 종교계는 천도교·기독교였고 불교·유교의 역할은 미미했다. 전체적으로 기독교인의 비중(25.29%)이 천도교인의 비중(9.80%)보다 컸으며, 전남은 기독교인(29.00%)이 천도교인(4.88%)를 압도했고, 전북도 기독교인(20.89%)이 천도교인(15.51%)보다 우세했다. 아울러 여성 기소자 전원이 기독교인이었다는 점도 주목된다. 비종교인까지 포함하더라도 여성들의 만세시위 참여에서 기독교인의 역할은 거의 절대적이었다. 이들은 대부분 기독교계 여학교 교사·학생들이었다.

　　그런데 [표 1]과 [표 2]를 비교하면 이해하기 어려운 부분들이 발견된다. 종교계 중 천도교만 참여했다는 장흥의 경우 장흥지청의 기소자 중 천도교인은 2명, 기독교인은 8명이다. 천도교와 기독교가 참여했다는 순천의 경우 순천지청 기소자 중 천도교인은 15명, 기독교인은 0명이며, 남원의 경우 남원지청 기소자 중 천도교인은 11명, 기독교인은 0명이고, 정읍의 경우 정읍지청 기소자 중 천도교인은 0명, 기독교인은 1명이다. 기독교만 참여했다는 군산의 경우 군산지청 기소자 중 천도교인은 19명, 기독교인은 26명이다.

　　물론 지방법원 본청·지청이란 것이 소재지역은 물론 인근지역 주민들도 재판을 받는 곳이라는 점을 감안해도 어색하다. 그 이유는 무엇일까. 필자는 선행연구의 내용(표 1)보다는 일제측의 통계(표 2)를 좀더 신뢰한다. 선행연구의 대부분은 독립운동사편찬위원회, 『독립운동사③ : 3·1운동사⑤』를 많이 참고했는데, 『독립운동사③』은 판결문을 주로 활용한 것으로 보이나 주석이 상세하지 않다. 그리고 판결문에 나오지 않는 내용도 적지 않은데, 특히 종교계의 참여 부분이 그러하다. 섣부른 예단일 수 있지만, 선행연구의 내용 중 종교계, 특히 기독교계의 참여에는 실제보다 확대되어 알려진 부분이 적지 않을 것이라는 것이 필자의 생각이다.[8]

그렇다면 전라도 종교계는 어떤 계기에서 만세시위를 준비하게 되었을까. 이에 대한 선행연구[9]의 내용을 정리하면 다음과 같다.

[표 3] 전라도 종교계의 만세시위 준비 계기

종교	지역		시기	내용
천도교	전남	고흥	03.초	▶ 천도교인 송연섭이 독립선언서 전달
		순천	03.02	▶ 남원교구장 유태홍이 구례 천도교인 윤상윤 등을 통해 독립선언서 35장을 순천교구에 전달
		완도	미상	▶ 미상
		장흥	미상	▶ 장흥 출신 천도교 중앙총부 상임직원 신명희가 독립선언서를 장흥에 직접 전달
	전북	전주	03.01	▶ 서울교구 인종익이 전주교구에 독립선언서 전달, 전주교구에서 다시 김제·부안·옥구·이리·익산·임실·정읍부안 등지에 전달
		김제	03.02	▶ 김제교구장 공문학이 안백균에게 독립선언서 3매 전달
		남원	03.02	▶ 임실 천도교 전도사 이기동이 이기원 등에게 독립선언서 전달, 이기원이 다시 남원교구장 유태홍에게 전달
		부안	미상	▶ 미상
		순창	미상	▶ 미상
		익산	03.01	▶ 서울에서 전주·옥구로 독립선언서 전달
		임실	03.02	▶ 전주교구에서 임실교구에 독립선언서 전달

---

8 예컨대 『독립운동사③』에는 "3월 16일 오후 2시경에는 순천읍 난봉산(鸞鳳山)에 예수교 청년회원 등 수백 명이 모여 만세를 부르며 환호성을 올리려 했는데, 헌병분견대에 의하여 이어 해산되고 5명이 일시 검속당하기도 했다(591쪽)."고 나오는데 관련 자료가 무엇인지 찾지 못했다. 이에 대해 이병헌 편, 1959, 『삼일운동비사』, 시사시보사, 913쪽에는 "순천읍 密鳳山상에서와 낙안면에서 군중 약 5백여명이 만세를 부르며 시위운동을 했는데 경찰이 달려와 발포하므로 해산을 당했다"고 나온다. 이 사례가 순천에서 기독교인이 만세시위에 참여했다는 유일한 근거이다. 순천지역 3·1운동에 대해서는 순천시사편찬위원회, 1997, 『순천시사 : 정치·사회편』, 순천시, 583~600쪽 참조

9 김진호·박이준·박철규, 2009, 『한국독립운동의 역사⑳ : 국내 3·1운동Ⅱ-남부』, 141~240쪽

종교	지역		시기	내용
		장수	03.02	▶남원 장경일이 장수교구에 독립선언서 약 100장 전달
		정읍	미상	▶미상
	전남	광주	02.말	▶서울에서 김필수 목사가 광주에 내려와 최흥종·김철 등에게 거사 제의
		고흥	미상	▶오석주가 서울 만세시위에 참여하고 귀향하여 기독교인들과 거사 계획
		목포	미상	▶미상
		순천	미상	▶미상
기독교		완도	미상	▶미상
		장성	03.08	▶광주의 기독교인 송흥진이 장성의 송주일에게 만세시위 권유서한 발송
		진도	미상	▶미상
		화순	미상	▶미상
		제주	미상	▶미상
	전북	전주	미상	▶미상
		군산 옥구	03.01	▶영명학교 교사 김병수가 서울에서 독립선언서를 갖고 내려와 거사 준비
		남원	미상	▶미상
		부안	미상	▶미상
		익산	03.01	▶[서울에서 전주·옥구로 독립선언서 전달]
		정읍	미상	▶미상

여기서 보듯이 천도교측에서는 조직적, 기독교측에서는 개인적인 통로로 만세시위가 준비되었다. 천도교측은 3월 1~2일 서울에서 전달된 독립선언서가 전주교구과 남원교구를 거쳐 다시 각지 교구로 전달되었다.[10] 천도교 교구조직이 체계적으로 활용된 것이다.

---

10 이에 대한 상세한 내용은 조규태, 2004, 「전남지역 천도교인의 3·1운동」, 231~239 쪽 참조

반면 기독교측은 개인적인 차원에서 준비가 시작되었다. 서울에서의 만세시위 소식을 듣거나 서울에서 내려온 인사들이 개인적 인맥을 활용하여 준비에 착수했다. '미상'의 상당수는 그같은 사례로 짐작된다.[11]

이처럼 천도교측과 기독교측의 준비 과정이 상이한 이유는 교단적 차원에서 참여한 것인가 아닌가의 여부와 관계가 있다. 천도교측은 교주 손병희가 3·1운동을 교단적 차원에서 추진했다. 반면 기독교측은, 장로교단이나 감리교단의 차원에서 추진한 것이 아니었다. 여전히 선교사들의 영향을 크게 받고 있었던 기독교측은 '교인'이나 '교회' 차원의 참여는 가능했으나 장로교·감리교의 '교단(敎團)'이나 장로교 '노회(老會)'·감리교 '지방회(地方會)' 등 지역조직은 활용하지 못했다. 그럼에도 기독교측은 천도교측보다 학교·병원 등 기관을 많이 운영하고 있었고, 그 교사·학생·직원의 다수가 만세시위에 참여했다.

그렇다면 천도교측과 기독교측은 사전에 협의를 거쳐 만세시위에 참여했던 것일까. 즉 상호간에 조직적으로 '연합'한 것인지 결과적으로 '병행'된 것인지 궁금하다. 필자는 전자(前者)로 확정할 만한 사례를 아직 찾지 못했다. 현재로서는 전주가 그랬을 가능성이 엿보인다. 다음은 관련 자료이다.[12]

---

11 예컨대 3월 10일 만세시위를 벌인 광주의 기독교계에서는 2·8독립선언서와 3·1독립선언서 및 「조선독립광주신문」 등을 넣은 봉투를 목포 영흥학교 교장 다니엘 커밍(Daniel J. Cumming, 김아각)에게 전달했다.

12 성주현, 2018, 「전주지역 3·1운동의 전개과정과 그 후 동향」『숭실사학』40, 숭실사학회, 194~195쪽에서 재인용

[표 4] 전주지역 3·1운동과 천도교·기독교

연번	내 용
1	"**야소교에서 경영하는 학교 남녀 생도와 천도교도 약 일백명**은 12일 정오부터 오후 11시까지 4~5차를 만세를 부르며 시위운동을 개시했으며 약간명을 검속했더라(『매일신보』1919.03.16.「소요사건의 後報」)."
2	"**야소교 경영학교 남녀 생도, 공립보통학교 생도 및 천도교도 약 30명 내지 150명**은 정오부터 오후 11시까지 5회에 걸쳐 독립만세를 부르고 시위운동을 개시했으므로 70여명을 검속하고 경계 중(김정명 편, 『조선독립운동①』, 原書房, 1967, 366쪽)."
3	"**3월 13일 신흥학교와 천도교인과 야소교인이 중심**이 되어 박태련·유병민·함의선·김한순씨 지휘로 장날을 이용하여 만여명이 태극기를 들고 만세를 부르며 시위행진을 했다. … **3월 22일 오정에 야소교인과 그 교회에서 경영하는 학교 남녀학생과 천도교인 백여명**이 밤 11시까지 4·5차에 걸쳐 만세를 부르면서 시위운동을 했는데 경찰은 이를 제지하고 검거에 착수하여 두 교회 간부는 검거되었다(이병헌, 『삼일운동비사』, 901쪽)."

이들 자료는 약간의 충돌 부분이 있으나 적어도 3월 12일과 13일 만세
시위에 천도교인과 기독교인이 함께 참여했던 점은 확인된다. 아마도 사
전협의에 따른 것으로 짐작되는데, 기독교계 학교의 학생과 천도교인이
연합전선을 펼쳤다는 점이 조금 어색하다. 이 사례가 전자(前者)에 해당된
다 해도 대세는 후자(後者)였을 것 같다. 즉 대부분의 지역에서 두 종교계
가 독자적으로 만세시위를 추진했다고 생각한다. 이에 대한 선행연구의
내용은 매우 모호하다.

[표 5] 전라도 종교계의 만세시위 준비 계기

지역	선행연구 내용
완도	"완도면의 읍내에서는 3월 15일 **예수교·천도교인들을 중심으로 만세시위가 전개되었다**. 그 중에도 송내호·정남국·최형천·신준희·김경천·강정태·백태윤 등은 평소 국권회복을 염원하던 중, 서울 및 국내 각지에서 3·1운동이 전개된다는 소식을 듣고 완도에서도 거사할 것을 의논했다. 이들은 **천도교계와 기독교계 인물들을 중심으로 조직적 만세시위를 준비했다**. 3월 15일 천도교·기독교인 수백명이 읍내에 모여 '대한독립만세'를 부르며 만세시위를 전개했다(김진호·박이준·박철규, 『한국독립운동의 역사⑳ : 국내 3·1운동Ⅱ-남부』, 228쪽)."

지역	선행연구 내용
남원	"4월 4일 남원읍 장날 만세시위는 **천도교인과 기독교인들이 조직적으로 가담했다.** ··· 광한루 앞 광장에 군중이 모이자 방극용·형갑수 등이 선두에서 태극기를 들고 만세를 부르며 남문쪽을 향해 행진했다. **천도교인들은 등사한 독립선언서를 배포하고, 기독교인들은 작은 태극기를 나누어 주었다**(김진호·박이준·박철규, 2009, 『한국독립운동의 역사⑳ : 국내 3·1운동Ⅱ-남부』, 169쪽)."
부안	"3월 26일경부터는 **천도교계·기독교계와 청년·학생들을 중심으로 본격적인 준비에 들어갔으며** ··· **기독교계는 전도를 핑계로 동지를 규합하는 한편** 은희송 등 청년들은 태극기와 선언서를 준비하여 각동에 배부하고, **천도교측에서는 백산·상서면 등 지방민 동원을 담당했다**(김진호·박이준·박철규, 2009, 『한국독립운동의 역사⑳ : 국내 3·1운동Ⅱ-남부』, 163쪽)."
정읍	"읍내에서는 **천도교인과 기독교인들에 의해 일찍부터 만세운동 계획이 진행**되었지만 ··· 3월 16일 태인 만세시위 등이 전개되자, 이익겸·박환규 등은 3월 23일 정읍 장날 만세시위를 전개하기로 뜻을 같이하고 읍내에 사는 김회근의 집에서 태극기와 선언서를 준비했다. **천도교인들과 기독교인들은 여러 곳을 돌아다니며 행동을 함께할 것을 권유했다**(김진호·박이준·박철규, 2009, 『한국독립운동의 역사⑳ : 국내 3·1운동Ⅱ-남부』, 153쪽)."

이들 사례의 경우 우선 강조 부분의 전거가 무엇인지 궁금하다. 아마도 일제측 자료가 아닐까 싶은데 과문한 필자는 아직 찾지 못했다. 그리고 여기에 나오는 인물 중 누구도 기독교인으로 확인되지 않는다.[13] 요컨대 현재로서는 천도교측과 기독교측이 상호간에 협의하면서 만세시위를 준비·전개했다고 할 만한 근거가 없다는 것이 필자의 생각이다.

---

13 완도의 송내호 등은 1920년대 항일적인 교육운동·농민운동에 참여한 것으로 미루어 기독교인일 가능성이 거의 없다.

IV. 전라도 3·1운동과 종교계에 대한 일제측의 인식

이제 1919년 6월 헌병대장이 경무부장 회의석상에서 보고한 내용인『朝鮮騷擾事件狀況』에 실린「소요와 종교와의 관계」[14]를 통해 전라도 3·1운동과 종교계에 대한 일제측의 인식을 살펴보자. 그 내용은 다음과 같다.

[표 6] 전라도 3·1운동과 종교계에 대한 일제측의 인식 :『조선소요사건상황』(1919.06)

지역	내용
전남	①기독교도의 주모에 의한 소요는 총 건수의 약 5할로서, 그 밖에는 종교 관계자의 주모가 원인이 된 것이 없고, 기독교도의 관계가 가장 깊다. ②천도교의 관계자가 비교적 적다는 것은 이상한 감도 드나, 기독교도 중에는 비교적 중년 이하인 자가 많고, 그 지식 정도도 천도교도보다 나으며, 천도교도가 거의 중산 이하의 자인 데 반해 기독교도 중에는 상류의 자제, 특히 학생이 많기 때문인 것 같다. ③또한 담양군 천도교구장은 3월 중 몰래 교도에 대하여, "우리 교도는 직접 소요의 와중에 뛰어들지 말고, 남으로 하여금 소요를 시키는 것이 유리한 방책이다"라는 담화를 한 일이 있었다. 이는 혹시 천도교도는 일반적으로 이러한 방침을 취하도록 중앙 간부로부터 시달이 있었던 것이 아닌가 싶다. 현재의 기독교도 및 천도교도에는 표면상 괄목할 만한 행동이 보이지 않지만, 소요 범인을 낸 지방에 있어서는 범인들을 위해 기도를 하고, 교도 중에서 무죄 방면되는 자가 있으면 이를 신의 가호에 의한 것이라는 말을 널리 퍼뜨려, 독립운동이 마치 신의(神意)에서 나온 것 같은 말을 농하는 자가 많았다. 시천교는 소요 이래 선악 모두 볼만한 행동이 없으나, 종교적으로 적(敵)인 천도교가 소요의 중심이 되어 세상의 지탄을 받고 있는 기회를 틈타, 천도교 대신으로 크게 교세를 신장시키려는 저의가 있는 듯하다.
전북	④이번 소요의 직접적인 중심인물이라고 지목되는 자는 일부 양반의 자제·서당의 생도 및 일본에서 돌아온 유학생을 제외하고는 기독교도·천도교도로, 그들에 의하여 소요는 기도되었고 또한 그 성질이 험악했다고 본다. ⑤사법 처분을 한 477명 중 기독교도는 112명, 천도교도는 77명, 불교도는 23명으로 거의 약 그 반수에 달하고 있으며, 기타는 모두 무종교자들이다. 이들 신도는 그 연락이 은밀하고 또한 용이하여, 독립선언서 또는 불온문서의 등사 배포

14 독립운동사편찬위원회, 1971,『독립운동사자료집⑥ : 삼일운동사자료집』, 독립유공자사업기금운용위원회, 600~602쪽

지역	내용
	등은, 군산에 있어서는 기독교 학교인 영명중학교에서, 전주에 있어서는 기독교도 윤건중 이하 13명에 의하여 기도되었다. 동교 선교사들에 의하여 이들 신도의 심리에 지워버릴 수 없는 인상을 주었다고 생각된다. 천도교에 있어서는 기독교에 버금하여 민심을 지배했고, 신도 중 성미(誠米)·기도미(祈禱米) 대금이라는 이름을 빙자하여 금년 △월 이후 5천1백89원 56전 여의 많은 돈을 중앙 총부에 보내어 은밀히 손병희 이하의 운동을 원조한 자가 있었는데, ⑥본도에 있어서 소요사건에 관하여 검거된 천도교도는 기독교도에 이어 다수였다고는 하지만, 심한 소요는 야기하지 않았다. 추측컨대 이는 지방 천도교의 소위 간부가 3월 상순에 선언서의 배포에 관계하여 검거되었기 때문이다. 그리고 일반 조선인은 천도교·기독교도들의 독립운동에 가담하여 소요 했음에도 불구하고, 하등 얻은 바가 없을 뿐 아니라 일반 양민은 오히려 각종의 피해가 있었기 때문에, 이 종교를 혐오 기피하고 평온해짐에 따라 사교(邪敎)라고 부르며, 교도에 대한 혐오의 염(念)이 더욱 농후의 도를 가해가고 있다. 기타 종교 및 동 유사단체에 있어서는 별로 관계가 없다고는 하나, 일본 기독교 같은 데서는 이 기회를 이용하여 일반 신도의 부식에 진력하고 있는데, 새로 신도로 가입하는 자는 드물다. 그리고 천도교·기독교에 의하여 수람(收攬)된 교도의 심리는, 일반 조선인으로부터 혐기(嫌忌)됨에도 불구하고, 신앙심이 희박해진 경향을 볼 수 없을 뿐더러, 일종의 형용할 수 없는 감정이 뇌리에 새겨졌으므로 장래 한층 더 유의할 필요가 있다고 생각한다.

이 자료는 몇 가지 흥미로운 내용을 담고 있다. 전남의 경우 첫째, 기독교인이 주도한 만세시위가 약 50%라는 것이다(①). 이것이 '발생지역' 건수인지 '발생시위' 건수인지는 알 수 없으나, 전남 23개 지역 중 기독교인이 참여한 지역이 11~12개(47.8%~52.2%)라는 선행연구 내용[15]과 대략 일치한다. 둘째, 기소자 숫자를 놓고 보면 "기독교인(29.00%)이 천도교인(4.88%)를 압도"했다고 전술했듯이 일제측도 천도교측의 참여가 미약한 점을 의아하게 생각했다(②). 그리고 담양교구의 사례를 들며 천도교측이 만세시위의 분위기는 조성하되 직접 참여하지는 말 것을 시달한 것이 아닐까 추정하기도 했다(③).[16]

---

15 한규무, 2000, 「광주·전남 기독교인들의 3·1운동 참여와 동향」, 82쪽
16 순천의 경우 천도교 순천교구는 남원교구로부터 3월 2일 독립선언서를 전달받고

전북의 경우 첫째, 만세시위의 주도자들이 대부분 천도교인·기독교인이며(④), 사법처분을 받은 477명 중 기독교인이 112명(23.5%), 천도교인이 77명(16.1%)이라는 수치를 제시하고 있다(⑤). 이 역시 기소자 숫자를 놓고 보면 "기독교인(20.89%)이 천도교인(15.51%)보다 우세"했다고 전술한 내용과 대략 일치한다. 둘째, 천도교인이 다수 검거되기는 했지만 심각할 정도의 만세시위를 전개하지는 않았다고 평가하면서, 3월 초 독립선언서를 배포하는 과정에서 간부들이 대거 검거되었기 때문이 아닐까 하고 분석했다(⑥).

결국 일제측은 전라도에서는 천도교측보다 기독교측의 만세시위 참여가 활발했다고 보면서 그 이유로 전남에서는 천도교측의 의도적인 소극적 참여를, 전북에서는 독립선언서를 배포하는 과정에서 천도교측 지도부의 와해를 추정했다. 그 사실 여부는 단언할 수 없으나, 만약 그렇다고 한다면 기독교측은 '의도적인 소극적 참여'를 지시하거나 조직적으로 '독립선언서를 배포'할 만한 지도부가 없었던 것도 상대적으로 활발한 참여의 원인이 되었다고 추정할 수 있다. 물론 아직은 가설 단계이며 향후 검증이 필요한 부분이다.

이를 다시 광양·구례·순천 등지에 배포했지만 정작 4월 7일 순천읍 만세시위를 주도한 인물은 유생 박항래였다(김진호·박이준·박철규, 2009, 『한국독립운동의 역사 ⑳ : 국내 3·1운동 Ⅱ-남부』, 199쪽).

V. 향후과제 제시 ① : 종교계측 자료 분석

글을 작성하면서 무엇보다 심각하다고 느낀 점은 선행연구의 근거가 된 1차자료가 무엇인지 제대로 적시되지 않았다는 점이다. 판결문이 주로 활용된 점은 분명한데 정작 그 내용 중에는 필요한 관련 부분이 없는 경우가 상당수였다. 매우 원론적인 지적이지만, 선행연구의 전거가 무엇이었는지 검토와 함께 그에 대한 면밀한 분석이 필요하다.

아울러 자료에 나오는 인물의 종교 확인이 필요하다. 기독교의 경우 최근 3·1운동 관련 기독교인 1,998명에 대해 정리된 바 있지만[17] 상당수가 『독립운동사③』 등 2차자료에 근거한 것이다. 교회에서 간행한 '개교회사(個敎會史)'의 경우 그 소속 교인 여부를 파악하는 데 유용하나 그마저도 상당수가 2차자료에 기반한 것이어서 유의해야 한다. 100년 이상의 역사를 가진 기독교회 중 교인명부가 남아 있는 사례도 거의 없다. 기독교인 성명이 많이 나오는 『조선예수교장로회사기⑪·⑭』 및 『기독신보』 등을 참고하여 기독교인 여부를 알아보려 했지만 그리 큰 소득이 없었다. 그럼에도 다음 몇 지역의 사례를 보완할 수 있었다.

[표 7] 전남지역 3·1운동 관련 선행연구 및 보완내용 사례 : 기독교

지역	구분	내용
전남 화순	선행 연구	"3월 20일에는 구 **동복읍**에서 수백 명이 참가한 만세시위가 있었으며 …(『국내 3·1운동Ⅱ-남부 : 한국독립운동의역사⑳』, 195쪽)"
	보완 내용	"1919年(己未) 和順郡 漆井里敎會(同福邑敎會)에서는 3·1運動 事件으로 교회가 3年間 大逼迫을 받았다가 其後 다시 興旺ㅎ게 되었고…(한국교회사학회 편, 『조선예수교장로회사기⑭』, 연세대학교출판부, 1968, 323쪽)"에 근거하여, 1919년 3월 20일 동복읍 만세시위를 기독교인들이 주도한 사실이 새롭게 확인됨.

---

17 한국기독교역사연구소, 2017, 『삼일운동과 기독교 관련 자료집 : 인물편①·②·③』, 기독교대한감리회.

지역	구분	내용
전남 장성	선행 연구	"장성군에 3·1운동 소식이 전해진 것은 3월 초였다. 송주일은 3월 8일 광주에 거주하는 **송흥진**으로부터 "조선은 독립했으니 너는 면사무소 및 이장은 물론 남녀노소를 불문코 이를 널리 알려라 …"는 취지의 편지를 받았다. **송주일**은 같은 달 10월 **삼서면 교회**에 모여 있던 신도 70여 명 앞에서 이 문건을 낭독하고 조병렬·조병철·조병권 등과 뜻을 같이하고 3월 17일 삼서면 소룡리 큰길에서 만세시위를 전개하다 일본 경찰에 붙잡혔다(『국내 3·1운동Ⅱ-남부 : 한국독립운동의역사⑳』, 190쪽)."
	보완 내용	"1919年(己未) … 長城郡 小龍里敎會도 其運動으로 因하여 宋斗一·曹秉權 等이 收監되었으므로 患難逼迫이 滋甚했다(한국교회사학회 편, 『조선예수교장로회사기⑯』, 323쪽)."에 근거하여, "삼서면 교회"가 소룡리교회이며, 주도인물인 송주일과 송흥진도 기독교인으로 확인됨(『조선예수교장로회사기⑯』, 317, 328쪽).
전남 고흥	선행 연구	"**오석주**와 함께 서울에서 돌아온 읍내의 **목치숙**은 4월 초에 남양면 신홍리 **이형숙**의 집에서 같은 기독교인 손재곤·최세진·조병학·이석완 등에게, "지금 구주에서 있는 강화회의에서 민족자결문제가 발의 중이고, 여기에 의하여 조선도 독립될 것인 즉, 그 독립 기운을 발동하는 운동이 필요하다"고 만세운동의 당위성을 주장했다. 또한 4월 14일 고흥읍 시장에서 만세운동을 전개할 것을 제의하고 참석자들의 동의를 이끌어냈다. … 목치숙은 태극기 준비와 고흥읍 등지의 기독교도들의 규합을, 오석주는 금산면 지역 기독교인들의 규합과 독립선언서 작성 책임을 맡기로 하는 등 각기 책임을 분담했다. 그 결과 목치숙은 기독교인 정환태·신성휴·박기욱·박학준 등을 규합했고, 오석주는 **한익수·황보익**·황재연 등을 규합했다. 특히 한익수는 조선독립고흥단 명의의 독립 선언서를 작성했다(『국내 3·1운동Ⅱ-남부 : 한국독립운동의역사⑳』, 213쪽)."
	보완 내용	오석주·목치숙·이형숙·황보익·한익수 등이 기독교인으로 확인되었고(차재명 편, 『조선예수교장로회사기③』, 기독교창문사, 1928, 274~275쪽), "금산면 지역 기독교인"들은 "금산면 신홍리교회"교인들로 확인됨(『조선예수교장로회사기③』, 275쪽).
제주 조천	선행 연구	제주도의 3·1운동은 신좌면 조천리에서 시작되었다. 서울에서 3·1운동이 일어나자, 제주도 유지 최정식과 기독교 목사 김창국· 윤식명·김정찬 등은 뜻을 같이하기로 하고 만세운동을 계획했다. 조천리의 유지 김시학의 아들 **김장환**은 당시 휘문학교 재학생으로 서울에서 3·1운동에 참가했다가 3월 15일 고향으로 돌아왔다. 김장환의 백부 김시우는 서울 만세운동 소식을 전해 듣고 만세운동에 적극 가담했다. 이들은 뜻을 같이하는 김시범·김시은·고재륜·김영배·**김연배** … 등 동지를 규합했다(『국내 3·1운동Ⅱ-남부 : 한국독립운동의역사⑳』, 230쪽)."
	보완 내용	김장환이 기독교인으로 확인되었고(『제주기독교100년사』, 대한예수교장로회 제주노회, 2016), 김연배도 기독교인으로 확인되었으며(「김연배 묘비」), 이에 따라 조천리 만세시위 주도층은 기독교인들이었을 가능성이 높아짐.

이처럼 3·1운동에 참여한 인물 중 그 종교 여부가 모호하다면 천도교 측이나 기독교측에서 발행한 당대의 자료를 중심으로 검색해 보는 것이 유용하며, 이는 종교계의 3·1운동 연구를 촉진하는 계기가 될 것이다.

VI. 향후과제 제시② : 재판자료 및 회고담 검토

이처럼 광주지역의 3·1운동은 많은 선행연구가 있음에도 원점에서 다시 출발해야 할 상황이다. 먼저 판결문에 대한 분석이 필요한데, 그 중에서도 종교인 여부 확인이 관건이다. 다음은 판결문을 통한 기독교인 여부 확인 사례이다.

1. 「大正8년 刑第403·737號 판결문」(대구복심법원, 1919.09.15.) : 15명 중 5명(서정희 포함)이 기독교인으로 확인·추정된다. 기독교계 학교인 숭일학교 교사는 2명(최병준·손인식)이다.

[표 8] 판결문에 나타나는 3·1운동 관련 기소자 중 기독교인 여부①

연번	성명	주소	직업	연령	형량	기독교인 여부(필자)
1	김복현 (김철)	전남 나주군 나주면 금정	무직	30	징역3년	○
2	김 강	전남 광주군 효천면 양림리	農	29	징역3년	○
3	서정희	전남 광주군 광주면 금정	農	43	징역2년	△
4	최병준	전남 광주군 효천면 양림리	숭일학교 교사	24	징역3년	○
5	송흥진	전남 광주군 효천면 양림리	農	33	징역2년	?
6	최한영	전남 광주군 광주면 향사리	전남도청 雇員	21	징역3년	?
7	한길상	전남 광주군 광주면 수기옥정	油製造業	24	징역3년	?
8	김종삼	전남 광주군 광주면 수기옥정	광주자혜의원 간호인	21	징역3년	?

연번	성명	주소	직업	연령	형량	기독교인 여부(필자)
9	김범수	전남 광주군 광주면 수기옥정	학생	22	징역3년	?
10	박일구	전남 장성군 진원면 산동리	무직	22	징역3년	?
11	김기형	전남 장성군 북이면 백암리	農	25	징역1년6월	?
12	김태열	전남 광주군 광주면 수기옥정	광주보통학교 교사	25	징역3년	?
13	손인식	전남 광주군 효천면 양림리	숭일학교 교사	26	징역1년6월	○
14	강석봉	전남 광주군 광주면 수기옥정	雇人	22	징역1년	?
15	박경주	전남 광주군 송정면 선암리	農	22	징역2년	?

2. 「大正8년 刑第558號 판결문」(광주지방법원, 1919.04.30.) : 77
명 중 기독교계 학교인 수피아여학교 교사·학생 20명, 숭일학교
교사·학생 27명, 기독교계 병원인 제중원 직원 4명, 기타 2명
(㉔이주상·㉕이윤호) 등 53명이 기독교인으로 확인된다.

연번/소속		성명	본적	주소	직업	연령	형량
1		박애순	전남 목포부 양동	전남 광주군 효천면 수피아여학교	교사	23	징역1년6월
2		진신애	전남 광양군 다압면 신원리	전남 광주군 효천면 양림리	수피아여학교 교사	20	징역10월
3		홍승애	전남 광주군 효천면 양림리		생도	18	무죄방면
4		홍순남	경남 하동군 하동면 읍내리	전남 광주군 효천면 양림리	생도	18	징역8월
5		박영자	전남 순천군 순천면 옥천리	전남 광주군 효천면 양림리	생도	19	징역8월
6	수피아여학교	최경애	전남 담양군 수북면 주평리	전남 광주군 효천면 양림리	생도	17	징역8월/집유2년
7		임진실	전남 순천군 순천면 북문통	전남 광주군 효천면 양림리	생도	20	징역4월
8		고연홍	전남 제주도 성내리 상천동	전남 광주군 효천면 양림리	생도	17	징역4월/집유2년
9		박성순	전남 고흥군 고흥면 옥하리	전남 광주군 효천면 양림리	생도	19	징역4월
10		이태옥	전남 순천군 쌍암면 봉덕리	전남 광주군 효천면 양림리	생도	18	징역4월
11		김양순	전남 장성군 남면 중대리	전남 광주군 효천면 양림리	생도	17	징역4월
12		양순희	전남 광주군 서방면 증흥리	전남 광주군 광주면 서문통	생도	19	징역4월
13		윤혈녀	전남 광주군 효천면 양림리		생도	20	징역4월
14		김덕순	전남 광주군 본촌면 본촌리	전남 광주군 효천면 양림리	생도	18	징역4월

연번/소속		성명	본적	주소	직업	연령	형량
15		조옥희	전남 곡성군 옥과면 옥과리	전남 광주군 효천면 양림리	생도	20	징역4월
16		이봉금	전남 순천군 순천면 금곡리	전남 광주군 효천면 양림리	생도	17	징역4월/집유2년
17		하영자	전남 장성군 황룡면 신흥리	전남 광주군 효천면 양림리	생도	18	징역4월
18		강화선	평남 평양부 하수구리	전남 광주군 효천면 양림리	생도	16	징역4월/집유2년
19		이나혈	전남 광주군 효천면 양림리		생도	17	징역4월/집유2년
20		최수향	전남 광주군 효천면 양림리		생도	16	징역4월/집유2년
21		강대년	전남 담양군 수북면 개동리	전남 광주군 광주면 향사리	숭일학교 교사	26	징역8월
22		신의구	전남 고흥군 고흥면 등암리	전남 광주군 효천면 양림리	숭일학교 교사	24	징역8월
23		양태원	경남 경주군 내남면 덕천리	전남 광주군 효천면 양림리	생도	16	징역8월/집유2년
24		정두범	전남 여수군 남면 우△리	전남 광주군 효천면 양림리	생도	21	징역10월
25		김철주	전남 광주군 광주면 금정		생도	19	징역10월
26		김성민	전남 나주군 반남면 대안리	전남 광주군 효천면 양림리	생도	20	징역10월
27		이병환	전남 광주군 본촌면 일곡리	전남 광주군 효천면 양림리	생도	22	징역6월
28		김판철	전남 함평군 식지면 주박리	전남 광주군 효천면 양림리	생도	20	징역6월
29		장남규	전남 광주군 효천면 양림리		생도	20	징역6월
30		유계문	전남 광주군 효천면 양림리		생도	20	징역6월
31		김영기	전남 나주군 봉황면 신창리	전남 광주군 효천면 양림리	생도	22	징역6월
32	숭일 학교	주형옥	전남 화순군 동복면 칠정리	전남 광주군 효천면 양림리	생도	21	징역6월
33		김학선	전남 장성군 진원면 영동리	전남 광주군 효천면 양림리	생도	24	징역4월
34		김석현	전남 광주군 효천면 양림리		생도	19	징역6월
35		조홍종	전남 순천군 순천면 금곡리	전남 광주군 효천면 양림리	생도	20	징역6월
36		이창호	전남 광주군 본촌면 일곡리	전남 광주군 효천면 양림리	생도	19	징역6월
37		원창권	전남 나주군 남평면 △동리	전남 광주군 효천면 양림리	생도	22	징역6월
38		주장암	전남 화순군 △속면 옥리	전남 광주군 효천면 양림리	생도	20	징역6월
39		황맹석	전남 순천군 순천면 매곡리	전남 광주군 효천면 양림리	생도	18	징역6월
40		이남채	전남 광주군 서방면 중흥리	전남 광주군 효천면 양림리	생도	21	징역6월
41		김장수	전남 광주군 대촌면 곡촌리	전남 광주군 효천면 양림리	생도	19	징역6월
42		양만석	전남 함평군 신광면 동정리	전남 광주군 효천면 양림리	생도	16	징역6월/집유2년
43		정몽석	전남 광주군 송정면 도호리	전남 광주군 효천면 양림리	생도	18	징역6월
44		박오기	전남 고흥군 고흥면 율치리	전남 광주군 효천면 양림리	생도	19	징역4월

연번/소속		성명	본적	주소	직업	연령	형량
45		홍금돌	전남 광주군 효천면 양림리		생도	20	징역6월
46		김상원	전남 순천군 순천면 매곡리	전남 광주군 효천면 양림리	생도	17	징역4월/집유2년
47		김필호	전남 곡성군 옥과면 옥과리	전남 광주군 효천면 양림리	생도	17	징역4월/집유2년
48	제중원	최경동	전남 광주군 광주면 금정	전남 광주군 효천면 양림리	제중원 서기	18	징역4월
49		김금석	전남 화순군 외남면 사평리	전남 광주군 효천면 양림리	제중원 간호인	28	징역4월
50		김안순	전남 나주군 본량면 산수리	전남 광주군 효천면 양림리	간호부	20	징역4월
51		김화순	전남 강진군 고훈면 백양리	전남 광주군 효천면 양림리	간호부	28	징역4월
52		이동운	경성부 삼청동	광주농업학교 기숙사	생도	24	징역1년
53		송기호	전남 완도군 △안면 비자리	광주농업학교 기숙사	생도	20	징역1년
54	광주 농업 학교	김정수	전남 나주군 평동면 연산리	광주농업학교 기숙사	생도	21	징역1년
55		정병소	전남 광주군 본촌면	광주농업학교 기숙사	생도	22	징역1년
56		황오봉	전남 완도군 완도면 장사리	광주농업학교 기숙사	생도	19	무죄방면
57		최연순	전남 완도군 청산면 모도서리	전남 광주군 광주농업학교 기숙사	생도	24	징역4월
58		김정수	전남 장흥군 유소면 학송리	전남 광주군 효천면 양림리	생도	21	징역10월
59		김순배	전남 여수군 율촌면 조목리	전남 광주군 효천면 양림리	雇人	20	징역4월
60		노천목	전남 장성군 삼서면 마량리	전남 광주군 효천면 양림리	大工職	22	징역4월
61		차학봉	전남 광주군 효천면 양림리		農	18	징역4월
62		임영구	전북 고창군 고창면 외정리	전남 광주군 효천면 양림리	△△	28	징역4월
63		최순우	전남 광주군 효천면 양림리		雇人	21	징역4월
64		이주상	전남 광주군 본촌면 일곡리		農	52	징역4월/집유2년
65		이윤호	전남 광주군 본천면 일곡리		農	24	징역4월
66	기타	유상규	전남 광주군 광주면 부동정		이발업	34	징역4월
67		민성숙	전남 광주군 서방면 중흥리	전남 광주군 광주면 부동정	무직	30	징역4월
68		조공찬	전남 광주군 광주면 북문통		鍛冶職	40	징역4월/집유2년
69		박재하	전남 제주도 제주면 중문리	전남 광주군 광주면 북문통	靴商	39	징역4월/집유2년
70		이달근	평남 성천군 숭인면 창인리	전남 광주군 광주면 서광산정	안마업	27	징역1년
71		최영균	전남 광주군 광주면 수기옥정	전남 광주군 효천면 교사리	농업	20	징역1년
72		국채진	전남 담양군 담양면 △남리	전남 광주군 광주면 북성정	雇人	18	징역4월
73		박창규	전남 화순군 동면 대포리	전남 광주군 서방면 중흥리	農	33	징역4월/집유2년
74		배광석	전남 광주군 효천면 유안리		農	22	징역4월/집유2년

연번/소속	성명	본적	주소	직업	연령	형량
75	정삼모	전남 광주군 광주면 향사리		農	24	징역4월
76	변순기	전남 광주군 광주면 수기옥정		農	26	징역4월
77	송광춘	전북 순창군 쌍치면 금평리		농업	23	징역10월

3. 「大正8년 刑第620號 판결문」(광주지방법원, 1919.05.08.) : 제
중원 직원 3명이 기독교인으로 확인된다.

[표 9] 판결문에 나타나는 3·1운동 관련 기소자 중 기독교인 여부③

연번	성명	주소	직업	연령	형량	기독교인 여부(필자)
1	황상호	전남 광주군 효천면 양림리	제중원 회계역	29	징역3년	○
2	홍덕주	전남 광주군 효천면 양림리	제중원 간호인	29	징역2년6월	○
3	장호조	전남 광주군 효천면 양림리	제중원 製藥生	24	징역2년6월	○

이를 종합하면, 3개의 판결문에 나오는 95명 중 61명(64.2%)이 기독교
인으로 확인된다. 이는 최소한의 숫자이며, 기독교인이 더 포함되었을 가
능성이 크다. 그리고 앞서 제시했던 『조선소요사건상황』의 "기독교도 중
에는 비교적 중년 이하인 자가 많고, 그 지식 정도도 천도교도보다 나으
며, 천도교도가 거의 중산 이하의 자인 데 반해 기독교도 중에는 상류의
자제, 특히 학생이 많기 때문인 것 같다(표5)"는 대목에 다시 유의해 보자.
판결문에 나오는 기독교인의 연령은 대부분 10~30대 교사·학생·직원들
이다. 만약 천도교인의 상당수가 농민이었다면 기독교인보다 연령은 높고
교육과 재산 수준은 낮았을 가능성이 크다. 일제측의 분석이 타당하게 여
겨지는 이유이다.

그렇다면 전라도 3·1운동에서 기독교측의 참여가 천도교측보다 활발
했던 이유는 간단히 도출된다. '교회'는 두 종교 모두 공통된 것이었지만

'학교'나 '병원'과 같은 근대적 기관은 기독교측이 천도교측을 압도했다. 당시 전라도 기독교회는 미국남장로회의 관할로서 광주·목포·순천·전주·군산 등이 선교거점인 스테이션(station)이었다. 여기에는 예외 없이 교회·학교·병원이 설립되어 있었다. 그리도 순천을 제외한 지역에서 이들이 만세시위의 계획 및 전개 과정에서 중요한 역할을 했다. 전라도에서 천도교측에 비해 기독교측의 3·1운동 초기 준비는 조직적이지 못했지만, 교회·학교·병원이라는 '삼각편대'는 초기의 열세를 만회하는 데 주효했다.

아울러 회고담도 검증이 필요하다. 광주지역 3·1운동 관련 논저를 보면 도입 부분은 대부분 다음과 같은 최한영의 회고담에 의존하고 있다.

> ①이날(필자 주 : 3월 6일) 밤 楊林洞의 南宮爀 牧師집에는 ②<u>金鐵씨를 비롯한 金剛·崔丙俊·黃尙鎬·姜錫峰·韓吉祥·崔瑛均·金容圭·崔正斗·徐廷禧·金泰烈·洪承愛씨 등 敎人</u>과 「三合醸造場」 회원들이 모여 光州擧事의 업무 분담을 의논했다. 人員動員에는 徐廷禧씨가 一般市民을, 金剛씨가 敎人을, ②<u>洪承愛씨가 須彼亞女校를</u>, 崇一學校 敎師이던 崔丙俊씨가 자기 학교 학생을, 金泰烈·崔瑛均·金容圭씨 등은 시내 각 學校 학생들을 각각 맡았고 獨立宣言書와 太極旗·國歌 등의 印刷는 내가 맡았으며 準備資金의 대부분은 李基浩씨가 담당했고, 擧事日은 3월 8일 光州 큰 장날로 잡았다.[18]

하지만 좀더 면밀한 검토가 필요하다. 이들은 3월 6일(①)이 아닌 3월 5일에 회합했으며, 김철과 김강·최병준·황상호·강석봉·한길상·최영균·김용규·최정두·서정희·김태열·홍승애(②) 중 '교인'으로 확인되는 인물은 김철·김강·최병준·황상호·서정희·홍승애 정도이다. 또 당시 수피아여

---

18 최한영, 「비밀결사 '신문잡지종람소'」 『신동아』 1965년 3월호, 96쪽

학교 학생이던 18세의 홍승애(③)가 이 회합에 참석하여 수피아여학교 학생 동원의 책임을 맡았다는 것도 어색하며, 그녀는 법정에서 '무죄방면' 판결을 받고 석방되었다. 또 판결문에는 3월 5일 회합의 참석자도 최한영의 회고담과 달리 나온다.[19] 1919년으로부터 47년이 지난 1966년의 회고담이므로 인용에 주의하여야 하며 판결문 등 당대 자료와의 비교검토가 필요하다.[20]

VII. 맺음말

이상에서 거칠게나마 '종교계 중심'의 '전라도 만세시위'에 대해 선행 연구 검토와 향후과제 제시를 중심으로 살펴보았다. 무수한 관련 자료와 논저를 제대로 섭렵하지 못해 피상적인 내용이 되고 말았다. 1차자료는 물론 논저와 『도지』・『군지』・『시사』 등 2차연구도 제대로 참고하지 못했다. 더불어 필자가 기독교 민족운동사를 전공하다 보니 상대적으로 천도교측의 역할이 제대로 부각되지 못했다. 추후 논문으로 발전시킬 때 보완하겠다. 이제 논의된 내용을 대략 정리하면 다음과 같다.

기소자들이 만세시위에서 주도적 역할을 한 인물이라 가정한다면, 전라도 만세시위를 주도한 종교계는 천도교・기독교였고 불교・유교의 역할은 미미했다. 전체적으로 기독교인의 비중이 천도교인의 비중보다 컸으며, 전남은 기독교인이 천도교인를 압도했고, 전북도 기독교인이 천도교

---

19 「大正8년 刑第403・737號 판결문」(대구복심법원, 1919.09.15.) 및 「大正8년 刑第558號 판결문」(광주지방법원, 1919.04.30.) 참조
20 이 부분에 대해 필자는 별고를 준비 중이다.

인보다 우세했다.[21] 아울러 여성 기소자 전원이 기독교인이었다는 점도 주목된다. 비종교인까지 포함하더라도 여성들의 만세시위 참여에서 기독교인의 역할은 거의 절대적이었다. 이들은 대부분 기독교계 여학교 교사·학생들이었다.

천도교측에서는 조직적, 기독교측에서는 개인적인 통로로 만세시위가 준비되었다. 천도교측은 3월 1~2일 서울에서 전달된 독립선언서가 전주교구와 남원교구를 거쳐 다시 각지 교구로 전달되었다. 천도교 교구조직이 체계적으로 활용된 것이다. 반면 기독교측은 개인적인 차원에서 준비가 시작되었다. 서울에서의 만세시위 소식을 듣거나 서울에서 내려온 인사들이 개인적 인맥을 활용하여 준비에 착수했다.

천도교측은 교주 손병희가 3·1운동을 교단적 차원에서 추진했다. 반면 기독교측은, 장로교단이나 장로교단의 차원에서 추진한 것이 아니었다. 여전히 선교사들의 영향을 크게 받고 있었던 기독교측은 '교인'이나 '교회' 차원의 참여는 가능했으나 장로교·감리교의 '교단(敎團)'이나 장로교 '노회(老會)'·감리교 '지방회(地方會)' 등 지역조직은 활용하지 못했다. 그럼에도 기독교측은 천도교측보다 학교·병원 등 기관을 많이 운영하고 있었고, 그 교사·학생·직원의 다수가 만세시위에 참여했다.

---

21 이에 대해서는 선행연구에서도 "호남지방 3·1운동의 특징은 전라남·북도가 운동의 주도부의 무게 중심을 달리하며 전개되었은 점이다. 전북지방은 천도교와 기독교계의 역할이 컸던 반면, 전남지방은 기독교계의 역할이 주요하게 작용하였다. 이는 전라남·북도의 역사성에 기인한 바 크다. 즉 전북지방은 1894년 농민전쟁의 본산지로 이후 천도교의 조직적 확대로 3·1운동 당시 주요 역할을 담당하였다. 반면 전남지방은 목포 개항장을 중심으로 호남지방 기독교계의 본산 역할을 담당하였다. 이러한 역사적 배경은 3·1운동 당시 상당한 영향을 미치고 있다는 점에서 주목할 필요가 있다(김진호·박이준·박철규, 2009, 『한국독립운동의 역사⑳ : 국내 3·1운동Ⅱ-남부』, 235쪽)"라 하여 같은 견해를 보이고 있다.

그렇다면 천도교측과 기독교측은 사전에 협의를 거쳐 만세시위에 참여했던 것일까. 즉 상호간에 조직적으로 '연합'한 것인지 결과적으로 '병행'된 것인지 궁금하다. 필자는 전자(前者)로 확정할 만한 사례를 아직 찾지 못했다. 현재로서는 전주가 그랬을 가능성이 엿보이지만 대세는 후자(後者)였을 것이다. 즉 대부분의 지역에서 두 종교계가 독자적으로 만세시위를 추진했다고 생각한다.

한편 일제측은 전라도에서는 천도교측보다 기독교측의 만세시위 참여가 활발했다고 보면서 그 이유로 전남에서는 천도교측의 의도적인 소극적 참여를, 전북에서는 독립선언서를 배포하는 과정에서 천도교측 지도부의 와해를 추정했다. 그 사실 여부는 단언할 수 없으나, 만약 그렇다고 한다면 기독교측은 '의도적인 소극적 참여'를 지시하거나 조직적으로 '독립선언서를 배포'할 만한 지도부가 없었던 것도 상대적으로 활발한 참여의 원인이 되었다고 추정할 수 있다. 물론 아직은 가설 단계이며 향후 검증이 필요한 부분이다.

전라도 3·1운동에서 기독교측의 참여가 천도교측보다 활발했던 이유는 간단히 도출된다. '교회'는 두 종교 모두 공통된 것이었지만 '학교'나 '병원'과 같은 근대적 기관은 기독교측이 천도교측을 압도했다. 당시 전라도 기독교회는 미국남장로회의 관할로서 광주·목포·순천·전주·군산 등이 선교거점인 스테이션(station)이었다. 여기에는 예외 없이 교회·학교·병원이 설립되어 있었다. 그리도 순천을 제외한 지역에서 이들이 만세시위의 계획 및 전개 과정에서 중요한 역할을 했다. 전라도에서 천도교측에 비해 기독교측의 3·1운동 초기 준비는 조직적이지 못했지만, 교회·학교·병원이라는 '삼각편대'는 초기의 열세를 만회하는 데 주효했다.

3·1운동 100주년을 맞은 지금은 지난 100년의 역사를 정리하는 시점이자 새로운 연구의 방향을 모색하는 시점이기도 하다. 자료의 발굴이 무

엇보다 중요하겠지만 재판기록이나 회고담 등 이미 공개된 자료라 하더라도 그 내용과 행간을 꼼꼼히 검토하는 것 역시 필요하다.

'종교계 중심의 전라도 만세시위'라는, 크다면 크고 작다면 작은 주제이지만, 필자가 얻은 소득은 아직도 연구의 여지가 상당하다는 점을 깨달은 것이다. 이는 필자에게 희망이자 부담으로 함께 다가온다.

제4부

후기의 만세시위

충남지방의 횃불독립만세운동

김 진 호(충남대학교 충청문화연구소 연구원)

1. 머리말

　1910년 8월 29일 대한제국은 일본제국주의에게 국권을 강탈당했다. 한말부터 제국주의 일본의 지속적인 침략에 한민족은 끊임없이 대항했으나 친일파의 농단과 일제의 계략에 군사력 위협이 더해지고 더불어 제국주의 국가들의 비호로 대한제국의 국권은 피탈되고 말았다. 그러나 민족독립운동이 국내외에서 간단없이 전개되어 오던 터에 국제 정세의 변화를 호기로 하여 한민족은 국권이 강탈당한지 8년 6개월, 3,107일만에 독립을 선언했다.

3·1독립운동은 1919년 3월 1일에 민족대표 33인의 명의로 조선독립선 언서가 발표되고 서울을 중심으로 각지에 독립선언서가 배포되어 서울과 동시에 평남의 평양, 진남포, 안주, 평북의 선천, 의주, 신의주,[1] 함남의 원산, 황해의 해주[2] 등 8곳에서 대한독립만세를 외치면서 시작됐다.[3] 이후 일제의 탄압 하에서도 전국 각지로 독립만세 함성은 확산되어 갔다. 이 운동은 제국주의 일본의 식민지 직접지배체제로 자행된 헌병무단통치 하 에서 민족의 자주와 국가의 독립을 선언하여 국권을 회복하고 자유, 평등, 인도, 정의에 입각한 한민족의 생존을 확보하는 한민족 최대의 민족독립 운동으로 전개됐다.

충남지방에는 3월 2일 논산 천도교구실에 독립선언서가 전달되고 이 어 부여로 교부되어 3월 2일, 3일에 논산, 부여에 선언서가 배포되었다. 그러나 실제 독립만세운동은 3월 3일 예산에서 윤칠영 등 5명이 읍내의 동쪽 산에서 독립만세를 외치며 시작되었다. 독립운동은 3월 하순과 4월 초순에 이르러 최극성기를 이루면서 다양한 형태의 독립운동이 전개됐다.

---

1 金泰奎는 3월 1일 오전 11시경 평안북도 신의주부 노송정 노상에서 주민 수백명과 함께 조선독립만세를 외쳤다는 것과 1920년 2월 「군무부 포고 제1호」 배포로 검 사에 기소되어 경성지방법원에서 징역 1년을 선고받았다(판결, 경성지방법원, 1920.4.29.). 그러나 공소를 제기하여 경성복심법원에서 독립만세운동(보안법 위반) 에 대해 증거 불충분으로 무죄를 선고받았다(대정9년형공제298호, 경성복심법원, 1920.5.14.). 김태규가 경성복심법원에서 무죄 선고를 받았지만 노송정에서 독립만 세운동이 있었던 것은 사실로 보인다.

2 3월 1일 오후 2시 황해도 해주군 해주면 남본정 야소교회당에서 吳玄鄕 주도하에 170~180명 신도가 모여 고종 국장의 봉도식을 거행한 후 독립선언서를 낭독하고 조선독립만세를 삼창하며 신도들에게 독립선언서를 배포하고 해산했다(판결문(대 정8년형상제593, 594호, 고등법원, 1919.8.18.)).

3 경기도 고양 등지(양화진, 연희전문학교 부근)는 3월 1일 밤 늦게까지 독립만세를 외쳤으나 이는 서울과 인접하여 서울의 독립만세운동이 확산되어 전개되었으므로 3월 1일 서울의 독립만세운동에 포함하는 것이 타당할 것으로 보인다.

필자는 충남지방 3·1독립운동에 관심을 갖고 연구해 왔다.[4] 이를 기반으로 독립운동의 한 형태로서 횃불독립만세운동, 충남지방에서 전개된 횃불독립만세운동, 그에 대한 일제의 탄압 실상 등을 중심으로 본고를 작성하고자 한다.

2. 횃불독립만세운동

3·1독립운동은 독립운동방법으로 서울에서 발표된 독립선언서나 지방에서 자체 제작한 독립선언서, 각종 독립 관련 유인물, 구한국국가나 태극기 및 독립기 등을 활용하고 권유 활동을 통하여 한국민들이 함께 모여 독립만세를 외친 것이다. 즉 독립운동으로 3·1독립운동은 1919년 3월 1일 이후 독립만세를 외치는 것 뿐만 아니라 독립 의식을 고취하고 독립만세를 부르기 위한 모든 활동을 포함하는 것이다. 그러므로 3·1독립운동의 구체적 활동을 하나의 용어에 담기에는 그 전개 양상이 다양하고 또 그 용어가 실제적 활동 내용의 의미를 나타낼 수 없는 경우가 많다. 따라서

---

4 김진호, 1995, 「공주지역의 3·1운동」『공주의 역사와 문화』, 공주대학교박물관·충청남도 공주시 ; 2002, 『충남지방 3·1운동 연구』, 충남대학교 박사학위논문 ; 2003, 「연기지역의 3·1운동」『호서지방사연구』(호운최근묵교수정년기념논총), 간행위원회 ; 2004, 「홍성지역의 3·1운동」『한국독립운동사연구』23, 독립기념관한국독립운동사연구소 ; 2008, 「서천지역의 3·1운동」『충청문화연구』창간호, 충남대학교 충청문화연구소 ; 2009, 「대전지역 3·1운동 연구 현황과 과제」『충청문화연구』3, 충남대학교 충청문화연구소 ; 2012, 「예산지역의 3·1운동 전개와 의의」『충청문화연구』8, 충남대학교 충청문화연구소 ; 2015, 「보령지역 3·1운동과 장서운동」『충청문화연구』15, 충남대학교 충청문화연구소 ; 2015, 「아산지역 3·1운동의 전개와 일제의 탄압」『한국근현대사연구』75, 한국근현대사학회 ; 2016, 「청양지역 3·1운동과 일제 탄압」『충청문화연구』16, 충남대학교 충청문화연구소

3·1독립운동에 있어 독립운동의 방법에 대한 최소한의 구분이 필요하다. 이에 3·1독립운동에서 독립운동방법으로 독립만세운동과 횃불독립만세운동으로 대별하고자 한다.[5]

독립만세운동은 독립만세를 외치는 활동뿐만 아니라 독립만세를 외치기 위한 준비와 권유 활동, 선언서나 경고문 등 격문류나 유인물을 제작 배포하는 활동 등을 포괄하는 의미이다. 따라서 3·1독립운동 전체를 독립만세운동이라 할 수도 있다. 반면에 횃불독립만세운동은 전개 시기의 한정성과 함께 지역적 한계성을 갖고 있다. 이 운동은 3월 23일부터 4월 초순까지 주로 중부지방 특히 충청남도를 중심으로 활발히 전개되었다.

3·1독립운동의 전개 과정에서 '야간에 산 위에 올라가서 불을 피우고 독립만세를 외치는 형태'의 독립운동이 등장했다.[6] 이 독립운동은 '야간'에 '산 위'에서 전개된 만큼 일경이나 헌병 등의 출동이 어렵다는 점, 그에 따라 직접적으로 군경과 대치하지 않기 때문에 무력에 의한 폭력 진압을 피할 수 있다는 점, 일경 등의 출동이 어렵고 충돌할 가능성이 적어 비교적 자유롭고 안전하게 독립만세를 부를 수 있다는 점, 참가자의 확인이 곤란하여 추적을 피할 수 있다는 점, 마을 주변의 산에서 전개된 만큼 익숙한 자연지리적 여건을 활용해 이동이나 활동이 자유롭다는 점, 준비물이나 도구없이 간편하게 독립만세를 외칠 수 있다는 점 등에서 독립만세운동보다 활발히 전개될 수 있는 독립운동이었다.[7] 그리고 이 독립운동

---

5 필자는 3·1독립운동 형태를 만세시위운동(만세운동, 폭력시위), 봉화만세운동으로 구분한 바가 있다(김진호, 2002, 『충남지방 3·1운동 연구』, 충남대학교 박사학위 논문).

6 예외로 '(마을) 밭에서'에서 불을 피우고 만세를 외친 사례도 있다. 즉 黃在玉은 4월 3일 밤에 경기도 여주군 대신면 윤촌리 마을 밭에서 불을 피우고(篝火ヲ焚キ) 주민 수십 명을 모아 권유하여 조선독립만세를 외쳤다(판결, 경성지방법원, 1919. 5.1.).

이 활발하게 전개될 수 있는 배경에는 독립만세운동이 전국적으로 각지에서 활발하게 전개되었기 때문이기도 하다. 즉 특정 인사나 세력, 계층, 단체들에 의해서 독립만세운동이 주도되는 것이나 아니라 누구나 독립만세를 외치자고 주장하고 적극적으로 참여하는 독립만세운동의 일반화가 3월 중순 이후 하순에 이르러 이루어졌기 때문에 이러한 운동의 등장이 가능했다.[8]

이 독립운동에 대한 기록의 용례를 살펴보면, 조선소요사건관계서류에는 'かがリ火ヲ焚キ'(1건)[9], '炬火ヲ焚キ'(1건)[10], '篝火ヲ爲シ', '焚火ヲ爲シ'[11]로 기록되어 있으나 대부분은 '篝火ヲ焚キ'로 작성되어 있다.[12] 도장관 보고문서에서 충청북도장관은 '焚火ヲ爲シ', '焚火ヲ焚シ', '篝火ヲ燒キ'[13]를 사용하며 '烽火ヲ擧ケ'[14]로 기록된 것이 2건이 있고 충청남도장관

<hr>

7 김진호, 2002, 앞의 논문, 146~147쪽

8 한 예로 3월 28일 충남 연기군 조치원면(북면)에서 학생 십 여명과 농민 십 여명이 'ᄉ방에서 봉화를 들고 만세를 고창ᄒᄂ 것을 듯고 이에 응ᄒ야 만셰를 불넛스나 별로히 쥬모자가 업셧슴으로 경관의 제지로 직시 해산'하였다(『매일신보』(1919. 4.1. 3면)).

9 朝鮮騷擾事件關係書類 共7冊其1, 密第102號 其158/朝特第88號/第90號, 電報 4월 5일의 示威狀況, 1919.4.6.(충남 예산군 당진군 홍성군) 이하에서 '朝鮮騷擾事件關係書類'는 생략한다.

10 共7冊其1, 密第102號/陸密第119號, 朝鮮의 獨立運動에 關한 件(次官이 侍從武官長에 通牒), 1919.4.10.(충북 청주군 부근)

11 共7冊其7, 高第10371號, 獨立運動에 關한 件(第39報), 1919.4.6.(충남 당진군 순성면, 면천면)

12 共7冊其7, 高第9833號, 獨立運動에 關한 件(第37報), 19194.4.(경기 이천군 각면)

13 騷擾事件에 關한 道長官報告綴 7冊의 內4, 朝鮮總督府內秘補433/忠北機第269號, 地方狀況報告, 1919.4.5.(충북 청주군 강내면) ; 騷擾事件에 關한 道長官報告綴 7冊의 內4, 朝鮮總督府內秘補426/忠北機第258號, 地方狀況報告, 1919.4.3.(충북 청주군 부용면). 이하에서 '騷擾事件에 關한 道長官報告綴'을 생략한다.

14 7冊의 內4, 朝鮮總督府內秘補433/忠北機第269號, 地方狀況報告, 1919.4.5.(충북

은 '篝火ヲ吹キ'[15]로 작성하기도 했다. 판결문에는 '藁火ヲ焚キ'(1건),[16] '松明ヲ携帶シテ・松火ヲ持チ'(1건),[17] '炬火ヲ照シ'(1건),[18] '火ヲ擧ケ'(1건),[19] '焚火ヲ爲シ',[20] '篝火ヲ爲シ'[21]로 기록되어 있으나 대부분은 '篝火ヲ焚キ'[22]로 기재되어 있다.

일제측 자료에는 '炬火', '藁火', '松明', '松火' 등으로 기록되기도 하였으나 대부분은 '篝火', '焚火'로 기록되었고 '烽火'로 기록한 사례도 있다.[23] '烽火'로 기재된 문서는 충청북도장관 張憲植이 조선총독부 내무장관 宇佐美勝夫에게 4월 5일자로 보고한 문서에 4월 2일 밤 10시 전후에 청주 부근 일대의 산상에서 '봉화를 들고' 독립만세를 외쳤다는 사실과 동일 문건의 같은 날 오후 8시 진천군 이월면 장양리에서 약 200명의 군중이 '봉화를 들고' 소요를 하여 헌병주재소를 습격했다는 사실이 기록되어 있다. 판결

청주군 부근, 진천군 이월면 장양리)

15 7册의 內4, 朝鮮總督府內秘補367/忠南秘第253號, 地方騷擾에 關한 件, 1919.4.2.(충남 연기군 조치원면(북면)

16 판결문(대정8년형공제295호, 경성복심법원, 1919.5.31.)

17 판결문(판결, 경성지방법원, 1919.6.3. ; 대정8년형공제605호, 경성복심법원, 1919.7.31.)

18 판결문(대정8년특예제3호, 고등법원, 1920.3.22. ; 대정9년형공제401호, 경성지방법원, 1920.8.10.)

19 판결문(대정8년형상제280호, 고등법원, 1919.6.28.)

20 판결문(판결, 경성지방법원, 1919.6.7.)

21 판결문(대정8년형제335호, 공주지방법원청주지청, 1919.5.28.)

22 판결문(대정8년공제134 144 150호, 공주지방법원, 1919.5.2. ; 대정8년형공제413호, 경성복심법원, 1919.6.28.)

23 松은 雅語로 횃불(たいまつ), 松明과 동일 의미이고 炬火(きょか)도 횃불(たいまつ, かがりび)로 통한다. 篝는 かがり로 かがりび의 준말이고 '화톳불을 담아서 피우는 쇠로 된 바구니'를 지칭한다. 篝火는 かがりび로 かがり火인 화톳불(かがり)을 뜻하고 焚火(たきび)는 篝火(かがり火, かがりび)의 의미로 횃불(かがりび)을 의미하기도 한다.

문에는 3월 23일 충북 청주군 강내면 태성리서 趙東植이 주민 수십 명을 이끌고 산 정상에 올라가서 '篝火ヲ爲シ'하고 독립만세를 외쳤고 이어 24일과 26일에도 같은 형태로 독립만세를 외쳤으며 강외면 옥산면 남이면 뿐만 아니라 충남 경기도 일부에도 파급되었다는 것과 '옛날 봉화로 변을 알리는 예(古昔烽火告變ノ例)'에 따랐다는 것이다.[24] 즉 옛날 봉화(烽火)의 의미를 되살려 불을 피우고 독립만세를 외쳐 독립만세운동을 널리 알리려고 횃불독립만세를 외쳤다는 것이다. 또한 3월 27일 경기도 부천군 문학면 관교리 뒷산 문학산에서 전개된 독립만세운동과 관련한 사법경찰관의 李輔鄕(李輔卿) 신문조서 중에 '각 처에서 봉화를 올리고(烽火ヲ焚キ) 있었다'고 기재되어 있다.[25] 그리고 4월 8일 강원도 원주군 건등면 반계리에서 郭漢璇이 주민 20여 명과 마을 서북방 고지에서 봉화를 올리고(烽火ヲ揚テ) 조선독립만세를 외쳤다는 기록이 있다.[26]

『매일신보』에는 '불을 피우고 만세', '불을 놓고 시위운동', '불을 들고', '불을 들고 만세', '산 우에 불을 노코 만세' '산상에 불을 피우고 만세', '산에 불을 피우고 만세'라는 기사,[27] '화투불을 놋코 소요', '화투불을 피우고 소요'라는 기사[28] 및 '산상에 봉화'라는 제목과 '봉화를 들고 만세'[29], '봉화를 들고 소요'와 '거화하고 소요'[30] 라는 기사로 보도했다.

---

24 판결문(대정8년형제271호, 공주지방법원청주지청, 1919.4.19.)
25 판결문(대정8년형공제464호, 경성복심법원, 1919.7.18.)
26 판결문(판결, 경성지방법원, 1919.5.19.)
   그러나 경성복심법원과 고등법원 판결문에는 '篝火ヲ焚キ'로 기재되어 있다(대정8년형공제496호, 경성복심법원, 1919.6.9. ; 대정8년형상제419호, 고등법원, 1919.7.17.).
27 『매일신보』(1919.3.25. 3면) ; (1919.4.5. 3면) ; (1919.4.7. 3면) ; (1919.4.9. 3면) ; (1919.4.10. 3면) ; (1919.4.11. 3면) ; (1919.4.14. 3면)
28 『매일신보』(1919.3.30. 3면) ; (1919.4.8. 3면)

즉 독립운동을 전개함에 있어 '불을 피웠다', '화투불을 놓았다', '봉화를 들었다'는 기사로 보도했다.

이후 관련 연구나 저술에서는 '햇불운동', '햇불만세', '햇불만세운동', '봉화만세', '봉화시위', '산상시위' 등 논자에 따라 자신의 관점에서 다양한 용어로 사용되어 왔다.

이상의 용례를 통하여 이 독립운동에 대한 용어 규정에 있어 단순히 어둠을 밝히고 야간에 추위를 벗어나기 위해 불을 놓거나 피운 것만은 아니라는 점, 불을 들고 만세를 외쳤다는 점, 일제측에서 표현한 '篝火'를 단순 번역으로 '화톳불'로 독립운동 형태를 상징적으로 나타낼 수가 있는가 하는 점, '봉화'라는 용어가 현재의 언어 사용으로서 시의성(時宜性)이 있는가 하는 점 등을 고려하여야 할 것이다. 따라서 필자는 '독립만세운동'과 구분되는 용어로서 이 독립운동을 '햇불독립만세운동'이라고 하고자 한다.

3·1독립운동에 있어 '야간에 불(篝火)을 피운 것'의 최초의 기록은 '3월 6일 밤 평안남도 용강군 광양만에서 다수 조선인이 경찰서 부근에 모여 불을 피우고(燎火ヲタキ) 큰 깃발을 세워 경찰서를 습격하려고 했다'는 것이다.[31] 다음날인 '3월 7일 오후 9시경 평안남도 평원군 영유면 어파 터널 위에서 약 1,000명의 군중들이 집합해 불(篝火)을 피우고 불온한 형세가 있었다'는 것이다.[32] 이어 3월 13일 함경북도 길주군 덕산면 길주

---

29 『매일신보』(1919.4.1. 3면)

30 『매일신보』(1919.4.10. 3면)

31 朝鮮騷擾事件關係書類 共7冊其1, 密第102號 其29/朝特第18호/第98號, 1919.3.7. 다른 문건에서 동일 사항 보고에 '불을 피우고'를 '燎火ヲ燒キ'로 기록된 것도 있다(朝鮮騷擾事件關係書類 共7冊其1, 朝特第18호, 1919.3.7.).

32 共7冊其7, 高第6099號, 獨立運動에 關한 件(第9報), 1919.3.8. ; 共7冊其1, 密第102號 其34/朝特第19號/第91號, 1919.3.8. : 共7冊其1, 密第102號 其35/第1號,

평야 일대 각 마을의 부근 고지에 주민들이 집합해 篝火를 피우고 독립만세를 외쳤다.[33] 許鴻은 오후 9시경 일신동 서남쪽 약 10정(町)의 고지에 가서 종을 치고 짚에 불을 붙여(藁火ヲ焚キ) 주민 30여 명을 모아 독립만세를 외쳤다. 그는 3월 14일에도 주민 30여 명과 같은 장소에서 불을 피우고 독립만세를 불렀다.[34] 3월 15일에도 길주 읍내 부근 높은 곳에서 주민들이 집합해 불을 피우고 큰 북을 치며 독립만세를 외쳤다.[35] 전술한 3월 23일 충청북도 청주군 강내면에서 조동식이 주도한 횃불독립만세운동 이후 충청북도, 경기도, 강원도, 황해도, 평안북도 등지에서도 횃불독립만세운동이 전개됐다.[36]

충청북도에서는 3월 23일부터 4월 8일까지 횃불독립만세운동이 전개됐다. 3월 23일 청주군 강내면, 강외면, 옥산면, 3월 24일 청주군 강내면 대성리, 3월 26일 청주군 강내면 대성리, 4월 1일 청주군 강내면, 강외면, 사주면, 오창면, 옥산면, 북일면, 북이면, 부용면 등곡리, 4월 2일 청주군, 진천군 이월면 장양리, 4월 3일 음성군 감곡면 문촌리, 맹동면 쌍정리, 마산리, 4월 6일 청주군 문의면, 4월 8일 옥천군 군서면 하동리 등에서 횃불독립만세를 외쳤다.[37]

1919.3.8. ; 7册의 內2, 朝鮮總督府 內秘補154/秘第118號, 朝鮮人의 不穩行動에 關한 件, 1919.3.8.
'불온한 형세'의 의미가 '독립만세를 외치려는 분위기'를 나타내기도 하지만 일제는 '독립만세를 진압, 해산한 것'을 표기하기도 하였다.

33 7册의 內2, 電報 吉州等의 萬歲示威, 1919.3.14. ; 共7册其7, 高第7266號, 獨立運動에 關한 件(第16報), 1919.3.15. : 共7册其7, 騷擾事件報告臨時報 第12號, 騷擾事件經過槪覽表, 1919.5.10.

34 판결문(대정8년형공제295호, 경성복심법원, 1919.5.31.)

35 共7册其7, 騷擾事件報告臨時報 第12號, 騷擾事件經過槪覽表, 1919.5.10.

36 이하의 도별 횃불독립만세운동 사례는 朝鮮騷擾事件關係書類, 騷擾事件에 關한 道長官報告綴, 판결문 등을 근거로 작성했다.

경기도에서는 3월 24일부터 4월 11일까지 횃불독립만세운동이 전개됐다. 3월 24일 부천군 계남면 소사 부근 6개 마을, 3월 25일부터 장단군 장도면 중리[38], 3월 26일 김포군 군내면 취정리, 광주군 2개소, 고양군 백제면 대자리, 3월 27일 김포군 양촌면 등 3개소, 고양군 백제면 대자리, 광주군 동부면, 서부면, 부천군 문학면 관교리, 파주군 와석면, 3월 28일 개성군 동면 대오족리,[39] 고양군 중면, 광주군 언주면 역삼리, 오포면 문형리, 부천군 남동면 등 군내 십 수개소, 시흥군 서면 소하리, 3월 29일 시흥군 군내, 장단군 장도면 향동리, 3월 30일 개성군 중면 대룡리,[40] 시흥군 과천면 남태령, 장단군 장도면 향동리, 3월 31일 연천군 적성면 장파리, 4월 1일 강화군 송해면, 하점면, 양사면, 개성군 중면, 진봉면, 동면, 수원군 향남면, 장안면, 진위군 병남면, 부용면, 안성군 원곡면, 양성면[41], 4월 2일 개성군 중면, 진봉면, 영북면, 수원군 향남면, 팔탄면, 우정면, 장안면 덕정리, 이천군, 4월 3일 수원군 향남면, 팔탄면, 여주군 대신면 윤촌리, 진위군 오성면 학현리, 4월 4일 이천군 청미면, 4월 5일 개성군 영남면, 수원군 장안면 장안리, 4월 7일 강화군 삼산면 석모리, 4월 8일 강화군 선원면, 양도면, 삼산면 석포리, 4월 9일 강화군 삼산면 석모리, 양도면 삼흥리, 산문리, 장단군 소남면, 4월 10일 강화군 불온면 고릉리, 두운리, 4월 11일 강화군 양도면 길정리, 도장리 등에서 횃불독립만세를 불렀다.

강원도에서는 4월 4일 원주군 부론면, 건등면, 지정면, 황해도에서는

---

37 김진호, 2013, 「충북의 3·1운동」 『역사와 담론』 68, 호서사학회 참조
38 3월 30일까지 연일 횃불독립만세운동을 전개했다.
39 3월 31일까지 연일 횃불독립만세운동을 전개했다.
40 4월 2일을 제외하고 4월 4일까지 계속하여 횃불독립만세운동을 전개했다.
41 경기도 안성군 원곡면, 양성면에서는 4월 1일 밤부터 4월 2일 오전까지 횃불독립만세운동을 전개했다.

4월 7일 옹진군 가천면 삼괴리, 4월 8일 장연군 후남면 남호, 평안북도에서는 4월 4일 의주군 광성면 등에서 각각 횃불독립만세운동이 전개됐다.

3. 충남지방 횃불독립만세운동의 전개[42]

1) 연기군

연기군에서는 3월 23일 북면, 조치원읍에서 충청북도 청주의 강내면, 강외면, 옥산면 등에서 전개된 횃불독립만세운동에 호응하여 횃불독립만세를 외쳤다. 먼저 청주의 강내면, 강외면의 면민들이 오후 9시부터 수십개소에서 불을 피우고 독립만세를 외쳤다.[43] 이어 이들 만세 군중들은

---

42 『독립운동사』에 의하면, 충청남도 부여군 홍산면에서 '3월 7일 홍산에서는 면민들이 각처 산 위에서 횃불을 올리며 독립만세시위를 벌였는데 일제 헌병대가 달려와 강제 해산 당했다'고 한다. 이 기록에 의하면, 3월 7일 충남 부여 홍산에서 횃불독립만세운동이 전개되었다. 부여 3·1운동은 3월 2일 독립선언서가 논산으로부터 전달되어 3일 오전에 걸쳐 배포되고, 3월 6일 임천헌병주재소에 박용화, 최용철 등 천도교도들이 독립을 주장하고 헌병들의 퇴거를 요구한 후 읍내 일대에서 독립만세를 외쳤으며, 3월 7일 백마강변에 부여 읍민들이 모여 독립만세를 외쳤다. 따라서 3월 7일에 홍산면에서 독립만세를 외쳤을 가능성은 있다. 하지만 횃불독립만세운동으로 판단하기는 어렵다. 다른 자료가 확인되지 않고 독립운동 전개상 시기도 문제가 된다. 당시 양력과 음력의 혼용 기록 사례로 보아 양력 4월 7일로 보아도 이 시기에 다른 군에서 독립만세운동은 물론이고 횃불독립만세운동도 전개되지 않은 시기였다. 따라서 자료의 발굴과 연구가 필요하다. 또한 3월 25일 오후10시까지 대전 동면 세천리에서 주민들이 등불을 들고 대한독립만세를 외친 사례, 3월 31일 서산 팔봉면에서 면내 부락 주민들이 해안에서 등불을 들고 대한독립만세를 외친 사례는 '등불'을 활용한 독립만세운동의 특이한 사례로 보고 본고에는 포함하지 않았다(독립운동사편찬위원회, 1971, 『독립운동사』 3(3·1운동사)(하), 101 : 156쪽).
43 독립운동사편찬위원회, 1971, 『독립운동사』 3(3·1운동사)(하), 112쪽 ;『매일신보』(1919.3.25. 3면)

조치원으로 행진하여 왔고 이에 조치원과 부근 마을 주민들이 호응하여 횃불독립만세를 외쳤다.[44] 북면의 조치원읍 신안동과 서창동 金奎弼, 동리 全炳壽, 죽내리 金在衡, 번암리 孟義燮, 백관리와 월하리 李殷植, 서면의 와촌리 申道均, 張達植, 남면의 가학리 양화리와 진의리 林憲斌, 고정리 康元植, 康炳斗 등이 주도하여 마을 주민들을 이끌고 횃불독립만세운동을 전개했다.[45] 이어 3월 26일 밤에도 8시경부터 청주 강내면민과 합세하여 수천 명의 군중들이 횃불독립만세를 외쳤다.[46] 3월 28일에는 오후 8시쯤 학생 십여 명과 농민 십여 명이 구시장 후리에 집합했다. 이들은 사방에서 '봉화를 들고 만세를 고창'하는 것을 듣고 독립만세를 외쳤다. 이 같이 조치원에서는 밤이면 산상에서 '화불'을 지피고 독립만세를 외쳤다.[47] 3월 30일에도 조치원면(북면) 면내 각 마을 산 위에서 불을 피우고 독립만세를 외쳤다.[48]

남면에서는 3월 23일 북면과 조치원읍에서와 같이 횃불독립만세를 외치고 3월 31일에 대대적인 횃불독립만세운동을 전개했다. 방축리에서 오후 8시경 林憲祥이 마을 주민 약 30명을 이끌고 黃牛山에 올라 불을 피우고 독립만세를 외쳤고,[49] 같은 시각 보통리에서 朴元七이 주민 약 10명과

『매일신보』는 '청주군 강내면 … 산상에 불을 피우고 만세를 런해 불으며 점점 됴치원을 향ᄒ야 달녀 왓눈대'라고 보도했다.

44 애국동지후원회, 1957, 『한국독립운동사』, 185쪽
45 독립운동사편찬위원회, 1971, 앞의 책, 112쪽
46 독립운동사편찬위원회, 1971, 위의 책, 113쪽
47 『매일신보』(1919.4.1. 3면)
'鳥致院(죠치원) 산상에 봉화'라는 제목에 '(삼월) 이십팔일 오후 여덜시쯤 되야 학생 십여명과 농민 십여명이 구시쟝 후리라는 곳에 모엿다가 ᄉ방에서 봉화를 들고 만세를 고창ᄒᄂ 것을 듯고 이에 응ᄒ야 만세를 불넛스나 … 밤이면 산상에서 화불을 집히고 시위운동을 홈으로 인심이 ᄌ못 불안ᄒ다 더라'고 보도했다.
48 7册의內4, 朝鮮總督府內密補367/忠南秘第253號, 地方騷擾에 關한 件, 1919.4.2.

함께 마을 뒷산에 올라가 불을 놓고 독립만세를 고창했다.[50] 진의리 金鳳植, 월산리 林永福, 양화리 趙義淳과 林德文은 양화리 李德敏의 집에서 협의를 갖고 오후 9시경 모여 대한독립만세를 부르며 양화리로 이동했다. 이들은 양화리에서 林德化에게 권유하고 주민 100여 명과 함께 雅月山에 올라가 횃불독립만세를 외쳤다. 이어 진의리에서 林榮喆을 선두로 마을 주민들과 산에서 횃불독립만세를 부르고 송담리로 이동했다. 이들이 도착할 때 이미 송담리에서는 주민들이 횃불독립만세를 부르고 있어 합류하여 함께 독립만세를 외쳤다.[51] 4월 1일에도 횃불독립만세운동은 이어졌다. 송담리에서 어제와 같이 오후 9시경 林喜洙가 발의하여 林淑明, 林萬洙가 주도하여 주민 약 30명이 瑞雲山에 올라가 불을 피우고 대한독립만세를 1시간 동안 외쳤다.[52] 갈운리에서는 柳時豊이 주도하여 주민 약 150명이 야간에 黃牛山에 올라가 횃불독립만세를 외쳤다.[53]

동면에서는 3월 26일 옹암리에서 마을 주민들이 고목골(高穆洞) 뒷산에 올라가 불을 피우고 독립만세를 외쳤다. 이는 청주 강내면의 사곡리 주민들과 사전에 연락이 있어 연합 독립만세운동의 형태로 전개되었다.[54]

---

49 판결문(대정8년공제121호, 공주지방법원, 1919.4.14.)

50 판결문(판결, 공주지방법원, 1919.4.18.)

51 판결문(대정8년공제109호, 공주지방법원, 1919.4.18.)
   일제측 기록에는 '3월 31일 연기군 남면 양화리에서 500명이 독립만세를 불렀다' 가 있다(共7册其1, 朝憲警第107號, 朝鮮騷擾事件一覽表에 關한 件, 1919.10.2).

52 판결문(대정8년공제109호, 공주지방법원, 1919.4.11.)

53 판결문(대정8년공제122호, 공주지방법원, 1919.4.21. ; 대정8년형공제254호, 경성복심법원, 1919.5.24. ; 대정8년형상제226호, 고등법원, 1919.6.28.)

54 7册의內4, 朝鮮總督府內密補374/忠南秘第210號, 鮮人騷擾에 關한 件, 1919.3. 28. 『매일신보』(1919.3.30. 3면)는 '燕岐 / 수모자를 기인 / 연기군 동면 고정리에는 수백의 군중이 이십류일 밤 쳥쥬방면의 소요자의 협박을 밧어 이십류일에 소요를 일으키엿슴으로 그날 밤 죠치원(헌병)분견소에서 헌병 다섯명과 슈비대 병ᄉ가 출동

다음날인 3월 27일에는 예양리, 노송리, 송룡리 등 3개 마을 6개소에서 횃불독립만세운동이 전개되었다. 예양리에서는 마을 구장인 張在基가 주도하고 노송리와 송룡리에서는 청주 강내 면민들과 연락하여 연합 독립만세운동으로 횃불독립만세운동을 전개하였다.[55] 연일 이어지는 횃불독립만세운동에 대해 연기군수는 군내를 순회하며 민심을 안정시키려는 시국 연설을 했다. 그는 3월 28일 동면 면사무소에서 면민을 동원해 회유 연설을 했다. 연설을 듣던 張弘鎭과 張基民 등은 '한국 민족으로서 독립을 갈망하는 것은 당연하다'며 군수를 면박했다. 이에 면장이 제지하여 더 이상 소란을 일어나지 않았다. 하지만 마을로 귀가한 이들은 송룡리 주민 10여 명과 함께 마을 부근의 산에 올라가 횃불독립만세를 외쳤다.[56]

전동면에서는 3월 29일 청송리에서 權赫基가 주도하여 주민 약 20명이 마을의 內洞山[57] 위에 올라가 불을 피우고 대한독립만세를 외쳤다.[58] 이외 면내 각 마을에서 횃불독립만세운동을 전개하였다고 전해지나 구체적 사실이 확인되지 않고 있다.

서면에서는 전술한 3월 23일 북면, 남면에서와 같이 횃불독립만세를 외쳤고 3월 30일에는 면내 거의 모든 마을에서 횃불독립만세운동을 전개했다. 특히 기룡리에서는 兪鎭廣이 주도하여 주민 다수와 함께 마을 뒷산에 올라가 다른 마을의 횃불독립만세운동에 호응하여 불을 피우고 독립

ᄒᆞ야 수모자를 구인ᄒᆞ엿ᄂᆞᆫ대 고정리ᄂᆞᆫ 죠치원을 상거ᄒᆞᆫ 동편으로 십오리나 된다더라'고 보도했다.

55 독립운동사편찬위원회, 1971, 앞의 책, 113쪽
56 판결문(대정8년공제99호, 공주지방법원, 1919.4.7.)
57 '소里內洞山上二'(판결문)를 '동리(청송리-필자주) 내 마을 산 위에'로 해석하면, 청송리 동쪽 112m 고지로 보인다(朝鮮五万分一地形圖(18-1-9), 淸州(公州九號), 국사편찬위원회).
58 판결문(판결, 공주지방법원, 1919.4.18.)

만세를 외쳤다.[59]

금남면 부용리에서는 경부선 부강역 부근에 밤마다 산상에 수백명이 모여 '화투불'을 피우고 독립만세를 외쳤다.[60] 두만리에서는 4월 2일 이후 주민들이 산 위에 모여 불을 들고 만세를 외쳤다.[61]

2) 공주군

공주군에서는 4월 1일 오후 9시경 장기면 도계리에서 약 100명의 주민들이 산 위에서 불을 피우고 독립만세를 외쳤다.[62] 이보다 앞서 오후 8시 신상면(유구)에서 산 위에 횃불을 놓고 유구천 천변(川邊)에서도 횃불

---

59 판결문(대정8년공제110호, 공주지방법원, 1919.4.11.)
　　일제측 기록에는 '3월 30일 연기군 서면 내창리에서 500명이 독립만세를 외쳤다'
　　가 있다(共7冊其1, 朝憲警第107號, 朝鮮騷擾事件一覽表에 關한 件, 1919.10.2.).
60 『매일신보』(1919.4.8. 3면)
　　보도 기사에 일자가 기재되어 있지 않다. 다만 4월 9일자 보도에 4월 2일의 두만리
　　기사가 있는 것으로 보아 3월 말 4월 초순에 연일 횃불독립만세를 외친 것으로 보
　　인다.
61 『매일신보』(1919.4.9. 3면)
　　'公州 일일소요의 상보 … 각 면의 소요 … 본월 이일 이후로 … 반포면 접경의
　　연기 금남면 두만리 등에서 밤이면 각 동리 백성이 산상에 모혀서 불을 들고 만세
　　를 고창ㅎ여 소요를 일으키며…'라고 보도했다.
62 일제측 기록에는 '충청남도 공주군 도계리에서 4월 1일 오후 9시 장기면 도계리
　　주민 약 100명이 산상에서 篝火를 피우고 독립만세를 고창했다'(共7冊其7, 高第
　　9833號, 獨立運動에 關한 件(第37號), 1919.4.4.), '(4월1일) 黃州郡(公州郡) テウ
　　キ면(장기면)에서 100명이 운동을 일으켰다'(共7冊其1, 密第102號 其154/第101
　　號, 電報 全國各地의 示威狀況, 1919.4.5.), '4월 1일 충남 공주군 장기면에서 100
　　내외의 군중이 篝火를 피우고 소요를 일으켰다'(共7冊其7, 朝特第9號, 朝鮮騷擾
　　에 關한 狀況(1919.3.26.~1919.4.5.), 1919.4.7.), '4월 1일 충남 공주군 도계 군중
　　수 100명'(共7冊其7, 騷擾事件報告臨時報第12號, 騷擾事件經過槪覽表(1919.3.
　　1.~1919.4.30.), 1919.5.10.)이 있다.

을 들고 군중들이 대한독립만세를 불렀다.[63]

이어 4월 2일에는 공주 북쪽 약 1리 되는 산 위의 2~3개 곳에서 독립운동이 있었다. 우성면 쌍신리에서는 오후 9시경 200명의 주민들이 산 위의 여러 곳에서 불을 피우고 독립만세를 불렀다.[64] 또한 도천리 주민들도 횃불을 놓고 대한독립만세를 소리 높여 외쳤다.[65] 4월 2일 이후 우성뿐만 아니라 장기, 의당, 사곡, 계룡, 주외, 목동, 탄천 등 7개면에서 연일 산상에 면민들이 모여서 불을 들고 만세를 고창했다.[66]

4월 3일에는 탄천면에서 면내 각 동리에서 약 1,500명의 군중들이 산 위에 올라가 횃불을 놓고 대한독립만세를 외쳤다.[67]

---

63 독립운동사편찬위원회, 1971, 앞의 책, 109쪽
64 일제측 기록에는 '4월 2일 충청남도 공주 북쪽 약 1리 산위의 2~3개 지점에서 운동이 발생했다'(共7冊其1, 密第102號 其179/朝特第81號/第3號, 電報 全國各地의 4월 2일 示威狀況, 1919.4.3.), '충청남도 공주군 쌍신리(4월) 2일 오후 9시 쌍신리 주민이 부근 산상 여러 곳에서 불을 피우고 독립만세를 고창했다'(共7冊其7, 高第9833號, 獨立運動에 關한 件(第37報), 1919.4.4.), '4월2일 충청남도 공주 부근 2~3곳에서 다수 사람들이 산에 올라가 운동했다'(共7冊其1, 密第102號/陸密第119號, 朝鮮의 獨立運動에 關한 件(次官이 侍從武官長에 通牒), 1919.4.10.), '4월 2일 충남 공주 쌍신리 군중수 200명'(共7冊其7, 騷擾事件報告臨時報第12號, 騷擾事件經過槪覽表(1919.3.1.~1919.4.30.), 1919.5.10.)이 있다.
65 독립운동사편찬위원회, 1971, 앞의 책, 111쪽
66 『매일신보』(1919.4.9. 3면)는 '4월 2일 이후 금일까지 횃불독립만세운동을 전개했다'고 보도했다. 즉 금일은 발행 일자가 4월 9일이고 기사 작성 일자를 4월 8일로 보면 횃불독립만세운동을 전개한 일자는 4월 2일 이후 4월 7일까지이다. 따라서 7개면은 4월 2일부터 4월 7일까지 6일 동안 연일 횃불독립만세운동을 전개한 것으로 보인다. 다른 자료에서 확인되지 않으므로 다만 통계 처리는 4월 2일 1회만으로 기재하였다.
67 독립운동사편찬위원회, 1971, 앞의 책, 111쪽

3) 청양군

청양군에서는 4월 6일 운곡면에서 위라리, 효제리, 후덕리, 모곡리, 영양리, 신대리 등 마을 주민 약 600명이 산위에 올라가 불을 피우고 독립만세를 외쳤다.[68] 이어 4월 8일 오후 10시 운곡면민들이 인접 면인 비봉면민과 함께 600명이 운곡면내 산에 집합해 불을 피우고 독립만세를 외치는 연합 독립만세운동으로서 횃불독립만세운동을 전개했다.[69]

청남면(청양면), 정산면, 남양면(사양면)에서는 4월 7일 횃불독립만세운동이 전개됐다. 청남면에서는 지곡리의 李東明과 尹炳環이 밤에 李永殷 등 여러 명의 주민들을 설득하여 마을 북쪽 산인 堂山에 올라가 불을 피우고 조선독립만세를 고창했다. 이어 이들은 당산을 내려와 면사무소로 가서 그 앞에서 독립만세를 외쳤다.[70] 정산면에서는 오후 9시경 와촌리, 덕

---

68 김진호, 2016, 앞의 논문, 110쪽
  일제측 기록에는 '雲谷面 新垈里에서 600명의 보통민이 소요하여 헌병이 발포해 해산시켰다'고 한다(共7册其1, 密第102號 其166號/第50號/第89號, 電報 全國各地의 4月 6日 示威狀況, 1919.4.8. : 共7册其1, 密受第102號/軍事密第60號/陸密第136號, 朝鮮의 獨立運動에 關한 件, 1919.4.16. : 共7册其1, 朝憲警第107號, 朝鮮騷擾事件一覽表에 關한 件, 1919.10.2. ; 共7册其7, 騷擾事件報告臨時報第12號, 騷擾事件經過槪覽表(1919.3.1.~1919.4.30.), 1919.5.10).
  운곡면수형인명부의 보안법 위반 태형자에 미량리, 추광리, 광암리 3개 마을을 제외한 전술한 6개 마을 인사가 기재되어 있고, 시일(市日)도 아니고 더구나 야간에 6km나 넘는 거리를 위라리 주민들이 면소재지 신대리로 집결하기 어렵다는 점을 고려하면 이 횃불독립만세운동은 신대리를 중심으로 면내 각 마을에서 횃불독립만세를 외친 것을 면소재지인 신대리를 대표적으로 기재한 것으로 보인다.
  『매일신보』(1919.4.10. 3면)는 '사상은 없다 / 청양군 운곡면에서는 류일 오류백명의 군중이 소요를 ᄒ엿슴으로 발포해산케 ᄒ엿는대 피챠에 ᄉ상은 업셧더라'고 보도했다.
69 共7册其1, 密第102號 其185/第19號, 電報 全國各地의 示威狀況, 1919.4.11. ; 共7册其7, 高第11014號, 獨立運動에 關한 件(第44報), 1919.4.11. : 共7册其7, 騷擾事件報告臨時報第12號, 騷擾事件經過槪覽表(1919.3.1.~1919.4.30.), 1919. 5. 10.

성리, 내초리 주민 약 150명이 부근 산 위에 모여 불을 피우고 독립만세를 외쳤다.[71] 남양면에서는 오후 8시경 천도교구장인 韓道洙가 면내 주민 약 600명을 이끌고 마을 산에 올라가 불을 피우고 대한독립만세를 불렀다.[72]

비봉면에서는 4월 8일 강정리에서 柳南植과 兪天植이 마을 주민 수십 명에게 독립만세를 부를 것을 권유 설득했다. 이에 주민들이 찬성하여 함께 마을 뒷산에 올라가 불을 피우고 대한독립만세를 외쳤다.[73] 또한 비봉면민은 전술과 같이 운곡면민들과 함께 운곡면내에서 횃불독립만세운동

---

70 판결문(대정8년공제147호, 공주지방법원, 1919.5.9.)

71 일제측 기록에는 '정산면내에서 오후 1시에 50명이 소요 폭행을 했다. 헌병이 발포하여 해산시켰다'(共7冊其1, 密第102號 其169/第109號, 電報 全國各地의 示威狀況, 1919.4.9.), '오후9시경 정산면 와림리, 신덕리 및 내초리의 里民 약 50명이 부근 산 위에 모여 불을 피우고 독립만세를 부르고 경계 중의 헌병에게 폭행을 가했다. 위협을 위해 발포 해산시켰다'(共7冊其7, 高第10712號, 獨立運動에 關한 件(第42報), 1919.4.9.), '청양군의 1개 지점에서 약 50명의 폭동이 일어나 발포 및 해산시켰다'(共7冊其1, 密受第102號/軍事密第60號/陸密第136號, 朝鮮의 獨立運動에 關한 件, 1919.4.16.), '4월 7일 충남 청양군 와림리, 시위운동 이상, 군중수 500명, 발포'(共7冊其7, 騷擾事件報告臨時報第12號, 騷擾事件經過概覽表(1919.3.1.~1919.4.30.), 1919.5.10.), '4월 7일 청양군 정산면 와촌 외 2리, 폭행있음, 소요인원 150명, 보통민, 헌병관할소요지'(共7冊其1, 朝憲警第107號, 朝鮮騷擾事件一覽表에 關한 件, 1919.10.2.)가 있다.

현재 만세봉으로 불리우는 곳은 신덕리와 서정리의 경계지이지만 신덕리에서는 가파른 산이다. 와촌리에서 만세봉으로 오르는 길은 완만한 샛길로 현재도 남아있다. 또한 정사면수형인명부에는 와촌리, 덕성리, 내초리 인사들은 보안법 위반 태형으로 기재되어 있으나 신덕리 인사들은 1명도 없다. 이를 종합하면 횃불독립만세를 전개한 주민들은 와촌리, 덕성리, 내초리 인사들로 보인다(김진호, 2016, 앞의 논문, 111쪽).

72 독립운동사편찬위원회, 1971, 앞의 책, 143쪽

73 판결문(대정8년공제176호, 공주지방법원, 1919.5.30. ; 대정8년공제349(176-정정)호, 공주지방법원, 1919.6.27.).

을 전개했다.

4) 예산군

예산군에서는 4월 3일 예산읍(예산면)에서 횃불독립만세운동이 전개
됐다.[74] 이어 다음날인 4월 4일 오후 10시경부터 예산 읍내를 중심으로
예산, 대술, 오가, 신암, 고덕면내 각 마을, 신양면 일부 마을, 광시면[75] 등
예산군내 18개소에 군민들이 횃불독립만세를 외쳤다.[76] 계속하여 4월 5일
에도 오후 8시경 예산읍내를 둘러싼 사방의 산 위에서 횃불독립만세를 불
렀다. 즉 동쪽 시산, 서쪽 관영산, 남쪽 형제고개, 북쪽 금오산에서 다수의
군중들이 불을 들고(거화) 독립만세를 외쳤다.[77]

대술면에서는 4월 3일 면민들이 마을 주위 산에서 횃불독립만세운동

---

74 독립운동사편찬위원회, 1971, 앞의 책, 145쪽

75 共7冊其7, 高第10371號, 獨立運動에 關한 件(第39報), 1919.4.6.
 '충청남도 예산군 광시면 4월 4일 오후 8시부터 광시면 기타 17곳에서 篝火를 피
 우고 독립만세를 불렀다'는 기록이 있고, 이어 '다음날인 4월 5일 오전 3시 약
 4,000명으로 늘어난 군중들이 광시면사무소로 이동해 독립만세를 외치고 공격했
 다'고 한다.

76 독립운동사편찬위원회, 앞의 책, 145쪽 ;『매일신보』(1919.4.10 3면) ; 共7冊其1,
 密第102號 其158/朝特第88號, 電報 4월 5일의 示威狀況1, 1919.4.6.
 『매일신보』는 '禮山 / 불을 들고 소요 / 례산군 당면내에서는 지나간 소일 오후 열
 시경부터 례산면 대술면 오가면 신암면 고덕면 각 리 신양면 일부 약 십오개소에
 서 각각 다슈흔 군중이 각각 봉화를 들고 소요를 ㅎ엿고…'라 보도했다. 이 횃불독
 립만세운동은 예산군내 각 면의 18개소(독립운동사, 朝鮮騷擾事件關係書類 共7
 冊其1) 또는 15개소(매일신보, 한국독립운동사)에서 전개되었고, 참가 군중은 약
 8,000여 명이었다(한국독립운동사).

77 『매일신보』(1919.4.10. 3면)는 '禮山 / 불을 들고 소요 / … 오일에는 … 동일 오후
 팔시경에는 또 례산군 읍 남면 형데고개와 셔편 관영산과 북편 금오산과 동편 시산
 소개소에서 다수흔 군중이 거화ㅎ고 소요ㅎ엿슴으로 해산케 ㅎ엿스나 듯지 안음으
 로 부득이 발포 해산을 ㅎㅈ 또흔 비가 옴으로 모다 헤여졋다 더라'고 보도했다.

을 외쳤다.[78] 이어 4월 4일에는 산정리에서 閔濟植이 오후 9시경 주민 약 30명과 함께 마을의 높은 곳에 올라가 구한국기(태극기)를 세우고 한국독립만세를 외쳤다.[79]

대흥면에서는 4월 4일 신속리, 대율리에서 횃불독립만세운동이 있었다.[80] 대율리 鄭寅夏는 밤에 마을 주민 수십 명과 함께 마을 동쪽 산위에 올라가 불을 피우고 조선독립만세를 외쳤다.[81]

신양면에서도 4월 4일 오후 8시 연리 成元修(成允京)가 주민 십 수명과 함께 마을 뒷산 정상에 올라가 불을 피우고 조선독립만세를 외치는 횃불독립만세운동을 전개했다.[82]

삽교읍에서는 4월 5일 밤 목리에서 朴性植이 주민 40명과 함께 마을 뒷산에서 횃불독립만세운동을 전개했다.[83]

---

78 독립운동사편찬위원회, 1971, 앞의 책, 145쪽
79 판결문(대정8년공제175호, 공주지방법원, 1919.5.19.)
  판결문에는 불을 피웠다는 기록은 없으나 4월 5일 오후 9시경이면 음력 3월 5일로 아직 초승달이 어둠을 밝힐 정도가 아닌 상태에서 산 정상에 올라가기가 쉽지 않았다는 점과 당시 예산군내 각처에서 횃불독립만세운동이 전개되고 있었다는 점을 고려하여 불을 피웠을 것으로 판단된다.
80 독립운동사편찬위원회, 1971, 앞의 책, 146쪽
81 판결문(대정8년공제188호, 공주지방법원, 1919.5.30.)
  이외 정인하는 20일 후인 4월 24일 홍성군 결성면 용호리의 강진호 집에서 '고종의 독살설'을 주장하면서 독립만세를 권유하는 활동을 했다.
82 판결문(대정8년공제184호, 공주지방법원, 1919.5.26. : 대정8년형공제551호, 경성복심법원, 1919.7.19. : 대정8년형상제787호, 고등법원, 1919.9.25.)
  이 횃불독립만세운동을 탐지한 신양헌병주재소 보조원 박동진이 5월 8일 성원수를 체포하러 왔을 때 성원수는 집을 탈출하여 피신하려는데 박동진이 추격해 오므로 응징하여 부상을 입혔다.
83 판결문(대정8년공제140호, 공주지방법원, 1919.4.30.)
  박성식은 다음날 4월 6일 오후 7시경 최중삼 집에서 백립(白笠)이 아닌 흑립을 쓰고 있는 金憲植에게 '어떤 연고로 흑립을 쓰고 있는가? 어떤 연고로 만세를 부르

이외 4월 3일 신암, 오가면에서, 4월 4일 덕산면내에서 마을 주민들이 마을 산에 올라가 불을 피우고 독립만세를 외쳤다.[84]

5) 아산군

아산군에서는 3월 31일 탕정, 염치, 배방 등 면내의 50여 개소에서 횃불독립만세운동이 일어났고[85] 4월 1일에도 오후 8시시 탕정, 염치, 배방, 온양, 신창, 둔포 등 면내의 각 마을에서 전개했으며[86] 4월 2일, 3일 양일간에도 영인, 인주, 둔포 등 군내 12개 면의 각 마을에서 전개했다.[87]

지 않는가?'라고 비난하고 흑립을 망가뜨리고 옷깃을 잡고 주먹으로 얼굴을 구타하기도 했다.

84 독립운동사편찬위원회, 1971, 앞의 책, 145 : 147쪽

85 일제측 기록에는 '충남 아산군에 50여 곳에서 군중들이 篝火를 피우고 소요를 일으켰다'(共7册其1, 密第102號 其147/朝特第77號/第5號, 電報 忠南 慶北 黃海道 및 烏蘇里의 示威運動狀況, 1919.4.1.), '충청남도 아산군 3월 31일 동군 염치, 도방(배방) 및 탕정의 각 면민은 부근의 산상 50여 곳에서 篝火를 피우고 독립만세를 고창했다'(共7册其7, 高第9808號, 獨立運動에 關한 件(第35報), 1919.4.2.), '3월 31일 충청남도 온양 부근에서 군중이 여러 곳에서 篝火를 피우고 폭행했다'(共7册其1, 密受第102號/陸密第119號, 朝鮮의 獨立運動에 關한 件(次官이 侍從武官長에 通牒), 1919.4.10.)가 있다.

86 『매일신보』(1919.4.5. 3면) ; 독립운동사편찬위원회, 1971, 앞의 책, 150쪽 ; 독립동지회, 1965, 『한국독립사』(1893년 증보), 188쪽
『매일신보』는 '牙山 / 불을 피고 만세 / 거 삼월 삼십일일 하오 팔시에 아산군 배방면 탕정면 염치면 각 리에 거민이 모여 산상에 불을 들고 소요ᄒ엿고 ᄉ월 일일 하오 팔시에 견긔 삼면과 온양 신창 둔포 각 면에서도 또한 산에 올나 불을 노코 시위운동을 함으로 당디 관헌은 각디에 츌동ᄒ야 설유 해산에 로력 중이며 수모쟈 십이명을 톄포하엿더라'며 3월 31일과 4월 1일 아산군내의 횃불독립만세운동을 보도했다.

87 『매일신보』(1919.4.7. 3면) ; 김진호, 2015, 앞의 논문, 111~4쪽
『매일신보』는 '牙山 / 각 면 각 리가 소요 / 아산군은 일군 십이면인대 각 면 각리에서 ᄉ월 이일 삼일 두날은 두고 오후 팔시에 단톄되야 각기 부근 산상에 불을

염치면에서는 3월 31일 해가 진 후 백암리 이화학당 학생 金福熙(福述)와 영신학교 여교사 韓連順의 주도로 백암교회 김상철의 후원을 받아 주민 약 20명과 마을 북쪽 방화산에 올라가 불을 피우고 대한독립만세를 외쳤다.[88] 중방리의 吳鳳煥은 朴東殷과 협의하여 주민들에게 권유해 함께 마을 산에서 횃불독립만세를 전개했다.[89]

탕정면에서는 4월 1일 현재의 명암 2리, 장무기 마을 서남쪽 산 줄기 '새매'에서 주민들이 횃불을 올렸다.[90]

둔포면에서는 4월 1일 운용리 주민들이 횃불을 올리고 독립만세를 외치며 일본인 소유의 鑛穴 20여 개소를 파괴했다.[91] 4월 2~3일에 해안 지역에서 주민들이 횃불독립만세를 외쳤다.[92]

영인면에서는 4월 2일 오후 8시 영인산 횃불을 신호로 아산리에서 기독교인 주도로 독립만세운동이 일어났다. 이에 상성리 뒷산 대흥당, 신운리 뒷산 형제봉, 백석포 뒷산 및 성내리(안골) 뒷산에서 주민들이 불을 피우고 독립만세를 외치는 횃불독립만세운동을 전개했다.[93]

들고 독립만세를 부르며 야단이던 중 신창면에서는 백여명의 군중이 신창공립보통학교에 몰녀 가서 류리창 일백류십여쪽을 파괴ᄒᆞ고 형세가 불온ᄒᆞ던 중 헌병 수비대가 현장에 가서 직시 해산식이엿다 더라'고 보도했다.

88 판결문(대정8년공제142호, 공주지방법원, 1919.5.9.) ; 조형렬, 2013, 「근대 이후 지역 상황을 통해 보는 牙山의 3·1운동」『순천향인문과학논총』 32-1, 130쪽
방화산은 판결문에 '居住地北方山上二'으로 '마을(백암리)의 북쪽 산', 즉 마을 뒤편 138m 고지로 보인다(朝鮮五万分一地形圖(26-2-3), 牙山(南陽三號), 국사편찬위원회).

89 독립운동사편찬위원회, 1971, 앞의 책, 150~1쪽

90 조형렬, 2013, 앞의 논문, 129쪽

91 독립운동사편찬위원회, 1971, 앞의 책, 151쪽

92 독립운동사편찬위원회, 1971, 위의 책, 150쪽

93 독립운동사편찬위원회, 1971, 위의 책, 150쪽

신창면에서는 4월 2일 오후 8시 李悳均이 朴秦和, 鄭允興, 金良順 등과 함께 읍내리, 오목리 주민 약 200명을 이끌고 鶴城山에 올라가 불을 피우고 대한독립만세를 외쳤다. 이후 이덕균이 '관청을 파괴하자'는 주창에 따라 군중들은 학성산을 내려오며 돌을 주웠다. 군중들은 면사무소로 이동해 정윤홍 등의 주도로 문 2짝을 파괴했다. 오후 9시경 100여 명이 신창헌병주재소로 이동해 약 15명은 주재소로 진입하여 문등(門燈) 유리 등을 깨뜨렸다. 이어 오후 10시경 박진화, 姜順和, 孫千日 등 4~50명이 공립보통학교로 가서 독립만세를 외쳤다. 학교장 宗方喬의 제지에도 군중들은 학교를 공격해 유리창 272장과 문 4짝을 파손했다.[94]

인주면에서는 4월 2~3일에 공세리, 걸매리 등의 해안지역에서 불을 피우고 독립만세를 외쳤다.[95]

송악면에서는 4월 2~3일 아산군내 각 면리에서 전개된 횃불독립만세운동에 동참하여 독립만세를 외쳤다. 이는 송악면범죄인명부에 보안법 위반으로 태형을 받은 인사가 관평, 동화, 거산, 역촌, 송학리 마을 주민 41명을 통해 확인된다.[96]

---

94 판결문(대정8년공제134 144 150호, 공주지방법원, 1919.5.2. ; 대정8년형공제413호, 경성복심법원, 1919.6.28. ; 대정8년형상제605호, 고등법원, 1919.9.6. ; 대정8년공제197호, 공주지방법원, 1919.6.13. ; 대정8년형공제656호, 경성복심법원, 1919.7.23. ; 대정8년형상제833호, 고등법원, 1919.10.4.) ;『매일신보』(1919.4.7. 3면) ; 共7册其7, 高第9833號, 獨立運動에 關한 件(第37報), 1919.4.4. ; 共7册其1, 密第102號 其154/第101號, 電報 全國各地의 示威狀況, 1919.4.5. ; 共7册其7, 朝特第9號, 騷擾事件에 關한 狀況(1919.3.26.~1919.4.5.), 1919.4.7. ; 共7册其1, 密受第102號/陸密第119號, 朝鮮의 獨立運動에 關한 件(次官이 侍從武官長에 通牒), 1919.4.10. ; 共7册其7, 騷擾事件報告臨時報第12號, 騷擾事件經過槪覽表(1919.3.1.~1919.4.30.), 1919.5.10. ; 共7册其1, 朝憲警第107號, 朝鮮騷擾事件一覽表에 關한 件, 1919.10.2.
95 독립운동사편찬위원회, 1971, 앞의 책, 150쪽

6) 홍성군

홍성군에서는 4월 4일 금마면, 홍동면, 홍북면, 구항면 4개면의 24개 마을에서 불을 피우고 독립만세를 외치는 횃불독립만세운동을 전개했다.[97]

금마면에서 4월 4일에 면내에서 500명의 군중이 횃불독립만세를 외쳤다.[98]

홍동면에서 4월 5일 신기리에서 100명의 군중들이 독립만세를 외쳤다.[99] 『洪東面誌』에 의하면, 신기리 사건으로 신기리 李齊經, 趙愚植 등은 3

---

96 김진호, 2015, 앞의 논문, 113~4쪽
97 일제측 기록에는 '4월 4일 밤(예산군내 18개소, 당진군내 8개소,) 홍성군내 24개소에서 篝火를 피우고 운동했다. 홍성군(과 예산군)에서는 관헌에게 폭행이 있었다. 군대와 협력하여 진압했다. 폭민 10명이 사망했다'(7冊其1, 密第102號 其158號/朝特第88號/第90號, 電報 4월 5일의 示威狀況1, 1919.4.6.), '홍성경찰서 부근 각 면 20여개소에서 篝火를 피운 군중이 폭력 행동을 했다. 보병이 발포했다. 5명이 사망하고 5명을 체포했다'(共7冊其1, 密第102號 其160號/第24號, 電報 全國各地의 示威狀況, 1919.4.6.), '충청남도 홍성군 4월 4일 밤 홍성경찰서 부근 4개 면의 각 촌락 20여 곳에서 篝火를 피우고 폭력 행동을 함에 따라 보병이 발포하여 폭민 사망자 2명을 내고 주모자 5명을 체포하고 해산시켰다'(共7冊其7, 高第10371號, 獨立運動에 關한 件(第39報), 1919.4.6.), '4월 4일 충남 홍성 부근 24개 촌락에서 소요가 흥행했다. 파견 보병이 경무기관과 함께 진압했다. 폭민 사망자 10명 발생했다'(共7冊其7, 朝特報第9號, 騷擾事件에 關한 狀況(1919.3.26.~1919.4.5.), 1919. 4.7.)가 있다. 『매일신보』(1919.4.8. 3면)에는 '홍성군 홍성에서는 지나간 수일 밤에 군중이 모혀 소요를 ㅎ엿슴으로 이 소요에 군중편에 두명이 죽엇다 더라'고 보도했다
98 共7冊其1, 朝憲警第107號, 朝鮮騷擾事件一覽表에 關한 件, 1919.10.2.
99 일제측 기록에는 '4월 5일 충청남도 홍동면에서 보병 80연대 상등병 이하 5명이 진정에 종사하였다. 경무 관헌과 협력했다. 조선인측 사망자 2명, 부상자 2명이다'(共7冊其1, 密第102號 其458/朝副第941號/軍事密第60號/軍步第28號, 朝鮮騷擾事件의 死傷 數 件(軍隊가 鎭壓에 從事한 事件의 死傷數表), 1919.9.29.), '4월 5일 홍성군 홍동면 신기리, 폭행있음, 소요인원 100명, 소요자종별 보통민, 경찰관

월 5일(음) 밤 뒷산인 꽃동산에 모여 봉화를 올리고 대한독립만세를 외쳤다. 이때 갑자기 총성이 들리더니 순식간에 사방이 피바다로 변하였으니 李義道, 韓命敎 등은 현장에서 죽고 李錫滿, 安重浩 등은 관통상을 입었다. 경찰은 주민들을 닥치는 대로 체포하고 13명을 구속, 태형을 가하였다. 成樂朋은 고문의 여독으로 사망하였으며 그로 인해 두 아들이 부인과 함께 사망하여 가정 전체가 몰락하였다고 한다.[100]

홍북면과 구항면에서 4월 4일의 횃불독립만세운동에 대한 일제측의 기록은 없다. '홍성 부근', '홍성경찰서 부근 4개면'을 통해 홍북면이 홍성 읍내와 접해 있고 인접 면인 금마면에서 횃불독립만세운동 전개된 점으로 보아 홍북면에서도 횃불독립만세가 전개되었을 것으로 추측된다.

또한 구항면의 『수형인명표폐기목록』에 대정리 인사 6명이 보안법 위반으로 홍성경찰서에서 태형 처분을 받은 기록되어 있다. 즉 徐成模, 趙鍾弼(趙鍾喆-필자 주), 李信勳, 全順榮, 徐聖俊, 徐殷模 등이 대정리 뒷산에 올라가 횃불독립만세를 외쳤을 것으로 보인다.[101]

그리고 구항면 황곡리에서 李吉性이 독립만세를 외칠 것을 결심하고 자택에서 '大韓獨立萬歲'라 크게 쓴 깃발을 만들었다. 그는 4월 7일 黃文秀

할 소요지, 폭민측 사망 2명, 폭민측 부상 2명'(共7册其1, 朝憲警第107號, 朝鮮騷擾事件一覽表에 關한 件, 1919.10.2.)이 있다.

100 김진호, 2004, 앞의 논문, 74쪽
　　『洪東面誌』(1994, 홍동면지편찬위원회, 204쪽)에 의하면 4월 4일 횃불독립만세운동에 이어 4월 8일 '원천리 사건'으로 황윤성이 주도한 독립만세운동으로 홍동주재소를 습격했다. 현재 홍동면사무소의 범죄인명부에 보안법 위반으로 태형을 당한 인사가 4월 7일(홍성경찰서 태형일자) 신기리 15명, 구암리 1명 / 4월 8일 신기리 1명 / 4월 10일 문당리 4명, 수란리 2명, 효학리 2명, 금평리 1명, 원천리 3명, 운원리 2명, 운용리 2명, 월림리 1명, 대평리 5명 / 4월 13일 구암리 1명, 구룡리 9명 / 4월 14일 신기리 1명 합계 50명이 기재되어 있다.

101 김진호, 2004, 위의 논문, 79~80쪽

와 협의하고 李有弘, 李伯榮, 黃道明, 河有淑, 崔順甫, 田南珪, 李熙輔 등에게 권유해 마을 주민과 함께 月山(日月山)에 올라가 깃발을 세우고 횃불독립만세를 외쳤다. 수비대 보병들이 출동하여 총을 난사했으나 주민들은 피해 없이 하산했다. 그러나 이길성, 황문수, 이유홍, 李熙昌, 李東圭 등 5명은 다시 白月山[102] 상봉에서 홍성 읍내를 바라보며 또 만세를 불렀다.[103]

7) 서산군

서산군에서는 팔봉면에서 3월 31일 오후 9시경 면내 각 부락에서 주민들이 산에는 횃불을 놓고 해안에서는 등불을 들고 독립만세를 외쳤다.[104]

운산면에서는 4월 5일 오후 7시경 고산리 蔡秀定 집에서 吳仁鐸이 韓五福 등 여러 명에게 '지금 한국독립만세를 부르고 있다. 똑같이 소리 높이 부르자'고 권유하여 함께 마을 뒷산에 올라가 불을 피우고 한국독립만세를 외치는 횃불독립만세운동을 전개했다.[105] 4월 8일에서는 용현리에서 李奉夏와 許後得이 羅相允과 독립만세를 협의하고 鄭元伯 집에서 黃君成 등 십 수명의 주민들에게 독립운동의 취지를 설명하고 약 50명과 함께 普賢山에 올라가 불을 피우고 조선독립만세를 외쳤다.[106] 이어 4월 10일 오후

---

102 월산(일월산)은 황곡리 뒤편 북쪽 산으로 394.3m의 최고지로 여러 봉우리가 있는데 백월산은 그 봉우리 중 하나로 보이나 일월산의 오독(誤讀)일 수도 있다(朝鮮五万分一地形圖(18-2-5), 洪城(洪城五號), 국사편찬위원회).

103 판결문(대정8년공제132호, 공주지방법원, 1919.4.28. ; 대정8년형공제329호, 경성복심법원, 1919.5.30. ; 대정8년형상제319호, 고등법원, 1919.7.3.) ; 홍양사편찬위원회, 1996, 『洪陽史』(全), 42쪽

104 독립운동사편찬위원회, 1971, 앞의 책, 156쪽

105 판결문(대정8년공제193호, 공주지방법원, 1919.6.4.)

106 판결문(대정8년공제174호, 공주지방법원, 1919.5.19.)

11시 갈산리에서 약 100명의 군중들이 마을의 높은 곳에 올라 불을 피우고 독립만세를 불렀다.[107]

음암면에서는 4월 8일 오후 10시경 율목리에서 蔡敦默(蔡致雲)은 주민 15명을 이끌고 土城山에 올라가 불을 놓고 조선독립만세를 외쳤다. 이어 李聖三도 횃불독립만세를 외치는 것을 보고 산으로 올라가 함께 독립만세를 불렀다.[108] 또한 4월 10일 오후 11시경 부장리의 높은 곳에서 약 50명의 군중들이 불을 피우고 독립만세를 외쳤다. 일경과 보병들이 출동하여 만세를 중지시키고 해산시키려고 하자, 군중들은 막대기를 휘두르며 항거했다.[109]

정미면에서는 4월 8일 오후 10시경 수당리에서 약 300명이 불을 놓고 독립만세를 외치는 횃불독립만세운동을 전개했다.[110]

107 共7册其7, 高第11167號, 獨立運動에 關한 件(第45報), 1919.4.12. ; 共7册其1, 第76號, 電報 全國各地의 示威狀況, 1919.4.12. : 共7册其1, 密第102號/軍事密 第60號/陸密第154號, 朝鮮의 獨立運動에 關한 件, 1919.4.28. ; 共7册其7, 騷擾 事件報告臨時報第12號, 騷擾事件經過槪覽表(1919.3.1.~1919.4.30.), 1919.5. 10. ; 共7册其1, 朝憲警第107號, 朝鮮騷擾事件一覽表에 關한 件, 1919.10.2.

108 판결문(대정8년공제226호, 공주지방법원, 1919.7.2.)

109 共7册其7, 高第11167號, 獨立運動에 關한 件(第45報), 1919.4.12. ; 共7册其1, 第76號, 電報 全國各地의 示威狀況, 1919.4.12. : 共7册其1, 密第102號 其189/ 第57號, 電報 全國各地의 示威狀況, 1919.4.12. ; 共7册其7, 騷擾事件報告臨時 報第12號, 騷擾事件經過槪覽表(1919.3.1.~1919.4.30.), 1919.5.10. ; 共7册其1, 密第102號 其458/朝副第941號/軍事密第60號/軍步第28號, 朝鮮騷擾事件의 死 傷數件 報告(軍隊가 鎭壓에 從事한 事件의 死傷數表), 1919.9.29. : 共7册其1, 朝憲警第107號, 朝鮮騷擾事件一覽表에 關한 件, 1919.10.2.

110 共7册其7, 高第10876號, 獨立運動에 關한 件(第43報), 1919.4.10.

8) 기타 군

대전군에서는 3월 29일 기성면 가수원리에서 400명의 군중들이 집합해 마을 부근 산 위에 올라가서 불을 피우고 독립만세를 외쳤다.[111]

천안군에서는 3월 30일 풍세면 풍서리에서 주민들이 풍세헌병주재소 부근 20여 개소 산 위에 올라가 불을 놓고 독립만세를 불렀다. 이어 약 300명의 군중은 풍서리 시장으로 이동하여 만세를 외쳤다.[112] 또한 4월 1일 병천 아우내 독립만세운동이 전개되기 전인 수일 전부터 병천 읍내 주위의 높은 곳에서 불을 피우고 만세를 높이 부르는 횃불독립만세운동 있었다.[113]

---

111 일제측 기록에는 '충청남도 … 가수원에서 각 1,000 내지 3,000명의 폭민이 소요 하기에 … 가수원은 군대의 협력에 의해 진압되었다'(共7册其1, 密第102號 其 141/朝特第73號, 電報 全國各地의 3월 29일 示威運動 및 派兵狀況, 1919. 3.20.), '충청남도 대전군 가수원리, 3월 29일 기성면 가수원리 부근 산상에 다수 가 집합해 篝火를 놓고 만세를 불렀다'(共7册其7, 高第9476號, 獨立運動에 關한 件(第31報), 1919.3.30.), '3월 29일 충남 대전군 기성 부근 산상에서 篝火를 피우 고 소요를 일으켰다'(共7册其7, 朝特報第9號, 騷擾事件에 關한 狀況(1919. 3.26.~1919.4.5.), 1919.4.7.), '3월 29일 충남 가수원 군중수 400명'(共7册其7, 騷 擾事件報告臨時報第12號, 騷擾事件經過槪覽表(1919.3.1.~1919.4.30.), 1919.5. 10.) 이 있다.

112 共7册其7, 高第9722號, 獨立運動에 關한 件(第34報), 1919.4.1. ; 共7册其1, 密 第102號 其172/第57號, 電報 全國各地의 示威狀況, 1919.4.1. : 共7册其1, 密第 102號 其145/朝特第75號/第84號, 電報 3월 31일 示威運動狀況, 1919.4.1. ; 共7 册其7, 朝特報第9號, 騷擾事件에 關한 狀況(1919.3.26.~1919.4.5.), 1919. 4.7. ; 共7册其1, 密受第102號/陸密第119號, 朝鮮의 獨立運動에 關한 件(次官이 侍從 武官長에 通牒), 1919.4.10. ; 共7册其7, 騷擾事件報告臨時報第12號, 騷擾事件 經過槪覽表(1919.3.1.~1919.4.30.), 1919.5.10. ; 共7册其1, 朝憲警第107號, 朝鮮 騷擾事件一覽表에 關한 件, 1919.10.2.

113 共7册其1, 密第102號 其458/朝副第941號/軍事密第60號/軍步第28號, 朝鮮騷擾 事件의 死傷數件 報告(軍隊가 鎭壓에 從事한 事件의 死傷數表), 1919.9.29.

당진군에서는 4월 3일부터 시작하여[114] 4월 4일 밤 면천면내 8개 마을, 순성면내 10개 마을에서 주민들이 주위 산 위에 올라가 불을 피우고 독립만세를 외치는 횃불독립만세운동을 전개했다.[115] 이어 4월 5일에도 당진면, 면천면, 순성면, 송악면에서 밤에 면민들이 높은 산에 올라 불을 피우고 만세를 외쳤다.[116]

보령군에서는 4월 17일 배재학당 학생 李鍾淵이 동지 5명을 규합하여 중산리와 그 밖에 2개소 산 위에서 큰 태극기를 게양하고 독립만세를 고창했다.[117] 이 독립운동에 관한 기록에 의하면, 3월 17일(음) 밤 이종연 등은 주렴산 국사봉에서 횃불을 올리고 태극기를 꽂고 독립선언문을 낭독하고 혈서로 서명한 후 대한독립만세를 외쳤고 징(鉦)을 쳐서 독립만세운동을 알렸다.[118] 또한 이보다 앞서 3월 10일경 청소면에서 金思九와 姜永

일자가 명확하지 않아 통계 자료인 [부록 1]에서는 '~3.31.'로 표기했다.

114 『매일신보』(1919.4.11. 3면)는 ' … 또 연하야 면천 순성의 량 면에서도 금 삼일부터 각 면 각 리의 리민들이 모여서 져녁마다 산상에 불을 피우고 만세를 불으며 밤을 새우는대 경부 이하 관원의 뢰력으로 차차 평온되는 모양이라더라'고 보도했다.

115 일제측 기록에는 '4월 4일 밤 … 당진군내 8개소 … 篝火를 피우고 운동했다'(共7冊其1, 密第102號 其158/朝特第88號/第90號, 電報 4월 5일의 示威狀況1, 1919.4.6.), '당진군 순성 면천면의 각 마을에서 篝火를 피우고 만세를 불렀다'(共7冊其1, 密第102號 其160/第24號, 電報 全國各地의 示威狀況, 1919.4.6.), '충청남도 당진군 4월 4일 밤 순성면내 10개리 및 면천면 8개리에 걸쳐 산상에서 篝火를 피우고 독립만세를 불렀다'(共7冊其7, 高密第10371號, 獨立運動에 關한 件(第39報), 1919.4.6.), '4월 4일 충청남도 당진군내 두 곳에서 篝火를 피우고 운동했다'(共7冊其1, 密第102號/陸密第119號, 朝鮮의 獨立運動에 關한 件(次官이 侍從武官長에 通牒), 1919.4.10.)이 있다.

116 『매일신보』(1919.4.14. 3면)는 '당진군 송악면 긔지시에서는 ᄉ월 오일 … 또 당진면 민천면 순성면 송악면 방면에 밤이면 높은 산에 불을 피우고 만세를 불음으로 군청과 경찰서원 일동이 쥬야 슌경하여 엄중 경계 즁이라 더라'고 보도했다.

117 국사편찬위원회, 1966, 『한국독립운동사』(2), 249쪽 ; 독립운동사편찬위원회, 1971, 앞의 책, 131쪽

國이 독립만세를 협의하고 4월 10일 高光春, 朴齊乾, 林庚鎭 등과 독립만세운동으로 주포면 보령리 陳頭山에서 횃불독립만세운동을 전개하자고 권유했으나 참석자들의 미온적 태도로 실행이 옮기지 못한 사례가 있다.[119]

논산군에서는 4월 1일 은진면에서 면민들이 일제히 횃불을 들고 만세를 부르며 전북 익산 방면으로 독립만세를 외치는 신호를 보냈다.[120] 4월 3일에는 오후 8시 논산을 중심으로 수 만명의 군중이 산 위에 불을 놓고 만세를 외쳤다.[121] 논산 읍내에서는 욱정과 취암리의 부근 산 위에서 횃불독립만세운동이 있었다.[122] 취암리에서는 裵榮達, 裵榮述의 주도로 약 40명이 함께 茅亭山에서 활동했다. 이어 4월 7일에는 밤에 강경 면민들이 부근 산 위에서 횃불을 올리고 독립만세를 고창했다.[123] 이외 일자 미상일에 가

---

118 「三一抗日志士義擧追慕碑」(1985), 「주렴산기미독립만세진원지」(비석)(1997), 『保寧市誌』(2010) 등에 의하면 주산면 증산리 출신의 배재고등보통학교 재학 중인 李哲源(李鍾淵)이 서울에서 독립만세운동에 참가하고 귀향해 동지들을 규합하여 간개(艮峙)시장에서 장날 독립만세를 외치려고 했다. 그러나 3월 16일(음) 시장 일대의 경계가 삼엄하여 독립만세를 실행에 옮기지 못했다. 다음날 3월 17일 밤 주렴산 국수봉에서 횃불을 올리고 태극기를 꽂고 독립선언문을 낭독하고 혈서 서명을 한 후 대한독립만세를 외쳤고 징을 쳐서 독립만세운동을 알렸다. 이어 인근 마을 주민들이 합류하여 산을 내려와 웅천 읍내까지 만세 행진을 전개했다(김진호, 2015, 「보령지역 3·1운동과 장서운동」, 58~9쪽.). 국수봉(國帥峰)은 국사봉(國師峰)의 오독으로 보인다.

119 판결문(대정8년공제146호, 공주지방법원, 1919.5.5. ; 대정8년형공제375호, 경성복심법원, 1919.6.4. ; 대정8년형상제394호, 고등법원, 1919.8.7.)

120 독립운동사편찬위원회, 1971, 앞의 책, 105쪽

121 『매일신보』(1919.4.10. 3면)는 '論山(론산) / 직사자 일명 / 지나간 삼일 … 동일 오후 여덜시에는 논산을 중심으로 흔 슈만명의 군중이 산 우에 불을 노코 만셰를 고창함으로 경관은 졔지코져ᄒ나 듯지 안이흠으로 부드이 발포흔 바 군중 편의셔는 즉사쟈 일명이요 중상자가 칠팔명이라더라'고 보도했다.

122 독립운동사편찬위원회, 1971, 앞의 책, 105~6쪽

123 독립운동사편찬위원회, 1971, 위의 책, 104쪽 ; 독립동지회, 1965, 앞의 책, 183쪽

야곡면 두월리 錦城山에서 陳學奉의 주도로 주민 약 30명이 횃불독립만세를 외쳤다. 채운면 신암리와 화정리에서는 李根㼷의 주도로 尹炳三, 尹鍾哲, 薛仁洙 등 약 70여 명이 횃불독립만세운동을 전개했다.[124]

이상의 내용을 정리한 자료는 [부록 1], [부록 2], [부록 3]과 같다.

충남지방의 횃불독립만세운동은 연기, 공주, 청양, 예산, 아산, 홍성, 서산. 대전, 천안. 당진, 보령, 논산 등 12개 군, 64개 면, 216개 마을, 238곳 이상에서 전개되었다.[125] 참가 인원은 인원이 기록된 29건의 인원을 합산하면 8,185명이고 주민 등으로 기록되어 인원을 알 수 없는 65건을 추계하면 가장 최소한으로 추계해도 13,000명 이상이 횃불독립만세운동을 전개한 것으로 볼 수 있다.[126]

---

124 독립운동사편찬위원회, 1971, 위의 책, 106~7쪽

125 충청남도는 공주군(13개면), 연기군(7개면), 대전군(12개면), 논산군(15개면), 부여군(16개면), 서천군(13개면), 보령군(10개면), 홍성군(11개면), 청양군(10개면), 서산군(20개면), 당진군(10개면), 예산군(12개면), 아산군(12개면), 천안군(14개면)의 14개군 175개면이었다(전거 : 신구대조 조선전도부군면리동명칭일람(1917)).

126 [부록 1] 연번 합계 95건 중 미실행 1건(보령 주포면)을 제외한 94건 가운데 주민 51건, 군중 1건, 수 십명 3건, 여러 명 1건, 다수 1건, 면민 2건, 수 백명 2건, 수천 3건, 수만 1건으로 합계 65건이고 참가 인원이 기재된 것이 29건이다. 주민, 군중, 여러, 다수, 수십명을 참가 인원이 기재된 주민의 최소 인원인 10명(570명), 면민, 수백 명을 백 단위의 최소 인원 100명(400명), 수천, 수만을 천 단위의 최소 인원 1,000명으로 환산하면 4,970명이 된다. 이를 참가 인원 8,185명과 합산하면 13,155명이 된다. 따라서 충남지방의 횃불독립만세운동에 참가한 인원은 최소한 13,000명 이상이라 볼 수 있다.

4. 충남지방 횃불독립만세운동에 대한 일제의 탄압

3·1독립운동에 대한 일제의 탄압은 식민지배체제에서 최대 권력자의 제1자 長谷川好道 조선총독의 '徒輩'(3.1. 제1차 유고), '不逞의 徒'(3.6. 제2차 유고)라는 선포나 일본 언론의 '不穩', '暴動', '朝鮮 騷擾'나 3월 7일부터 공공연히 '暴徒'로 규정한 신문 보도 등을 통해 예상되었던 것이다. 3·1독립운동에 참가한 인사들은 치안기관(경찰, 헌병), 조선주차군, 사법기관(검사국, 법원), 행정기관 뿐만 아니라 일본인 민간인, 소방조, 재향군인회 등을 통해 탄압을 받았다.[127] 횃불독립만세운동에 참가한 인사들은 진압 출동한 일경, 헌병이나 파견된 보병들에 의해 현장에서 무력 진압이나 해산 과정에서 사망하거나 부상을 당하기도 했다. 그러나 대부분은 횃불독립만세를 실행한 후 검거 작전에서 통해 체포되고 구금되어 탄압을 받았다.

탄압 실상으로 횃불독립만세운동에 일경, 헌병, 보병들의 출동과 접근 진압이 어려웠으므로 현장 탄압은 독립만세운동 보다도 훨씬 적었다. 이를 도표로 제시하면 다음 [표 1] 횃불독립만세운동 탄압 상황과 같다.[128]

---

127 탄압의 양태는 1차적으로 사전에 '未然防止'나 독립운동 현장에서 탄압이 이루어졌다. 이어 2차로 경찰기관, 헌병기관(군병력 포함)에서 검거 체포되어 구금된 상태에서 자행된 온갖 악행을 당하고 조사를 받은 후 훈방 조치, 방면되거나 즉결처분으로 태형을 당했다. 3차로 검사국으로 송치되어 검사의 신문조사 때 다시 곤욕을 당한 후 불기소, 면소가 되었고, 4차로 검사의 기소로 정식 재판에 회부되어 법원 재판부의 사법적 탄압으로 엄청난 형량을 선고받았고, 5차로 형량에 따라 형무소에서 혹독한 수형 생활을 감내해야 하였다. 6차로 출소 후에는 감시 대상인 요시찰 인물로 치안기관의 감시 감독을 받아야 했고 행정기관에서 차별적 대우을 받았으며 사회에서도 범죄자로 차가운 시선과 멸시를 감수해야만 했다. 한 예로 주거지 이동 때는 전거주지의 면장이 신거주지의 면장에게 수형 사실을 알리는 통지서를 송부해 관리하도록 조치했다.

128 (표 1)은 '朝鮮騷擾事件關係書類', 『매일신보』를 근거로 작성했다.

[표 1] 횃불독립만세운동 탄압 상황

연번	일자	장소	출동 상황	발포 여부	피해상황	비고
1	3.26.	연기 동면 고정리	조치원헌병분견소 헌병 5명, 수비대 보병 출동		체포	매일신보
2	3.27.	연기 동면 예양리	헌병 출동		8명 체포	
3	3.28.	연기 북면 조치원읍	조치원헌병분견소 헌병 출동		7명 체포	매일신보
4	3.29.	대전 기성 가수원	헌병 6명, 보병 하사 6명 출동			
5	3.30.	연기 북면 조치원읍	헌병 출동		40명 체포	
6	3.30.	천안 풍세 풍서리	풍서리헌병주재소 헌병 출동	발포	2명 체포	
7	3.31.	연기 남면 양화리	헌병 출동		8명 체포	
8	3.31.	아산 군내	헌병, 천안 특무조장 등 출동		12명 체포	매일신보
9	4.01.	공주 장기 대교리	대교경찰관주재소 일경 출동		7명 체포	매일신보
10	4.01.	아산 온양(6개면)	온천리헌병분견소 헌병 등 출동		12명 체포	매일신보
11	4.03.	논산 논산 주위	논산경찰관주재소 등 일경 출동	발포	1명 사망 7~8명 중상	매일신보
12	4.03.	당진 면천,순성	당진경찰서, 면천경찰관주재소 일경 출동			매일신보
13	4.04.	홍성 홍성(4개면)	홍성경찰서, 관내 경찰관주재소, 보병 출동	발포	5명 사망 5명 체포	매일신보
14	4.05.	예산 예산(예산읍)	예산헌병분대 헌병 출동	발포		매일신보
15	4.05.	당진 당진 등 4면	당진경찰서 등 일경, 군청 관리 출동 경계			
16	4.05.	홍성 홍동	홍성경찰서 보병 출동	발포	2명 사망 2명 부상	
17	4.06.	청양 운곡	모곡리헌병주재소 헌병 출동	발포		매일신보
18	4.07.	청양 정산 와촌리 등	정산헌병주재소 헌병 출동	발포		
19	4.08.	청양 운곡 비봉	청양 헌병 출동	발포		
20	4.08.	서산 정미	일경 4명, 보병 2명 출동	발포	1명 사망	
21	4.10.	서산 운산 갈산리	일경, 보병 출동	발포	1명 사망 2명 부상	
22	4.10.	서산 음암 부장리	일경, 보병 출동	발포	2명 부상	

[표 1]에 의하면 횃불독립만세운동이 전개할 때 현장으로 출동하여 진압한 사례가 22차례로 11곳에서 총기를 발포하는 무력 진압을 자행했다. 일제의 탄압으로 10명이 사망하고 13~14명이 부상을 당했고 111명이 검거 체포됐다. 특히 3월 30일 조치원 읍내를 중심으로 북면 면내 각 마을 산위에서 전개된 횃불독립만세운동에 대해 조치원헌병분견소 헌병들이 각 마을을 순회하며 대대적인 검거 작전을 감행하여 40명을 체포했다.

사법적 탄압으로 검사국의 기소로 재판에 회부되어 태형이나 실형을 선고받았다. 공주지방법원에 회부된 인사는 연기군 15명, 청양군 4명, 예산군 4명, 아산군 17명,[129] 서산군 4명, 홍성군 2명, 보령군 2명이다.[130] 즉 충남지방 횃불독립만세운동으로 공주지방법원의 판결 선고를 받은 인사가 총 48명이다.[131] 이들은 형량별로 구분하면, 태60 3명, 태90 3명, 징역2월 1명, 징역3월 1명, 징역5월 1명, 징역6월 16명, 징역10월 6명, 징역1년

---

129 신창 횃불독립만세운동을 주도한 이덕균은 대전지방검사국 공주지청에서 기소중지로 불기소 처분을 받았다(1919.5.14.).

130 보령군 2명은 김사구, 강영국으로 횃불독립만세운동을 실행에 옮기지 못했으나 횃불독립만세운동을 주도하려고 시도했으므로 포함시켰다.

131 군별 분포와 형량을 표시하면, 연기군의 임헌상(태60) / 박원칠(징역6월) / 김봉식, 조의순, 임영복, 임덕문, 이덕민(징역10월) / 임희수(태90), 임숙명, 임만수(태60) / 유시풍(징역1년) / 정기민, 장흥진(징역6월) / 권혁기(징역6월) / 유진광(태90) ; 청양군의 이동명, 윤병환(징역6월) / 유남식(징역5월) / 유천식(징역6월) ; 예산군의 민제식(태90) / 성원수(징역1년, 고법) / 정인하(징역6월) / 박성식(징역6월) ; 아산군의 김복희(징역2월), 한연순(징역3월) / 박진화(징역3년-고법), 정윤홍, 김양순(고법), 김금복(고법), 강순화(고법), 손천일(고법), 김원배, 승일상, 이상균, 김학삼, 김상준, 신홍남, 이창균, 강복개(징역1년6월) / 강달성(징역1년6월-고법) ; 서산군의 오인탁(징역6월) / 이봉하, 허후득(징역6월) / 채돈묵(징역6월) ; 홍성군의 이길성(징역10월-고법), 황문수(징역6월) ; 보령군의 김사구, 강영국(징역6월-고법)이다('/'는 재판 건별의 구분, 성명 뒤에 형량이 없는 것은 성명 마지막 인사의 형량과 동일, 고법은 고등법원까지 상고한 것을 표시함).

2명, 징역1년6월 14명, 징역3년 1명이다. 형량으로 징역3년 1명과 징역1년6월 14명은 아산 신창면에서 학성산의 횃불독립만세운동 전개 후 면사무소, 헌병주재소, 공립보통학교를 공격하는 활동으로 인한 형량이었다. 징역1년 2명은 예산군의 성원수, 연기군의 유시풍이다. 성원수는 체포하러 온 헌병보조원을 응징하여 보안법 위반과 상해피고사건으로 기소된 형량인데 유시풍은 보안법 위반으로 횃불독립만세운동을 주도한 인사로서 형량이 많았다. 징역10월도 연기군의 김봉식, 조의순, 임영복, 임덕문, 이덕민과 홍성군의 이길성으로 독립만세운동을 주도한 대부분의 인사들이 징역6월의 형량을 선고 받은 것에 비하여 상대적으로 형량이 많았다.

다음으로 경찰서(장), 헌병분견소(장)에서 즉결처분으로 태형을 당한 인사들이 있었다. 이들 인사들은 현재 국가기록원, 국가보훈처 및 각 읍면 사무소에 보관되어 있는 수형인명표, 수형인명부(범죄인명부), 수형인명표폐기목록(대장) 등 수형 관련 자료에서 확인할 수 있다.

청양군의 경우 정산면의 범죄인명부에 태형자가 기재되어 있으나 4월 5일, 6일의 독립만세운동 참가자도 포함되었을 가능성이 있어 4월 7일 전개된 횃불독립만세운동의 참가자 태형으로 볼 수 없는 한계가 있다. 그러나 운곡면의 경우 수형인명부는 4월 6일과 4월 8일의 횃불독립만세운동에 참가한 인사들이다.[132] 보안법 위반으로 태형을 당한 94명은 50도 1명, 70도 70명, 90도 23명이다. 태형일자, 거주지, 형량, 인원의 분포를 보면, 4월 7일 신대리 태50 1명, 4월 16일 신대리 태70 14명, 4월 21일 모곡리 태90 9명 / 영양리 태70 5명 / 위라리 태90 13명, 4월 23일 효제리 태70 14명, 4월 24일 신대리 태70 5명 / 효제리 태70 11명, 4월 25일 후덕리 태70 3명 / 신대리 태70 3명 / 효제리 태70 1명, 4월 26일 후덕리 태70

---

132 운곡면 수형인명부의 94명 명단은 김진호, 2016, 앞의 논문, <부록> 1-3에 실려있다.

12명, 4월 28일 위라리 태70 2명, 5월 8일 후덕리 태90 1명이다.

아산군의 경우 온양, 영인, 선장, 도고 등에 범죄인명부(수형인명부), 수형인명표 등 수형 관련 자료에 보안법 위반 태형자가 있으나 지역의 독립만세운동이 있었음으로 횃불독립만세운동으로 태형을 당했다고 단정할 수 없다. 그러나 송악면의 경우는 4월 2일~3일 양일간에 아산군내 각 면리에서 횃불독립만세운동이 전개되었다는 기록 외에는 송악면민의 독립운동을 전개한 사례가 없으므로 송악면 범죄인명부의 보안법 위반 태형자 41명은 횃불독립만세운동으로 태형을 당한 인사로 보인다.[133] 태형일자, 거주지, 형량, 인원의 분포를 보면, 4월 4일 역촌리 태60 1명, 4월 8일 동화리 태60 11명 / 역촌리 태60 1명, 4월 23일 관평리 태60 16명 / 송학리 태60 2명, 4월 25일 동화리 태90 1명 / 거산리 태60 4명 / 거산리 태90 5명이다.

홍성군의 경우 장곡, 은하, 홍동, 금마, 구황 등에 수형 관련 자료에 보안법 위반 태형자가 있으나 아산군과 같이 지역의 독립만세운동이 있었음으로 횃불독립만세운동으로 태형을 당했다고 단정할 수 없다. 단지 금마면의 경우에 범죄인명부에 183명이 확인되고, 4월 1일 독립만세운동을 주도한 최중삼 등 7명이 보안법, 정치범처벌령위반으로 정치범처벌령 위반으로 공주지방법원, 고등법원 판결이 있고 이외 176명이 보안법 위반으로 홍성경찰서에서 태형을 받았다. 이들은 4월 4일 '홍성경찰서 부근 4개면'에서 횃불독립만세운동을 전개할 때 금마면에서도 함께 횃불독립만세를 불렀고 이에 따라 태형을 당한 것으로 볼 수 있다. 태형일자, 형량, 인원의 분포를 보면, 4월 7일 태60 1명, 4월 8일 태30 7명, 4월 10일 태30 2명, 4월 13일 태30 1명, 4월 14일 태90 12명, 4월 19일 태60 1명 / 태90

---

133 송악면 범죄인명부의 41명 명단은 김진호, 2015, 「아산지역 3·1운동의 전개와 일제의 탄압」, <부록>2에 실려 있다.

49명, 4월 21일 태90 2명, 4월 23일 태60 3명 / 태90 101명이다. 구항면의 수형인명표폐목록에 의하면, 이길성과 황문수는 정치범철벌령위반으로 재판에서 선고된 수형이 기록되어 있고 보안법 위반으로 홍성경찰서에서 태형을 선고 받은 인사가 7명이 있다.[134] 7명 중 李有弘(황곡리, 4월 15일, 태90)을 제외한 徐成模, 趙鍾弼, 李信勳, 全順榮, 徐聖俊, 徐殷模 등 6명은 모두 대정리 주소에 4월 23일 홍성경찰서에서 태90을 당한 것으로 기재되어 있다. 이들 모두는 4월 4일 홍성 횃불독립만세운동 때 구항에서 횃불독립만세를 외친 인사로 판단된다. 이유홍은 이길성, 황문수의 주도로 전개된 일월산 횃불독립만세운동의 참가 인사이다.[135]

예산군의 경우 현재 신양면 수형인명표폐기목록, 봉산면 범죄인명부와 수형인명표, 신암면 범죄인명부, 응봉면 범죄인명부가 최근에 확인됐다.[136] 신양면은 4월 4일 성원수가 주민 십 수명과 마을 뒷산에서 횃불독립만세를 외쳤다. 같은 날 신암면은 기록되어 있으나 봉산면과 응봉면은 기록되어 있지 않다. 이 2개 면도 4월 4일 예산 군내 18개소에서 군민들이 전개한 횃불독립만세운동에 참가하여 예산 헌병분대에서 태형 처분을 당한 것으로 보인다. 자료별로 일자, 지명(마을), 형량, 인원을 통계 도표로 제시하면 다음 [표 2] 예산군 수형 자료와 같다.

---

134 李鴻鳴은 4월 2일 홍성지청에서 태90을 선고받은 것으로 기재되어 있다. 다른 인사는 목록번호가 9번에서 15번까지이나 이홍명은 47번으로 뒷편에 기재되어 있다. 따라서 다른 범죄자들을 기재하는 과정에서 4월 2일과 홍성지청은 4월 23일과 홍성경찰서를 오기하였을 가능성도 있는 것으로 보인다.

135 홍성군의 수형 관련 자료는 김진호, 2004, 앞의 논문, <부록>으로 실려 있다. 전술한 금마면의 태형 통계 자료는 2018년 국가보훈처에서 '전국 일제강점기 수형기록 전수조사사업'의 답사 조사를 통해 수정된 것이다.

136 예산군의 수형 자료는 2018년 국가보훈처에서 '전국 일제강점기 수형기록 전수조사사업'으로 예산군의 답사 조사를 실시하여 확인한 자료이다.

[표 2] 예산군 수형 자료

〈신양면 수형인명표폐기목록〉[137]

일자	4/22	5/8		5/10			계
지명	가지	무봉	차동	시왕	하천	황계	
형량(태형 도)	90	60	60	60	60	60	
인원	1	1	1	1	1	1	6

〈봉산면 범죄인명부 / 수형인명표〉

일자	4/7	4/8	4/19		4/23	4/27	4/29	5/2	계
지명	시동	금치	금치		마교	마교	하평	마교	
형량	60	60	60	90	90	90	90	90	
인원	2	1	4	1	5	1	1	3	18

〈신암면 범죄인명부〉

일자	4/7	5/6						
지명	종경	종경	조곡	궁례	신종	종교	벌	탄중
형량	60	60	60	60	60	60	60	60
인원	1	1	2	1	1	1	1	2
일자	5/8						5/9	계
지명	계촌	오산	예림	두곡	하평	탄중	용궁	
형량	60	60	60	60	60	60	60	
인원	2	1	1	2	1	1	2	20

---

137 형명, 판결청 통보청이 벌금, 조선총독부에 되어 있으나 청양군 화성면의 수형인
   명표폐기목록에서 태형 도수를 벌금으로 1도에 1원씩으로 기재한 사례가 있고, 판
   결청 통보청은 조선총독부라 기재된 사례는 없으므로 기재의 오류로 판단되어 3건
   을 모두 태형, 예산헌병분대로 통계 처리를 했다. 수형인폐기목록에는 7명이 기재
   되어 있으나 朴大永은 4월 5일 예산시장에서 독립만세운동을 전개한 인물이다.

일자	4/1	4/25						4/28			4/29	계
지명	주령	노화	증곡	주령	신	입심	송석	건지화	학정	지적	등촌	
형량	60	60	90	90	90	90	90	90	90	90	60	
인원	1	2	1	1	1	1	1	1	1	1	1	12

[표 2]에 의하면 태형 일자를 기준으로 신양면은 4월 22일, 5월 8일, 5월 10일로 19일간에 3회(일)에 즉결처분을 했고, 봉산면은 4월 7일, 4월 8일, 4월 19일, 4월 23일, 4월 27일, 4월 29일, 5월 2일로 26일간에 7회(일)에 즉결처분을 했고, 신암면은 4월 7일, 5월 6일, 5월 8일, 5월 9일로 33일간에 3회(일)에 즉결처분을 했고, 응봉면은 4월 25일, 4월 28일, 4월 29일로 5일간에 3회(일)에 즉결처분을 했다.[138]

지명(마을)을 분석하면 신양면은 무봉, 차동, 시왕 등 6개 마을, 봉산면은 금치, 마교, 시동, 하평 등 4개 마을, 신암면은 조곡, 종경, 중례 등 13개 마을, 응봉면은 증곡, 주령, 등촌 등 10개 마을의 주민들이 태형을 당했다.

형량은 60도와 90도 2개 형량인데 신양면은 60도 5명, 90도 1명이고, 봉산면은 60도 7명, 90도 11명, 신암면은 60도 20명이고, 응봉면은 60도 4명, 90도 8명이다. 전체적으로 60도 36명, 90도 20명이다. 신암면은 전부가 60도이고, 봉산면은 90도가 상대적으로 많았다.

마을, 형량 및 인원을 관련한 특이한 점은 태형을 당한 인사가 적은 점도 있지만 봉산면 마교의 9명, 금치의 5명, 신암면의 탄중 3명를 제외하

---

138 응봉면에 丁大洪의 판결일이 '4월 1일'로 기재되어 있으나 4월 1일은 예산지역의 독립운동이 활발히 전개되지 않은 상황과 타지역의 태형이 독립운동 후 상당한 시간이 경과된 후 즉결처분이 자행되는 점을 고려하면 정대홍의 판결일 4월 1일은 오기로 판단된다.

면 1개 마을에 2명이나 1명씩 태형을 당한 것으로 다른 지역의 태형 자료에서는 찾아보기 어려운 사례이다. 이는 예산헌병분대에서 횃불독립만세운동에 참가한 인사들 가운데 격렬한 활동을 하였거나 주도적 인사로 판단되는 대표적인 인사만을 검거 체포하여 즉결처분을 함으로써 마을 주민들에게 충격을 주어 독립만세의 분위기를 제압하려는 의도도 판단된다. 태형은 직접적인 신체적 체형으로 살이 찢기고 출혈이 낭자하여 태형자 자신의 신체적 육체적 고통 뿐만 아니라 정신적 정서적 충격을 겪게 하는 비인간적이고 비윤리적인 체벌이다. 일제는 태형의 잔학상을 인식하고 전근대적인 봉건적 악습이라고 자국(일본)에서는 폐지했으나 식민통지체제의 유지하는 손 쉬운 방법으로 '조선태형령'과 시행규칙을 제정하여 그대로 시행했다. 충남지방에서 태형은 3월 하순부터 활발한 독립운동이 전개되면서 4월 초순에 이르러 각 경찰서나 헌병분견소에서 일제히 시행되었다. 충남지방 3·1독립운동이 4월 초순 이후에 급속히 약화되는 양상을 보이는 것도 즉결처분에 의한 태형의 자행이 준 충격이 한 요인이라 하겠다.

5. 충남지방 횃불독립만세운동의 성격

3월 23일 충청북도 청주군 강내면에서 시작된 횃불독립만세운동은 강내면민들 2~3,000명이 조치원읍 방면으로 이동하면서 충청남도에서도 시작됐다.[139] 이후 3월 26일부터 충남 연기군에서 매일 군내 각면의 마을에

---

139 『매일신보』(1919.3.25. 3면)는 '청주군 강내면 … 산상에 불을 피우고 만세를 련해 불으며 점점 됴치원을 향ᄒ야 달녀 왓는대 그 수를 확실히 알 슈는 업스나 이삼천 명 가량이나 되는 모양이며 됴치원은 지금 소방부를 모와 노코 만일을 경계ᄒ는 중인대 시내에는 인심이 소여ᄒ더라'고 보도했다.

서 주민들이 야간을 이용해 횃불을 들고 독립만세를 외치는 횃불독립만세운동을 활발히 전개하였다.

우선 횃불독립만세운동은 3·1독립운동이 전개되는 과정에서 발전적 형태로 등장한 독립운동 형태이었다. 충북 강내면의 조동식이 '古昔烽火告變之例'에 따라 주민들과 산 정상에서 불을 피우고 독립만세를 외쳐 널리 독립만세를 알리고자 했다는 것은 판결문의 내용이다. 실제 조동식의 의도대로 횃불독립만세운동이 확산되었다. 독립만세운동이 전국적으로 확산되어 가면서 일제의 탄압도 더욱 심해져 무력적 탄압도 서슴치 않아 곳곳에서 인명의 살상이 자행되었다. 충남지방에서도 3월 10일 이후 논산, 당진, 아산, 공주, 연기, 천안, 대전, 홍성, 서산 등에서 독립만세를 외치기 시작했고 곳에 따라서는 일제를 응징하는 독립운동도 있었다. 이에 따라 일제는 충남의 치안 기관인 일경, 헌병과 조선주차군 수비대 병력 이외 광주 등지에서 증파된 군 병력뿐만 아니라 소방조, 재향군인 등 일본인 민간인도 독립운동의 탄압에 동원했다. 이에 일제 군경과 직접 대면하지 않고 피해를 당하지 않는 그러나 자신들의 독립 의지를 표출하는 독립만세를 외칠 수 있는 방안이 필요했다. 또한 독립만세운동의 일반화로 누구나 독립만세를 주창하고 군중들을 이끌거나 적극적으로 참여하는 양상이 전개되었다. 이에 따라 주도자로 나서거나 주도 세력을 규합하기 어려운 상황, 독립만세 준비가 곤란한 상황, 군중들을 집합시키거나 모여 있는 군중들을 지휘하여 이끌 수 없는 상황 등을 극복하고 독립만세를 외칠 수 있는 방안이 필요했다. 이와 같이 독립운동의 전국적 확산과 일반화의 영향으로서 일제의 탄압으로부터 자유롭게 독립만세를 외칠 수 있는 방안이 횃불독립만세운동이었고 그에 따라 횃불독립만세운동이 확산될 수 있었다.

둘째 횃불독립만세운동은 3월 말부터 급속히 확산되었다. 3월 23일 연기 북면의 조치원읍, 서면, 남면의 각지에서 횃불독립만세를 외친 후 3월

26일부터 매일 밤마다 군내 면의 마을에 주민들이 횃불독립만세운동을 전개했다. [부록 1]과 [부록 3]을 보면, 3월 29일 대전군 기성면 가수원리에서 횃불독립만세운동이 전개되기까지 연기군에서만 횃불독립만세운동이 있었다. 이후 3월 30일 천안, 3월 31일 아산과 서산, 4월 1일 공주와 논산, 4월 3일 예산, 4월 4일 홍성과 당진, 4월 6일 청양에서 각각 최초의 횃불독립만세운동이 전개되었다.

셋째 횃불독립만세운동은 마을 단위로 산 위에서 전개된 독립운동이었다. 독립만세운동이 주도 세력을 규합하여 다수에게 참가를 권유하여 전개하거나 다수의 군중이 모인 장소에서 설득과 권유를 통해 실행되는 것이 일반적인 사례이다. 따라서 전개지가 시장, 읍내(면소재지, 군소재지), 학교, 교회 등이 대부분이고 또한 학교, 교회, 마을 등에서 시작하여 면사무소, 주재소(경찰관, 헌병)나 분견소, 군청, 학교 등으로 이동하여 독립만세를 외치거나 일제 기관들을 공격을 했다. 그러나 횃불독립만세운동은 주도 인사나 참여자가 같은 마을의 인사이고 주민들이었다. 따라서 횃불독립만세운동은 참여 인원도 10명에서 십수 명, 수십 명, 100여 명의 정도가 대부분이다. 전개지도 마을 주변의 산이고 '고지'라고 하나 몇 백미터 되는 높은 산이 아니라 나즈막한 야산 보다는 높은 200m 전후의 야산들이다.[140] 이는 독립운동에 필요한 이동 시간에 길어서는 안되고 횃불을 밝힌다고 하지만 야간의 이동과 활동에 불편이 없어야 하는 것 등이 고려되었기 때문이다.

---

140 이는 발표자가 충청남도 지방의 횃불독립만세운동이 전개된 지역을 답사하여 확인한 결과로 마을에서 30분 전후에 도착할 만한 곳이고 현재 만세봉이라고 불리우는 곳도 높이가 높지 않았다(한 예로 청양군 정산면 서정리의 만세봉은 해발 230m 정도이고(등고선), 홍성군 금마면의 철마산은 주위에서 볼 수 있는 야산 정도이다).

넷째 햇불독립만세운동은 충남의 대표적인 3·1독립운동이었다. 충남 지방 3·1독립운동은 3월 2일 독립선언서가 배부되면서 4월 30일까지 60여일 동안 전체 14개군, 175개 읍면 가운데서 14개군 88개 읍면에서 연 195개면, 256개리, 327개소에서 339회 이상 독립만세를 외치는 등의 독립운동으로 전개됐다.[141] 이 가운데 햇불독립만세운동은 12개군, 64개 읍면에서 연 216개리에서 238회 이상의 독립만세를 외쳤다. 충남 전체 175개 읍면에서 3·1 독립운동이 88개 읍면에서 전개되고 이 가운데 64개면인 72.73%인 읍면에서 햇불독립만세를 외쳤다. 장소로 327개소 가운데 216개소로 66.06%, 독립운동을 전개한 횟수 339회 이상 가운데 238회 이상으로 70.21%가 햇불독립만세운동이었다. 이상의 통계치 결과로 보면, 충남 3·1독립운동의 3분의 2가 햇불독립만세운동이었다.

다섯째 햇불독립만세운동은 군내나 면내에서 집중적으로 단기간에 전개된 독립운동이었다. 첫 햇불독립만세운동을 전개한 날에 군내 각 면리에서 대규모로 햇불독립만세를 외쳤다. 3월 30일 천안 풍세의 20곳, 3월 31일 아산 탕정 등 3개면의 50곳, 4월 4일 홍성 4개면의 24곳과 당진 순성면 10곳과 면천면의 8곳에서 햇불독립만세를 불렀다. 또한 천안은 3월 30일 풍세와 4월 1일 병천 아우내 3·1독립운동 전에 병천 주위의 고지에서 햇불을 올렸다. 아산은 3월 31일부터 매일 4월 3일까지, 공주는 4월 1일부터 매일 4월 3일까지, 예산은 4월 3일부터 5일까지, 홍성은 4월 4일과 5일 및 7일까지, 당진은 4월 4일과 5일, 청양은 4월 6일부터 8일까지, 서산은 4월 7일과 8일에 걸쳐 대부분 2~4일 동안 집중적으로 햇불독립만

---

141 김진호, 2002, 앞의 논문, 153쪽
　　위 논문을 발표한 후 자료 발굴과 현지답사를 통해 각 시군 지역의 3·1운동 연구를 한 결과로 추가되어야 할 독립운동이 있으나 본고에서 비교 검토를 위해 학위논문의 통계치를 인용했다.

세운동을 전개했다. [부록 3]의 통계 자료를 보면, 충남의 횃불독립만세운동은 3월 30일부터 4월 4일까지 2~4개 군에서 10여 곳에서 60곳에서 전개된 것으로 파악된다. 즉 3월 30일부터 4월 4일까지 5일 동안 9개 군에서 194곳에서 횃불독립만세를 외쳐 전체 236곳 가운데 194곳인 82.20%가 전개되었다. 또한 연기 동면의 3개리 7개소(3.37.), 남면 5개소(3.31.), 공주 8개면(4.2.), 예산 7개면 18개소(4.4.), 아산 3개면 50개소(3.31.), 12개면(4.2.~3.), 홍성 4개면 24개소(4.4.), 당진 2개면 18개소(4.4.) 등은 1개군, 1개면에서 동시 다발적으로 횃불독립만세를 외쳤다. 주도 인사가 독립운동을 계획 준비하여 실행하는 형태의 독립운동으로는 이와 같이 대규모로 단기간에 집중적으로 전개될 수 없는 것이다. 따라서 대규모로 단기간에 집중적으로 독립운동이 전개할 수 있었던 것은 독립운동의 전개 과정에서 발전적 형태로의 횃불독립만세운동이 등장하여 가능했다고 볼 수 있다.

여섯째 횃불독립만세운동은 내륙 산악 지역을 중심으로 활발히 전개되었다. 횃불독립운동의 시발지인 연기군에서 3월 23일, 3월 26일부터 4월 2일까지 9일간 27회 걸쳐 전개한 곳을 제외하고는 아산, 예산, 홍성 지역에서 집중적으로 횃불독립만세를 외쳤다. 이들 지역은 3월 31일부터 시작하여 4월 7일까지 사이에 각각 80곳(회), 27곳(회), 26곳(회)으로 133곳(회)에서 횃불독립만세를 불렀다. 전체 238곳(회)과 비교하면 55.88%로 전체 절반 이상이 아산, 예산, 홍성 지역에서 횃불독립만세운동이 전개됐다.

일곱째 횃불독립만세운동 주도 인사들의 사법적 탄압이 일부 군에 집중되었다. 재판에 회부되어 태형을 당하거나 옥고를 겪은 지역과 인원을 보면 연기군 15명, 서산군 4명, 청양군 4명, 예산군 4명, 홍성군 2명, 아산군 17명[142] 등 6개군 46명이다.[143] 전개 일자와 지역을 관련하면 3월 23일과 3월 26일부터 4월 2일까지 매일 횃불독립만세를 외친 연기군은 횃불독립만세를 외친 27곳 가운데서 15명이 재판에 회부되었다. 15명은 8건의 재판에 회부되었는데 1명 5건, 2명 1건, 3명 1건, 5명 1건으로 산술적으로 2곳 중 1곳의 주도 인사들이 옥고를 겪었다. 이는 다른 지역에서 비하여 연일 지속적으로 횃불독립만세운동이 전개되어 일제의 탄압을 심하게 받았기 때문으로 판단된다. 그러나 대규모로 단기간에 집중적으로 전개된 서산, 홍성, 예산, 아산, 청양은 상대적으로 탄압이 적었다. 서산은 4명 3건(1명 2건, 2명 1건), 홍성은 2명 1건, 예산은 4명 4건, 아산은 17명 2건(2명 1건, 15명 1건), 청양은 4명 2건(2명 2건)으로 재판을 받았다. 이외 대전, 천안, 공주, 논산, 당진은 횃불독립만세운동이 전개되었지만 사법적 탄압이 없었다.

여덟째 횃불독립만세운동 참가자 대부분은 경찰서, 헌병분대(분견소)에서 즉결처분으로 잔혹한 태형을 당했다. 전술한 일제의 탄압을 통해 그 실태를 파악할 수 있다. 단지 수형 관련 자료를 현존하지 않은 군면에서는 그 실태를 파악할 수 없는 실정이다. 기존의 연구 결과를 보면, 태형의 처분과 실행은 참가자에 대한 체포와 태형의 탄압이 지속적으로 자행되었다는 점, 면 단위의 체포와 태형 처분이 마을 단위로 이루어졌다는 점, 동일 태형 처분 일자에 대부분 동일한 형량으로 처벌이 행하여졌다는 점이다.[144] 이는 예산군의 신양면, 봉산면, 신암면, 응봉면의 수형 자료에서도 확인이 된다. 신양면은 19일간에 3회(일), 봉산면은 26일간에 7회(일),

---

142 아산군의 경우는 4월 2일 이덕균의 주도로 학성산에서 횃불독립만세운동을 전개하고 이어 면사무소, 헌병주재소, 공립보통학교를 공격하는 독립운동으로 재판에 회부된 15명과 염치에서 횃불독립만세를 외친 김복희, 한연순의 2명이다.

143 전체 48명 가운데 보령군 2명(김사구, 강영국)은 횃불독립만세운동을 실행하지 못했다.

144 김진호, 2015, 앞의 논문, 129~131쪽 ; 2016, 앞의 논문, 137~142쪽 참조

신암면은 33일간에 3회(일)에서 보듯이 19일에서 33일간에 걸쳐 태형 처분이 이루어졌다.[145] 신양면의 6개 마을, 봉산면의 4개 마을, 신암면의 13개 마을, 응봉면의 10개 마을에서 봉산면의 마교리 3회(일), 금치리 2회(2일), 신암의 종경리 2회(2일), 탄중리 2회(2일), 음봉면의 주령리 2회(2일)가 있을 뿐 다른 마을은 같은 날 같은 형량의 태형 처분을 받았다.[146]

6. 맺음말

충청남도에는 3월 2일 오후 6시경 논산천도교구실에 독립선언서가 전달되고 오후 9시경에는 부여에 선언서가 전달되어 3월 2일과 3일에 선언서가 관련 인사나 길가에 배포되었으나 독립만세를 외치지 못했다. 3월 3일 예산에서 윤칠영 등 5명이 오후 11시 30분경 읍내 동쪽 산에서 대한독립만세를 외치므로 충남의 독립만세운동이 시작되었다. 3월 10일 이후 본격적으로 독립만세운동이 전개되면서 도내 각지에서도 독립만세를 외쳤다. 3월 중순 이후 하순에 이르러 독립만세운동이 일반화가 되면서 일제의 잔혹한 탄압도 극성으로 치달았다. 누구나 주도하고 참가하여 독립만세운동을 계속 확산시켜 나가면서 일제의 직접적 탄압도 받지 않는 독립운동의 방법으로 횃불독립만세운동이 전개되기 시작했다.

3월 23일 충청북도 청주군 강내면 등지에서 산 위에서 불을 피우고 독립만세를 외친 주민들이 충청남도 연기군 조치원 방면으로 이동했다. 이것이 충청남도 횃불독립만세운동의 서막이었다. 이후 3월 26일부터 4

---

145 단지 응봉면은 4월 25일에서 29일의 5일간에 3회(일)에 즉결처분이 있었다.
146 단지 봉산면에서 4월 19일 금치리 인사가 태60 4명, 태90 1명으로 같은 날, 같은 마을, 같은 형량이 아닌 예외적인 사례가 있다.

월 2일까지 연기군내 각 면리에서 매일 같이 1개 마을에서 6개 마을에 이르기까지 횃불독립만세를 외쳤다. 3월 29일 대전, 3월 30일 천안, 3월 31일 아산과 서산, 4월 1일 공주, 4월 3일 논산과 예산, 4월 4일 홍성과 당진, 4월 6일 청양, 4월 17일 보령에서 각각 처음 횃불독립만세운동을 전개했다.

횃불독립만세운동은 3월 말부터 군내 각 면의 마을 단위로 급속히 확산되었다. 3월 30일에 2개군 23곳, 3월 31일 4개군 57곳, 4월 1일 4개군 12곳, 4월 2일 3개군 22곳, 4월 3일 4개군 20곳, 4월 4일 3개군 60곳에서 횃불독립만세를 활발히 외쳤다. 또한 면내에서 여러 마을에서 동시에 집중적으로 단기간에 전개되었다. 첫 횃불독립만세운동으로 천안 풍세에서 20곳, 아산에서 50곳, 홍성에서 24곳, 당진에서 18곳에서 횃불독립만세를 불렀다. 천안, 당진, 논산, 서산에서 2일, 공주, 예산, 청양에서 3일, 아산에서 4일간에 연일 집중적으로 독립운동을 전개했다. 이 독립운동으로 연기 15명, 서산 4명, 청양 4명, 예산 4명, 홍성 2명, 아산 17명 등 6개군 46명이 사법적 탄압으로 옥고를 겪거나 태형을 당했다. 그러나 최소한으로 추계한 13,000명이 넘는 참가자 가운데 일제에 검거된 인사 대부분은 경찰서, 헌병분대(분건소)에서 즉결처분으로 잔혹한 태형을 당했다. 태형의 처분과 실행은 참가자 체포와 태형이 지속적으로 자행되고, 면 단위의 체포와 태형은 마을 단위로 실행되었으며 태형 집행 동일 일자에는 동일 형량의 처벌이 행하여졌다.

충남의 횃불독립만세운동은 3월 23일부터 4월 17일까지 12개 군, 64개 면, 216개 리, 238곳(회) 이상에서 독립운동으로 전개되어 독립만세운동과 대별되는 대표적인 3·1독립운동이었다. 하지만 참가자들은 경찰, 헌병, 보병들의 무력적 진압으로 살상을 당하거나 비인간적이고 잔혹한 태형을 당했으며 사법적 탄압으로 옥고를 겪었다.

[부록 1] 충남지방 횃불독립만세운동 전개

연번	일자	군	면	리	장소	주도 인사	참여 인원	주요 전거	비고
1	3.23.	연기	북	조치원읍	각처	김필규 전병수 김재형	주민	독립운동사	
2	3.26.	연기	북	조치원읍			주민 (강내면민 연합)(수천)	독립운동사	
3	3.26.	연기	동	고정리	마을 산		주민 수백명	매일신보	
4	3.28.	연기	북	조치원읍	마을 산		주민	매일신보	
5	3.30.	연기	북	조치원읍	마을 산		면내 주민	소요사건	
6	3.23.	연기	남			임헌빈 강원식 강병두	주민	독립운동사	
7	3.31.	연기	남	방축리	황우산	임헌상	주민 30명	판결문	
8	3.31.	연기	남	보통리	마을 산	박원칠	주민 10명	판결문	
9	3.31.	연기	남	양화리 등 3	아월산 등	김봉식 임영복 조의순	주민 100여명	판결문 소요사건	
10	4.01.	연기	남	송담리	서운산	임희수 임숙명 임만수	주민 30명	판결문	
11	4.01.	연기	남	갈운리	황우산	유시풍	주민 150명	판결문	
12	3.26.	연기	동	응암리	고목골		주민 (강내면민 연합)	소요사건	
13	3.27.	연기	동	예양리	(3리6개소)	장재기(구장)	주민	독립운동사	
14	3.27.	연기	동	노송리	(3리6개소)		주민 (강내면민 연합)	독립운동사	
15	3.27.	연기	동	송룡리	(3리6개소)		주민 (강내면민 연합)	독립운동사	
16	3.28.	연기	동	송룡리	마을 산	장홍진 장기민	주민 10명	판결문	
17	3.29.	연기	전동	청송리	내동산	권혁기	주민 20명	판결문	
18	3.23.	연기	서			신도균 장달식	주민	독립운동사	
19	3.30.	연기	서	각 마을			주민	독립운동사	
20	3.30.	연기	서	기룡리	마을 산	유진광	주민 다수	판결문	
21	4.02.	연기	금남	두만리	마을 산		주민	매일신보	
22	(미상)	연기	금남	부용리	부강역 부근		주민 수백명	매일신보	
1	4.01.	공주	장기	도계리	마을 산		주민 100명	소요사건	
2	4.01.	공주	유구	유구천 등 2	산, 천		군중	독립운동사	
3	4.02.	공주	우성	쌍신리	마을 산		주민 200명	소요사건	
4	4.02.	공주	우성	도천리			주민	독립운동사	
5	4.02.	공주	장기		(7개면)		주민	매일신보	
6	4.03.	공주	탄천	각 마을	마을 산		주민 1,500명	독립운동사	
1	4.06.	청양	운곡	각 마을		(수형인명부)	주민 600명	소요사건 매일신보	
2	4.08.	청양	운곡		고지	(수형인명부)	면민 600명 (비봉면민 연합)	소요사건	
3	4.07.	청양	청남	지곡리	당산	이동명 윤병환 이영은	주민 여러 명	판결문	
4	4.07.	청양	정산	와촌리	(만세산)	(수형인명부)	3개리 150명	소요사건	

연번	일자	군	면	리	장소	주도 인사	참여 인원	주요 전거	비고
5	4.07.	청양	남양		마을 산	한도수	주민 600명	독립운동사	
6	4.08.	청양	비봉	강정리	마을 산	유남식 유천식	주민 수십 명	판결문	
1	4.03.	예산	예산	예산읍내			주민	독립운동사	
2	4.04.	예산	예산	예산읍내	(7면18개소)		주민	소요사건 매일신보	
3	4.04.	예산	대술	산정리	(7면18개소)	민제식	주민 30명	소요사건 매일신보 판결문	필자
4	4.04.	예산	오가	각 마을	(7면18개소)		주민	소요사건 매일신보	
5	4.04.	예산	신암	각 마을	(7면18개소)		주민	소요사건 매일신보	
6	4.04.	예산	고덕	각 마을	(7면18개소)		주민	소요사건 매일신보	
7	4.04.	예산	신양	연리	(7면18개소)	성원수	주민 십수명	소요사건 매일신보 판결문	
8	4.04.	예산	광시	각 마을	(7면18개소)		주민	소요사건	
9	4.05.	예산	예산	예산읍내	4개 산		주민	매일신보	
10	4.03.	예산	대술	각 마을	마을 산		주민	독립운동사	
11	4.04.	예산	대흥	신속리			주민	독립운동사	
12	4.04.	예산	대흥	대율리	마을 동쪽산	정인하	주민 수십 명	판결문	
13	4.05.	예산	삽교읍	목리	마을 산	박성식	주민 40명	판결문	
14	4.03.	예산	신암		마을 산	(수형인명부)	주민	독립운동사	
15	4.03.	예산	오가		마을 산		주민	독립운동사	
16	4.04.	예산	덕산		마을 산		주민	독립운동사	
1	3.31.	아산	탕정	명암2리	(3면50개소)		주민 2,500명	소요사건 매일신보	
2	3.31.	아산	염치	백암리	방화산	김복희 한연순	주민 20명	소요사건 매일신보 판결문	
3	3.31.	아산	염치	중방리	마을 산	오봉환 박동은	주민	독립운동사	
4	3.31.	아산	배방		(3면50개소)		주민	소요사건 매일신보	
5	4.01.	아산	탕정		(면내 마을)		주민 (수천)	소요사건 매일신보	
6	4.01.	아산	염치		(면내 마을)		주민	소요사건 매일신보	
7	4.01.	아산	배방		(면내 마을)		주민	소요사건 매일신보	
8	4.01.	아산	온양		(면내 마을)	(수형인명부)	주민	소요사건 매일신보	
9	4.01.	아산	신창		(면내 마을)		주민	소요사건 매일신보	
10	4.01.	아산	둔포	운용리	(면내 마을)		주민	소요사건 매일신보 독립운동사	
11	4.02.~03.	아산	12개면		(면내 마을)		주민 (수천)	매일신보	
12	4.02.~03.	아산	둔포	각 마을	해안지역		주민	독립운동사	
13	4.02.	아산	영인	아산리 등 4			주민	독립운동사	
14	4.02.	아산	신창	읍내리	학성산	이덕균 박진화 정윤홍	주민 100명	소요사건 판결문	
15	4.02.~03.	아산	인주	공세리 등	해안지역		주민	독립운동사	
16	4.02.~03.	아산	송악	각 마을		(범죄인명부)	주민	매일신보	필자
17	4.02.~03.	아산	도고	각 마을		(범죄인명부)	주민	매일신보	필자

연번	일자	군	면	리	장소	주도 인사	참여 인원	주요 전거	비고
1	4.04.	홍성	금마		(4개면24개소)	(범죄인명부)	면내 500명	소요사건	
2	4.04.	홍성	홍동		(4개면24개소)	(범죄인명부)	주민	소요사건	
3	4.04.	홍성	홍북		(4개면24개소)		주민	소요사건	필자
4	4.04.	홍성	구항	대정리	(4개면24개소)	(수형인명표폐기목록)	주민	소요사건	필자
5	4.05.	홍성	홍동	신기리	꽃동산	이제경 조우식 이희도	주민	소요사건 홍동면지	
6	4.07.	홍성	구항	황곡리	월산	이길성 황문수 이유홍	주민	판결문 홍양사	
1	3.31.	서산	팔봉				주민	독립운동사	
2	4.07.	서산	운산	고산리	마을 산	오인탁 한오복	주민	판결문	
3	4.08.	서산	운산	용현리	보현산	이봉하 허후득 황군성	주민 50명	판결문	
4	4.08.	서산	음암	율목리	토성산	채돈묵 이성삼	주민 15명	판결문	
5	4.08.	서산	정미	수당리	마을 산		주민 300명	소요사건	
6	4.10.	서산	운산	갈산리	마을 산		주민 100명	소요사건	
7	4.10.	서산	음암	부장리	마을 산		주민 50명	소요사건	
1	3.29.	대전	기성	가수원리	마을 산		주민 400명	소요사건	
1	3.30.	천안	풍세	풍서리	(20개소)		주민	소요사건	
2	~3.31.	천안	갈전	병천 주위	고지		주민	소요사건	
1	4.04.	당진	면천	8개 마을	(면내8개소)		주민	소요사건	
2	4.04.	당진	순성	10개 마을	(면내10개소)		주민	소요사건	
3	4.05.	당진	4개면		(4면)		주민	매일신보	
1	4.17.	보령	주산	야룡리	주렴산		주민	독립운동사 보령시지	
2	4.10.	보령	주포	보령리	진두산	김사구 강영국	(미실행)	판결문	
1	4.01.	논산	은진				면민	독립운동사	
2	4.03.	논산	논산	욱정			주민	독립운동사	
3	4.03.	논산	논산	취암리	모정산	배영달 배영술	주민 40명	독립운동사	
4	4.03.	논산	논산	주변			주민 (수만)	매일신보	
5	4.07.	논산	강경	경경읍내			면민	독립운동사	
6	미상	논산	가야곡	두월리	금성산	진학봉	주민 30명	독립운동사	
7	미상	논산	채운	신암리 화정리	마을 산	이근석 윤병삼 윤종철	주민 70명	독립운동사	

[참고사항]

* 리, 장소의 공란은 명확히 기재되지 않았거나 파악이 곤란하거나 명기가 어려운 것임(단 통계에서는 한 건으로 처리함)

** (O면O개소)는 특정 면과 특정 장소의 기재없이 통합해서 기록한 것으로 해당 면에 동일하게 기재함

*** 주도인사에 (수형인명부) (범죄인명부) (수형인명표폐기목록)은 참가 인사를 파악할 수 있는 자료로 현재 각 해당면에서 보관 관리하고 있는 자료임

**** 전거에 소요사건은 '朝鮮騷擾事件關係書類', 독립운동사는 독립운동사편찬위원회, 1971, 『독립운동사』 3(3·1운동사)(하)임

***** 비고란에 '필자'는 기록상으로 햇불독립만세운동으로 명기되어 있지 않으나 필자의 논문을 통해 햇불독립만세운동인 것으로 판단되는 것임

[부록 2] 충남지방 횃불독립만세운동 통계

연번	군	면	리	장소	인원(명)	비고
1	연기	6	24	27	350	
2	공주	9	13	13	1,800	
3	청양	5	6	6	1,890	
4	예산	10	27	27	70	
5	아산	12	80	80	2,520	
6	홍성	4	26	26	500	
7	서산	4	7	7	515	
8	대전	1	1	1	400	
9	천안	2	2	21		주민
10	당진	4	22	22		주민
11	보령	1	1	1		주민
12	논산	6	7	7	140	
합계	12	64	216	238	8,185	

[참고사항]
* 통계는 [부록 1]의 자료를 근거로 함
** 리는 [부록 1] 공란을 1개리, 장소는 [부록 1] 공란, 지역, 마을을 1개리, (   )의 개소를 숫치대
   로 추산했고, 리, 장소의 수치는 중복된 합계의 수치임
*** 인원은 현재 기록상에 명기된 수치의 합계임
**** 비고의 주민은 참가 인원의 수가 기록되지 않음

[부록 3] 충남지방 횃불독립만세운동 전개 장소 상황

일자	연기	대전	천안	아산	서산	공주	논산	예산	홍성	당진	청양	보령	합계
3.23.	3												3
3.26.	3												3
3.27.	6												6
3.28.	2												2
3.29.	1	1											2
3.30.	3		20										23
3.31.	5		1	50	1								57
4.01.	2			6		3	1						12
4.02.	1			12		9							22
4.03.				12		1	3	4					20
4.04.								18	24	18			60
4.05.					1			5	1	4			11
4.06.											1		1
4.07.							1		1		3		5
4.08.					3						2		5
4.10.					2								2
4.17.												1	1
미상	1						2						3
합계	27	1	21	80	7	13	7	27	26	22	6	1	238

경기도 남부지역의 정면대결 시위
- 수원, 안성지역을 중심으로 -

박   환(수원대학교 사학과 교수)

1. 머리말

1919년 3·1운동이 서울을 중심으로 전개되자 경기도 지역에서도 역시 도민들에 의하여 만세운동이 적극적으로 추진되었다. 특히 경기도 지역은 한국의 중심부이며 남북으로 철로와 도로가 관통하는 요충지로서 서울에서 일어나는 일들이 바로 전해지고 있어 서울에서 전개되고 있던 독립운동의 영향을 강하게 받고 있었다. 뿐만 아니라 경기도 지역의 많은 학생들이 서울로 통학하고 있었으므로 서울에서 이루어지는 각종 독립운동과 호흡을 같이 할 수 있었다. 그러므로 경기도 지역은 타도에 비하여 독립운동이 활발하였으며, 이러한 현상은 3·1운동 때에 경기도민들이 보여준 적극적인 만세운동에서도 단적으로 알 수 있다. 3·1운동 시 경기도 지역 21개 부, 군 모두에서 만세운동이 전개되었으며 3, 4월 두 달 동안 225회의 시위가 전개되었다. 참가인원도 연 15만 명에 달하여 전국에서 가장 많은 만세운동과 시위 참여 인원을 기록하였다.

그럼에도 불구하고 경기도지역의 3·1운동에 대한 연구는 별반 이루어지지 못하였다. 그런 가운데 기존의 연구들은 제암리 학살사건으로 상징되는 '탄압과 희생'에 비중을 두어 연구되어 왔다. 이 글에서는 경기도 남부지역의 공세적인 만세운동 즉, 정면대결시위의 사례로서 수원군 송산면 사강리, 우정면 화수리, 안성의 양성, 원곡지역의 경우를 살펴보고자 한다. 수원군의 경우 다수의 민중이 참여하여 일본 순사 처단, 주재소와 면사무소 파괴 등 공격적인 만세운동이었음에도 제암리 학살사건 등에 묻혀 그 실체가 거의 밝혀져 있지 않았기 때문이다. 아울러 안성지역의 경우도 역시 주재소와 면사무소뿐만 아니라, 우편사무소, 일본상인의 집 파괴등 공세적인 만세운동이었음에도 불구하고 그 구체적인 실체가 제대로 밝혀지지 못하였기 때문이다. 이 글에서는 이러한 경기 남부지역의 정면대결시위의 양상과 그 성격을 짚어보고자 한다.

2. 수원군 송산지역의 3·1운동

1) 송산면의 3·1운동 전개

(1) 3·1운동의 준비와 전개

수원군 송산면의 경우 고종황제의 국장에 참여하고 돌아온 홍효선에 의하여 만세소식이 전해진 것 같다.[1] 함께 만세운동을 주도한 송산면 사강리 지역에 살고 있는 홍면옥(일명 홍면)은 매일신보를 통하여 만세소식을 접하였다.[2] 그는 3월 11일 신문을 통하여[3] 만세소식에 접한 후 조선은 원래 독립국이었으므로 당연히 독립이 되어야 한다고 인식하였다.[4] 홍면옥은 당시 35세의 장년으로 활발한 활동가였던 것 같다. 그는 일찍이 1914년 9월 25일 경성지방법원에서 횡령죄로 징역을 산 적이 있었으며, 1917년에는 인천지청에서 도박죄로 태형 30을 받은 적이 있었다.[5] 그가 어떠한 이유로 도박 및 횡령죄에 처하여졌는지에 대하여는 알 수 없지만 그가 식민지지배에서 저항적인 인물이었던 것으로 추정된다. 그는 서당에서 한문을 2~3년 공부한 인물이었으므로 한문을 해독할 수 있는 지식인

---

1 국사편찬위원회, 1995, 『한민족독립운동사자료집』 22권 3·1운동(이하 22권으로 약함), 84쪽

2 당시 홍준옥, 문상익도 신문을 보고 만세소식을 알고 있었으며,(22권, 313, 315쪽) 차경현도 알고 있었다.(22권, 319쪽) 또한 포목상인 정군필도 상품을 사러 서울에 갔다가 만세소식 및 검거상황을 알고 있었다(22권, 169쪽).

3 22권, 30쪽

4 22권, 78쪽

5 국사편찬위원회, 1995, 『한민족독립운동사자료집』 21권 3·1운동(이하 21권으로 약함), 217쪽. 태형은 1912년 3월 제령 13호로 발효된 <조선태형령>에 기초한 것이다. 태형은 워낙 잔혹한 형벌이라 태형을 받은 사람은 사망하거나 불구자가 된다고 한다(박경식, 1986, 『일본제국주의의 조선지배』, 행지, 50~51쪽).

이었다.[6] 한편 홍면옥의 동생 홍준옥 역시 당시 신문을 보고 서울에서 만세운동이 시작될 때부터 알고 있었다고 한다.[7]

만세운동은 홍효선, 홍면옥, 이규선 등이 중심이 되어 추진하기로 하였던 것 같다. 홍면옥이 그의 신문조서에서,

> 주모자는 나와 동면 중송리 거주 이규선(당 30세 가량)과 사강리 거주 홍효선 3명이다.

라고 증언하고 있는 것으로 짐작해볼 수 있다.

홍효선, 홍면옥, 이규선 등은 주변의 가까운 동지들을 통하여 3월 26일 만세시위운동을 전개하고자 추진하였다. 이날은 구장집에 모여 세금을 납부하는 날이었기 때문에 사람들이 자연스럽게 모일 수 있었기 때문일 것이다. 또한 홍윤일 등 다른 동지들을 통하여 비밀리에 3월 26일에 만세운동이 있을 것임을 알리고 꼭 참여하도록 유도하였다. 홍열후의 신문 조서에,

> 나는 3월 23일 오후 1시경 송산면 육일리의 형 집에 가는 도중에 사강리의 홍윤일이 말하기를 오는 26일에 사강리 시장에 모여 한국독립만세를 부르지 않으면 너를 죽이든가 집을 태워버리겠다고 말하였으므로 26일 오전 11시 경 시장에 모여서 만세를 불렀다[8]

라고 하고 있는 점으로 보아 만세운동은 미리 준비되기 시작하였던 것 같다.

3월 26일(음력 2월 25일) 오전 9시경 사강리 구장 홍명선의 집으로 戶

---

6 22권, 77쪽
7 21권, 275쪽
8 21권, 259쪽

稅를 납부하려고 모인 사람이 120명 정도 되었다.[9] 이때 홍효선은 주민들에게 다른 마을에서도 만세를 부르고 있으니 우리도 만세를 부르자고 외쳤다.[10] 그러자 일동이 이에 동의하였다.[11] 이때 홍면옥은 여러 사람들에 대하여 시위운동을 전개하는 것은 좋은데, 만약 일경에게 붙잡혔을 때에는 누가 주모자라는 것은 말하지 말아야 한다고 주민들에게 주의를 주었다. 그는 과거 경찰에 체포되어 신문을 받은 경험이 있기 때문에 이처럼 치밀한 계획을 추진하였던 것으로 보인다.[12]

만세시위가 끝나자 일본 경찰이 중심인물인 홍면옥과 홍효선 등을 체포하려하자 그들은 서신 방향 마을 앞 육일리 뒷산인 궁평산(현재 구봉산)에 가서 숨어 있었다.[13] 사강리 경찰관주재소[14]의 경우 숫적 열세로 일단 주민들을 무마시키기에 급급하였다.[15]

사강리 경찰관주재소에서는 3월 26일의 만세사건을 남양경찰관 주재소 순사 竹內階吉에게 보고하였고, 그는 즉시 수원경찰서에 이 사실을 보고하였다. 그리고 동월 27일 오전 8시 순사보 김학응, 조종환과 함께 주민들을 설득하기 위하여 사강리로 왔다.[16] 이때 그들은 송산면 사강리 서쪽 육일리 방면에서 만세를 부르는 소리를 들었다. 그리고 정오경 면사무소 뒤의 언덕에 사람들이 모여 태극기를 들고 독립만세를 부르는 것을 들었

---

9 당시 사강리는 120호 정도였다(22권, 265쪽).
10 이러한 주장은 자못 만세운동이 피동적인 것처럼 보인다. 재판 및 신문과정에서 형량을 줄이기 위하여 언급한 대목으로 사료된다.
11 22권, 77~78쪽
12 22권, 31쪽
13 22권, 31쪽
14 사강주재소는 1917년 2월 8일에 설치되었다(조선총독부 관보 1917년 2월 8일자).
15 21권, 265쪽
16 21권, 265쪽

을 것이다.[17]

이에 사강주재소에서 근무하는 순사보 장용남과 그 외 4명이 그들을 진정시키기 위해 그곳으로 가자 주민들은 그들이 오는 것을 보고 전부 해산하였다. 이에 일경도 우선 사강주재소로 철수하였는데 수원경찰서에서 순사부장 노구찌(野口廣三)과 순사보 정인옥이 응원차 왔다.[18]

3월 28일은 사강리 장날이라 주변 마을 사람들이 장터로 모이는 날이다. 이에 주재소에서는 아침부터 주민들에게 점포를 닫도록 지시하였다.[19] 이러한 상황 속에서 오전 10시경 사강장터에 모인 사람들을 중심으로 만세운동이 전개되었다.[20] 그리고 오전 11시경 홍면옥이 중심이 되어 그의 집 앞뜰에서 홍면옥, 홍효선, 김창준, 왕광연, 홍태준, 홍문선 등이 만세를 불렀다.[21] 그리고 홍면옥은 이규선과 홍효선 등과 함께 오늘이 사강리의 장날이므로 오후 2~3시에 동네 주민들과 사강 시장에 오는 인근 마을 사람들을 모아서 만세를 부르라고 하며 면사무소 뒤 언덕에서 만세운동을 주도하였다.[22] 이때 송산면 면사무소 앞, 뒤 언덕 및 그 부근 그리고 사강 주재소에서 1천 여 명의 군중이 국권회복을 위하여 태극기를 치켜들고 조선독립만세를 불렀다.[23] 태극기는 약 2척 5촌에서 3척 가량의 白布에 염색을 하였다.[24]

---

17 독립운동사편찬위원회, 1972, 『독립운동사자료집』 5, 389쪽
18 21권, 265쪽
19 22권, 97쪽, 162쪽, 171쪽
20 22권, 266쪽
21 21권, 251쪽
22 21권, 218~219쪽, 231쪽
23 22권, 257쪽
24 21권, 218쪽

(2) 적극적인 시위 : 노구찌 순사의 처단

만세운동이 전개되자 일본 순사들은 해산을 명령하는 한편 주민들을 설득하고자 하였다. 이에 대하여 홍면옥 등은 계속적으로 만세운동을 전개했고,[25] 주민들에게 "조선독립은 결코 총독부에서 허락하는 것이 아니요. 세계 대세와 민족자결주의에 의거하여 조선민족된 의무로 만세를 부르는 것이다"라고 외치며, 만세운동을 독려하였다.[26]

이에 노구찌 순사는 홍면옥과 이규선, 예종구 등 3명을 잡아 앉혀두었다.[27] 이때 홍면옥이 갑자기 일어나 만세를 불렀으므로 오후 3시경 일본 순사 노구찌가 총을 발포하여 주민들을 해산하려고 하였으나 홍면옥이 등(어깨)에 총을 맞고 피를 흘렸다.[28] 이에 홍면옥은 동생 홍준옥에게 업혀서 송산면 사무소 숙직실에 앉아[29] 동생으로부터 응급 조치를 받았다.[30] 그때 홍면옥의 부인이 아버지인 김명제[31]에게 연락하였고 즉시 그는 현장으로 달려왔다. 순사가 김명제를 말리자 그는 자신을 죽이라며 저항했다.[32] 홍면옥은 송산면 면서기로 있던 동생 홍준옥, 그리고 홍효선, 예종구 등과 함께[33] 송산면 사무소 안팎에 있던 주민들에게 일본순사를 죽이라고 호소하였다.[34] 한편 이때 얼마 안 있어 서신면 방면에서는 대한독립

---

25 21권, 218쪽

26 동아일보 1920년 5월 15일자, 22권 312쪽

27 『독립운동사자료집』 5, 389쪽

28 『독립운동사자료집』 5, 388쪽. 홍면옥이 총을 맞은 장소는 사강리 면사무소 뒷 도로이다(21권, 219쪽).

29 21권, 218쪽

30 21권, 227쪽

31 홍면옥은 김명제의 첫째 사위이다(21권, 219쪽).

32 21권, 219쪽

33 21권, 220쪽

이라고 쓴 깃발을 든 사람들이[35], 송산면 中松里 방면에서는 태극기를 내세운 사람들이 만세를 고창하며 몰려왔다.[36]

사태가 걷잡을 수 없게 되자 노구찌 부장은 자전거를 타고 남양 방면을 향하여 도주하기 시작하였다. 일경은 일단 남양으로 철수하여 수원경찰서에 응원을 청함과 동시에 남양에 거주하는 일본인들을 소집하여 이를 진압하려는 방책을 세우고자 하였던 것이다. 노구찌부장이 사강리주재소에 들러 자전거를 타고 남양에 돌아갈 준비를 하고 있을 때 군중들은 빨간모자를 쓴 자를 죽이라고 절규하고 도로를 점거하여 투석하였다. 노구찌부장과 일경은 함께 발포하며 길을 열어 남양으로 돌아가려는 도중 다수의 주민들이 던진 돌에 맞아 노구찌순사가 자전거로부터 떨어져 도로변에 쓰러졌다.[37] 이때 송산면과 서신면의 주민 수백명이 다가가서 돌과 곤봉으로 그를 처단하였다. 3시 30분경이었다.[38] 노구찌 순사를 처단할 당시 주민들은 200~300명 정도 되었다고 한다. 홍준옥, 문상익, 임팔룡, 강업동, 왕국신, 박영순, 김치연, 이주선, 예종구 등이 중심적인 역할을 하였다고 한다.[39]

---

34 21권, 218쪽

35 서신면 지역의 만세운동에 대하여는 그 중요성에 비하여 자료들이 별로 남아 있지
   않다.

36 21권, 265쪽

37 21권, 265쪽. 순사부장 사망장소는 수원군 송산면 사강리 동단 사강경찰관주재소
   로부터 동방 약 63간(인가로부터 23간) 남양에 이르는 도로변 밭(강업동 소유
   임)(21권, 211쪽), 사강시장에서 남양방면으로 약 2정거리라고 한다(21권, 262쪽).

38 21권, 228쪽

39 21권, 220쪽

2) 일제의 탄압 : 사상자와 투옥자

노구찌 순사부장이 피살된 후 일경은 4월 9일 律村 헌병 특무조장 아래 하사 이하 6명과 경찰관 4명이 古屋 수원 경찰서장 이하 7명과 보병 15명의 협력을 얻어 3개 반을 편성하여 오산, 화수리 반도 및 사강 반도로 검거활동을 나섰다. 이들은 14일 오전 6시부터 오후 5시까지 사강리를 중심으로 한 그 부근 송산면, 마도면, 서신면의 동리 20개 리에서 주동자 이하 175명을 검거하고 증거품 여러 점을 압수하였다.[40]

특히 이들은 닥치는 대로 체포 구금하고 민가에 방화하기 시작하였다. 붙잡혀간 사람들은 모조리 "세탁봉 또는 장작으로 머리 또는 허리를 힘껏 구타"당하였다. 헌병과 경찰은 서로 떨어져 있는 동리를 돌아다니면서 방화하였는데, 사강리를 비롯하여 봉가, 삼존, 육일, 마산, 중송 등 6개 동리 총 525호에서 200여 호를 소각하였다. 가장 심하였던 곳은 사강리와 봉가리였다. 사강리에서는 131호 가운데 82호가 불타 없어졌고,[41] 봉가리에서는 57호 중 47호가 불탔다. 일본 헌병과 경찰은 성냥을 다 써버려 짚에 불을 붙여 방화하였다고 한다. 또한 4월 16일 일본헌병은 다시 송산면에 출동하여 주모자 집을 다 소각하지 못하였다는 구실로 나머지 집에 방화하였다고 한다.[42]

---

40 姜德相編, 1976, 『現代史資料』26(みすず 書房), 310~311쪽 불탄 마을은 송산면 고포리, 마산리(마산 2리), 관현동(갓마루, 마산 1리), 장문동(장문, 마산 1리), 양지촌(사강 3리), 대정동(쌍정 2리), 용포리, 문산동(삼존 1리), 봉가리, 삼존리, 중송리, 육일리, 육교동, 일이리, 사강리, 칠곡리, 서신면 궁평리, 대안동(상안 2리), 전곡리, 사곳리, 상안리, 지곡리, 전곡리, 마도면의 해문리(해문1리), 중간리(해문 2리), 금당리(금당 2리), 소곡리(금당 1리), 백곡리(백곡 2리), 두곡리, 남양의 신남리 등이다.
41 현지 주민들의 증언에 따르면 송산중학교 근처에서 많은 집이 불타고 사람들이 다수 희생되었다고 한다.
42 「수원군 송산면 지방에 있어서의 소요사건 복명서」, 1919년 4월 25일 참조, 박성

일제의 검거반이 3차에 걸쳐 활동하는 동안 인명피해와 더불어 많은 재산피해가 있었다. [43]그 가운데 燒失호수가 392호요, 이재민이 1600명이나 되었다. 그리고 그 손실을 당한 지방의 생존자에 대해서는 적십자사에서 여러 의사와 간호부들을 파견하여 치료하고 추수 때까지 매일 한 사람에게 3홉씩 쌀을 배부하였다. 그리고 부서진 집들에 대해서는 임시가옥을 건축하도록 하였고, 농기구를 주었으며, 새롭게 가옥을 건축하는 이에게는 매 건축물에 50원을 보조하였다. [44]이러한 일제의 정책은 민심수습과 세계 여론의 악화를 의식한 태도라고 할 수 있을 것이다. 한편 전곡리에 살고 있던 한인부호 홍헌은 동리민들의 재난을 안타깝게 여기고 집을 복구하는 데 필요한 자제를 공급해 주기도 하였다.

한편 사강 등지의 만세운동을 주도했던 인물들은 일제에 의해 강한 처벌을 받게되었다. 일제는 1919년 3월 29일 소요 및 살인 등 죄로 홍면옥, 김명제, 임팔용, 홍준옥, 문상익, 홍명선, 왕광연, 차경현, 진순익, 김교창, 홍남후, 노건우, 이순일, 김도정, 김성실, 최춘보, 박춘홍, 홍문선, 민용운. 이정집, 홍태근, 황칠성, 홍복룡, 홍열후, 김성우, 홍관후, 김용준, 이성봉 등을 구속하였다. [45] 그러나 중심인물로 그들이 수괴로 지목한 홍효선, 이태순, 이석춘, 오경운, 예종구 등은 5월 9일까지 체포하지 못하였다. [46]그리고 일제는 체포된 사람들에 대하여 혹독한 고문을 가하였다. 그들을 빨가벗기고 담금질을 하였으며, 잡아비틀고, 입과 코에 냉수를 들이 부었으

수, 1980, 『독립운동사연구』, 창작과 비평사, 320쪽 재인용
43 남양지역의 16개 마을의 피해상황은 노블 선교사기록 4월 16일, 4월 19일자에 생생히 기록되어 있다(기독교 대한감리회, 2001, 『삼일운동, 그날의 기록』, 73~76쪽).
44 화성군사편찬위원회, 1990, 『화성군사』, 169쪽
45 21권, 269쪽
46 21권, 264쪽

며, 주리를 틀기도 하였던 것이다.[47]

결국 1920년 5월 홍면옥, 홍준옥, 문상익, 왕광연은 각 징역 12년, 임팔용, 홍명선, 차경현, 김교창, 홍남후, 박군홍, 홍문선, 민용운, 황칠성, 홍관후, 김용준, 전도선, 정군필은 징역 7년, 최춘보, 오광득, 이윤식, 안순원은 징역 6년을 판결받았다. 홍면옥 등 17명은 고등법원에 상고하였으나 1920년 7월 5일 모두 기각되었다.[48]

3. 수원군 우정·장안지역의 3·1운동

1) 화수리항쟁의 배경 : 화수리주재소의 설치와 주민탄압

1910년 8월 5일 고시에 따르면 경기도 수원경찰서 관할 하에 남양, 발안장, 진위, 삼괴, 안중장, 평택순사주재소 등이 있었다.[49] 1914년 9월경에는 수원경찰서 관내에 10개 주재소가 있었다. 매산리, 발안장, 병점, 요당, 남양, 삼괴, 마산포, 야목리, 오산, 반월장 순사주재소 등이다.[50] 그리고 조선총독부 관보 1917년 2월 8일자에 따르면, 수원경찰서 관내에 수원면 매산리, 향남면 발안리, 태장면 병점리, 양감면 요당리, 음덕면 남양리, 우정면 화수리, 송산면 사강리, 매송면 천천리, 성호면 오산리, 반월면 팔곡1리, 의왕면 고천리 등에 매산리, 발안, 병점, 요당, 남양, 화수, 사강, 천천, 오산, 반월, 고천 순사주재소가 설치되었음을 밝히고 있다.

---

47 동아일보 1920년 5월 15일자 <수원사건 공소공판>
48 『독립운동사자료집』 5, 387쪽
49 내무부치안국, 1972, 『한국경찰사』, 736~737쪽
50 내무부치안국, 『한국경찰사』, 784쪽

화수리주재소에는 일본순사 1명, 조선 순사보 3명이 있었다. 주임순사 가와바다(川端豊太郎)의 본적은 鹿兒島縣 薩摩郡 下甁村 手內였으며, 당년 25세였다.[51] 그리고 순사보 오인영은 본적은 경기도 진위군 서면 송화리 175번지였고, 출생지는 충청남도 아산군 배방면 장재리이며, 사립평택보통학교 2년을 수료하였다. 1919년 당시 25세였다. 그는 1913년 3월 19일 순사보가 되었으며, 그 이전에는 토지조사국의 筆生, 또는 면의 雇員으로 일하였다. 오인영은 1917년 12월 17일부터 화수리 주재소에 부임하였다. 순사보 박재옥, 이상룡과는 동숙하며 지내고 있었다.[52]

1917년 장안면 화수리에 주재소가 설치되자, 부임한 기와바다 순사는 조선인들을 가혹하게 취급하였다.[53] 특히 조선인들에 대하여 위생검사 등을 시행하여 조선인들을 모욕하는 사태들이 벌어졌다. 그는 당시 젊은 나이임에도 불구하고 조선인들의 뺨을 때리는 등 모욕적인 언사와 행동을 하였던 것이다.[54] 또한 가와바다 순사는 부임 이래로 도박에 대하여 심하게 단속하였기 때문에 동민의 반감을 사게 되었다. 그것이 원인이 되어 죽인다는 상의가 이루어진 것으로 보인다.[55] 특히 주곡리의 차희식의 경우 도박혐의로 옥고까지 치른 상황이었다. 따라서 차희식은 주곡리, 석포리, 수촌리 등의 주민들을 중심으로 화수리 항쟁을 이끄는데 주도적인 역할을 하게 된다.

---

51 국사편찬위원회, 1994, 『한민족독립운동사자료집』 19권 3·1운동(이하 19권으로 약함)
　　19권, 224쪽, 검증조서.
52 20권, 82쪽, 증인 오인영 심문조서
53 19권, 245쪽
54 일본 NAK 방영 <삼일운동사>(1990년 3월)
55 19권, 342쪽, 오인영 심문조서

2) 화수리 항쟁의 전개와 주도세력

1919년 3·1운동 시 일제는 경기도 수원군 우정면 화수리에 주재소를 설치하여 주민들을 탄압하고 있었다. 이에 우정면, 장안면 일대 주민 2천여명은 장안면사무소, 우정면사무소를 파괴한데 이어 화수리주재소로 몰려가 만세운동을 전개하는 한편 주재소에 투석, 방화하고 일본인 순사 가와바다 순사를 살해하는 등 적극적인 만세운동을 전개하였다.

4월 3일 오후 3시반경에 우정 면사무소를 출발했는데 면장 김현묵은 구한국국기를 들고, 약 2천명의 선두에 서서 조선독립만세를 부르면서 화수리주재소로 가는 도중에 한각리에서 주민이 잠시 휴식을 취했다.

그때 면장 김현묵은 누구인가의 권유로 군중에 대하여 지금부터 주재소를 습격한다. 순사가 총을 쏘아 죽는 사람이 있더라도 시체를 타고 넘어서 주재소에 뛰어들어 파괴방화하고, 순사를 때려죽이라고 연설을 하였다.[56] 또 면장은 40세쯤의 장안리 사람인 김문명의[57]지시에 따라 주재소를 공격을 할 것이고, 정연한 원형으로 진을 치고 나갈 필요가 있다고 주민들에게 말하였다.[58] 그리고 약 2천 여명의 군중을 2단으로 나누고 1단은 동쪽, 일단은 서쪽에서 전진하여 주재소를 습격하기로 하였다.[59]

화수리에 도착한 일행은 다음과 같이 화수리 주재소를 공격하였다. 차병한은 군중을 지휘하여 동면 화수리에 있는 화수경찰관 주재소로 몰려가서 차인범, 이영쇠, 백순익, 김덕근은 그 주재소 앞에서 군중과 함께 만세운동을 전개하였다.[60] 이어 차병한은 군중을 지휘하고 김흥식, 장소진,

---

56 장안면 어은리 면서기인 李相琦 신문조서 19권, 350쪽
57 19권, 282쪽
58 19권, 346~347쪽. 김현묵 심문조서
59 19권, 350쪽. 이상기 심문조서
60 『독립운동사자료집』5, 화수리재판기록

장제덕, 백순익, 김종학, 인수만, 김명우, 김응오, 김교철, 김여근, 김황운, 윤영선 등은 주재소를 향하여 돌을 던졌다. 이영쇠는 주재소를 불태워 버리려고 주재소 뒤로 달려가 불을 놓았다. 이에 주재소 안에 있던 순사 가와바다가 총을 쏘면서 도망쳐 나오자 군중들은 그를 추적하고 정서성, 이영쇠, 이순모, 차인범은 군중에 솔선하여 몽둥이로 그를 구타하였다. 차희식, 장소진, 장제덕은 돌 또는 몽둥이로 그를 난타하여 기세를 부채질하였다.[61] 이 과정에서 일본순사가 발사한 총에 장안면 사곡리의 이경백이 순국하였다.

결국 주재소는 전소되고 일본 순사는 골파열을 동반하는 열창 1개 이외에 30여 개의 창상을 입고 뇌진탕을 일으킴과 동시에 두개골절 출혈로 마침내 죽게 되었다.[62] 화수리 항쟁이후 주민들은 일단 해산한 후 저녁을 먹고 남산에 모여 군대와의 회진에 대하여 상의하였다.[63]

화수리 항쟁을 주도한 세력은 누구일까. 이 부분에 대하여 김선진은 그의 저서에서 천도교신자인 수촌리 구장 백낙열에 주목하고 있다.[64] 그리고 기독교 계통에서는 이 부분에 대하여 연구가 없으나 제암리 등의 연구결과를 토대로 검토해 볼 때, 체포된 수촌리의 인물들 가운데 기독교인들이 많은 점에 주목해볼 수 있다. 필자는 우정 장안지역의 만세운동의 경우 이를 계획하고 주도한 것은 주곡리의 차희식, 석포리의 구장 차병한, 수촌리의 구장 백낙열 등이 아닌가 생각한다. 그리고 행동대로서 주곡리, 석포리, 수촌리 사람들이 중심이 되어 우정, 장안 전지역의 주민들이 참여한 형태로서 파악하고자 한다. 종교적인 측면에서 보면 주곡리, 석포리,

---

61 『독립운동사자료집』 5, 화수리재판기록
62 『독립운동사자료집』 5, 화수리재판기록
63 19권, 347쪽. 김현묵 심문조서
64 김선진, 1983, 『일제의 학살만행을 고발한다』, 미래출판사, 132~135쪽

장안리의 유교, 수촌리의 기독교, 수촌리, 어은리, 기린리 등 천도교, 장안리 등의 천주교 등 다양한 세력들이 연합한 형태로서 파악된다.

우정, 장안지역의 만세운동은 서울에서 있었던 고종의 장례식에 참여하고 만세운동을 접한 인물들에 의해 전해짐으로써 야기되었다고 할 수 있다.[65] 백낙열, 김성렬, 안종후 등이 그러하며,[66] 정서송 역시 그러하다고 밝히고 있다.[67] 아울러 수원지역에서의 만세운동 역시 영향을 주었을 것임은 자연스러운 귀결이라고 생각된다.

3) 일제의 화수리 탄압 : 사상자와 투옥자

4월 4일 새벽, 어둠의 장막을 찢으며 사방에서 요란한 총소리가 메아리쳤다. 일본군 제20사단 39여단 78연대 소속 아리다(有田 - 제암리 학살의 주역) 중위가 이끄는 1개 소대병력이 발안에서 달려와 화수리를 완전 포위하고 마구 총질을 해 댔다. 화수리 여수동·화수동·굴원리 주민들은 일경의 보복을 예상하고 노인들만 남기고 캄캄한 밤중에 원안리와 호곡리 바다 쪽으로 가족들을 이끌고 피신했다. 수비대들은 동네에 사람 그림자가 보이지 않자 집집마다 불을 놓고 보이는 주민들은 닥치는 대로 잡아다가 몽둥이질을 하여 탈진해 쓰러지면 냇가에 들어다 팽개쳤다. 화수리 구장 송찬호는 72군데나 칼로 난도질을 당했다. 이러한 체포와 고문이 동리마다 이어졌다. 한각리·마산동 주민들은 초죽음이 되도록 매질을 당하였고 조암리에서는 주민들이 보이지 않자 큰집들만 골라 불을 질렀다. 일제의 탄압으로 화수리의 경우 집 19채가 소실되었으며 3명이 사망하였다.[68]

---

65 21권, 122쪽, 김응식 조서
66 김선진, 위의 책, 32쪽
67 정서송, 「쌍봉산의 횃불들」, 『신동아』 1965년 3월호, 80쪽

화수리의 피해 상황은 당시의 여러 책자에 생생히 묘사되고 있다. 먼저 정한경이 미국 필라델피아에서 1920년에 간행된『한국의 사정』에서,[69] 그리고 제암리사건에 대한 매티 노블의 기록(1919년)에서도 화수리의 참상을 언급하고 있다.

이어 4월 9일 津村憲美 特務曹長을 책임자로 하여 하사 이하 6명, 경찰관 4명에 古屋 수원경찰서장 이하 7명과 보병 15명이 협력 하에 3개 반을 편성하여 오산과 장안, 우정면이 있는 화수반도 일대에 대해 대대적인 검거를 실시하였다. 특히 4월 10일부터 11일 오후 5시까지 화수리를 중심으로 부근 장안, 우정면내 25개 마을을 수색하여 200명을 검거하였다.[70]

화수리 항쟁 후 4월 15일 수원경찰서 순사부장 熱田 實와 순사 長村淸三郎에 의해 차인범 등 33명을, 5월 13일 다시 수배자 중 구속된 17명을 합하여 모두 50명 중 23명이 예심 및 고등법원을 거쳐 1920년 12월 9일 경성복심법원에서 형이 확정되었는데, 그 형량은 다음과 같다.[71]

[표 1] 장안·우정면 만세시위자 및 형량

죄 명	수형자	인원수	형 량
살인방화 등	이영쇠, 차희식	2명	15년형
	장소진, 장재덕, 정서성	3명	12년형
	차인범, 이순모	2명	10년형
	차병한, 김흥식, 정순영	3명	5년형
보안법 소요 등	김응식, 김명우, 김교철, 김흥삼, 백순익, 김덕근, 김여근, 차병혁, 인수만, 김덕삼	10명	3년형
	김황운, 윤영선, 김응오, 김종학	4명	2년6월형
	유수산	1명	1년, 벌금 20원

68 김선진, 위의 책, 47~55쪽
69 『독립운동사자료집』 6, 303~304쪽
70 姜德相,『現代史資料-朝鮮-』 2, 三一運動篇, 311쪽
71 『독립운동사자료집』 5, 화수리 재판기록

4. 안성군 양성·원곡 만세운동의 전개와 특징

1) 양성·원곡의 만세운동 전개

경기도 안성군 지역에서는 3월 11일부터 양성초등학교와 안성읍내에서 3·1운동이 시작되었다. 이 만세운동은 점차 죽산, 원곡 등 군내 전역으로 확산되었는데, 3월말까지는 큰 충돌이 없었으나 4월 들어 시위가 격화되었다.[72]

안성지역의 본격적인 만세운동은 1919년 3월 28일 안성군 원곡면 내 가천리의 이시연 집에 이덕순 등 주도자들이 운동의 전개를 계획한 후 외가천리에 있는 원곡면사무소에서 전개된 운동에서 시작되었다. 그 후 29일, 30일, 31일 계속 면사무소 앞에서 만세시위를 벌였고, 31일의 시위 후 해산할 때에 칠곡리 이유석·홍창섭(홍찬섭)이 "내일도 모이라"고 명하였다.

1919년 4월 1일(음력 3월 1일) 칠곡리에서는 아침에 주민이 모여 만세를 불렀다. 이날 저녁, 면민들이 다시 원곡면사무소 앞에 집결하여 저녁 8시경 횃불을 밝혀 들었다. 원곡면 사무소 앞에 모인 원곡면 각 동리 주민 1,000여 명은 태극기를 들고 "대한독립만세"를 불렀고, 그 중 이유석은 군중들에게 "이제부터 면장을 끌어내어 국기를 쥐어 이를 선두에 세우고 일동이 만세를 부르면서 양성 주재소로 가자"고 하였다. 주민들은 면장 남길우와, 그와 함께 있던 면서기 정종두를 끌어내어 태극기를 쥐어 주며 만세를 부르게 했다.

시위 군중들이 연달아 만세를 부르며 원곡면과 양성면의 경계를 이루는 성은고개에 이르자, 이유석이 군중 앞에 나서서 "오늘밤 기약함이 없

---

72 윤후, 2018, 『안성4.1독립항쟁』, 백산서당, 57쪽

이 이렇게 많은 군중이 집합하였음은 천운이다. 제군은 양성 경찰관 주재소로 가서 내지(일본)인 순사와 함께 조선 독립 만세를 부르지 않으면 안된다. 순사가 이를 응하면 좋으나 만약 응하지 않을 때에는 자기로서도 할 바가 있다"고 연설하였다. 이어서 홍창섭·이덕순·이근수·최은식·이희룡 등이 교대로 일어나서 군중들에게 "조선은 독립국이 될 것이므로 일본의 정책을 시행하는 관청은 불필요하기 때문에 우리들은 모두 같이 원곡면·양성면 내의 순사 주재소·면사무소·우편소 등을 파괴하자. 또한 내지(일본)인을 양성면내에 거주케 할 필요가 없으므로 그 내지인을 양성으로부터 구축하자. 제군은 돌 또는 몽둥이를 지참하여 성히 활동하라"고 하였다. 이에 시위 군중들은 양성 주재소와 면사무소, 우편소 등이 있는 양성면 동항리로 나아갔다.[73]

2) 양성·원곡 주민들의 정면대결 시위

1919년 4월 1일 밤 오후 9시 반경부터 양성면 주민 수백 명이 주재소에 몰려가 조선 독립 만세를 부른 후, 9시 50분경 해산하여 돌아가려는 길에 원곡 방면에서 온 시위 군중과 만나 합류하게 되었다. 이리하여 2,000여명으로 불어난 시위 군중들은 순사 주재소로 나아가 그 앞에서 독립 만세를 부른 뒤 투석하기 시작하였다. 양성 주재소에는 高野兵藏이라는 일본순사 1명과 순사보 2명이 있었는데, 시위대는 순사보들이 도망쳐 나가자 주재소에 불을 놓았다.

---

73 안성지역의 3·1운동은 다음의 자료와 논문을 주로 참고하였다. 국사편찬위원회, 1995, 『한민족독립운동사자료집』 24권, 삼일운동 14, 예심신문조서(국한문), 검증조서; 국사편찬위원회, 1996, 『한민족독립운동사자료집』 25권, 삼일운동 15, 예심신문조서(국한문), 예심종결 결정. 이정은, 1987, 「안성군 원곡 양성의 3·1운동」『한국독립운동사연구』 1

양성 원곡 주민들의 공세적이며 적극적인 활동을 보다 구체적으로 살펴보기 위하여 <양성 경찰관 주재소 파괴 도면>을 살펴보면 다음과 같다.

一. 양성경찰관주재소에 근무하는 순사 高野兵藏의 안내로 원래 양성경찰관주재소를 살펴보고 보고하고 있다.
1) 주재소는 동항리의 동쪽 끝에 있는데 부근에는 예전 양성군 청청사 및 그 부속 건물(모두 목조기와집 조선식 평가임)이 있는 외에 인가는 없고 일대가 밭인데 지세가 평탄하다.
2) 그 모양은 제1도에서 보인 바와 같은데 창고, 변소 등으로 목조기와집 조선식 건물 평가 한 채 및 흙담, 대문, 기둥이 있을 뿐으로 주재소 청사는 형적도 없이 없어지고 다만 겨우 불에 탄 자국이 있는 주추돌이 있을 뿐으로 그 주추돌이 있는 부지 일면에 불에 탄 흔적으로 흙과 재가 쌓이고 헌 기와의 파편 혹은 그냥 완전한 것 또는 유리조각 등이 산재해 있는 것을 볼 수 있다.
3) 흙담장은 높이 4척 길이 70척인데 여기 저기가 무너져 있고, 그 남쪽 끝에서 동쪽에 아카시아 나무를 심어 만든 울타리가 길 좌우에 있는데 그 높이는 5척으로 각각 나무의 주위는 4척 내외이다. 곧 제2도 마 부호로 표시했다.

본 자료를 통하여 주민들의 항쟁에 의하여 주재소가 전소되었음을 알수 있다. 주재소에 불을 놓은 군중의 일부는 "전선을 끊으러 간다."고 하며 달려가고 나머지는 양성 우편소로 몰려갔다. 시위 군중은 사무실에 들어가 쳐부순 책상, 의자들을 가지고 나와 약 100m 남쪽의 밭 가운데 쌓고서 짚횃불로 불을 붙여 태웠다. 또한 우편사무실에 걸린 일장기를 떼어내 집밖에서 불태웠다. 이어 시위 군중은 잡화상하는 일본인 外里與手 및 대금업자 隆秀知 집을 습격하여 가옥을 파괴하고, 가구류 기물들을 집 바깥뜰에 들어내어 불태워 버렸다. 그 다음으로 양성면 사무소로 가서 물품을 부수고 서류를 끄집어내어 집 밖에서 불태웠다.

양성면에서의 일제 관공서와 일인 상점을 파괴·방화를 끝낸 시위 군중은 그 이튿날인 4월 2일 새벽 다시 성은고개를 넘어와 원곡면 외가천리에 있는 원곡면 사무소 사무실과 서류, 물품 전부를 불태우고(오전 4시) 아침 식사 후 7km 서남방에 있는 평택의 경부선 철도를 침목 핀을 뽑아 파괴 차단코자 하였다.

3) 일제의 탄압

조선주차헌병사령부는 수원과 안성지방에 대해 검거반을 4파로 나누어 4월 2일부터 14일 사이에 64개 마을에 걸쳐 검거를 실시하여 약 800명을 검거하고, 19명의 사상자를 내었으며, 17개소에서 총 276戸의 가옥에 불을 질렀다.[74]

원곡, 양성지역에 대해서는 4월 3일 조선주차군 제20사단 보병 제40여단 제79연대소속 장교 이하 25명이 경찰을 지원하기 위해 투입되어 검거에 나서, 이 과정에서 피살 1명, 부상 20여명, 가옥 9채가 소실되었다. 주동자의 집은 다 검거반이 방화했다.

시위 참여자의 대부분이 피신 상태여서 야간 수색 등 갖은 방법에도 검거가 부진하자 일제는 원곡면장을 시켜서 그때가 농사철임을 구실로 하여 경찰서장의 연설을 듣고 나면 사면해서 농사짓도록 해 주겠다고 하며, 가족·친지들로 하여금 피신자들을 설득하여 16세 이상 60세까지의 남자 주민은 모두 4월 19일, 현재의 원곡초등학교 뒷산에 모이도록 했다. 사방각지의 친척집·처갓집 등에 피신하고 있었던 시위 참가 주민들이 가족들을 통해 이 말을 믿고 당일 지정된 장소에 모이자, 헌병대가 서쪽과

---

74 電報(1919年 4月 21日 午前 9時 55分發, 朝鮮駐箚憲兵司令部), 143쪽

동북쪽으로부터 갑자기 주민들을 포위했다. 그들은 총칼로 위협하는 한편, 몽둥이를 닥치는 대로 휘두르면서 거사 참여자는 일어서라고 명령했다. 이들은 무조건 폭행을 가하면서 저항 또는 도주하는 자를 참살하고 (현장순국 3명), 양민의 상투를 줄줄이 묶어서 안성 경찰서까지 30여리 길을 걸러서 연행했다. 이때 투입된 일본군은 보병 79연대 소속 하사 이하 30명이었다.

일제의 군경 합동 검거반의 이러한 검색과 만행, 기만전술에도 불구하고 주동인물 가운데 이희룡, 이양섭만 검거되고 나머지 최은식, 이덕순, 이근수, 이유석, 홍창섭 등은 검거하지 못하자 부모, 형제, 친척을 앞세워 유인하거나 이들을 붙잡아 대신 매질을 하고, 동리 사람들의 신고를 조장했다. 이러한 갖가지 방법을 통한 일제의 탄압으로 이곳 주민들이 치룬 희생은 다음과 같다.

    <순국자>
    현장순국 : 3명, 안성경찰서 고문순국 : 5명,
    서대문 형무소 순국 : 9명, 부상 후 순국 : 7명
    <피검자수>
    피검자 수 : 361명 이상(훈계방면자 제외)
    <옥고>
    127명(선고 전 2, 복역중 순국 7명포함)[75]

징역 12년 : 최은식·이희룡
징역 10년 : 김중식·김순서·이홍길·이양섭
징역　7년 : 한재호·정인규·정호근·정주하·소후옥·이인군·이규완·

---

75 윤우, 1986, 『원곡-양성의 3·1독립운동』, 25쪽. 가옥 방화 소실은 9동이다.

오윤선·오세학·고인재·최관길·이상신·김영희·김영서·
김봉현.

징역 5년 : 김희식·김기성·오세경·이금철

징역 3년 : 송우필·송재필·최재식·장덕관·이완호·김시연·강봉세·
최병일·김배관·이덕영·주주봉·이병렬·오창선·함천봉·
손정봉·한응교·박용임·이성률·이화영·이준기·이성렬·
이유항·허병규·이유만·이태영·원지성·소휘태·오복영

징역 2년 6월 : 정일봉·이중립·홍재의·최만종·이병구·홍경운·
허덕성·장원심·박동돌·이홍렬·이 종만·박정식·
전수만·김정원·이병문·이병오·오정근·김백춘·
박천봉·남시우·이규철·이유길·이병철·이국상·
이규동·이한영·안철재·강봉돌·이인영·김종상

징역 2년 : 최기용·정봉안·남장우·최찬섭·이유원·소휘선·오윤선·
윤종건·남상훈·홍정표·홍병각·조병훈·이부성·김원순·
최창용·오익삼·이승익·박옥동·김창섭·이한기·이홍기·
이석근·이상근·임운선·이발영·이유직·이오영·이상옥·
이찬영·이순기·염만홍·최만보·김영하

징역 1년 3월 : 서완득·이영우·이규창·최문섭·최병택·이대근·
이호익·권중옥·서병돈[76]

---

76 독립운동사편찬위원회, 『독립운동사자료집』 5, 422~482쪽

5. 경기 남부지역 3·1운동의 특징

지금까지 1919년 3월 4월 송산면, 우정면 화수리, 안성의 양성·원곡지역에서 전개된 3·1운동에 대하여 살펴보았다. 이를 토대로 송산면, 우정면 화수리, 안성지역의 3·1운동의 특징을 언급하도록 하겠다.

1) 송산지역 3·1운동의 특징

첫째, 송산면 지역의 3·1운동은 오늘날 화성시 지역에서 처음으로 전개된 만세운동이었다는 점에서 일차적인 의의가 있다. 그러나 지리적 격리성 등으로 인하여 우정면, 장안면, 팔탄면, 향남면 등의 만세운동에는 직접적인 영향을 끼치지는 못한 것으로 사료된다.

둘째, 송산지역의 만세운동은 서울에서 있었던 고종의 국장에 참여한 홍효선에 의하여 주도된 것으로 보인다. 아울러 매일신보 등을 통하여 만세운동 사실을 알았던 홍면옥, 홍준옥, 문상익 등이 적극 참여하였으며, 중송리의 이규선, 마산리의 예종규 등도 중요한 역할을 하였다. 특히 일제에 의하여 형벌을 받았던 홍면옥은 더욱 적극적인 저항을 보인 것으로 사료된다. 그러나 지금까지는 홍면옥이 실제 이상으로 중심인물로서 주로 부각된 측면이 있다. 당시 체포되지 않은 홍효선, 예종규, 이규선 등의 인물에도 비중을 두어야 할듯하다.

셋째, 송산지역의 만세운동은 송산 사강지역을 중심으로 발발하였으나 그 인근의 서신, 마도 등 여러 지역의 마을 주민들이 총체적으로 참여한 만세운동이라도 할 수 있다. 그러므로 일제는 송산면뿐만 아니라 서신, 마도지역의 마을까지 불 지르고 사람들을 검거하였던 것이다. 앞으로 송산지역의 만세운동은 사강 지역뿐만 아니라 그 주변지역에 대한 배려도 함께 이루어져야 할 것이다.

넷째, 송산지역의 만세운동은 지식인과 특히 농민주도의 운동으로서 정면대결 시위적 특징을 갖고 있다. 일본 순사부장 노구찌의 처단은 그 한 특성을 보여주는 것으로 생각된다. 그 후 우정면 화수리에서도 주재소 전소 및 일본 순사의 처단이 있었다.

다섯째, 우정면, 장안면 등과 같이 서해안 지역을 중심으로 전개된 운동이란 특성을 보이고 있다. 송산면은 마산포 등 중요한 항구를 갖고 있는 지역으로 송산, 서신, 마도 등 여러 지역이 바다와 접해있는 지역이다. 그러나 송산지역의 경우 인천, 안산 등지보다는 수원지역과 밀접한 관련을 맺고 있다. 이 지역에 대한 탄압 역시 남양주재소, 수원경찰서 등이 중심이 되고 있다.

여섯째. 경제적으로는 부농, 중농, 자작 및 소작농 등 다양한 계층이, 연령별로는 10대부터 50대까지, 학력으로는 한문, 신학문, 문맹 등 다양한 계층이 참여한 만세운동이라도 할 수 있다. 즉 송산 일대의 전 주민이 참여한 만세 운동적 성격을 갖고 있다고 할 수 있다.

일곱째, 송산지역의 만세운동에서는 종교적인 특색을 크게 찾아볼 수 없다. 이는 우정, 장안 등지가 기독교, 천도교 등 특정 종교를 기반으로 이루어진 것과는 다른 것이다. 당시 송산지역은 기독교, 천도교의 전도와 포교가 활발하지 못한 상태였다.

2) 우정면 화수리 항쟁의 특징

첫째, 화수리 항쟁은 3·1운동 당시 일본 주재소를 파괴전소하고 순사를 처단한 항쟁지라는 특징을 갖고 있다. 특히 우정면 화수리의 경우 일본 순사를 처단하였을 뿐만 아니라 일본 경찰서 주재소를 방화한 곳으로 주목된다고 할 수 있다.

둘째, 우정 장안 전지역의 주민들이 거의 모두 참여한 만세운동이라는 특징을 갖고 있다. 당시 우정 장안 지역의 경우 2천 4백여호이다. 그런데 참여 인원은 약간씩 차이는 보이고 있으나 약 2500여명의 참여기록까지 나타나고 있다. 이러한 점을 통해서 볼 때 화수리항쟁은 우정 장안의 전 주민이 참여한 대표적인 항쟁이라고 할 수 있다. 그 가운데 특히 석포리, 주곡리, 수촌리 등의 주민들의 중심세력을 형성하였다.

셋째, 화수리항쟁은 모든 종교세력이 일치단결하여 이룬 항쟁이라는 특성 또한 갖고 있다. 석포리, 주곡리 등의 유교, 수촌리의 천도교와 기독교, 장안리의 일부 천주교 세력 등 다양한 종교세력이 연합한 면모를 보여주고 있는 것이다. 당시 만세운동에 참여한 주민들은 자신의 신앙체계보다도 항일이라는 측면에 보다 주안점을 둔 특징을 보여주고 있다. 그럼에도 불구하고 지나치게 종교적인 성향으로 분류하여 3·1운동을 해석하는 것은 문제가 있다고 생각된다.

넷째, 투쟁노선에 있어서 공격적인 노선을 지향하고 있다는 특징을 보여주고 있다. 3·1운동의 경우 일반적으로 평화적인 만세시위를 연상하는 경우가 많다. 그러나 화성지역의 경우 3월 29일 송산면에서 노구찌 순사를 처단하였으며, 화수리에서도 역시 가와바다 순사를 무력으로 처단하였던 것이다. 스코필드는 그가 작성한 <화수리살인사건>에서,

범죄 이야기
이야기는 주위의 모든 마을 사람들이 함께 모여 "대한 독립 만세"를 외치던 4월 4일 장날로 거슬러 올라간다. 그들은 이미 다른 곳에서 한 두 번 정도는 이런 시위에 이미 참여 한 적이 있었으나, 모든 것이 평화롭게 진행되었었기 때문에, 그들은 별다른 소요도 없는 가운데 경찰서 앞에서도 아무런 두려움도 없이 가슴에서 우러나오는 "만세"를

불렀던 것이다. 그러나 참으로 놀랍고 분하게도 일본인 경찰국장은 총을 쏘게 하여 사람을 죽이고 또 부상케 한 것이다. 그것은 과잉 반응이었다. 일경은 그 잔혹한 행동을 서슴치 않고 행했던 것이다. 이 같은 사태로 치닫자, 그들은 순사를 공격하게 되었고, 화가 나서 때려죽이며 경찰서를 방화하게 되는 상황으로 발전하게 되었던 것이다. 이러한 폭력 자체는 행해서는 안 되는 것이었으나, 화가 난 상황에서 어쩔 수 없이 일어난 것이었다.

라고 하여, 일제의 과잉반응에 대하여 조선인들의 정당방위를 입증하고 있다. 이러한 공격적 형태는 만주 러시아지역 무장 투쟁노선과 맥을 같이 하는 것이라고 할 수 있다.

다섯째, 만세운동 참여 배경이 화수리 주재소의 탄압, 면사무소의 탄압 등 현실적인 문제와 직결되어 있다. 특히 이 지역이 해안지역에 위치하고 있어 간사지 매립에 인력이 동원되는 경우가 많았다. 또는 일본인들에 의한 사적인 개간 및 간척 사업들이 빈번하게 이루어졌던 것이다. 이 점이 결국 주민들에게 큰 불만으로 작용하였으며, 석포리, 수촌리 등의 사람들이 주로 참여하는 계기가 되지 않았나 한다. 석포리, 주곡리 구술원 일대의 일본인에 의한 간척사업, 수촌리 방축동 등지의 간척사업은 주민들에게 큰불만을 야기 시킨 것 같다.

3) 안성지역의 3·1운동의 특징

원곡 양성지역의 3·1운동은 1919년 4월 1일 경기도 안성군 원곡면과 양성면에서 일어난 만세 운동으로 농민층이 주류가 되어 일으킨 대표적인 항쟁으로 널리 알려져 있다. 이 지역의 만세운동은 특히 2,000여명이나 되는 다수의 민중이 참여하여 주재소, 우편소, 면사무소, 일본인 상점 가옥 등을 파괴 또는 방화한 대표적인 공격적인 만세운동으로서 높이 평가받고 있으며, 또한 경부선 철도 차단을 시도하였다는 점에서 주목되고 있다. 그러므로 일제는 이 지역의 만세운동을 황해도 수안군 수안면의 시위, 평안북도 의주군 옥상면의 시위와 더불어 전국 3대 실력항쟁의 하나로 꼽고 있었던 것이다. 일제의 원곡 양성지역 3·1운동에 대한 평가는 결국 주민들에 대한 대대적인 탄압으로 이어졌고, 24명이 순국하고 127명이 투옥되는 3·1운동 사상 최대의 탄압을 가하였던 것이다.

양성 원곡지역의 만세운동의 특징을 살펴보면 다음과 같다.

첫째는 계획적, 공세적, 정면대결의 특징을 갖고 있다. 원곡·양성의 3·1운동은 장날이 아닌 날에 전개되었을 뿐만 아니라, 일본 순사 주재소도 없고, 일인들이 없었던 면(面)에서 일본 순사 주재소, 우편소, 일인 상점, 고리대금업자가 있는 이웃마을로 쳐들어가, 주재소를 불태우고, 전선을 끊고, 우편소·면사무소를 파괴 또는 방화했으며, 다리를 끊었고, 경부선 철도까지 차단하려 했다. 이는 사전계획 없이 이루어졌다고 보기 어려운 만세운동이라고 볼 수 있을 것이다. 만세운동의 내용은 공세적이었고 정면대결적 성격을 지니고 있다고 판단된다. 그럼에도 불구하고 만세운동은 정당방위적 만세운동이라고 볼 수 있다. 4월 1일 전개된 안성지역의 실력항쟁은 평화적인 만세운동이 일어나고, 일제의 무력적 진압이 이루어진지 1달이 지난 시점에서 발발하였던 것이다.

둘째, 대다수의 주민이 참여한 만세운동이란 점을 주목할 수 있다. 원곡과 양성의 두 면에서 2,000여명이 모였다. 원곡·양성의 3·1운동이 공세적인 정면대결시위로 전개된 날은 1919년 4월 1일이었다. 이날은 장날이 아니었음에도 불구하고 밤 8시경부터 새벽 4시경 사이에 이 시위가 전개되었고, 다수의 인원이 참여하였던 것이다.

셋째, 만세운동의 지도부는 다양한 보통사람들이었다. 이덕순(내가천리, 농업), 최은식(내가천리, 농업), 이근수(외가천리, 대서업), 이희룡(외가천리, 농업 겸 주막), 이유석(칠곡리, 서당), 홍창섭(내가천리, 농업), 이양섭(죽백리, 농업) 등 7인이 중심적인 인물로 활동하였다. 이들은 한학자와 농업 겸 주막 경영자(이희룡), 배움이 없는 중년의 농민과 대서인, 안성공립보통학교 졸업 청년(최은식)들이었다. 특정적인 것은 최은식은 기독교 장로교 신자였다. 특별히 주목되는 것은 이덕순, 최은식 등은 3월 1일 이태왕의 국장을 보러 서울에 갔다 귀향했다는 점이다. 그리고 행동대로 참여한 2천여 명의 사람들은 대부분 농민들이었다. 원곡 양성지역은 장이 서지 않는 곳임에도 불구하고 다수의 농민들이 밤임에도 불구하고 동참한 것은 일제의 수탈과 탄압이 그 만큼 심했음을 반증해 주는 것이라고 판단된다.

넷째, 다수의 인물이 옥고를 치르는 피해를 입었다. 일제는 4월 3일부터 3차례나 군경을 투입, 검거작전을 등 무자비한 보복을 감행하였다. 401명이 감거되어, 127명이 옥고를 치루었으며, 40명이 태형을 받았다. 아울러 민가 9동이 소실되는 큰 피해를 입었다.

4) 경기남부 정면대결시위의 특징

경기남부지역의 대표적인 항쟁지는 수원군의 송산면 사강리, 우정면 화수리, 안성군의 양성면·원곡면 등이다. 이들 지역의 만세운동은 서울에서 만세운동이 전개된 지 약 1달 정도 지난 다음에 주로 전개되었다. 만세운동이 전개된 시기는 3월말 4월초 그리고 4월말까지 이어진다고 볼 수 있다.

운동의 중심인물들은 수원군의 경우 주로 농민들의 주류를 이루고 있다. 농민 가운데서도 주로 일정한 식견을 가지고 있던 인물들이 운동 발발의 주도적인 역할을 한 것으로 보인다. 송산면의 홍면옥, 홍효선, 우정면의 차씨들 등이 그러하다. 우정면의 경우는 기독교, 천도교, 유교, 천주교 등 다양한 종교세력들의 참여가 주목된다. 최대의 희생지인 제암리의 경우도 기독교와 천도교인, 팔탄면 고주리의 경우는 찬도교인들이 주로 희생을 당하였다. 그러나 수원군 송산면과 안성군 지역은 종교적 특성을 찾아보기 힘들다.

운동의 특징은 공세적, 정면대결적 특성을 보여주고 있다. 송산면, 우정면의 경우는 일본순사를 처단하여 "내란"으로 규정될 정도로 강한 투쟁성을 보여주고 있다. 안성군의 경우는 다른 두지역과는 달리 지역단위의 우편사무소, 일본인 상점까지 파괴하는 치밀함과 적대감을 보여주고 있다. 이러한 차이는 농촌지대인 수원군의 두지역과 안성군 양성지역의 사회경제적 상황의 차이에서 기인된 것이 아닌가 사료된다.

3개 지역의 시위의 특성은 한 개면이 아닌 2개, 혹은 3개면의 연합시위라는 성격을 갖는다. 2개 면 이상의 연합시위는 상대적으로 큰 역동성과 폭발력을 발휘하는 것으로 보인다. 이는 묘한 경쟁의식과 상호의지적인 감정의 상승작용도 주요한 요인인 것으로 보인다.

송산 사강장 시위(노구찌 처단사건)는 송산면 사람들이 주도적이지만 사강장날을 이용한 만세시위에는 사강장을 함께 사용하는 송산면과 서신면 사람들의 연합 시위였다. 일제의 탄압도 4월 14일 사강리를 중심으로 송산면, 마도면, 서신면의 20개 리에서 175명을 검거하고 있기 때문이다.

수원군 우정면 화수리 3·1운동의 경우에 삼괴지역으로 통칭되는 우정면과 장안면의 연합시위였다. 즉 우정면 주곡리와 장안면 석포리에서 시작하여 장안면 금의리·수촌리·어은리(장안면사무소)를 거쳐 우정면 쌍봉산을 오르고 화산리(우정면사무소), 한각리, 화수리(주재소)에서 마무리하는 것이다. 주곡리에서 옆 마을 화수리까지 삼괴(조암)반도를 한 바퀴를 회전하는 모양새다. 안성군 양성 원곡 만세운동의 전개와 특성 역시 양성면과 원곡면의 연합시위였다.

필자 소개(집필순)

윤경로 한성대학교 명예교수
박찬승 한양대학교 사학과 교수
김승태 한국기독교역사연구소 소장
성주현 숭실대학교 HK연구교수
이정은 3·1운동기념사업회 회장
심상훈 한국국학진흥원 국학정보센터장
한규무 광주대학교 호텔관광경영학부 교수
김진호 충남대학교 충청문화연구소 연구원
박 환 수원대학교 사학과 교수

한국사연구회총서 4
3·1운동의 역사적 의의와 지역적 전개

2019년 2월 20일 초판 인쇄
2019년 2월 28일 초판 발행

편   저   한국사연구회
발 행 인   한정희
발 행 처   경인문화사
총괄이사   김환기
편 집 부   한명진 김지선 박수진 유지혜
마 케 팅   전병관 하재일 유인순
출판신고   제406-1973-000003호
주   소   파주시 회동길 445-1 경인빌딩 B동 4층
대표전화   031-955-9300 팩스 031-955-9310
홈페이지   http://www.kyunginp.co.kr
이 메 일   kyungin@kyunginp.co.kr

ISBN 978-89-499-4793-8 93910
값 25,000원